JN440487

동아시아학의 이해

동아시아학의 이해

김수미·김영근·김익수·김준연·박대재
박상수·심경호·이용욱·최귀묵·한정선

본 저서는 2016학년도 대한민국 교육부와 한국연구재단의 재원으로
대학 인문역량 강화사업(CORE)의 지원을 받아 수행됨

책머리에

독일의 동아시아 전문가인 카를 필니(Karl Pilny)는 지난 2005년에 펴낸 책 『아시아의 세기(Das asiatische Jahrhundert)』를 통해 아시아의 발전이 전 세계에 미칠 영향을 분석한 바 있다. 그의 관심이 이전의 경제 대국인 일본과 새롭게 떠오르는 나라 중국에 치우친 것이 다소 아쉽기는 하지만, 복잡하고 다극화한 세계가 전개될 21세기에 아시아의 영향력과 중요성을 설파한 부분은 날카로운 통찰력을 보여 주었다고 하겠다. 그로부터 10여 년이 지난 현재 세계는 점차 그의 주장대로 '아시아의 세기'의 면모를 보여 주고 있기 때문이다.

아시아는 전 세계 육지의 30%와 인구의 60%를 차지하는 큰 대륙이다. 그래서 흔히 여섯 개의 지역으로 세분하는데, 북부아시아, 중앙아시아, 서남아시아, 남부아시아, 동남아시아, 동(북)아시아가 그것이다. 특히 우리나라가 속한 동아시아에는 정치, 경제 등의 방면에서 대국이라 할 수 있는 중국과 일본이 포함되는데다, 우리나라는 반도 국가로서 이들 두 강대국의 가운데에 자리잡고 있기도 하다. 그래서 역사적으로 이 두 나라와 상호작용이 빈번했고, 현재도 서로 존중하고 이해해야 할 대상으로 간주된다.

전 세계적으로도 한국, 중국, 일본 등의 동아시아 3국은 세계의 중심에 있다고 해도 과언이 아니다. '선진국'과 거의 동의어로 여겨지는 '올림픽 개최국'을 예로 들면, 얼마 전 성공리에 폐막한 우리나라 평창동계올림픽을 필두로, 2020년에는 일본 도쿄하계올림픽, 2022년에는 중국 베이징동계올림픽이 차례로 개최될 예정이다. 그렇게 되면 한중일 3국은 전 세계에서 하계와 동계 올림픽을 모두 개최한 9개국에 나란히 포함되는 셈이다.

그런데 세계에서 차지하는 동아시아의 위상, 그리고 그에 필요한 동아시아 각국의 상생에 대한 희망과 상반되게 작금의 동아시아는 오히려 '아시아 패러독스(Asian Paradox)'의 덫에 걸린 형국이다. 지난 2012년 한중일 3국 협력사무국(Trilateral Cooperation Secretariat, TCS)에서 개최한 국제 포럼에서 처음 제기된 이 말은 한중일 3국 간 경제 의존도가 날로 심화되는 환경 속에서 오히려 갈등과 진통이 증폭되는 모순적 상황을 지적한 것이다. 한중일 3국이 전 세계 GDP와 무역의 20%를 차지하는 등 국제질서의 중심축으로 부상하면서도 역사, 영토, 군사 등의 방면에서 끊임없이 크고작은 대립을 연출하고 있기 때문이다.

따라서 우리가 처한 현실을 올바르게 이해하고 정확히 대처해 나가기 위해서는 동아시아를 하나의 틀에 놓고 상호간의 공통점과 차이점, 동반과 상생의 길을 모색해야 할 것이다. 그러나 이런 현실적 필요에 부응할 만한 교육이 대학에서 충분히 이루어지고 있는지는 의문이다. 아직 대다수 대학의 학과는 일국(一國) 중심으로, 그것도 언어·문화와 정치·경제가 따로 나뉘어 제 갈 길을 가고 있는 경우가 허다하다. 여러 여건상 이런 문제가 하루아침에 해결될 수 없다면, 동아시아 각 방면의 연구와 교육을 맡고 있는 교수들이 모여 향후 보다 체계적인 동아시아학의 기초가 될 만한 내용을 모아 보는 것도 한 방편일 수 있다. 본서는 이런 취지에서 고려대학교에서 한중일 3국의 언어, 문화, 역사, 정치, 경제, 경영 등을 가르치고 있는 교수들이 '동아시아'로 관심 분야를 확대해 동아시아 이해에 꼭 필요한 내용을 엄선한 것이다.

본서의 출발점은 2016년 고려대학교 문과대학 내에 융합전공으로 'GLEAC'이 개설된 것이었다. 'GLEAC'은 'Global Leader for East Asian

Century'의 약칭으로, '아시아의 세기'에 활약할 글로벌 리더 양성을 목적으로 삼고 있다. 이러한 목적을 달성하기 위해서는 동아시아에 대한 폭넓은 이해가 필수적일 것이어서 'GLEAC'의 전공필수 과목으로 〈동아시아학의 이해〉가 개설되었다. 본서는 이 과목의 교재로 기획하면서 동시에 동아시아 전반을 폭넓게 이해하고자 하는 일반 독자의 눈높이를 맞추고자 노력했다.

본서가 출간되기까지 많은 분들의 도움이 있었다. 먼저 고려대학교 CORE사업단에서는 본서의 기획과 출간 비용을 지원해 주었다. 그 덕분에 전공이 서로 다른 열 명의 교수들이 '동아시아학'을 화두로 함께 모여 토론하고 집필할 수 있는 소중한 기회가 마련될 수 있었다. 또 고려대학교출판문화원에서는 어려운 출판 환경 속에서도 본서의 출간을 흔쾌히 맡아 주었다. 출판문화원의 윤인진 원장님과 편집실에 감사의 말씀 드린다.

2018년 2월

저자 일동

「차례」

I

'동아시아학'의 개념과 분야

박상수

고려대 사학과 교수

1. 머리말

탈냉전 이후 동아시아의 역동적 발전은 기존의 경계를 넘는, 또는(그리고) 그 경계에 위치한 다양한 초국가적 공간들(transnational spaces)을 형성해 내고 있다. 이제 '동아시아'는 역내 독립된 국민국가(민족국가)들의 단순한 병렬적 집합이라기보다는 끊임없이 형성되고 변용되는 유동적 공간으로 인식된다. 20세기 말 이래 동아시아 공간 내의 정치-외교, 경제 질서뿐만 아니라 문화, 사상, 종교 등의 제 영역에서 일어나고 있는 새로운 변화들은 일국적 차원의 고찰로는 해명될 수 없는 복잡하고도 민감한 초국가적 현상을 낳고 있다. 이러한 동아시아에 대한 이해를 심화 확대하고 새로운 해석과 전망을 제공하기 위해서는 국가별 고찰이나 학문 분과별 분절적 접근을 넘어 동아시아를 하나의 분석 단위로 삼는 다학문적, 학제적, 융합적 동아시아학이 요청된다.

동아시아학이 갖는 실천적 의미는 매우 중요하다. 주지하듯이 동아시아는 세계의 어느 지역보다도 급속한 변화와 발전상을 보여주고 있음에도 불구하고, 여전히 근대성의 문제와 냉전의 구도에 얽매여 있는 곳이기도 하다. 20세기 전반기의 제국주의 침략과 식민 경험은 오늘에도 국가적·민중적 기억을 지배하고 있다. 냉전의 산물인 남북 분단과 북한의 핵 위협은 동아시아의 커다란 불안 요소가 되고 있다. 국가 간 역사 및 영토 분쟁 또한 동아시아의 평화로운 발전에 장애로 남아 있다. 그러나 우리는 그러한 불편한 역사적 경험과 현재의 불안정이 다른 한편으로 동아시아의 여러 구성 요소들을 상호 긴밀히 연결시키고, 그로부터 문제 해결을 위한 공통의 기반이 마련될 수 있음에 주목한다. 동아시아는 대립과 갈등의 무대이기도 하지만, 평화와 공존의 당위적 모색을 위한 토대이기도 하다. 이제 동아시아에 관한 탐구는 동아시아에 대한 포괄적 이해를 기초로, 동아시아가 처한 현실을 객관적으로 진단하고, 평화로운 미래를 건설하는 시대의 요청에 부응하지 않으면 안 된다.

동아시아학 또는 동아시아연구(East Asian studies)는 제2차 세계대전의 종전 직후 미국이 주도한 지역학(area studies) 혹은 국제학(international studies)의 일환으로 시작되었다. 이 냉전시대의 지역학은 미국 정부의 대대적인 재정 지원하에 세계 전략적 사고와 진영의 논리에 기초하여 미국의 세계 패권 장악을 위한 연구 시각과 체계화된 지식의 제공이라는 뚜렷한 지향점을 갖고 있었고, 동아시아학도 예외는 아니었다. 냉전 종식 후, 미국의 동아시아학은 정부의 지원과 간섭으로부터 완전히 자유롭지는 않다 하더라도 미국의 국익보다는 더 폭넓은 사회의 동아시아에 대한 관심에 부응하기 위한 학습, 저술, 지식 생산, 그리고 교육을 지향해 가고 있다.[1]

냉전시대 한국을 포함하는 동아시아의 동아시아학도 미국이 주도한 지역학의 일환으로서의 동아시아학의 범주를 크게 벗어나지 못했다. 진영 대립의 최전선에서 대부분 미국으로부터 펀드를 받아 수행된 동아시아 연구들은 연구의 시각이나 선택된 주제의 측면에서 미국의 세계전략에 따른 연구의 지향점과 궤를 같이했다. 냉전의 종식과 국제관계의 다극화 등 세계질서의 재편은 동아시아에서도 새로운 동아시아학의 가능성을 열었다. 냉전

---

1. Robert E. Ward, "A Case for Asian Studies," Presidential address delivered at the 25th annual meeting of the Association for Asian Studies, March 31, 1973 (Ann Arbor, Mich. 1973); Bruce Cumings, "Boundary Di-splacement: Area Studies and International Studies during and after the Cold War," in Bulletin of Concerned Asian Scholars 29 (1997). http://www.mtholyoke.edu/acad/intrel/cumings2.htm

으로 분단되어 온 동아시아 역내에서 급격한 인적(인구이동), 물적(경제교류), 문화적 교류가 시작되었고, 이른바 '동아시아'를 단위로 한 사고가 대두하기 시작했다.

1990년대 초 이래로 본격적으로 전개된 한중일 학계의 '동아시아' 담론은 새롭게 재편되는 세계질서 속에서 동아시아의 위상과 역할을 다시 모색하려는 실천적, 문제적 노력과 결부된 것이었다. '동아시아' 담론이 담고 있는 논의의 폭은 매우 넓다. 국민(민족)국가 단위의 자국 중심 사고가 초래한 대립과 분쟁을 동아시아가 해결해 줄 것으로 보는가 하면, 서구적 근대에 대한 '탈근대적 대안'을 동아시아에서 찾기도 하고, 자본주의 세계화에 맞서는 유력한 수단을 '동아시아 공동체'가 제공해 줄 것으로 기대하기도 한다. 최소한 일군의 사람들은 생기 없는 세계경제에 활력을 불어넣어 줄 희망으로 동아시아를 생각한다. 이제 '동아시아'는 근대 이래 인류가 직면한 많은 과제들을 일거에 해결해 줄 '방법'이며, 인류의 미래를 이끌 새로운 '문명'의 등불인 듯하다.

'동아시아'가 이렇게 크고 많은 함의를 담고 있는 만큼 담론의 형성과 전개 과정에서 비판과 대응, 오해와 성찰, 변전(變轉)과 진화가 관찰된다. 본장은 한국의 '(동)아시아론'의 맥락을 추적해 보고, 다양한 담론 지형을 가능한 한 축약해 살핀 후,[2] 담론이 내포하고 있는 몇몇 인식론적 문제들을 비판적으로 검토하고자 한다. 그렇게 함으로써, 향후 동아시아학이 나아가야 할 방향을 성찰해 볼 것이며, 본서가 다룰 각 분야별 내용에 접근하기 위한 기초적 사고로 삼고자 한다.

---

2. '동아시아'를 논한 글이 많은 만큼 이를 검토한 글도 다양하다. 대표적인 연구로는 장인성(2005); 박명규(2005); 이욱연(2007); 임우경(2007); 고성빈(2007); 이정훈(2007); 박승우(2008); 류준필(2009) 등이 있다.

2. '동아시아' 인식의 대두

(1) 근현대 역사 속의 '(동)아시아'

동아시아인이 세계 지리 지식을 통해 스스로를 아시아 또는 동아시아에 살고 있음을 인식하기 시작한 것은 1602년 제작된 마테오 리치의 〈곤여만국전도(坤輿萬國全圖)〉[3]부터였다. 세계를 오대주(五大洲)로 분류한 이 지도에서 유라시아 대륙은 유럽('歐邏巴')와 아시아('亞細亞')로 구분되어 표기되었고, 한중일의 지식계에 자국이 '아시아'에 위치하고 있음을 처음으로 인식시킨 계기였다. 이렇게 아시아는 서구인의 명명에 의해 17세기 이래 한중일 등 아시아 제국에 전해졌고, 처음부터 서구와 불가분의 관계를 통해 자신을 위치시키게 된다(Matsuda, 2011, 45-46쪽). 이 세계지도는 흔히 '중화 세계'의 상대화, 중화 중심 사고에 중대한 변화를 초래한 것으로 간주지만(山室信一, 2001, 35-36쪽), 그것이 전하는 지리 지식의 확대가 곧바로 동아시아 지식계의 세계관에 근본적 변혁을 초래한 것은 아니었다. 지리적 단위로서의 '아시아'가 동아시아에서 회자된 것은 19세기 중반에 이르러 서구의 근대가 침략의 형태로 동아시아에 본격적인 위협을 가하기 시작하면서 부터였다.[4]

---

3. 주지하듯이 한국의 경우는 그 이듬해인 1603년에 이미 전해졌고, 일본의 경우는 1606년에 전해졌다(山室信一, 2001, 32, 200쪽).

'아시아', '동아시아' 등은 단순히 방위와 인접성에 기초한 지리적 개념인 것만은 아니다. 그것은 비교적 가까운 과거에 형성된 역사적·정치적 개념이다. (동)아시아가 지리적 지역을 넘어 고유의 속성 혹은 동질성을 갖는 하나의 단위로서 사고되기 시작한 것은 19세기 유럽 제국주의에 의해서였다. '표준시간'을 장악한 유럽 제국주의는 유럽 중심의 역사적 목적론(teleology) 속에서 아시아 개념을 세웠고, 거기서 아시아는 유럽의 개화, 우등, 근대, 이성, 역동에 대비된 미개, 열등, 전통, 정실, 정체의 이미지로 주변화되었다.

이러한 유럽인의 오리엔탈리즘(orientalism)(사이드, 2007)은 아시아인에게도 공명을 일으켰다. 서구의 타자로서 정치적으로 조작된 '(동)아시아'가 아시아인의 이른바 전도된 오리엔탈리즘(역오리엔탈리즘: orientalism in reverse)을 통해 아시아인에게 내면화되었던 것이다. 아리프 딜릭(Arif Dirlik) 교수가 날카롭게 지적하고 있듯이, 아시아가 "자율적인 존재로서 스스로를 주장하고 있는 것 같은 순간에도 서구는 적극적으로 관여하거나 또한 직접 관여함이 없이 아시아의 자아 발견에 상당한 부분을 이루게 되"었던 것이다(딜릭, 2000, 82, 93쪽).

20세기 전환기 (동)아시아 각국에서 제기된 아시아 연대론(서구의 침략에 대한 대항적 '아시아주의')은 문화적·인종적 견지에서 (동)아시아에 대한 사고를 강화시켰지만 서구의 오리엔탈리즘을 벗어나지 못했다. 예컨대, 후쿠자와 유키치(福澤諭吉)는 '탈아론'(脫亞論)을 발표하기 전 '동양연대론'을 주장했는데, 이는 유색인종이면 누구나 연대하여 서구 열강과 맞설 수 있다고 인식한 것은 아니었다고 해도(그는 이웃 나라의 혁신을 전제로 한 연대를 구상했다), 연대감과 확장욕의 역설을 포함하는, 서구 열강에 대한 강한 저항의식 속에 동양을 구상했다(쑨거, 2003, 65쪽). 오카쿠라 텐신(岡倉天心)은 '아시아 일체론'에서 서양 문명에 대항하는 '동양의 이상'을 통해 아시아주의를 구상하고, 하나된 아시아가 제3의 문명을 제시해야 한다고 주장했다(오카쿠라 텐신, 1997[1903]). 쑨원(孫文)은 중국과 일본이 제휴하여 서양의 패도(覇道) 문화에 대항하고 동양의 왕도(王道) 문화를 수호하자는 '대아시아주의'를 제창했다(쑨원, 1997[1924]). 한국의 안중근도 '동양평화론'에서 20세기 전환기의 정세를 인종 간의 대립과 충돌로 파악하고 동양적 연대만이 활로임을 주장했다(안중근, 1997[1910]). 이러한 세기 전환기의 아시아 연대론은 서구에 대한 대항 담론으로서 실천적 의미를 갖는 것이었지만 서구에 의해 타자화된 '아시아'라는 사유구조를 깨고 새로운 아시아를 재구성하기는커녕, 오히려 내면화된 오리엔탈리즘을 통해 서구가 마련한 진화론적 약육강식의 논리 속에서 아시아를 사고했다(전형준, 1997, 282쪽).

1930~1940년대 일본이 차례로 내세운 '동아(동아신질서, 동아연맹)'와 '대동아(공영권)' 등은 서구에 대한 저항 담론으로 등장한 위의 아시아연대론에 더해 아시아 역내 국가에 대한 침략의 논리로 등장했다. 왕도, 덕치, 예, 충 등의 유교 윤리와 종족적·문화적 동질성을 강조한 동종동문(同種同文)의 담론들을 동원한 동아시아 만들기(史桂芳, 2002)는 일본의 '지도'를 빼고는 성립할 수 없었다. 이 지점에서 '동아시아'는 서양에 대한 저항적 실천 담론으로서의 사명을 다하고 한 국민(민족)국가의 국내적 억압과 국외적 팽창을 정당화하는 지배 이데올로기로 전락하고 말았다. 요컨대, '(동)아시아'는 20세기 중반까지 근대 유럽 제국주의의 아시아 침략이란 역사적 조건 속에서 창안된 후 동아시아인에게 내면화되고, 또 다른 침략의 정당화 논리로 활용된 정치적 개념이었다.[5]

동아의 맹주를 자처한 일본의 패전에 따라 '동아시아'에 대한 사고는 자취를 감추었다. 전후 대부분의 동아시아 국가들이 각기 국민국가 건설을 위

---

4. 일본의 경우 서계여(徐繼畬)가 편집한 『영환지략(瀛環志略)』(1849)은 막부 말기의 일본에서 번각되어, 위원(魏源)의 『해국도지(海國圖誌)』(1843)와 함께 유신에 커다란 영향을 주었고, 다른 지역, 다른 문명과 대비하여 자신을 상대화하는 과정을 거치면서, 일본인의 명확한 '아세아' 인식 형성에 영향을 주었다. 다만, 19세기 '아세아' 지리 인식이 동아시아 지식계에 보편화 된 것으로 보기는 어렵다. 청말 최고 지식인 중 한 명이었던 량치차오(梁啓超)조차도, 18세 때(1890년) 상해에서 『영환지략』을 사서 읽고 나서야, 처음으로 세계에는 "5대주와 여러 국가가 있다는 것을 알았다"고 한다(梁啓超, 1989[1902], 16쪽).

5. 한 연구자는 '동아시아'는 오리엔탈리즘이라는 원죄를 갖고 탄생한 '심상 지리'라고 표현한 바 있다(강상중, 1997).

한 민족주의에 매달리면서 국민국가 단위의 사고가 비등했다. 냉전이 강요한 '진영'에 따른 양분된 편가르기도 '동아시아'를 사고하기 어렵게 만들었다. 기껏해야 동아시아는 세계적 냉전 질서 속의 하위 지역으로 언급될 뿐이었다.

그러나 세기말 냉전 구조의 해체는 동아시아 역내의 국가간 적대감을 넘어 우선 물류(物流)와 인류(人流)로부터 시작되는 여러 민간 교류를 가능케 했고, 마침내 한·중 수교 및 한·베 수교(1992) 등 정치적 관계 개선으로까지 이어졌다. 냉전으로 인해 쪼개진 지역이 아니라 '동아시아'를 다시 새롭게 상상할 수 있는 조건이 마련되었던 것이다(최장집, 2004). 이제 새로운 '동아시아'를 본격적으로 모색하는 연구자들이 등장하기 시작했다.

(2) 한국 학계의 '동아시아' 논의 지형

19세기 말 이래의 '(동)아시아'가 타율적으로 기획되고 수동적으로 수용된 것이라면, 20세기 말에 '귀환'한(백영서, 2000b) 동아시아 담론은 분명 "주체적으로" "자율적이며 능동적"으로 '상상'되고 있을 아니라(박사명, 2008, 14쪽), 고유의 한국적 맥락을 통해 등장했다. 21세기로의 전환기 한국 사회의 논의 구조를 뒤덮고 있는 소위 '동아시아론'이 20세기 전환기의 '아시아 연대론'이나 1930~1940년대 일본의 '대동아공영권'과 마찬가지로 동아시아의 평화와 공영을 표방하고 있다고 해도, 한국 학계의 동아시아론은 한반도를 둘러싼 내외적 상황의 변화, 특히 1980년대 후반을 계기로 급전한 한국 내의 정치·경제·사회적 변화라는 맥락을 떠나서는 설명되기 어렵다

동아시아론은 사실 1970~1980년대 한국 사회 변혁운동의 흐름[6]을 이은 것이었다. 주지하듯이 1970~1980년대 변혁운동의 지향점은 민족주의와 민주주의라는 '근대(화)' 과제의 한반도 공간에서의 실현이었고, 이는 반(反)자본주의 노동해방 운동 등 사회주의적 변혁운동과 공존했다. 이러한 변혁

운동이 변화를 요구 받게 된 것은 1980년대 말 이래 세계적 수준에서의 질서 재편에 의해서였다. 현실사회주의의 몰락, 냉전의 종식, 동아시아의 경제적 도약과 역내 질서의 재편 등 새로운 정치·경제적 변화가 가시화되기 시작했던 것이다. 탈근대 담론이 한국 지식계에 유행처럼 번진 것은 이러한 세계 질서의 재편과 밀접히 연관된 것이었다.

그 무렵 한국은 대통령 직선제의 실시 등 '절차적 민주주의'의 도입("민주화"), 비약적 자본주의 경제 발전("네 마리 용") 등 근대화의 과제에서 주목할 만한 성과를 내고 있었다. 여전히 남은 문제는 한반도 분단이었다. 한반도의 분단과 대립의 지속은 내외의 변화에 대한 한국의 능동적 대응을 가로막는 질곡이었다. 한반도 통일을 통한 "민족국가의 건설"이라는 근대 민족주의 과제가 여전히 미해결인 채로 남아 있었던 것이다.

이 시점에서 한반도 통일 문제의 해결에 고심하면서도, 한반도를 넘어 '동아시아'를 본격적으로 기획하기 시작한 것이 '창비' 그룹이었다.[7] 최원식 교수가 선두에 서서 새롭게 전개되는 세계적 변화를 이끌 '동아시아적 시각'의 구축을 주장하고 나섰다. 그는 동아시아의 비약적 발전과 아울러 냉전의 해체가 몰고 올 미국 주도의 세계질서, 그것이 초래할 한반도에 대한 악영향(북한에 대한 압박과 한반도 긴장의 격화, 통일의 전망을 어렵게 하는 것 등)을 우려했다.[8]

이렇게 '한국발' 동아시아론은 한반도 통일문제를 끌어안고 전개되었다. 특히 창비를 주도하던 백낙청 교수의 강한 영향 아래 창비그룹은 통일문제의 해결을 위한 동아시아 탐구라는 고유의 방향성을 견지했다. 논의의 핵심은 동아시아를 '서구자본주의 대결의 장'으로 보고, 그 모순의 결과가 한반

---

6. "민족 민주 운동 진영"(백영서, 2000a, 73쪽).

7. 『창작과비평』 1993년 기획 특집호를 참조.

8. 최원식은 '동아시아적 시각'이 "지난한 한반도의 통일운동과 깊숙이 맞물려 있다"고 강조했다(최원식, 1993). 창비그룹의 분단체제론과 동아시아적 시각의 관계에 대해서는 류준필(2009)을 참조.

도의 분단을 초래했을 뿐만 아니라 여전히 통일을 막고 있기 때문에 동아시아 문제의 해결이 곧 한반도 문제의 해결을 용이하게 만든다는 사고였다. 달리 말하자면 창비그룹은 한반도 분단을 한반도의 민족문제에 국한되지 않는, 세계체제 및 동아시아의 대립과 갈등의 결절점으로 인식했던 것이다. 그러한 차원에서 1990년대 한국에서 전개되기 시작한 동아시아론은 1980년대까지의 (사회주의 운동을 포함한) 한국 사회의 변혁운동이 격변하는 상황에 새롭게 적응한 것이었다.

그 후 동아시아론은 진화를 거듭하면서 다양한 층위의 논자들이 동아시아에 매달렸다. 인문학과 사회과학을 넘어 정부기구와 민간(시민) 단체에 이르기까지 '동아시아'에 대한 상이한 접근들이 논의의 지평을 넓혀 갔다. 그러한 와중에 가치, 문화, 정체성 등을 내용으로 하는 '동아시아성'에 대한 회의, 동아시아 역내 국가 간 협력의 한계에 대한 인식, 동아시아 담론이 갖는 중심주의, 탈역사주의, 추상성, 관념성 등을 비판하는 글들이 쏟아져 나왔다. '동아시아' 담론은 공허한 언어의 유희처럼 여겨지기도 했다(한경구, 1996; 김광억, 1999; 김은실, 2000; 홍원식, 2006).

그러나 가속화된 미국 주도의 세계화 추세와 이에 대응한 지역주의 대두 속에서 동아시아론은 자양분을 취할 수 있었다. 특히 21세기로의 전환기 동아시아에 몰아닥친 경제위기는 자본주의 세계화에 대한 지역적 대응의 필요성을 더욱 절감하게 만들었다. 괄목할만한 유럽연합(EU)의 행보는 동아시아 '지역 협력'의 필요성과 지역 정체성 창조의 가능성에 대한 기대를 제고시켰다. 또한 동아시아 역내 국가 간의 영토 분쟁, 역사 갈등, 민족주의 조류의 새로운 대두 등은 '하나의 동아시아'에 대한 심각한 회의를 불러왔지만, 그러한 대립과 갈등은 국민국가 단위를 넘어 '동아시아'로 접근할 때만이 해결 가능하다는 주장을 강화시키는 계기로 작용하기도 했다. 21세기 첫 10년이 지나면서 '동아시아'는 더욱 유력한 '담론'의 지위에 서게 되었다고 해도 과언은 아니다.

'동아시아'에 대한 새로운 모색이 시작된 지 약 20년의 시간 속에 많은 입론들이 전개되어 왔다. 인문-사회과학계의 많은 연구자들이 동아시아에 매달려 왔고, 정부는 정부대로 동아시아 질서 재편에 대응하기 위해 고심하고 있으며, 시민단체들은 아래로부터의 민간 연대를 실천하고 있다. 이하에서는 이처럼 각계에서 논의되고 있는 '동아시아' 담론들을 세 가지로 대별하여 살펴본다. 물론 담론의 지형은 서로 구획되면서도 전체적 국면은 교직(交織: interwind)되어 있다.

1) 동아시아 대안 문명론

동아시아 문명론은 전술한 바와 같이 1980년대 말 이래 사회주의권의 몰락, 냉전 체제의 해체, 미국 주도의 자본주의 세계화라는 세계질서의 급격한 변화 앞에서 동아시아를 서구 문명을 대신할 대안적 문명으로 접근하는 입론이다. 1990년대 초 '동아시아'를 본격적으로 거론하기 시작한 백낙청 교수는 동아시아의 '문명적 유산'에 주목하고, 이를 동원하여 자본주의 문명을 대신할 '대안 문명'을 동아시아에서 발견하고자 했으며, 이를 통해 '새로운 전 지구적 문명'을 건설할 필요가 있다고 주장하였다(백낙청, 1996).

문명론은 서양 중심의 근대를 넘어서고자 하는 '근대 극복'의 과제를 동아시아를 통해 달성하고자 했다. 최원식 교수는 동아시아에 대한 주목이 "서구적 근대의 진정한 대안을 모색하는 작업"임을 천명하면서 종래의 일국주의를 넘어 "새로운 세계 형성의 원리"로서 동아시아적 시각이 필요함을 피력했다. 그는 최근까지도 그가 말하는 세계 형성의 원리가 백낙청 교수의 동아시아의 '문명적 유산'과 마찬가지로 "아시아의 전통적 지혜" 또는 "아시아의 전통에서 나올 수 있다"고 보았다.[9] 백영서 교수도 "전지구적 자본의 획일화 논리에 저항하는 커다란 과제를 실현할 거점"으로서 동아시아

---

9. 그가 말하는 아시아 전통의 핵심은 유교[儒學]인 것으로 보인다(최원식, 1993, 99쪽; 최원식, 2009, 211쪽). 또한 백낙청(1995) 참조.

에 주목했다(백영서, 2000b, 66쪽). 다만, 그는 동아시아가 한 지역임을 확인하듯, 동아시아를 "일국적 시각과 세계 체제적 시각의 매개항"으로 삼는 단계적 시각을 보인다(백영서, 2000a, 73쪽).

궁극적으로 문명론으로서의 동아시아 담론은 자본주의도 사회주의도 아닌 제3의 문명을 통해 근대를 극복하고, 새로운 제3의 체제를 동아시아로부터 '발견'할 수 있다는 주장으로 정리될 수 있을 것이다. 이러한 문명론은 동아시아 공동의 유산과 전통 그리고 공통의 가치에 주목하는 동아시아 정체성에 대한 탐구를 자극했다.

2) 동아시아 정체성론

고유의 '동아시아적인 것'에 주목하는 동아시아 정체성론은 위에서 살펴본 문명론의 연장선상에 있다. 다만 정체성론은 문명론처럼 서구 (근대 자본주의) 문명에 대해 대안을 찾는 '거대담론'이라기보다는 이로부터 일정한 거리를 두면서 구체적으로 (동)아시아적 가치, 문화, 일체감을 포함한 어떤 '동아시아성'이 존재한다고 믿고 이를 발견해 냄으로써 '동아시아를 하나'로 사고하는 데 논의를 집중한다.[10]

'아시아적 가치'에 대한 주목은 동아시아의 경제 발전 모델(Asian development model)의 부상과 밀접히 관련된다. 즉 1960년대 이래 동아시아(홍콩과 싱가포르 포함)의 눈부신 경제성장이 독특한 경영구조 및 경제정책 등 '제도적' 측면 이외에도 고유한 '문화'적 요소에 힘입었다고 보는 주장이 제기되었던 것이다(유석춘, 1997; 파이, 2001; 딜릭, 1995; 한경구, 1996). 문화적 요소 가운데서도 논자들은 아시아 고유의 공동체 의식, 권위주의, 근면과 검약의 정신 등에 주목했다(박승우, 2008, 318쪽). 문화적 요소들은 1990년대 접어들면서 '아시아적 가치'라는 용어로 집약되었다. 가치에 대한 논의는 곧 경제 발전을 이룬 동아시아 국가들이 유교문화의 영향을 받았다는 공통점에 주목하게 만들었고, 이는 쉽게 경제적 성공의 원인을 유교로부터 설명하고자 하는 경향을 낳았다. 이른바 '유교자본주의론'이 그것이다(김동택, 2001). 유교자본주의론은 전술한 문명론이 동아시아에서 서구 근대 문명 극복의 근거를 찾았던 것과 달리 동아시아 유교가 서구 자본주의 위기에 활력을 줄 보완물로 보는 데 그 특징이 있다고 할 것이다(딜릭, 2000, 92; 이욱연, 2007).

유교자본주의론은 1997년 동남아시아를 진원지로 하는 아시아 경제위기와 함께 후퇴했다. 그러나 전술한 바와 같이 아시아 경제위기 이래 자본주의 세계화에 맞서 지역 차원에서 대응하고자 하는 지역주의 사고는 더욱 강화되었고, 그로부터 '정체성'에 근거하여 (동)아시아 '지역'을 구상하고자 하는 노력은 지속되었다. '유교자본주의론'은 거의 수명을 다했지만, '유교문화'를 통해 동아시아의 동질성을 설명하고자 하는 시도는 여전히 힘을 얻고 있다. 유교 이외에 아시아의 다른 가치와 문화를 발견하고자 하는 탐구도 일어났다. 아시아 공동 문어에 기반한 "한문(한자) 문명권"(조동일 2007), 동아시아 기층사회의 도교(정재서 2000), 남아시아 불교와 다른 '동아시아 불교권'(최병헌 2007) 등에 대한 주목이 그것이다.

동아시아 정체성 담론들의 스펙트럼은 매우 넓지만, 인간의 삶의 양식으로서의 문화를 어떤 고정 불변의 것으로 간주하는 문화주의(culturalism)의 특징을 띤다. 문화주의는 문화와 가치가 역사적 문맥 속에서 끊임없이 변화를 거듭하고, 그 변화 과정에서 수많은 차이와 이질성이 생출된다는 사실을 홀시하거나 외면한다는 점에서 몰역사적이다.[11] 정체성 담론의 문화주의적 사고는 동아시아 문화의 동질성, 일체성, 단일한 배경(근원), 즉 동아시아의 문화적 통일체에 주목하지만, 역사 과정에서 형성되고 또 현존하는 차이와 이질성을 외면하는 경향이 있다.

---

10. 이 정체성론은 동아시아 문명론의 연장선상에 있을 뿐만 아니라, 후술하는 동아시아 공동체론의 이론적 근거가 되기도 한다. 또한 정체성론은 논의의 수준을 서구 근대 자본주의에 대한 '대안의 제시'로까지 끌어올리지 않는다.

11. 동아시아 문화의 이질성, 문화교류의 장애들을 역사적으로 살핀 연구는 고병익(1993; 1996)을 참조.

3) 동아시아 공동체론

동아시아 공동체론은 동아시아 지역통합 구상과 밀접히 관련된다. 이는 국가 수준의 협력을 의미하는 지역주의(regionalism)와 아래로부터의 '민중적'(민간) 연대를 의미하는 지역화(regionalization)로 구분된다(정용화, 2006; 박사명, 2008). 지역화가 분산적이고 비조직적으로 행해지고 있다면, 지역주의(regionalism)는 동아시아 역내 국가들의 위로부터의 경제, 정치-안보 협력의 필요성으로부터 제도적 차원에서 추진되고 있다. 여기서는 '세계화에 저항하면서도 세계화를 매개'하는 이중적 역할을 수행하는 지역주의의 동향에 주의해 보자.

1990년대 말의 경제위기는 경제협력의 필요성과 함께 '경제공동체' 논의와 실천을 강화해 왔다. 그것은 기존의 민족국가 단위의 경쟁을 통한 경제성장 전략이 가속화되는 세계화의 추세 속에서 여전히 적절한 것인가라는 의문으로부터 출발했다고 볼 수 있다. 그러나 동아시아 경제통합의 바람은 현재까지도 상대적으로 경제발전 수준이 낮은 아세안(ASEAN)이 추동하는 경향이 있고(신윤환, 2009), 이에 한중일 3국이 개별적으로 연계하는 형태를 취하는 매우 낮은 단계에 머물고 있는 것이 사실이다. 그러나 경제공동체 담론은 경제통합이 아세안과 동북아의 공동체 형성을 위한 촉매, 동력, 엔진으로 인식한다. 경제통합이야말로 민족주의적 경쟁을 넘어 경제금융, 정치안보, 사회문화를 포괄하는 동아시아의 공동체적 연대를 모색하는 구조적 배경을 이룬다는 것이다(박사명, 2008, 31쪽).

정치-안보적 측면에서도 역내 국가들의 공조를 통해 특정국가(가령, 중국과 일본)의 패권 지향을 견제하고 공동의 '안보공동체'를 구축하고자 하는 구상이 대두했다. 이는 냉전 체제의 해체 이후 가속화하는 세계화에 대응하기 위한 동아시아 역내의 공동안보의 필요성에 기인하는 것으로, 영토분쟁, 해양분쟁, 자원경쟁, 초국가적 범죄, 국제 테러 등 제반 인간안보에 대한 위협에 공동으로 대처하기 위한 노력으로 평가될 수 있다. 한편, 일본의 여전한 패권지향과 중국의 부상에 따라 동아시아의 안보협력의 미래가 낙관적인 것은 아니지만, 일본과 중국의 일탈이 초래할 위험을 견제하기 위한 '다자주의적 안보질서'의 모색은 동아시아 안보 공동체론자들의 주된 화두가 되고 있다(박사명, 2008, 33-34쪽).

이상이 경제, 정치-안보 차원의 공동체를 지향한 것이라면, 조금 늦게 제기되긴 했지만 '사회-문화 공동체'를 지향하는 지역협력도 모색되고 있다. 1999년 제3차 아세안+3(한·중·일)회의의 '동아시아 협력에 관한 공동성명'은 사회-문화 차원의 상호 이해의 증진과 협력의 필요성을 선언했다. 그 후 동아시아연구그룹(EASG, East Asian Study Group)은 사회문화 부문의 사업을 통해 역내 각 국가간의 사회문화적 격차를 해소하고 동질성의 기반을 마련하는 것을 사업의 목표로 제시했다. 그러나 아세안과 한중일 3국 사이의 사회-경제적 발전 수준의 격차가 분명한 만큼 회원국 사이의 발언권과 활동의 여지 면에서 또 다른 격차를 만들어가는 역설이 존재하고 있는 것도 사실이다. 채수홍 교수는 동아시아 사회문화공동체의 구성을 위해 "타자를 배제하고, 동화하고, 억압하지 않는다는 원칙을 지키면서, 평화 공존 개방 평등의 비전을 실현하기 위한 민주적이고 사려 깊은 연성통합(soft integration)"을 강조한다(채수홍, 2008, 352-353, 366쪽). '동아시아'의 사회적 문화적 협력과 통합이 각 민족과 집단들의 다양성을 억압하는 기제로 작용해서는 안 된다는 것이다.

전체적으로 다른 담론 지형에 견주어 보면, 동아시아 지역주의 공동체 담론은 동아시아 만들기라는 '기획'의 속성이 매우 강하다. 앞의 담론들이 동아시아적인 것을 이끌어 내기 위해 공동의 역사적 경험, 유사한 전통, 문화적 유산과 가치 등에 근거하고자 한다면, 공동체 담론은 세계화와 세계적 차원의 지역주의 대두에 대응하기 위해 동아시아 지역주의가 필요하다는 현실적 이해를 내세운다. 요컨대, 공동체 담론은 공동체 형성의 당위적 필요성이 현실적 조건의 제약을 극복할 수 있다는 전망을 제시한다.

3. '동아시아' 논의의 성찰

(1) '동아시아' 인식론의 제 문제

1) 모호한 '동아시아'

동아시아 담론이 내포한 비판 정신은 분명하다. 담론들은 모든 억압에 저항하고 인간 해방을 지향하는 평화와 공영의 '대안' 세계와 새로운 '공동체'를 제시하고 그를 위해 동아시아 '정체성'을 찾는 데 고심한다. 그러나 문제는 여전히 "왜 동아시아인가?"라는 의문이 남는다. 1990년대 초 동아시아론이 야심차게 닻을 올린 이래 많은 비판들이 제기되어 왔고, 동아시아론의 주창자들이 이에 대응 또는 그것을 수용하면서 담론이 진화하고 더욱 정밀화되는 과정을 거치고 있지만, 평화와 공영의 목표를 달성하는 데 '동아시아'여야만 하는 이유를 이해하기는 쉽지 않다. 논의는 풍부하되 어떠한 콘센서스도 도출하기 어렵고, 그것이 설득력 있게 다가오지 않는 데는 무엇보다도 담론이 갖고 있는 지나친 관념적 측면, 즉 현실성(백영서 교수의 표현을 빌리면, "일상생활 속의 민중의 실감")의 결여라는 문제가 있는 것으로 보인다.

위에서 살펴본 각 담론들은 동아시아를 발견, 기획, 구축하기 위한 노력을 경주하면서 저마다 어떠한 동아시아여야 하는가를 피력한다. 예컨대, 최원식 교수는 한국발 동아시아론에 대해 그것이 "제대로 된 지평을 획득하기 위해서는 중화주의와 동양주의를 대신한다는 의식이 아니라 양자 사이에서 어떻게 균형을 잡는가가 문제다"라는 문제의식을 제시하고, 이를 위해 "기존의 중심주의를 비판하고 새로운 중심을 세우는 것이 아니라, 중심주의 자체를 철저히 해체함으로써 중심 바깥에, 아니 '중심'들 사이에 균형점을 조정하는 것이 핵심"임을 강조한다. 그리하여 "한국이 신판 중화주의와 신판 동양주의의 완충에서 중형국가(中型國家)로서 자기의 소임에 충실할 때 서구의 충격 앞에 오히려 자해적 분쟁과 갈등에 함몰했던 20세기를 진심으로 넘어설 가능성이 열릴 것"이라고 전망한다(최원식, 2000, 44, 53쪽). 문제의식은 선명하되 '중심주의'와 그로부터 오는 '분쟁'을 극복하기 위한 '균형'과 '완충'을 누가 어떻게 이룰 것인가의 현실적 방안은 모호한 채로 남아 있다.

문명으로서의 (동)아시아를 구상하는 또 다른 연구자 백영서 교수는 "세계 자본주의 체제와 (그것의 작동을 원활하게 하는 주요 단위인) 국민국가의 중간 매개항인 동아시아의 역할을 또렷이 인식"하기 위해 '지적 실험으로서의 동아시아'라는 명제를 제기하고, "이 발상이 현실 속에서 추진력을 얻으려면 무엇보다도 동아시아인들의 일상생활에서 변화 가능성이 나타나야"하고, "지식인의 담론에 한정되지 않고 부국강병을 추구하는 국민국가에 흡입당한 '20세기형 문명'을 넘어서려는 문명론적 차원에서의 변화가 있어야 한다"고 역설한다(백영서, 2000b, 71). 그러나 그의 '실험'이 현실성을 갖기 위한 '동아시아인들의 일상생활에서의 변화', '문명론적 차원의 변화'가 어떻게 실현 가능한 것인지는 분명치 않다.

백원담 교수는 '문화지역'으로서의 동아시아를 다음과 같이 설명한다. "우리가 상상하는 문화지역화란 미국식 패권주의가 가상화한 문명의 충돌, 그 문화적 지역 블럭의 추상이 아니다. 또 국가주의로의 전화 가능성을 담지한 중화질서나 대동아공영권에의 편입도 아니다. 그것은 다른 여타 국가의 희생을 전제로 하지 않은, 말하자면, 동남아시아 국가에 대한 또 다른 문화적 패권의 관철이 아닌 차이를 바탕으로 한 다원성의 공존, 진정한 평화와 상생이라는 지향을 분명히 하는 문화적 가치 생산, 문화민주주의 참다운 실현 공간으로서의 동아시아의 문화공동체를 그리는 행복한 상상이다"(백원담 2005, 340쪽). 이 언급에도 동아시아 역내의 문화적 다원성의 공존, 평화, 상생이라는 목표 의식은 분명하되 동아시아의 '문화적 가치'를 어떻게 생산하고, '문화민주주의'는 어떻게 실현될 수 있는지 현실적 문제에 대한 답은 거의 없다.

동아시아론이 갖는 현실과의 괴리 문제는 동아시아의 주요 성원인 중국에 대한 인식에서 가장 두드러진다. 흔히 '동아시아'의 평화를 위한 인식론적 전환을 위해 중국인의 '수평적 사고'의 필요성이 강조되곤 한다(백영서, 2000, 56-57쪽). 어떤 연구자는 중국의 동아시아적 시각의 결여를 비판하면서 그 원인을 중국 지식계의 강한 '국가주의'에서 찾기도 한다(고성빈, 2007). 그러나 중국의 현실을 되짚어 보면 이러한 주장은 편향적이다.

첫째, 중국은 내부적 문화의 다양성과 외부적 국제 관계의 다자성이 존재한다. 즉 중국은 내부적으로 다양한 에스닉 집단이 존재할 뿐만 아니라, 그 서부는 중앙아시아 범주에 속하면서 더 나아가 서아시아와 연계되어 있고, 서남부는 남아시아와도 밀접히 연관되어 있다(왕후이, 2003, 244쪽). 중국의 이러한 조건이야 말로 중국 지식인의 시각이 국경의 동부 즉 동아시아에 국한되지 않는 중요한 이유 중 하나다.

둘째, 중국은 지리적 규모에서 '대국'이다. 쑨꺼가 지적한 대로 중국인이 중국을 아시아의 중심, 최소한 동아시아의 중심으로 여기는 것은 중국이라는 대국의 '지리적 실체성'에서 기원하는 것이다(쑨거, 2004, 272, 281쪽). '수평적 사고', '동아시아적 시각'을 주장하는 논의 가운데는 흔히 '한·중·일'식의 획일적인 사고 속에 중국을 단순히 하나의 국민국가로 간주하는 경향이 있다(쑨거, 2007a, 72쪽). 이는 동아시아 각국이 국민국가로서 평등한 지위를 갖는다는 근대 국민국가 체제의 이념에 비추어 보면 그릇된 것이 아니나, 오늘의 중국 관찰자에게 요청되는 것은 중국에 대한 '대항감'이 아니라 대국 중국의 실체를 이해하는 현실적 감각이다.

셋째, 동아시아론이 말하는 '문명', '전통', '문화적 유산'이 중국의 것인가, 동아시아의 것인가의 문제가 있다. 예컨대, 최원식 교수가 제시한 '유학'(儒學)이란 것이 동아시아 몇몇 국가들에게 전파되고 창조적으로 변용되어왔다는 점은 주지하는 바와 같다. 그러한 견지에서 유학 또는 유교로부터 동아시아적인 것 혹은 동아시아 전통을 발견해낸다는 주장은 성립 가능하다. 다만, 중국인들이 유학(교)을 동아시아보다는 중국의 것으로 간주하는 것을 어떻게 보아야 할까? 그것을 단순히 중국 중심주의에 빠진 편협한 것이므로 극복되어야 할 것이라고 말하면 족할 것인가? 동아시아의 많은 사상, 제도, 문물이 중국으로부터 전파되어 나온 것이고 그러한 차원에서 동아시아 문명이 중국 문명과 다를 바 없다고 보는 사람들의 시각을 근거 없는 중화주의 소산으로 치부해야 할 것인가?

동아시아론은 중심과 주변, 우(優)와 열(劣)의 경계에 대한 부정, '주변으로부터 보는 시각'을 통해 평화와 공영의 세계를 구상하지만, 경계와 중심에 대한 단순한 부정은 그것에 대한 강조만큼이나 문제에 대한 진정한 이해와 해결에 장애가 될 수 있다. '동아시아'를 말하는 많은 주장들은 더 이상의 정제된 표현을 찾기 힘들 만큼 신중하고 정밀한 언어들을 선택하고 있지만, 그렇게 구상된 '동아시아'가 현실의 조건을 얼마나 반영하고 있는지, 또 어떻게 실현될 수 있는지 그 가능성과 현실성에 관해서는 설득력 있는 답을 찾아보기 어렵다. '동아시아'는 오늘의 현실을 출발점으로 할 때, 즉 오늘의 문제를 구체적으로 설명할 수 있을 때 비로소 유의미한 담론이 될 수 있을 것이다. 비판 정신이 현실과 괴리될 때 우리는 그것을 공허한 '선언'이라고 말하고, 그것이 그리는 이상을 캉 유웨이(康有爲)식의 '대동'과 같은 유토피아라고 부르게 되는 것이다.

2) 오리엔탈리즘의 잔재

앞서 우리는 근대 '(동)아시아'의 등장 시점으로부터 그것이 서구식 오리엔탈리즘의 소산임을 언급했고, 서구에 대항한 아시아 담론들이 서구의 오리엔탈리즘을 내면화한 전도된 오리엔탈리즘임을 지적한 바 있다. 여러 논자들이 비판하고 있는 바 대로 이 오리엔탈리즘의 지배적 영향은 오늘의 한국발 동아시아론에도 암류(暗流)하고 있음을 부정하기 어렵다(박승우, 2008, 324-328쪽).

오리엔탈리즘의 영향은 최근의 담론들을 약 1세기 전의 아시아 연대론과 비교할 때 분명히 드러난다. 박승우 교수는 최근의 동아시아론에서 과거와 같은 서구에 대한 모방과 추종이 아닌 일종의 "자신감과 호승지심"(好勝之心)에 근거한 '역오리엔탈리즘', '콤플렉스'를 발견하고 있지만(박승우, 2008, 325쪽), 이러한 역오리엔탈리즘의 경향이 오늘에 비로소 출현한 것은 아니었다.

오리엔탈리즘을 구성하는 요소는 다양하다. 앞서 언급한 바와 같이 미개, 열등, 전통, 정체 등 '열등한 아시아'를 구성하는 많은 속성들이 거론된다. 그러나 주의해야 할 것은 이러한 아시아상이 대립항의 존재, 즉 타자로서의 서구와의 대비 없이는 성립할 수 없다는 점이다. 그러한 의미에서 오리엔탈리즘의 근저에는 서양을 대립물로 보는 동·서양의 이분법적 사유구조가 여전히 유지되고 있다.

오늘의 동아시아 문명론과 정체성론은 이러한 동·서양 이분법, 그리고 그 우열에 대한 논의에 충실하다는 점에서 오리엔탈리스트적 담론이다. 여기에서는 동아시아 '문명'이나 '정체성'이 그 자체로서 논의되기보다는 서양문명의 극복을 위해, 서양과 다른 것을 찾는 과정에서 추구된다. 일찍이 '아시아 일체론'을 통해 아시아가 서구 문명이 제공하지 못한 '애'(愛)와 '미'(美)의 문명을 제공할 수 있다던 오카쿠라 텐신의 주장(쑨거, 2003, 63쪽)이 역사적 맥락을 넘어 오늘의 동아시아 '대안 문명' 담론과 겹쳐지는 것은 우연한 일이 아니다. 오카쿠라는 아시아 문명이 서양 문명에는 없는 궁극적 보편성을 향한 사랑을 추구하기 때문에 기술 수단에 사로잡힌 서양문명을 훨씬 넘어선다고 보았다는 점에서 서구가 기획한 열등한 아시아상을 넘어서는 도전적인 것으로 보이지만, 기실 그것은 오리엔탈리즘의 범주를 넘지 못했다. 쑨꺼가 잘 지적하고 있듯이, 오카쿠라의 '아시아일체론'은 동-서양을 대립적 도식으로 바라보고, 서구 문명에 대한 지나친 단순화[12]에 기반하여 이미 확정된 개념으로 아시아를 파악하면서, 거기에 강렬한 이념을 불어넣은(쑨거, 2003, 73, 75쪽) 오리엔탈리즘의 변종이었던 것이다.

동아시아에 서양과 다른 문명, 고유의 문화 전통이 존재할 수 있다. 그러나 그렇다고 해서 동아시아 문명과 전통으로부터 서구 문명을 대체할 제3의 문명을 건설한다거나 동아시아 문명이 21기형 문명으로서 서구 문명보다 더 적합하다는 주장이 성립할 근거는 없다(투 웨이-밍 2001, 402쪽). 딜릭이 지적했듯이 단순히 "'서양'에 대응해서 문화적 정체성을 주장하는 것으로는 더 이상 충분하지 않다. 이는 '서양'이 더 이상 뗄 수 없는 동아시아의 한 부분이 되었기 때문만이 아니라 그러한 주장들이 새로운 가면 아래에서 사회적 불의와 억압을 계속 연장하는 데 도움을 줄지 모르기 때문이다"(딜릭, 2000, 111쪽). 대립과 우열의 패러다임 하에 있는 '동아시아적 시각'보다는 '문명' 간의 대화를 모색하는 것이 더 적절하지 않겠는가?

3) 근대 극복론의 문제

근대를 문제 삼는 것은 동아시아 담론의 또 다른 주된 화두이다. 이른바 '근대 극복'(overcoming modernity)은 '근대'가 초래한 착취, 지배, 독점, 차별의 문제를 해소하고 정의롭고 평등한 공영의 세계를 지향한다. 민족주의, 국가주의, 제국주의, 자본주의에 대한 비판적 사고가 근대 극복론의 핵심을 이룬다. 그런데 근대 극복에 왜 '동아시아적 시각'이 필요한 것일까? 그것은 위에서 열거한 문제들을 산생(産生)한 근대가 '서구적 근대'로 인식되었기 때

---

12. 쑨거는 "아시아의 오리엔탈리즘은 기본적으로 서구 세계를 대립상대로 설정한 것이 아니라 아시아에서 만들어 낸 '서구의 상(像)'을 자신의 대립물로 생각했다"고 지적한다(쑨거, 2003, 61쪽). 이렇게 만들어진 '서구의 상'을 우리는 흔히 옥시덴탈리즘(occidentalism)이라고 부른다.

문이다. 전술한 대로 최원식 교수는 '서구적 근대를 넘어설 새로운 세계 형성의 원리'를 동아시아가 제시할 수 있을 것으로 믿었다(최원식, 1993, 224쪽).

여기서 동아시아는 물신화되는 경향을 보인다. 국민국가의 억압성, 자본주의적 무자비한 경쟁, 민족주의의 침략성 등의 폐해를 '동아시아'가 해결할 수 있다는 사고가 경화되어 버렸던 것이다. 오늘날 동아시아가 경험적으로 서구와 다른 근대성을 말할 수 있게 되었다고는 하나, 동아시아의 근대성이 서구 근대성을 대체한다거나 그보다 우월하다고 쉽게 말 할 수는 없을 것이다. 그러한 차원에서 동아시아론의 근대 극복론이 직접적으로 '동아시아적 근대성' 탐구에 매달렸던 것은 아니다. 다만, 동아시아론은 이슈에 따라 각개식으로 근대 극복을 주장해 왔다. 예컨대, 근대 국민국가의 억압성을 아래로부터의 동아시아 '시민의 연대'로 극복할 수 있다고 전망하는가 하면, 단일국가를 넘어 "온갖 종류의 국가 결합의 형태"로서의 '복합국가'를 구상하기도 한다(백영서 2009). 또 어떤 연구자는 '복합적 정치공동체'를 전망하면서 시민세력의 활성화와 함께 국민국가의 경계와 권한의 약화를 상정한다(박명규, 2000).

이렇게 볼 때, '동아시아적 시각'이 말하는 근대 극복은 그 대상을 근대 그 자체에 두기보다는 근대의 부정적 측면, 특히 서구적 근대가 초래한 부정적 산물들을 선택적으로 보정하고자 하는 주장에 다름 아니다. '근대 극복'이 근대가 이루어 놓은 자본주의적 풍요(성취), 인권, 민주, 자유, 과학의 정신 등에 대한 전면적 성찰을 기도한 것은 아닌 것으로 보인다. 근대가 구미의 여러 나라에서 본받을 만한 성취를 이루어 냈다는 점을 근대 극복론은 애써 외면하는 것은 아닐까? 동아시아론이 '국민 강제의 역사'로 점철된 국민국가를 아래로부터의 시민의 힘으로 극복한다고 주장하지만, 기억해야 할 것은 그 시민이야말로 근대 국민국가 아니고는 형성될 수 없었다는 사실이다.

동아시아 문맥에서 '미완의 근대'라는 현실도 근대 극복론이 넘어야 할 과제인 것은 분명하다. 이러한 현실 앞에 외부로부터의 비판과 내부로부터의 성찰을 통해 동아시론은 근대 극복을 전면에 내세우기보다는 '근대 적응과 근대 극복'의 '이중과제론'으로 진화해 갔다(백낙청, 1999; 2006). 백영서 교수는 이를 국민국가의 문제에 적용하여 '국민국가를 감당하면서도 그것을 극복'할 것을 역설하지만(백영서 2000b, 70), 기실 이는 근대 극복론의 또 다른 포장이거나 후퇴, 또는 양자 사이의 어정쩡한 몸 추스르기로 보인다(이정훈, 2007, 9쪽). '지향하면서 극복한다'(이욱연, 2007)는 것은 형식 논리상 성립 가능한 서술이지만, 사실 지향과 극복의 이중주가 현실과 맞닥뜨리면, 근대는 완성된 후에나 극복이 가능한 단계적 행정(行程)을 말하는 것에 다름 아니다. 동아시아론의 '근대 극복'은 '근대'가 인류 역사상 매우 의미 있는 경험과 성과를 이루어냈다는 엄연한 사실을 어떻게든 끌어안지 않으면 안 될 것이다.

4) 국민(nation)인가, 국가(state)인가

동아시아론의 주된 타깃의 하나는 국민국가다. 동아시아론은 국민국가의 침략성, 억압성(강제성)을 '동아시아'가 해결해 줄 것으로 전망한다. 동아시아론의 국민국가관을 들여다보기 위해서는 근대 이래 흔히 짝을 지어 관용화된 국민(민족, nation)과 국가(state)에 대한 분별적 사고가 요청된다.

국가(state)는 유사 이래 여러 형태로 존재해 왔으나, 근대에 이르러 비로소 민족국가(국민국가)가 되었음은 주지의 사실이다. 근대에 비로소 출현한 '민족 만들기' 과정에서 '민족 담론'을 누가 주도하느냐에 따라 '국가 민족주의'(state nationalism)와 '민간 민족주의'(민중적 민족주의: popular nationalism)가 경쟁을 거듭했다.[13] 예컨대, 한국의 경우 1970~1980년대 국가 독재와 민간의 '민족-민주 운동' 사이의 길항 관계가 그 전형이라고 할 수 있을 것이다. 국가든 민간이든 '민족'은 지상 명제였고 민족을 위해 소수자는 억압되어야 할 존재로 본 것은 공통적이었지만, 국가 민족주의가 지배적 조류로서 압도

---

13. 여기서 'popular nationalism'을 '민간 민족주의'라고 말한 것은 관방(官方)의 것(official)에 대한 대응 개념으로, '민중적 민족주의'보다 더 넓은 외연을 갖는다. 중국의 경우에 관해서는 박상수(2005)를 참조.

적인 억압적 지위를 점하고 있었다. 따라서 1970~1980년대의 '민족-민주 운동'의 흐름을 계승한 1990년대 민간의 동아시아론이 탈근대 주장과 함께 내세웠던 국민국가 극복론이 대응하고자 했던 것은 국가에 의해 주도된 민족주의, 즉 국가 민족주의였다.

필자가 보기에 동아시아론의 국민국가 극복론이 '민족주의는 반역'(임지현, 1999)이라는 주장에 쉽게 동조하지 않았던 것은, 그것이 '민중적 실감'을 고려했다기보다는 '민간 민족주의'를 승계하였기 때문이다. 이렇게 볼 때, 동아시아론이 부정해 마지않는 것은 '국민(민족)' 그 자체라기보다는 국민의 이름으로 행한 '국가'의 억압 행위("국민 강제의 역사")이다. 백영서 교수가 말하는 복합국가가 '국가의 형태'에 대한 성찰일 뿐 모든 형태의 민족주의에 대한 극복 노력으로 보이지 않는 이유가 여기에 있다. 복합국가가 '국민국가를 감당하면서도 그것을 극복'하기 위해서는 국가 이외에도 국민이 어떻게 일정한 '정치 공동체'의 성원으로서 재구성될 것인지를 전망할 필요가 있다.[14] 그렇게 될 때 동아시아론은 '민족주의의 보완' 혹은 '확장'이라는 혐의로부터 자유로울 수 있게 될 것이다.

(2) '동아시아'의 범위: 유동적 공간

약 20여년간 한국 학계에서 전개되어 온 동아시아 논의가 주는 교훈적 의미는 무엇일까? 여기서 쑨꺼가 '포스트 동아시아'를 언급하면서 여태까지의 동아시아론이 "모두 매우 애매한 전제 아래 끊임없이 누적되어왔다"고 지적한 것을 상기할 필요가 있다. 저자에 따르면, 이러한 애매성은 '아시아' 또는 '동아시아'가 어떠한 지리적 범위를 갖는 것이고, 사상과제로서 어떤 방향성을 갖는가의 문제를 해결하지 못한 데서 연유한다.

오늘의 한국발 동아시아론의 주창자들이 '방법으로서의 아시아'를 논한 1960년대 일본의 다케우치 요시미(竹內好)에 주목하고 있지만(쑨거, 2007b; 백지운, 2007; 박승우, 2008; 백영서, 2009), 다케우치는 '방법론'을 탐구하지도 '아시아적인 것'의 실체를 추구하지도 않았다. 그의 '방법'은 일본인의 가치관을 '되돌리고자 하는' 하나의 구상이었다고 쑨꺼는 말한다. 이 '되돌리기'는 다음과 같은 것이었다(쑨거, 2007a, 66쪽; 다케우치 1997[1966], 95쪽).

> 서구식의 우수한 문화가치를 더욱 더 대규모로 실현하기 위해서는 동양이 다시 서양을 포용하고, 반대로 동양으로부터 서양 그 자체를 변혁해야 한다. 이러한 문화적 되돌기 혹은 가치상의 되돌기를 통해 보편성을 창조한다. 동양의 힘이 서방에서 기원한 보편적 가치를 증가하기 위해 서양을 개혁해야 한다.

요컨대, 다케우치가 말하고자 했던 것은 '동양적인 것'이 무엇인가라기보다는 동서양을 뛰어넘는 '보편성을 추구하는 방법'이었다고 생각된다. 한국발 동아시아론이 애매모호하고 공허하게 보이는 것은 그것이 "동양" 대 "서양"의 대립적 구도 속에 (동)아시아적 대안 문명을 찾고, 동아시아를 통해 '근대를 초극'하고자 하기 때문이다. 이러한 인식론을 통해 '동아시아적인 것' 혹은 주어진 '정체성'을 파악하고자 하는 것은 생산적인 논의가 되기 어렵다. 우리는 동아시아 대부분의 국가들이 제2차 세계대전 종전 후 미국을 비롯한 '서양'을 적극적으로 내면화하면서 많은 성취를 거두었다는 점을 기억할 필요가 있다. 또 근대 이래의 동아시아의 역사가 대립과 경쟁, 지배와 피지배로 점철되어 왔고, 그에 대한 기억이 우리의 뇌리 속에 아직 생생히 남아 있음을 알아야 한다. 이제 미국을 빼고 동아시아를 논할 수 없는 것과 마찬가지로 역사의 기억을 도외시하고 평화와 공영의 체제를 만들기는 어려운 것이다.

우리는 선언적이고 경화된, 그리하여 담론(권력)화된 '동아시아'를 넘어

---

14. 백영서 교수가 제시하는 '복합국가'나 중국, 홍콩, 대만을 통합하는 '연방제' 논의, 또는 '대중화권' 구상 등이 필자에게는 국가형태의 변형을 통한 '한민족', '중화민족'의 수호와 확장으로 보이는 이유도 여기에 있다.

서지 않으면 안 된다. '동아시아가 하나'라는 강박, '서구를 극복해야 한다'는 당위를 넘어설 때 동아시아는 새롭게 조명될 여지가 있다. 여기서 필자는 지리적 인접성이 부여한 복잡하게 교직된 동아시아 역사 — 동시대의 역사도 포함하여 — 의 유동성에 주목하여 동아시아를 새롭게 범주화하는 접근법이 필요하다고 생각한다. 동아시아의 범주화는 역내에 형성된 '초국가적 공간'에 대한 탐구를 통해 가능하다.

주지하듯이 초국가주의(transnationalism)는 근대 민족(국민)국가 간의 관계가 긴밀해지면서 출현했던 국제화(internationalization)의 단계를 넘어 전 지구적 차원의 세계화(globalization)가 진행되는 시점에 상응하여 출현한 분석 개념이다. 이는 일국적 차원 혹은 개별 국가 간 관계의 차원을 통해서는 설명될 수 없는 다양한 탈경계적 현상과 움직임들(movements)들에 주목하고, 그 배후에 놓인 토대와 질서를 탐구한다. 분석의 단위는 더 이상 민족국가 혹은 국가들의 단순한 병렬적 집합에 국한되지 않으며, 인간 삶의 제반 영역에서 국가를 포함하면서도 국가의 매개 없이 일정한 내적 질서가 형성되는 또는 창조되는 '열린 공간'으로 재구성된다. 동아시아를 이러한 '초국가적 공간'으로 접근함으로써 얻을 수 있는 이점은 다음과 같다.

첫째, 탈근대 담론, 특히 탈민족주의 담론으로부터 자유로울 수 있다. 초국가주의는 민족국가 간의 불균등 발전 — 혹은 민족국가 건설의 불완전한 성취 — 이라는 동아시아의 현실을 간과하지 않는다는 점에서 민족국가의 부정과 해체를 주장하는 탈근대, 탈민족주의의 패러다임과 구별된다. 기존의 동아시아 담론이 민족국가의 퇴행적-억압적 측면을 주된 탈근대 논의의 근거로 강조해 왔다면, 초국가적 시각은 동아시아의 초국가적 현상과 질서에 주목하면서도 개별 민족국가의 역사적 경험과 현실, 그리고 민족국가가 갖고 있는 힘과 역할을 부정하지 않는다. 민족국가가 초국가적 현상에 적극적으로 반응하고 그로부터 새로운 전망을 창출해 가고 있는 현실과 그 가능성을 배제할 필요는 없을 것이다. 동아시아 연구는 국가 간의 경계와 차이를 부정하지 않으면서, 다차원적인 경계가 공존하는 세계에서 국가의 역할이 여전히 중요하다는 사실을 직시할 필요가 있다.

둘째, 지역 대결 구도를 지양할 수 있다. 초국가적 접근은 기존 동아시아론에 내포된 지역주의, 대결의 구도, 우열의 논리를 넘어설 수 있다. 초국가적 접근이 동아시아 공간을 분석의 단위로 설정하고 있다고 해도 그 지향점은 동아시아에 대한 이해에 머물지 않고 세계라는 전체를 지향한다. 동아시아 연구가 서구 중심에 대항한 또 다른 중심을 상정하지 않을 때, 국가 중심의 사고뿐만 아니라 지역 간의 대결과 우열의 구도까지도 넘어설 가능성을 전망할 수 있을 것이다.

셋째, 초국가적 접근법은 국가 하위 수준의 경계들을 충분히 고려한다. 초국가적 접근은 개별 국가 내의 다양한 피압박 요소들을 시야에 포괄한다. 국가 내의 소수자들(에스닉 집단, 여성, 이주자 등), 억눌린 다양한 인자들(factors)은 국가 중심의 분석 단위가 초국가적 동아시아로 옮겨갈 때, 그 고유의 의미와 가치가 새롭게 조명될 수 있을 것이다. 그러한 의미에서 초국가적 접근법은 국가 하위 수준에서 존재하는 다양한 지방성(locality)뿐만 아니라 '국가'와 '지역'에 대한 중층적 접근이기도 하다.

여기서 필자가 '초국가적 공간'을 말하면서 동아시아를 '지역'이 아닌 '공간'으로 표현한 이유는 '지역'이 갖는 고정적·절대적 공간 개념을 넘어서고자 하는 의도에서다. 즉 '동아시아'를 고정 불변의 것으로 보는 '문화주의' 시각을 넘어, 공유되는 것(commonality)이 순환(circulation)하는 공간으로 봄으로써 그 순환의 과정을 통해 형성되는 일정한 특성들을 도출해 낼 수 있다고 보기 때문이다.

동아시아의 범주는 이 공유되는 것이 어느 정도의 범위에서 순환하느냐에 따라 가변적이다. 역사적으로 일본이 내건 '아시아'의 범위가 달랐던 것이 '방법론적으로'(methodologically) 한 예가 될 수 있다. 즉 일본은 19세기 후반 인종적 차원에서 아시아 전역을 대상으로 '동양'으로 사고했지만,

1920~1930년대 한중일의 '동아'로 축소되고, 1940년대는 동남아를 포괄하는 '대동아'의 건설을 추구했다.

최근의 공동체 논의에서도 동아시아 공간은 매우 유동적이다. 아세안은 동남아 10개국이지만, APT는 여기에 한·중·일 포함하는 공간 범위를 갖게 된다. 더 나아가 인도·호주·뉴질랜드를 더하면 '동아시아정상회의'가 되고, 미국·캐나다 등 태평양 국가도 포함하면[15] APEC이라는 공간이 형성된다. 아세안 지역포럼(ARF), 상하이 협력기구(SCO), 동북아협력회담(NEACD) 등도 특정 사안에 따라 유동적으로 구성되는 공간이다. 이 공간들은 상호 중층적이어서, 그 공간들의 위에(혹은 밑에) 또 다른 이슈의 수준에 따라 신축이 가능한 동아시아 안보공간, 경제공간, 문화공간 등이 형성될 수 있다(손열, 2006).

요컨대 동아시아라는 초국가적 공간은 문명, 인종, 문화, 지정학, 물류, 인구 이동 등 각 수준별로 형성되는 중층적 유동적 공간으로서 다양한 동심원의 구획이 가능하다. 이 공간은 역사상에 출현한 바 있던 문화와 인적 교류의 범위, 정치-군사적 지배권, 제국적 질서로부터 최근의 사이버 공간, 이주 네트워크, 다문화 공동체, 국가정부 간 협력체, 비정부기구의 연대 등을 포함한다. 이러한 초국가적 공간에 대한 연구는 '하나의 (동)아시아'라는 원리주의적 '동아시아' 담론을 넘어, 동아시아 내에 형성되어 온 복합적 질서의 새로운 변화와 활력에 대한 이해를 심화시켜 줄 것이다. 여기에는 탈경계(borderless) 혹은 혼종적(hybrid) 사회-문화와 인간관계, 그것의 근저에 흐르는 사상적 토대, 그리고 새롭게 재구성되는(restructuring) 새로운 정치적, 경제적 질서와 제도 구축의 전망이 포함된다. 궁극적으로 동아시아의 '초국가적 유동 공간'에 대한 탐구는 다차원적 경계의 존재와 그러한 경계의 승인 위에 발전하는 인간 공동체의 새로운 유형의 탐색에 기여할 수 있을 것이다.

---

15. 특히 미국은 동아시아의 안전보장의 수준에서 '동아시아 공간'의 주요 성원으로 포함되어야 할 것이다. 와다 하루키(2004, 83쪽) 참조.

4. 맺음말

이상의 논의로부터 냉전 종식 후 급격한 변화를 겪고 있는 유동적 공간으로서의 동아시아는 더 이상 과거의 진영이나 국민국가의 논리로, 또 전통적 학문 분과별 접근으로는 해명될 수 없다는 점은 자명해 보인다. 동아시아학은 일국적 맥락을 넘어 구성 요소들의 상호 연관과 상호 비교를 통해 동아시아 차원의 포괄적인 특징, 구조, 질서를 규명할 필요가 있고, 그에 합당한 새로운 접근(approaches)은 필수적이다.

본서는 인문사회과학의 학문 분야들을 아우르는 다학문적, 학제적, 융합적 접근을 통해 동아시아를 이해해 보고자 했다. 다학문적(multidisciplinary) 접근은 복잡다기한 실재(reality)의 다양한 측면들을 이해하고자 하는 방법으로 서로 다른 학문분야의 이론 모델과 관점들을 병렬시키되, 실재에 대한 더 나은 이해를 위해 각 학문 분야들이 집합적인 차원에서 어떻게 기여할 수 있을지를 강제하지 않는다. 이 접근법은 어떤 주어진 주제에 대해 개념 정의나 문제 제기는 각 학문들 고유의 방식을 따르도록 허용한다.

학제적(interdisciplinary) 접근은 탐구 대상이 되는 문제가 관련 학문 분야 모두에게 공유(공통)되는 일정한 학문적 관점에 의해 탐구되고, 그렇게 얻어진 지식은 결과적으로 학문의 경계를 넘어 두루 통용-적용된다. 전술한 다학문적 접근이 서로 다른 학문의 방법들을 병렬(juxtaposition)시킨다면, 이 학제간 연구는 학문 간의 혼합(mixing)을 지향한다.

융합적(fusional) 접근은 학문들 간에, 학문들을 가로질러, 학문들 너머에 있는 것에 관심을 갖는다. 이 접근법은 서로 다른 학문적 관점의 통합을 지향하고 학문들의 융합을 통해 새로운 형태의 지식을 만들어 내고자 한다.

본서의 접근은 이상의 접근법들을 선택적으로 채용함으로써 주어진 주제를 동아시아 맥락에서 고찰하고자 했다. 역사, 언어, 문화, 정치, 경제, 경영 등 각 학문 분야들이 각기 고유의 학문적 관점을 지켜가면서도, 서로 다른 관점들이 상호 원용되도록 주의를 기울였으며, 때에 따라서는 관점의 통합까지도 전망해 보고자 했다. 이러한 접근법을 사용함으로써, 새롭게 재구성되는 동아시아 공간에 대한 전체상의 이해를 심화하고 확대할 수 있다고 보았기 때문이다.

전체적인 집필의 자세면에서, 본서의 필자들은 '동아시아'에 대한 이념적 사고를 경계하고자 했다. 동아시아학이 "동아시아의 역사와 문화에 기반하는 사고와 논리를 구축"함과 동시에 "인류 보편의 차원에서 의미를 갖고", "동아시아 여러 민족국가들의 우호 연대에 기여할 수 있는 학문"이 되어야 한다는 점은 자명하지만, 그것이 "유럽 중심의 학문 체계에 대항"하기 위한 이분법적 대항 논리나 "미국적인 지역학으로서의 동아시아학에 대한 변별성을 확보"[16]하기 위한 무리한 경계 짓기는 또 다른 편향을 낳을 우려가 있다. 불변의 고유의 하나의 '동아시아'가 있고 그것을 찾아내야 한다는 강박, 동아시아를 통해 '서구를 극복해야 한다'는 당위를 넘어설 때 동아시아는 새롭게 조명될 수 있을 것이다. '동아시아'는 고정 불변인 것이 아니라, 유동적인 공간 내에서 각각의 구성 요소들이 공유하는 것, 또 그 공유되는 것들이 끊임없이 순환(circulation)하는 과정과 방식을 말하는 것이기 때문이다.

---

16. 이상의 인용 부분은 임형택, 〈동아시아와 유교문화의 의미: 동아시아학의 주체적 수립을 위한 모색〉, 마인섭·김시업 편, 『동아시아학의 모색과 지향』, 성균관대학교 출판부, 2005, 52쪽.

II

동아시아 문학

심경호

고려대 한문학과 교수

1. 동아시아 문학의 갈래와 시대 구분

동아시아의 중국, 한국, 일본은 상고시대부터 한자한문을 이용하여 표기체계로 이용하고, 한문고전을 공통의 지적 자산으로 간주해 왔다는 공통점이 있다. 하지만 세 나라의 정치, 문화, 경제가 독립적으로 발전했듯이, 문학도 결코 공통의 모습으로 전개된 것이 아니었다. 더구나 한국과 일본은 각각 독자적인 문자체계를 발명하여 한문의 표기법과 병용했고, 한자의 차음차의(借音借義) 방식이나 한문국어 혼용의 변격 한문을 이용하여 사실 기록과 보고에 사용하고 자민족의 정서와 사유를 표출했다.

그런데 이 세 지역의 근대 이전 문학을 통합적 시야에서 바라보기 위해서는 각 지역·국가의 '가설적 공시성'을 상정하지 않을 수 없다.

한국문학의 경우, 역사의 흐름은 상고시대, 남북국시대, 고려시대, 조선전기, 조선후기, 구한말-근세의 순으로 개괄할 수가 있다. 중국문학의 경우는 고대 문학, 선진시대 문학, 진·한, 위진남북조 시대 문학, 수, 당나라 문학, 송나라 문학, 금 · 원 문학, 명나라 문학, 청나라 문학 등으로 시대를 구분한다. 일본 고전문학의 경우는 고대 및 나라(奈良) 시대 문학, 헤이안(平安) 시대 문학, 중세 문학, 에도(江戶) 시대 문학 등으로 구분한다. 문학은 반드시 왕조의 교체에 따라 새로운 단계로 진입하는 것은 아니지만, 왕조의 교체는 문학 담당층의 변화를 수반했으므로, 이 시대 구분을 적용하여 3국의 문학의 흐름을 공시성의 시야에서 살펴보고자 한다. 숙명적으로 갈등과 화해를

[동아시아문학의 시대구분]

동아시아문학	한국문학	중국문학	일본문학
상대문학	고대문학, 남북국시대	고대 문학, 선진시대 문학, 진·한 시대 문학, 위진남북조 시대 문학	大和(やまと)·奈良(なら)時代: ? ~794년
중세문학	고려시대 문학	수·당 문학	平安(へいあん)時代 : 794년~1192년
근세문학(전기)	고려시대 문학	송·금·원 문학	鎌倉(かまくら)·室町(むろまち)時代 : 1192년~1603년
근세문학(후기)	조선시대 문학	명·청 문학	江戸(えど)時代 : 1603년~1868년
근현대문학	근현대문학	근현대문학	近(きん)·現代(げんだい) (明治(めいじ)·大正(たいしょう)·昭和(しょうわ)): 1868년~현재

반복하는 동아시아 여러 나라들은 타 지역의 민족의식을 이해하고 공통의 보편적 가치를 추구하려고 노력해야 할 것이다.

2. 동아시아 한자문화권의 중층적(中層的)·다성적(多聲的) 특성

고고발굴의 조사에 의하면 동아시아는 기원전부터 한자를 공통의 문자로 활용했다. 이후 신라는 국학(682)과 독서삼품과(788)를 설치하여 한문 소양을 갖춘 문인층을 양성했고, 일본은 나라(奈良)조(710~784)에 『학령(學令)』으로 유학과 잡학, 문학 교육을 강화했다. 이후 근세에 이르기까지 한국과 일본의 한문학은 중국의 고전과 문학을 참고로 하면서 지역적(민족적) 특성과 한자문화원의 보편적 특성을 형성하여 나왔다.

영국사학가 피터 버크(Peter Burke)는 고전 시대 이후 근대 초까지 유럽학자들이 라틴어를 사용해서 서찰을 주고받으면서 스스로 '문인공화국' 혹은 '지식공화국'에 속해 있다고 인식했다고 보았는데, 일본학자 타카하시 히로미(高橋博巳)는 『동아시아의 문예공화국—통신사·북학파·겸가당—』(新典社, 2009)을 저술하여 일본과 조선 사이에도 문예공화국이 존재했다는 주장을 폈다.[1] 이러한 논리에서 동아시아 한문화권에도 이른바 텍스트 공동체(textual communities)가 존재했다는 인식이 있다. 하지만 한문화권(한자문화권)이 이룩한 공동체 혹은 공화국은 내부의 목소리가 결코 단일하지 않았다.

(1) 한문문언어법과 특수 문체의 병용

한자를 사용한다고 하더라도 동아시아 각 지역공간의 사정을 보면 민중적

[조선의 언어문장과 산문문체 양식]

<table>
<tr><th></th><th>표기 체계</th><th>산문의 문체양식</th><th colspan="2">산문제작능력 대응의 시제작 능력</th></tr>
<tr><td rowspan="12">朝鮮의 言語와 文章</td><td rowspan="5">文言語法(古文) 漢文</td><td>唐宋古文, 秦漢古文(擬古文), 小品</td><td colspan="2" rowspan="3">詩(詞 포함)</td></tr>
<tr><td>*古白話擬作文</td></tr>
<tr><td>騈儷文(四六文)</td></tr>
<tr><td>科文(科詩·科賦·疑義·科策)</td><td colspan="2">科詩, 詩</td></tr>
<tr><td>佛敎漢文</td><td colspan="2">朝鮮式 古風, 詩</td></tr>
<tr><td rowspan="4">韓國式(吏讀式) 漢文</td><td>鄕札</td><td colspan="2" rowspan="2"></td></tr>
<tr><td>初期 音讀訓讀複合文</td></tr>
<tr><td>狀啟 등 公文書</td><td>詩</td><td>朝鮮式 古風</td></tr>
<tr><td>告目·立案 등 行政 및 生活文書</td><td colspan="2" rowspan="4">朝鮮式 古風</td></tr>
<tr><td rowspan="3">한글 표기문</td><td>諺解</td></tr>
<tr><td>한글 生活文書</td></tr>
<tr><td>한글 書札, 祭文, 行狀行錄, 한글 小說</td></tr>
</table>

생활세계와 밀착된 지점에서는, 한국의 경우 한국식·이두식 한문, 중국의 경우 고백화와 근세백화어, 일본의 경우 화한문(和漢文)과 가키구다시(書き下し)문을 사용하여, 상층에서 이루어진 공동 텍스트 사용과는 전혀 다른 풍광이 펼쳐졌다.

한국에서는 414년 광개토대왕릉비가 문언어법의 한문으로 작성되어 있지만, 한국의 북부와 남부에서는 차음차훈법이나 한국식 어법에 따른 한자 문장으로 글을 작성했으리라 생각된다.

백제의 문헌 기록은 720년에 성립된 『일본서기』 권9, 10, 14, 16, 17, 19 등 6권의 분주(分注)에는 『백제기』 등 3종의 백제 사료가 인용되어 있다. 권16 「무열기(武烈紀)」 4년의 분주(分注)에는 『백제신찬(百濟新撰)』에서 "今各羅海中有主嶋, 王所産嶋"라는 구절을 인용했다. 여기서 '所'자는 정통 한문과 쓰임이 다르다. 「무열기」 4년의 정문(본문)은 분주에 인용한 『백제신찬』에

---

1. 高橋博巳, 『東亞の文芸藝共和國—通信使·北學派·蒹葭堂—』 新典社, 2009.

의거하고 있다. 그때 "國人共除, 武寧王立, 諱斯麻王"을 "國人遂除而立嶋王, 是爲武寧王"으로 고쳤다.[2]

是歲, 百濟末多王無道暴虐百姓, 國人遂除而立嶋王, 是爲武寧王.
[百濟新撰云 : "末多王無道暴虐百姓, 國人共除, 武寧王立, 諱斯麻王, 是琨支王子之子, 則末多王異母兄也. 琨支向倭時, 至筑紫嶋, 生斯麻王, 自嶋還送, 不至於京, 產於嶋, 故因名焉. 今各羅海中有主嶋, 王所產嶋, 故百濟人號爲主嶋." 今案嶋王是蓋鹵王之子也. 末多王是琨支王之子也. 此曰異母兄, 未詳也.]

이 해 백제 말다(마타)왕이 무도하여 백성에게 포학했다. 나라 사람이 마침내 제거하고 도왕(세마사시)을 세우니, 이가 무령왕이다.
[『백제신찬』에는 이러하다. "말다왕이 무도하여 백성에게 포학하게 굴었다. 나라 사람이 함께 제거하니 무령왕이 즉위했다. 휘는 사마왕(시마왕)이다. 곤지왕자(고니키세시무)의 아들이니, 곧 말다왕의 이모형이다. 곤지가 왜로 향했을 때 축자도에 이르러 사마왕을 낳았다. 섬에서 되돌려 보냈는데 서울에 이르지 못하고 섬에서 낳았으므로 그로 인하여 이름을 붙였다. 지금 가라의 해중에 주도가 있으니, 왕이 태어난 섬이므로 백제 사람들은 이를 주도라고 부른다." 지금 고찰하건대, 도왕은 곧 개로왕(고로왕)의 아들이다. 말다왕은 곧 곤지왕의 아들이다. 이를 이모형이라고 말한 것은 상세하지 않다.]

한국과 일본의 초기 한문은 자국의 언어를 음차(音借)와 훈차(訓借)로 옮기는 방법을 즐겨 사용했다. 일본 熊本(구마모토)현 玉名(다마나)市 江田町(에다초)의 船山(후나야마)고분에서 발견된 太刀(다치)의 명문(銘文)에는 "在意柴沙加宮時(오시사카노미야에 있을 때)"같이 만요가나(萬葉假名)의 용법이 보인다. 聖德(쇼토쿠) 태자는 불교를 고구려 승려 惠慈(에지)에게서 배우고 한적은 박사覺哿(가쿠카)에게 배웠다. 603년 관위 12계의 제도를 정하고, 604년 17조의 헌법을 반포했다. 17조 헌법은 제3조가 불·법·승 삼보를 존숭해야 한다고 서술한 것을 제외하고는 모두 군신의 명분을 정하고 안민(安民)을 행할 것을 서술했다. 17조의 전체 180구 가운데 8할에 해당하는 144구가 4자이다.[3] 여기에는 일본식 한문이 상당히 섞여 있다.

한국에서도 한문문언만을 사용한 것이 아니라, 삼국시대부터 고유의 어법과 고유의 토를 활용한 변격한문(이두식 한문)이 널리 활용되었다. 이두어는 일상의 물명(物名)과 단위사에서도 찾아볼 수 있다. 조선시대에 들어와서도 정격의 한문만이 아니라 이두를 섞은 한문이나 우리식 어휘와 어법을 함께 사용하는 변격한문을 사용했다. 원(몽고)의 영향을 받은 사례도 있다. 쿠빌라이 정권은 지원(至元) 3년(1337) 10월 칙첩(勅牒)의 형식을 고치고, 지원 5년 중서성(中書省)과 어사대(御史臺) 등 관청 사이의 문서서식을 정돈했다. 고려 말 조선시대에는 원나라의 문서 서식을 채용하기도 했을 것이다. 국왕이 신하에게 관직·관작·자격·시호·토지·노비 등을 내려줄 때 발급하는 교지(教旨)에는 '某爲某階某職者'라고 하여 어말에 '~者'를 사용했는데, 이것은 몽고어 직역체에서 '~者'를 사용한 것에서 영향을 받은 듯하다.

1719년(일본 享保 4년) 조선에서 파견한 제9차 통신사절에는 신유한(申維翰, 1681~1752)이 있어, 261일간의 일본기행의 기록을 『해유록(海游錄)』으로 정리했다. 본편 이외에 일본문명비평서인 「일본견문록」에서 신유한은, 일본에서는 간파크(關白)를 비롯하여 태수와 관리가 한 사람도 '文'을 해득하지 못한다고 비판했다. 신유한 일행은 1719년 10월 1일(경자) 에도 성으로 국서를 전달하기 위해 떠났는데, 전날 일본인들이 의주(儀注)를 가져왔을 때 가키구다시분(書き下し文)이어서 읽을 수가 없어서 역관 박춘서(朴春舒)와 함께 부교

---

2. 모리 히로미치(森博達) 저, 심경호 옮김, 『일본서기의 비밀』, 황소자리, 2006.

3. 그 제1조만 보면 다음과 같다. "一曰: 以和爲貴, 無忤爲宗. 人皆有黨, 亦少達者. 是以或不順君父, 乍違隣里. 然上和下睦, 諧於論事, 則事理自通, 何事不成?"

(奉行)를 불러 일일이 물어서 대답을 듣고, 그것을 한문으로 번역해야 했다.[4]

(2) 韻語 활용의 역사적 전개

한자문화권에서 협의의 시는 평측과 압운을 맞추어야 한다. 특히 압운이 중요하다. 『시경』 국풍의 왕풍(王風)에 「채갈(采葛)」편이 있다.

彼采葛兮. 一日不見. 如三月兮.
彼采蕭兮. 一日不見. 如三秋兮.
彼采艾兮. 一日不見. 如三歲兮.

저 칡 캐는 처녀여, 하루를 안 보면 석 달이나 된 것 같아라.
저 육모초 캐는 처녀여, 하루를 안 보면 아홉 달이나 지난 것 같아라.
저 쑥 캐는 처녀여, 하루를 안 보면 삼 년이나 흐른 것 같아라.

4음절이 한 행을 이루는 리듬이 세 번 반복하는 노래다. 그것도 거의 같은 뜻의 말을 반복하는 구조 속에서, 운(韻)을 바꾸고 말을 바꾸어 점진적으로 감정을 고조시켜 나간다. 三月, 三秋, 三歲의 月, 秋, 歲가 각각 葛(갈: 칡), 蕭(소: 육모초), 艾(애: 쑥)의 글자와 압운(押韻: 일정한 위치의 구 끝에 같은 리듬의 글자를 놓는 일)을 하고 있다. 전통적인 주석은, 조정의 바깥으로 사신 나가게 된 사람이, 자신이 없는 사이에 군주와의 사이가 참언으로 벌어지는 것이 아닐까 염려하여 노래를 불렀다고 한다. 하지만 남자가 여자를 사모하는 간절한 마음을 표현했다고 보는 것이 옳을 것이다.

한국과 일본의 지식층은 한문문언에 의하여 시문을 짓기 위해 한자음의 평측(平仄)과 운속(韻屬)을 암기해야 했다. 한국이나 일본은 7세기 무렵 중국으로부터 『절운(切韻)』계 운서(韻書)가 수입되어, 8세기에 운어(韻語)를 사용하게 된 듯하다.

낙랑의 금석문은 일찍부터 압운을 했다. 이를테면 낙랑의 자료로, 완전한 한문 문장으로 서술된 묘지명과 신사비가 있다. 이 가운데 「점제현신사비(秥蟬縣神祠碑)」(평안남도 龍岡郡 海雲面 龍井里에서 출토되었다고 전함)는 장제 원화 2년(서기 85) 정월 조(詔)에 의하여 점제현에서 4월에 평산군(平山君)을 제사하고 이 비를 세웠을 가능성이 있다. 산문의 서문에 4언 12구로 총 82자의 사(辭)가 있는데, 이것은 압운을 했다. 낙랑 금석문 가운데는 6세기 초 낙랑 왕씨의 묘지명 4편은 지(誌)-명(銘, 사(辭))이 명확히 구분되어 있으며, 지 부분은 변려문이고 명(사)은 4언시, 격구압운, 사련일전운(四聯一轉韻) 형식이다. 이에 비해 408년(광개토왕 18)의 「덕흥리고분묘지명(德興里古墳墓誌銘)」은 4언의 제언(齊言)을 사용했는데, 운문이 없다. 414년(장수왕 3)의 「국강상광개토경평안호태왕비(國岡上廣開土境平安好太王碑)」는 고문 문체인데 전체적으로 보면 압운을 의식하지 않았다. 백제의 무령왕릉에서 발견된 왕의 지석(誌石) 앞면은 사마왕[무령왕]이 나이 62세인 523년(계묘) 5월 7일 사망하고 525년(을사) 8월 12일에 유해를 무덤에 안장했다는 내용이다. 왕비 지석 앞면은 왕비가 526년(병오) 12월에 사망하고 529년(기유) 2월 12일 유해를 무덤에 안장했다는 것이며, 뒷면은 525년(을사) 8월 12일 사마왕이 지신에게서 토지를 매입했다는 내용의 매지권이다. 모두 단형의 서사문일 뿐, 압운을 하지 않았다.

한문문장이나 운문에서 압운이 지켜지게 되는 것은 7세기 초반이다. 즉, 고구려 영양왕 23년(612) 을지문덕이 지은 「증수우익위대장군우중문(贈隋右翊衛大將軍于仲文)」은 5언 4구의 시로, 운자를 사용했다. 650년 진덕여왕의 「태평송(太平頌)」은 오언장편 일운도저(一韻到底)의 정격이되, 압운에서는 동일 운목의 글자를 사용하지 못하고, 평성 양(陽)운, 당(唐)운, 경(庚)운을 통압(通押)했다.

---

4. 심경호, 『여행과 동아시아고전문학』, 고려대학교출판부, 2011.

하지만 654년(의자왕 14, 甲寅)에 제작되었으리라 추정되는 「사택지적비(砂宅智積碑)」의 비문은 제5행 끝 두 글자 이하를 식별할 수 없는데, 제2행과 제5행까지를 보면 사륙변려체로서, 압운을 하지 않았다. 신라 월지(月池) 출토 14면 주령(酒令)의 각서자구(刻書字句)는 압운을 하지 않았고, 4언구와 5언구를 혼용하고 육각형 8면에는 말음에 동일 글자를 사용한 것이 2쌍이다.

정사각형 6개 면 : 飮盡大笑, 三盞一去, 自唱自飮, 禁聲作舞, 衆人打鼻, 有犯空過.
육각형 8개 면 : 醜物莫放, 兩盞則放, 任意請歌, 曲臂則盡, 弄面孔過, 自唱怪來晩, 月鏡一曲, 空詠詩過.

신라 헌강왕(憲康王) 무렵에 이르러 궁중 문학에서 운어를 사용하는 일이 많아졌다. 최치원의 「지증대사적조지탑비명(智證大師寂照之塔碑銘)」에는 헌강왕이 지증대사에게 준 4언시가 있다. "挽卽不留, 空門鄧侯. 師是支鶴, 我非趙鷗."가 인용되어 있다. 평성(平聲) 우운(尤韻)을 격구압운(隔句押韻)하고 수구(首句)도 입운(入韻)했다. 최치원은 한림학사로 있으면서 왕명에 따라 승려들을 위한 비명을 지었다. 서는 변려체, 명은 환운(換韻)을 했다. 또 진성여왕 때 왕거인(王居仁/王巨仁, 887~896)은 다라니 은어의 참요(정치요)를 퍼뜨린 죄목으로 옥에 갇힌 후 「분원시(憤怨詩)」로 하늘을 감응시켰다. 평성 양운(陽韻)을 격구압운하되 제1구에는 입운하지 않았다.[5] 이후 고려시대에는 과거를 실시하면서 팔각운(八脚韻) 부(賦)와 10운시를 부과함으로써 운어에 밝은 지식층을 형성시켰다.

제문(祭文)의 경우, 당나라 한유(韓愈)는 산구(散句)의 형식을 채용했으나 대개 제언(齊言)이 많으며, 전통적으로 운어를 사용해 왔다. 조선의 문인 집단이나 향촌 사회에서는 제문이 상량문과 함께 중시되었으며, 거의 운어를 사용했다. 조선 후기에 이르러 향촌 사회에서 제언이되 압운하지 않은 제문이 늘어났다.

일본에서는 『고사기』『일본서기』『만엽집』 등이 모두 한자로 표기되었고, 불교와 유교의 학습도 당연히 한자, 한문을 통해서 이루어졌다. 8세기의 한시집 『가이후소(懷風藻)』나 9세기 전반의 칙찬한시집의 편찬 등 일본고대의 글쓰기는 모두 한자, 한문만이 사용되었다. 헤이안시대에는 음박사를 두고, 귀족 자제를 대상으로 과거를 실시했으며, 변려문을 사용하고 분운(分韻)도 했다. 하지만 와카(和歌)·렌가(連歌)·가요(歌謠)가 시가 문학의 중심이 되었다. 한시는 고잔(五山)의 선승들에 의해 명맥이 이어졌다. 에도시대에 들어와서는 교호(享保) 연간에 오규 소라이(荻生徂徠, 1666~1728)가 고문사학(古文辭學)을 창도한 뒤 제자 핫도리 난카쿠(服部南郭)가 성당(盛唐)의 시풍을 확산시켰고, 이후 여러 유파가 각각 독특한 한시를 창작했다. 또한 일본 한시는 유학과는 별도로 '(和風)문인취미'를 형성하여, 시골사람이나 상인까지 한시를 즐겨 짓고, 도회지 선생의 '田舍わたらい'나, 시작의 우편 첨삭마저 있었다.[6] 메이지 이후로도 창작 한시가 신문 지상에 게재되는 등, 서구 문물의 수입과 대척적으로 한문 고전을 공부하는 붐이 일어났다.

---

5. 『삼국사기』 권11 신라본기 제11, 진성왕. "于公慟哭三年旱, 鄒衍含悲五月霜. 今我幽愁還似古, 皇天無語但蒼蒼." ; 『삼국유사』 권2 「기이 제2·眞聖女大王居陁知」. "燕丹泣血虹穿日, 鄒衍含悲夏落霜. 今我失途還似舊, 皇天何事不垂祥."

6. 中村幸彦, 「文人意識の成立」, 久保田淳·栗坪良樹·野山嘉正·日野龍夫·藤井貞和 編, 『岩波講座日本文學史』 第九卷, 岩波書店, 2000.

3. 한중일의 독서층 혹은 작가층의 상위와 문학 양식의 차이

한국, 중국과 일본의 독서층은 정치참여의 방식, 젠더, 확산의 범위 등이 달랐으므로 같은 서적을 열람하더라도 그 사상과 지향은 사뭇 달랐다.

일본에서는 중고 시대에 남성은 한문체나 변체한문으로 일기를 썼고, 여성은 가나로 일기를 썼다. 일본 일기문학의 효시라고 하는 『도사닛키(土佐日記)』는 남자가 여성에 가탁하여, 수령임기를 마치고 귀경까지 55일 간의 배 여행을 기록했다. 후지와라미치츠나(藤原道綱)의 어머니가 쓴 『가게로닛키(蜻蛉日記)』는 후대의 궁정 뇨보(女房) 문학에 커다란 영향을 주었다. 그 외 『이즈미시키부닛키(和泉式部日記)』『무라사키시키부닛키(紫式部日記)』, 『사라시나닛키(更級日記)』 등 여성 일기의 명작들이 줄이었다. 중세에는 여성 일기 이외에 남성의 가나 일기, 한문체 일기 『메이게츠키(明月記)』 등도 출현했다. 또한 중고 시대에는 가나(仮名)를 이용한 산문이 크게 발달하고, 10세기 중반부터 모노가타리가 발달했다. 구비문학을 문자로 정착하는 데서, 문자로 창작한 모노가타리를 구승하는 형태로 바뀌었다. 무라사키시키부(紫式部)의 『겐지모노가타리(源氏物語)』는 우타모노가타리(歌物語)와 츠쿠리모노가타리(作物語)를 집대성한 것이다. 주인공 히카루겐지(光源氏)의 복잡한 연애담, 그 아들 가오루(薫)의 기구한 운명을 그렸는데, 자연과 인간 삶을 응시하는 시선이 매우 날카롭다. '모노노아와레'의 미학이 드러나 있다.

한국에서는 여성 작가가 산발적으로 나타났을 뿐, 그들의 작품이 널리 유행한 예는 매우 드물다. 『난설헌집』은 난설헌이 세상을 뜬 다음 해 허균에 의해 선조 23년(1590)에 편찬되었다. 당시 유성룡(柳成龍, 1542~1607)이 즉시 「발난설헌집(跋蘭雪軒集)」을 짓고 다음해 서문을 지었다. 선조 30년인 1606년, 명나라 주지번(朱之蕃)이 조선에 사신으로 와서 서문을 지었으나, 선조 41년인 1608년에야 판각되었다. 다만 중국에서는 심무비(沈無非) 간행의 1권본 『경번집(景樊集)』(이미 없어짐)의 목판본이 나왔다. 부안(扶安) 시기(詩妓)인 매창(梅窓 : 李桂生 또는 癸生)의 한시집인 『매창집』은 1668년(현종 9) 12월 현의 아전들이 변산 개암사(開巖寺)에서 개간(開刊)했다. 하지만 대개의 여성 시문집은 근세에 이르도록 목판으로 간행되지 않았다.

한편 근세 이전의 일본에서는 유학이 구케(公家) 계통의 유학자와 고잔(五山)의 선승들에 의해 연구되다가, 후지와라 세이카(藤原惺窩)와 그 문인 하야시 라잔(林羅山)에 의해 확산되었다. 이후 에도(江戶) 260년간의 사상사는 교호(享保) 연간(1716~1736)을 경계로 하여 게이쵸(慶長) 8년(1603) 에도(江戶) 바쿠후(幕府)를 열었던 도쿠가와(德川) 정권이 문교정책으로 유학(주자학)을 장려했던 시기와, 오규 소라이(荻生徂徠)가 야마가 소코(山鹿素行)와 이토 진사이(伊藤仁齋)의 반주자학적 학설을 비판적으로 발전시켜 고학파(古學派, 蘐園派)가 성립하고 그와 함께 양명학파도 세력을 얻었던 시기로 나뉜다. 이 후반기에는 국학이나 난학(蘭學)이 바쿠후 체제를 뒤흔들었다.

조선 이황(李滉)의 저작과 편서는 에도시대에 많이 출판되었다. 하지만 일본주자학자의 사상은 이황의 사상으로 결코 수렴하지 않았다. 막부의 교학제도 창립에 참여한 하야시 라잔은 조선본 『학부통변(學蔀通辨)』 『이단변정(異端辨正)』 『곤지기(困知記)』 『성리자의(性理字義)』 등을 읽고 이단을 배척하게 되었고, 이황 교정의 『연평문답(延平問答)』을 현창했다.[7] 그는 주자를 충실하

---

7. 阿部吉雄, 『日本朱子學と朝鮮』, p.173 ; 「李退溪の思想と行動」, 『退溪學報』23, 1979, 3節 '日本儒學の發展と李退溪'.

게 소개하는 것에 중점을 두었지만,[8] 『노자구의(老子口義)』를 통하여 노자에 접하고 '무심(無心)'의 사상을 형성했다.[9] 훗날 야마자키 안사이(山崎闇斎)도 이황의 문집, 『자성록(自省錄)』 『주자서절요(朱子書節要)』 등을 열람하면서 사상을 구축했지만 조선 주자학을 답습하지 않았다. 더구나 에도 유학(주자학)은 신유일치론(神儒一致論)의 틀을 벗어나지 못했다. 일본의 유학자는 막부의 정치문서 편찬관이었을 뿐, 정권 담당층은 아니었다. 그들은 한편으로는 막부(幕府)의 현실적 존재를 인정하면서 한편으로는 존황의식(尊皇意識)을 고취해야 했다.

중국의 경우는 강남 지역의 독자적 문화와 지식계층의 다양한 활동으로 지적, 감성적 실험이 사상서나 문예서의 출판과 연계되었다. 이에 비해 한국의 경우는 과거제도가 사상과 문화의 다양성을 통합하는 기능을 많이 드러냈다. 일본의 경우는 에도시대에 출판문화가 발달하고 사상적, 문예적 취향도 다양화하여 광범한 범위의 사상서와 문예서가 속속 간행되었다. 경학(經學)만 보더라도 조선에서는 조정의 지도노선에 의해 눈에 보이지 않는 규제를 받았으며, 출판문화도 역시 그러했다. 또 조선에서는 가문과 학맥의 현창을 위해 문집을 간행하는 일이 활발했다. 이에 비해 일본의 방각본은 신래(新來)의 서적을 교양세계에서 파급시키는 역할을 했다.

조선시대에 상인의 묘비나 묘지가 제작된 사실이 없는 듯하다. 하지만 명나라에서는 왕세정(王世貞) 등이 상인 및 상인 처를 위해 묘도문자를 많이 작성했다. 일본은 불교 국가로 화장(火葬)을 했으며, 무덤을 쓰더라도 한문의 비문은 그리 많이 만들지 않았다. 교토 겐닌지(建仁寺) 료소쿠인(兩足院)의 묘역에 '나파우열행재선부군지묘(那波友悅幸齋先府君之墓)'와 '감예묘열유인진전씨지묘(感譽妙悅孺人津田氏之墓)'가 있다. 나바유에츠(那波友悅)는 후지와라세이카(藤原惺窩)의 고제 나바갓쇼(那波活所, 1595~1648)의 숙부이되, 그 자신은 유학자가 아니었다. 아들 나바유요(那波祐予)가 적은 「선고비이군묘갈명병서」에는 부친에 대해 "當時以直見稱推(당시이직견칭추), 雖不學先聖道(수불학선성도), 自應似子夏語矣(자응사자하어의)"라고 했다. 『논어』「학이」편 현현역색(賢賢易色)장에서 자하가 "어진 이를 어질게 여기되 색을 좋아하는 마음과 바꿔하며, 부모를 섬기되 능히 그 힘을 다하며, 군주를 섬기되 능히 그 몸을 바치며, 붕우와 더불어 사귀되 말함에 성실함이 있으면, 배우지 않았다고 할지라도 나는 반드시 그를 배웠다고 이르겠다"라고 한 말을 끌어와, 부친이 유학을 공부하지는 않았음을 밝혔다.

8. 丸山真男, 『丸山真男集』 第一巻 「近世儒教における徂徠の特質並にその國學との關連」.

9. 大野出, 『日本の近世と老荘思想』, ぺりかん社, 1998.

4. 한중일 문학사 개관

(1) 한중일의 상고문학

1) 중국의 상고문학

① 신화와 전설

『산해경(山海經)』은 서사구조를 잃어버린 '말라버린 신화'들을 집적했다. 「오장산경(五藏山經)」「해외사경(海外四經)」「해내사경(海內四經)」「대황사경(大荒四經)」「해내경(海內經)」의 5부로 나뉘어져 있는데, 3세기 이전에 곽박(郭璞)이란 사람이 주석을 단 것이 있다.

② 선진시대 경전과 제자서의 문학

진시황이 천하를 통일한 이전의 시대에 성립한 경전과 제자서에도 문학성이 있다. 『시경(詩經)』은 지금부터 약 2500여 년 내지 3000여 년 전인 서주(西周) 초기부터 춘추(春秋) 중기까지의 약 500여 년간, 민간의 사람이나 조정의 사대부가 창작했거나 궁중의 의식이나 제사에서 연주한 305편으로 이루어져 있다. 즉, 15국 국풍(國風)과 소아(小雅), 대아(大雅) 및 송(頌)으로 이루어져 있다. 국풍은 주남(周南), 소남(召南) 25편, 패(邶), 용(鄘), 위(衛) 39편, 왕풍(王風) 10편, 정풍(鄭風) 21편, 제풍(齊風) 11편, 위풍(魏風) 7편, 당풍(唐風) 12편, 진풍(秦風) 10편, 진풍(陳風) 10편, 회풍(檜風) 2편, 조풍(曹風) 4편, 빈풍(豳風) 7

편이다. 소아는 74편이 남아 있다. 제목만 있는 것까지 합치면 80편이다. 대아는 모두 31편이다. 소아와 대아는 주나라 때 사대부들이 지은 것으로, 서주의 수도 호경(鎬京: 현재의 서안)과 동주의 수도 낙읍(洛邑: 현재의 낙양)에서 이루어졌다. 송은 주송(周頌)·노송(魯頌)·상송(商頌)의 3부이다. 각각 31편, 4편, 5편(이름만 남은 것까지 합하면 12편)이다. 국풍과 소아의 일부 민가, 대아와 소아의 일부 귀족 풍유시는 사회적 모순을 반영하고 풍자했다. 대아「생민(生民)」·「공류(公劉)」·「면(緜)」 등은 주나라 민족의 기원과 발전을 읊은 서사시이다. 「황의(皇矣)」·「대명(大明)」은 문왕과 무왕의 전공을 칭송한 서사시이다. 상송의 「현조(玄鳥)」는 제비[玄鳥]가 은나라 조상을 낳았다는 전설을 기록하고 은나라의 발전과정을 생동적으로 기술했다.

초사(楚辭)는 기원전 3백년 전후 초나라에서 발생한 노래이다. 굴원(屈原)이 『이소(離騷)』를 창작한 뒤 '초사'를 '소(騷)'라 부른다[남조 제·양 때 유협(劉勰) 『문심조룡(文心雕龍)』, 양 소명태자 소통(蕭統)의 『문선(文選)』]. 자수와 구수가 일정치 않고, 용운(用韻)이 엄격하지 않으며, 구중이나 구 말에 '兮·只' 따위의 어조사를 사용한다.

『상서(尙書)』는 『서경』이라고도 한다. 우서(虞書)·하서(夏書)·상서(商書)·주서(周書)로 이루어져 있으며, 군왕과 대신 사이의 대화[모(謨), 군왕에 대한 대신의 건의[훈(訓)], 인민에 대한 군왕의 통고[고(誥)], 전쟁에 임하는 군왕의 맹서[서(誓)], 군왕이 신하에게 특권과 책임을 부과하는 명령[명(命)] 등 다섯 종류의 문건을 모았다. 주서(周書)에 들어 있는 「태서(泰誓)」는 주나라 무왕(武王)이 은나라 주(紂)를 토벌할 때 신하들과 맹세한 말을 실어두었다.

『춘추』는 연대순으로 되어 있는 편년체 역사로서, 공자가 노나라 은공(隱公) 원년에서부터 애공(哀公) 40년까지 242년간의 역사 기록에 대하여 선악의 가치 판단을 어떤 식으로든 개입시킨 것이라고 전해진다. '경(經)'을 해설하려고 한 '전(傳)'에 「공양전(公羊傳)」「곡량전(穀梁傳)」「좌전(左傳)」과 송나라 때 나온 「호씨전(胡氏傳)」이 있다. 「좌전」은 파란 많고 광활한 전쟁 장면, 복잡다단한 내부 정변과 외교투쟁을 생동감 있게 묘사해내었다. '순망치한(脣亡齒寒)' '위과가부첩(魏顆嫁父妾: 즉 결초보은의 고사)' 등의 우언도 많이 있다.

『논어(論語)』는 공자 문하의 제자 및 그 뒤의 유가들이 공자(기원전 552~479)의 말, 공자와 제자 사이의 대화, 공자와 당시 사람들과의 대화, 제자들의 말 그리고 제자들 간의 대화를 기록하여 엮은 책이다. 대화를 묘사한 글이 매우 생동적이다. 제자백가란 전국시대(BC 5세기~BC 3세기)에 활약한 학자와 학파를 통틀어 가리키는 말이다. 이 가운데 장자(莊子)는 주나라 장주(莊周)가 지었다고 전한다. 지금 텍스트는 대개 33편(10권)으로, 곽상(郭象)이 엮은 것이다. 장자는 인위(人爲)와 작은 지혜[小知]를 부정했다.

③ 진·한, 위진남북조 시대의 문학

한나라 동중서 등은 유가 경전의 권위를 정당화하려고 노력했다. 금문학파는 자연 이변조차 통치질서의 안위와 관련된 하늘의 계시라고 풀이하는 '참위학(讖緯學)'을 성립시켰다. 동한 말에는 환관과 외척들이 세력을 다투고, 황건의 난이 발생했다. 서기 220년 위(魏)나라의 건국으로부터 589년 수(隋)가 중국을 통일하기까지의 약 370년간을 위진남북조 시대라고 한다. 이 시대에는 현학(玄學)과 도교가 성하여, 당시 지식인들은 경험적 사실과 공상적 허구를 뒤섞어 버렸다. 그 결과 신선이나 귀신의 전설이 많이 나왔다.

양한, 위진남북조 시대에는 시가가 발달했다. 도연명의 시가 특히 유명하다. 또한 전국시대 이후로, 운문이 산문화한 형태의 사부(辭賦)도 발달했다. 굴원(屈原)의 초사 작품을 이은 송옥(宋玉)의 초사는 소부(騷賦), 한대의 부는 고부(古賦), 육조시대의 부는 배부(排賦), 당의 부는 율부(律賦), 송의 부는 문부(文賦)로 대표된다. 송대 이후에는 율부가 과거시험 문체인 과부(科賦)로 채택되었다.

『사기(史記)』는 기전체(紀傳體)로 이루어진 중국 최초의 통사(通史)이다. 전한(서한) 때 사마천(司馬遷)이 저술했다. 『사기』는 제왕의 연대기인 본기(本紀)

12편, 제후왕을 중심으로 한 세가(世家) 30편, 역대 제도 문물의 연혁에 관한 서(書) 8편, 연표인 표(表) 10편, 뛰어난 개인의 활동을 다룬 열전(列傳) 70편 등, 총 130편으로 구성되었다. 열전의 첫 머리에는 이념을 지키려다 죽은 백이(伯夷)·숙제(叔齊)의 열전을 두고, 마지막에는 이(利)를 좇는 상인의 삶을 그린 화식열전(貨殖列傳)을 두어, 도덕적 당위의 실천과 의욕적 본능 사이에서 방황하고 고뇌하는 인간의 모습을 제시했다. 『세설신어(世說新語)』는 위진 지식인의 언행이나 인물 품평을 적은 일화집으로, 인간의 재(才)·성(性)·기(氣)·질(質)을 중시했다.

『장자』에서는 소설을 대달(大達: 大道)과 대비되는 개념으로 사용했고, 『순자』에서는 '소가진설(小家珍說)'이라는 부정적 의미로 사용했다. 위진남북조 시기에는 신화나 전설, 민담 등 기이한 이야기들을 짤막하게 기록한 산문이 발달했는데, 그것을 지괴(志怪) 혹은 지괴소설이라고 한다. 『수신기(搜神記)』·『수신후기(搜神後記)』·『유명록(幽明錄)』·『박물지(博物志)』 등이 있다. 『수신기』는 317년 전후 동진 때 간보(干寶)라는 사람이 엮었는데, 464편의 이야기만 전한다.

위진남북조 시기에 문학 형식주의가 심화되자 유협(劉勰)은 『문심조룡(文心雕龍)』을 지어 화려하고 고운 것만 좇는 풍조를 배격했다. 유협은 시문을 지으려면 여섯 개의 원칙을 지켜야 한다고 했다. "문장이 경전을 전범으로 해서 창작되어진다면, 그 체(體)는 육의(六義)를 지니게 된다. 첫째, 정(情)이 깊고 속임이 없는 것. 둘째, 풍(風)이 맑고 잡되지 않는 것. 셋째, 사(事)가 진실되고 거짓이 없는 것. 넷째, 의(義)가 곧고 왜곡됨이 없는 것. 다섯째, 체(體)가 간결하고 난잡하지 않는 것. 여섯째, 수식이 곱고도 지나치지 않는 것이다."(宗經)

2) 한국의 상고문학

고구려는 건국 초 이른 시기에 한문을 사용하여 「유기(留記)」 1백 권을 지었다는 기록이 있고, 600년에 이문진(李文眞)이 「유기」를 바탕으로 「신집(新集)」 5권을 편했다. 백제는 375년에 고흥(高興)이 「서기(書記)」를 편찬했고, 신라는 545년에 거칠부(居柒夫)가 국사를 편찬했다.

조선한문학 형성기에 금석문의 한문문체는 ⓐ 4언 중심의 문언문 ⓑ 선진고문에 토대를 둔 문언문 ⓒ 사륙변려문을 지향한 문언문 ⓓ 이두식 한문 등이다.

5세기 전반부터 6세기 중후반에 세워졌다고 추정되는 「중원고구려비(中原高句麗碑)」는 비문의 판독 가능한 부분에는 '교(教)'라는 글자를 5차례나 사용되었다. 사역동사 '사(使)'를 대신하여 사용한 듯하다. 「임신서기석(壬申誓記石)」과 6세기 것으로 추정되는 울주천전리각석(蔚州川前里刻石)은 이두문을 사용했다. 신라 말·고려 초 자적선사(慈寂禪師) 홍준(弘俊, 882-939)를 위해 최언위(崔彦撝)가 작성한 「고려국상주명봉산경청선원고교시자적선사능운지탑비명병서(高麗國尙州鳴鳳山境淸禪院故敎謚慈寂禪師淩雲之塔碑銘幷序)」는 서는 변려문(騈儷文), 명(銘)은 완전한 운문이며, 음기(陰記)는 이두문이다.

670년 문무왕은 웅진도독부를 함락시키고 671년 당나라 군사 5,300여 명의 목을 베고 장군을 포로로 잡았다. 이에 당나라 총관 설인귀가 서해를 건너와 신라 승려 임윤법사(琳潤法師)를 통해 최후 통첩을 보내오자 문무왕은 강수를 시켜 그 답서를 짓게 했다. 「설인귀서(薛仁貴書)」는 변문의 특성이 드러나며 문무왕의 「답설인귀서(答薛仁貴書)」도 같은 문체이다.

삼국을 통일한 신라는 682년 국학 설치, 788년 독서삼품과 설치로 한문학 소양을 갖춘 문인 학자들을 양성하는 제도를 확립했다. 설총(薛聰)의 「화왕계(花王戒)」는 이 시기 한문산문의 수준을 대표한다. 신라 전성기인 성덕왕 때에는 통문박사(通文博士)를 두어 당에 보내는 국서(國書)를 관장하게 했다. 김대문(金大問)은 「고승전(高僧傳)」 「화랑세기(花郎世紀)」 「계림잡전(鷄林雜傳)」을 지어 진골 귀족의 전통을 모색했다.

신라의 한시는 의상(義湘, 625-702)의 「화엄일승법계도시(華嚴一乘法界圖詩)」,

원효(元曉, 617-686)의 「대승기신론소(大乘起信論疏)」 등의 저술 끝에 붙인 게송(偈頌)이 우선 발달했다. 원효의 「미타증성가(彌陀證性歌)」나 「금강삼매경론(金剛三昧經論)」의 게송은 모두 칠언 4구의 형태이다. 신라의 한시는 처음에 오언절구와 칠언절구가 주류를 이루었던 듯하다. 그러다가 8세기 중엽에 이르러 혜초(慧超, 704-787)의 『왕오천축국전(往五天竺國傳)』에는 오언율시풍 시가 들어 있다. 719년의 「감산사미륵조상기(甘山寺彌勒彫像記)」, 771년의 「성덕대왕신종명문(聖德大王神鐘銘文)」 등은 세련된 문장으로 이루어져 있고, 그 「사(詞)」는 환운을 했다.

남북국시대의 문학을 대표하는 인물은 최치원이다. 최치원은 18세 때인 874년에 빈공과에 급제하고 20세 때 율수현위(溧水縣尉)가 되었다가, 28세(884) 때 당나라 희종(僖宗)의 사신 자격으로 귀국길에 올라 이듬해 헌강왕 11년(885) 봄 돌아왔다. 최치원이 886년 정월 『계원필경집(桂苑筆耕集)』 및 『중산복궤집(中山覆簣集)』, 그리고 근체시 100여 수 등 시문집 28권을 올리자, 헌강왕은 최치원을 시독 겸 한림학사 수병부시랑 지서서감(侍讀兼翰林學士 守兵部侍郎 知瑞書監)으로 삼았다.

발해는 당 및 일본과 교유하면서 독자적인 한문학을 발달시켰다. 일본에 보낸 국서, 「정혜공주묘비(貞惠公主墓碑)」·「정효공주묘비(貞孝公主墓碑)」, 양태사(楊泰師)와 왕효렴(王孝廉) 등의 한시 등을 보면 발해 한문학의 수준이 높았음을 알 수 있다. 727년 발해 제2대 왕 대무예(大武藝, 武王)가 일본의 쇼무천왕(聖武天皇)에게 보낸 국서는 170의 문자로 이루어진 변문으로, 당나라 계(啓)의 서식이다.

3) 일본의 상대문학

① 신화와 설화

『고지키』는 712년경 오노 야스마로(太安万呂)가 100수의 가요와 모노가타리(설화-전설)를 엮은 것이다. 『니혼쇼키』는 720년 완성된 일본 최초의 정식 역사서이다. 도네리친왕(舍人親王)이 대표적 편집자이되, 일부는 신라에 유학한 승려 혹은 신라 승려가 집필했을 가능성이 있다. 『고지키』·『니혼쇼키』, 그리고 『후도키(風土記)』와 노리토(祝詞)에는 일본의 신화가 문헌으로 정착되어 있다. 한편 쿄카이(景戒)의 『니혼료이키(日本霊異記)』(822년경)는 불교 설화를 모아 인과응보의 교리를 부각시켰다. 또한 『곤쟈쿠모노가타리슈(今昔物語集)』는 일본 설화를 중심으로 하면서 인도와 중국의 설화도 수록한 일본 최대의 설화집이다.

② 노리토(祝詞)와 센묘(宣命)

노리토는 제사 의식에서 사용하는 간단한 주문을 토대로 신에 대한 칭송, 제사의 이유, 봉헌물의 열거, 번영의 기원 등을 구두어로 고하는 형식이다. 특유의 반복, 대구(대장), 열거, 비유의 수사법을 사용하고 음률이 있고 장중하다. 센묘는 제사 의식에서 천황이 신하에게 내리는 칙명이다. 천황 즉위, 황후와 황태자 책봉, 연호 개정, 공신 포상, 죄인 처벌 등을 행할 때 신의 명을 받아 알리는 내용이다.

③ 와카(和歌)와 가요(歌謠)

와카(和歌)는 5·7·5·7·7의 31음절 단시 형태의 운문이다. 『고지키(古事記)』와 『니혼쇼키(日本書紀)』 안에 나오는 기키(記紀)가요를 바탕으로 당나라 문학의 영향을 받아 정형적인 일본 와카가 탄생했다. 기키가요는 상고인들의 연애·제사·노동·애상·주연·의식·동요 등을 바탕으로 하며, 마쿠라고토바(枕詞)와 죠코토바(序詞)를 사용한다. [마쿠라고토바는 주로 5음절로 되어 있고 일정한 어구를 끌어내기 위해 특정 단어 위에 놓는 수사적인 말이다. 죠코토바는 7음절 이상으로 되어 있고 특정 단어 위에 놓는 수사적인 말이다.] 8세기 중반에는 와카를 집대성한 『망요슈(万葉集)』가 나왔다. 5·7·5·7·7의 단가, 5·7·5·7·5·7…… 5·7·7의 장가, 5·7·7·5·7·7의 세도카(旋頭歌), 5·7·5·

7·7·7의 붓소쿠세키가(仏足石歌) 등이다. 남녀 간의 사랑 노래인 소몬카(相聞歌), 죽음을 애도하는 반카(挽歌), 그리고 조카(雜歌) 등으로 분류된다. 조카는 춘(春)·하(夏)·추(秋)·동(冬)·하(賀)·이별(離別)·여행(羇旅)·사물의 이름(物名)·잡(雜)으로 구성된다. 905년 칙찬의 『고킨와카슈(古今和歌集)』는 사계절 노래를 시간 흐름에 따라 나열했다. 중세에는 『신고킨와카슈(新古今和歌集)』가 칙찬되었다.

가요는 고대에서 현대에 이르기까지 존재하며, 집단상을 지니고 무용을 수반한다. 기키(記紀)가요와 『후도키(風土記)』 수록의 상대 가요가 그 기원이다. 가구라(神樂), 사이바라(催馬樂), 이마요(今様)가 발달하고, 중세 후기에는 고우타(小歌)가 유행했다. 메이지 정부는 이러한 전통을 이용해서 창가(唱歌)를 보급하게 된다.

(2) 동아시아의 중세문학

1) 한국의 중세문학

① 고려, 조선 전기의 한문학

고려 광종은 과거제를 확립하면서 진사과의 과목에 시부(詩賦)를 지정했고, 성종은 국자감을 설치하고 관료에 대해 시부의 제작을 부과하는 월과법(月課法)도 실시했다. 문종 이후에는 가문을 중심으로 한 학맥이 이루어져 문벌 중심의 문학 집단이 형성되었다. 대표적인 가문은 해주최씨(海州崔氏), 인주이씨(仁州李氏), 경주김씨(慶州金氏) 등이다.

박인량(朴寅亮)은 신라 이래의 설화를 모아 「수이전(殊異傳)」을 엮었다. 11세기 말, 12세기 초에 이르러 고려의 한문학은 변문 중심에서 고문 중심에로 변화하게 되었다. 예종 때는 군왕과 신하들이 시와 사(詞)를 창화하는 등 귀족문학이 융성했다. 이자겸(李資謙)의 난이 평정된 후 개경파의 김부식(金富軾)은 변문을 배격하고 고문(古文)을 연마하여 「삼국사기」를 편찬했고, 서경파의 정지상(鄭知常)은 당시(唐詩) 풍의 한시를 이용하여 개인의 절실한 서정을 표출했다. 김부식은 「대각국사비문(大覺國師碑文)」 등 불교관계 문장도 여럿 남겼다. 무신란 이후 일부 문인들은 무신정권에 등용되어 관료지식인으로 생활했다. 김극기(金克己)는 조국 강산에 대한 애정을 한시로 표현했고, 이규보(李奎報)는 장편서사시 「동명왕편(東明王篇)」을 짓고, 농민들의 현실에 깊이 공감하여 현실비판의 농민시를 다수 남겼다. 이후 민족사에 대한 관심은 이승휴(李承休)의 「제왕운기(帝王韻記)」 등 영사시(詠史詩) 제작과 국사의 편찬으로 계승되었다. 무신란 이후로는 비평문학이 발달하여, 이인로(李仁老)의 「파한집(破閑集)」, 이규보의 「백운소설(白雲小說)」, 최자(崔滋)의 「보한집(補閑集)」 등이 이어졌다.

고려 중기와 후기에는 불교의 혁신운동과 더불어 불교문학도 새로운 길을 걸었다. 지눌(知訥), 혜심(慧諶), 천인(天因), 천책(天頙), 운묵(雲默), 충지(沖止), 경한(景閑), 보우(普愚), 혜근(惠勤) 등 선승은 선시(禪詩)와 어록(語錄) 등을 남겼다. 각훈(覺訓)은 「해동고승전(海東高僧傳)」을 지었으며, 일연(一然)은 『삼국유사』를 편찬했다. 단, 『삼국유사』에는 일연의 제자 무극(無極)이 최소 2편의 기(記)를 첨가했다.

고려 말에는 신흥 사대부들이 새로운 시대정신을 한문학에 담았다. 첫 세대인 안향(安珦)·백이정(白頤正)·우탁(禹倬) 등은 시문을 그리 남기지 않았으나 다음 세대의 최해(崔瀣)·안축(安軸)·이제현(李齊賢)은 한시문을 많이 남겼다. 이제현은 원나라 대도(大都)에서 조맹부(趙孟頫) 등과 교유하면서 전사(塡詞)의 방법을 익혀, 그것을 통해 서정을 표출했다. 또한 장중한 고문 문체로 외교문서를 작성했고, 시화 및 일화집 「역옹패설(櫟翁稗說)」을 지었다. 이곡(李穀)과 이색(李穡)은 많은 제자를 길러내 새로운 문학사상의 조류를 만들어 내었다. 최해(崔瀣)는 고려 문학의 주체성을 확인하고 『동인지문(東人之文)』을 편찬했다.

임춘(林椿)의 「국순전(麴醇傳)」, 「공방전(孔方傳)」, 이규보의 「국선생전(麴先

生傳)」, 「청강사자현부전(淸江使者玄夫傳)」, 혜심(慧諶)의 「죽존자전(竹尊者傳)」 「빙도자전(氷道者傳)」, 이곡의 「죽부인전(竹夫人傳)」, 식영암(息影庵)의 「정시자전(丁侍者傳)」 등 가전체 작품들은 술, 돈, 거북, 대나무, 지팡이를 대상으로 하면서 사물과 인간의 관계를 따지고 사물의 쓰임새를 통하여 인간 운명을 비유했다. 고려후기에는 고문 문체를 이용한 전장(傳狀)이나 비지(碑誌), 사물에의 관심과 계세(戒世)의 뜻을 표현한 가전체가 발달했다. 이첨(李詹, 1345-1405)은 고려 말 유배기에 「저생전(楮生傳)」에서 군주가 근시(近侍)와 정객(政客)들의 직간(直諫)을 받아들여 올바른 정치를 행할 것을 권했다. 고려 말 1388년(우왕 14년) 이색(李穡)은 「이자춘신도비(李子春神道碑)」를 작성했다. 비주(碑主) 이자춘은 곧 이성계의 부친이다.

조선 초에는 억불(抑佛) 정책을 표방했는데, 정도전(鄭道傳)의 「불씨잡변(佛氏雜辨)」 「심문천답(心問天答)」 등 변론체 문장이 이러한 분위기 속에서 출현했다. 권근(權近)은 「입학도설(入學圖說) 등 변론체 문장을 활용하여 성리학의 이론을 밝혔으며, 「응제시(應製詩)」로써 자주적인 민족의식을 드러내었다. 세종 때부터 세조 연간에 이르기까지 집현전을 중심으로 유가 이념을 존중하는 문인 집단이 형성되었다. 세종 때 『찬주분류두시(纂注分類杜詩)』가 이루어져, 성종 때 『분류두공부시언해』가 이루어지는 토대를 마련했다. 안평대군(安平大君) 이용(李瑢, 1418-1453)은 집현전 학자들과의 빈번한 시회를 통해 문학예술을 발전시키는 데 크게 기여했다. 안평대군은 1447년(세종 29) 안견(安堅)의 솜씨를 빌려 「몽유도원도(夢遊桃源圖)」를 제작하고 그 기(記)를 스스로 작성하고, 3년 뒤 1450년(세종 32) 정월 무렵에는 신숙주 등 20명 문사와 승려 만우(卍雨)가 찬시(讚詩)와 부(賦)를 쓰고, 박팽년이 서(序), 성삼문이 기후(記後)를 적었다. 집현전 출신의 문인 가운데 강희맹(姜希孟)은 『금양잡록(衿陽雜錄)』과 『촌담해이(村談解頤)』를 편하여 문학의 새로운 세계를 열었다. 『금양잡록』에서는 농요를 뽑아 한역해서 잡언 형태의 『선농요(選農謠)』를 지어, 민요의 맥을 한시 속에 끌어들였다. 『촌담해이』에서는 9편의 민간설화를 수집해서, 소설 문학 발전에 기여했다.

세조의 왕위찬탈과 왕권의 확립 이후 성종, 중종을 거치면서 조정 중심의 문학과 사림의 문학, 비교적 자유로운 삶을 살았던 문인의 문학이 갈래를 이루게 되었다. 그 각각을 대표하는 문인으로는 서거정(徐居正, 1420-1488)과 성현(成俔, 1439-1504), 김종직(金宗直, 1431-1492), 김시습(金時習, 1435-1493)을 들 수 있다. 성종 때 서거정은 23년간 문병을 잡았는데, 『동인시화(東人詩話)』와 『태평한화골계전(太平閑話滑稽傳)』을 엮었다. 성현(成俔)은 『악학궤범』 편찬에 간여하고, 『용재총화(慵齋叢話)』도 엮었다. 15세기에 이르러 김종직은 『청구풍아(青丘風雅)』 『동문수(東文粹)』 『일선지(一善志)』 『당후일기(堂後日記)』 등을 엮었고, 『동국여지승람』의 편찬에 관여했다. 무오사화의 빌미가 되었던 초부체(楚賦體) 「조의제문(弔義帝文)」을 보면, 절의를 매우 소중히 여겼음을 알 수 있다. 문인 가운데 정여창(鄭汝昌, 1450-1504)과 김굉필(金宏弼, 1454-1504)은 낮은 관직을 거쳤을 뿐 환로를 버리고 물러나 심성을 닦았다. 하지만 여러 제자들은 정계에 진출했다. 유호인(兪好仁, 1445-1494), 이주(李冑, 1468-1504), 조위(曺偉, 1454-1503)는 문학으로도 성공했다. 한편 김시습(金時習, 1435-1493)은 불의에 저항하고 사상의 자유를 모색하여 관서, 관동, 호남, 경남 일대를 방랑했고, 경주, 수락산, 양양에 오래 체류했다. 화도시(和陶詩)인 「도정절의 권농 시에 화운하다(和靖節勸農)」, 논변류 문장 「생재설(生財說)」 등에서 노동 생활을 찬미했다. 김시습 이후 남효온(南孝溫, 1454-1492)은 사육신의 전기 「육신전(六臣傳)」을 지었고, 김종직 제자들의 행적을 「사우명행록(師友名行錄)」과 「추강냉화(秋江冷話)」에 기록했다.

성종 9년인 1478년 서거정·노사신(盧思愼)·강희맹(姜希孟)·양성지(梁誠之) 등 23명이 왕명에 응하여 역대의 조선 시문을 가려 뽑고 문체별로 분류한 『동문선(東文選)』 133권 목록 3권, 합 133권 45책을 헌정했다. 신라부터 조선 초까지 약 500명에 달하는 작가의 시문 4, 302편을 문체별로 분류하여 실었다. 그 뒤 1518년(중종 13) 신용개(申用漑)·김전(金詮) 등이 속편(續編) 21편을 편찬했고, 정편과 합하여 『동문선』을 154권 45책으로 간행했다. 한편 1713년(숙종 39) 송상기(宋相琦) 등이 다시 『별본동문선(別本東文選)』을 간행했다.

중종조에는 사림파 문인들이 활약하기 시작함으로써 사장을 중시하는 훈구파와 대립했다. 남곤(南滾)·박상(朴祥)·이행(李荇)·박은(朴誾) 등이 이 시대의 뛰어난 문인들이다. 김안국(金安國)은 『사재척언(思齋摭言)』을 엮어 백성들이 미신에 사로잡히는 것을 개탄하고 교화의 필요성을 역설했다. 중종 초 채수(蔡壽, 1449-1515)는 「설공찬전(薛公瓚傳)」[「설공찬환혼전(薛公瓚還魂傳)」]을 지어, 귀신과 저승을 소재로 삼아 현실정치를 비판했다. 조선 후기 이문건(李文楗)의 『묵재일기(默齋日記)』 필사본 제3책에 국문본 13쪽까지가 적혀 전한다.

16세기 초의 관료문인으로는 박은(朴誾, 1479-1504)과 이행(李荇, 1478-1534)을 꼽는다. 박은은 김종직의 문하 최부(崔溥)에게서 수학했다. 한편 박상(朴祥, 1474-1530)은 유배지 전라도 남평(南平)에서 임억령(林億齡, 1496-1568), 송순(宋純, 1493-1582), 송흠(宋欽, 1459-1547) 등을 지도해서 호남의 사림파를 형성시켰다. 이후 김인후(金麟厚, 1510-1560)와 기대승(奇大升, 1527-1572)이 성리학을 발전시켰고, 고경명(高敬命, 1533-1592), 박광옥(朴光玉, 1526-1593), 김천일(金千鎰, 1537-1593), 김덕령(金德齡, 1567-1596) 등은 문학이 뛰어났을 뿐 아니라 임진왜란 당시 의병을 일으켰다.

명종·선조조에는 관각삼걸(館閣三傑)인 정사룡(鄭士龍)·노수신(盧守愼)·황정욱(黃廷彧)이 근체시에서 가작을 남겼다. 서경덕(徐敬德)·이황(李滉)·이이(李珥) 등은 논변류의 문장을 통하여 도학 사상의 핵심을 전달했다. 선조 연간에 집권한 사림파 문인인 송순(宋純)·임억령(林億齡)·박순(朴淳)·정철(鄭澈, 1536-1589)·김성일(金誠一) 등은 한시 창작을 통하여 심성의 바른 소리를 표출하는 데 주력했다. 서인의 중심인물 정철은 45세 되던 1580년(선조 13) 강원도 관찰사가 되어 「관동별곡」을 짓고 이이(李珥)의 사후 창평에 머물며 「성산별곡」·「사미인곡」·「속미인곡」 등의 가사와 많은 시조를 창작했다.

조선 전기에는 수필과 평론의 성격이 강한 한문산문집이 많이 나왔다. 앞서 언급한 『용재총화』·『사재척언』 이외에, 서거정의 『필원잡기(筆苑雜記)』와 『동인시화(東人詩話)』, 이륙(李陸)의 『청파극담(青坡劇談)』, 조위(曺偉)의 『매계총화(梅溪叢話)』, 조신(曺伸)의 『소문쇄록(謏聞瑣錄)』, 이행(李荇)의 『용재수필(容齋隨筆)』, 이자(李耔)의 『음애일기(陰崖日記)』, 신광한(申光漢)의 『기재기이(企齋記異)』, 김안로(金安老)의 『용천담적기(龍泉談寂記)』, 유희춘(柳希春)의 『미암일기(眉巖日記)』, 노수신(盧守愼)의 『소재일기(蘇齋日記)』, 심수경(沈守慶)의 『견한잡록(遣閑雜錄)』, 어숙권(魚叔權)의 『패관잡기(稗官雜記)』 등이 있다. 한문소설로는 심의(沈義)의 「대관재기몽(大觀齋記夢)」과 같은 몽유록계 소설이 있다.

② **한글문학**

조선 초에는 국왕의 명에 의해 『용비어천가』가 편찬되고, 간경도감의 불교 경전 언해와 『분류두공부시언해』 즉 『두시언해』가 이루졌으며, 성종 이후로는 수신교화서의 번역본이 보급되었다. 조선 전기에는 한글 문장 자체가 향유의 대상이 되지는 못했으므로, 한글 소설도 발달하지 못했다. 1550년(명종 5) 5월 하순에 유언우(柳彦遇)가 1531년(중종 26) 성립의 번안소설 『오륜전전(五倫全傳)』의 한글번역본을 1550년(명종 5)에 충주에서 목판으로 간행했지만, 그것은 소설을 교화의 도구로 삼기 위한 것이었다.

2) 중국의 중세문학

① **당시(唐詩)**

명나라 때 고병(高棅)은 『당시품휘(唐詩品彙)』에서 당시를 초당·성당·중당·만당의 네 시기로 나누었다.

당 고조 무덕(武德) 연간(7세기 초)부터 당 현종의 개원(開元) 초(8세기 초)까지에는 초당사걸(初唐四傑)인 왕발(王勃)·양형(楊炯)·노조린(盧照隣)·낙빈왕(駱賓王)과, 심전기(沈佺期)·송지문(宋之問) 등이 활동했다. 성당 시기는 현종 개원 초(713)부터 당 대종(代宗) 대력(大曆) 원년(766)까지이다. 왕유(王維)와 맹호

연(孟浩然)은 전원생활을 묘사하는 데 능했다. 고적(高適)과 잠삼(岑參)은 변새의 풍상을 시 속에 담았다. 이백(李白)은 낭만주의적 수법으로 사물을 묘사하는 데 뛰어났다. 두보(杜甫)는 인민의 고통을 경험하고 그 체험을 시에 담았으므로 '시사(詩史)'라 불린다. 원결(元結)도 사회현실을 시에 반영했다. 중당 시기는 대종 대력 때부터 문종(文宗) 태화(太和)까지 70년 간을 말한다. 원화 연간에 백거이(白居易)와 원진(元稹)은 서사적 시 양식인 신악부(新樂府) 체재로 민간의 고통을 반영했다. 원·백의 시를 원백체(元白體) 혹은 장경체(長慶體)라고도 부른다. 한유(韓愈)는 생경한 글자와 험운(險韻)을 사용했고, 구법이 기괴했다. 이하(李賀)의 자(字)가 장길(長吉)이다. 그의 시는 초사와 고악부 시에서 힘을 얻어 환상적이고 낭만적이며, 때로는 차가우면서 요염하다. 만당 시기는 문종(文宗) 개성(開成) 연간부터 당 말기의 소선제(昭宣帝) 천우(天祐) 연간까지 70년간을 말한다. 이상은(李商隱)은 대우가 교묘하고 영사(詠史)와 서정에 뛰어나지만 때때로 전고를 지나치게 사용하여 난삽했다. 그의 자를 따서 이의산체(李義山體)라고 부른다.

② 고문(古文)과 전기(傳奇)

한유·유종원(柳宗元)은 시민사회의 주변 현실을 서술하거나 철학적 쟁점을 논술하는 데 적합한 고문 문체를 창도했고, 송대의 구양수(歐陽脩)·소순(蘇洵)·소식(蘇軾)·소철(蘇轍)·왕안석(王安石)·증공(曾鞏)은 그 문체를 일상의 산문문체로 정착시켰다.

전기(傳奇)는 기이한 이야기를 창의적으로 재구성하거나 허구적 이야기를 창작하는 것을 말한다. 중당 초 원진(元稹)의 「앵앵전(鶯鶯傳)」을 '전기(傳奇)'라 부른 데서 기원한다. 만당 때 배형(裵刑)은 기문(奇聞)을 모아 「전기(傳奇)」 3권을 엮었다. 명·청 때에는 희곡을 '전기'라고 부르기도 했다. 애정과 혼인을 다룬 작품이 많으며, 애정 이야기의 여주인공은 대부분이 창기이다. 예를 들어 장방(蔣防)의 「곽소옥전(霍小玉傳)」·백행간(白行簡)의 「이왜전(李娃

傳)」 등이 그렇다. 두광정(杜光庭)의 「규염객전(虯髥客傳)」에 나오는 홍불(紅拂)처럼 의협심을 지닌 여성이다.

③ 송나라 시(詩)와 사(詞), 그리고 화본(話本)

송나라 때는 시가 문학에서 서정적 양식의 사(詞)가 크게 발달했다.

송시는 의론을 펴고 산문의 구법을 사용했으며, 꺼끌꺼끌한[길굴오아(佶屈聱牙)] 비튼 구를 즐겨 썼다. 소식(蘇軾)은 도잠(도연명) 시의 담백하고 그윽함, 이백 시의 분방함, 두보 시의 깊고 우울함, 백거이 시의 명쾌함, 한유 시의 험준함과 산문 구법을 겸했다. 황정견(黃庭堅)은 소식의 문하에서 나왔으나, 시는 생경하고 난삽하며 요구(拗句)를 즐겨 썼다. 강서 사람이어서, 강서시파를 창시했다고 일컬어진다. 육유(陸游)는 처음에 기교를 추구했으나, 중년 이후 호방함으로 변했고, 만년에 전원생활에 귀의해서 담담하고 고요한 시풍을 열었다. 중년에는 망국의 화를 당하여 애국적 내용을 시에 담았다.

송대에는 민간 계층이 문학에 참여하여 백화체의 화본 소설이 발달했다. 화본은 본래 '설화인(說話人)'이 강창(講唱)할 때 쓰던 저본으로, 장·단편 백화소설의 발전에 결정적인 작용을 했다.

④ 금·원의 시와 원곡(元曲)

금나라 원호문(元好問)의 다른 이름은 유산(遺山)인데, 순박하고 자연스러움을 추구했다. 7언고시와 7언율시에 뛰어났다. 7언절구도 맑고 심원하다. 원나라 양유정(梁維楨)은 호를 철애(鐵崖)라고 하는데, 시에서 고악부를 모방하되 험괴하면서도 미려하고 억양·돈좌·장단의 구법에 유의했다.

원대에는 연극이 크게 발달했다. 원곡(元曲)은 전체 극 중에서 한 사람의 배우만 노래를 한다는 약속이 있다. 그 배우가 여성이면 정단(正旦)이라고 하고 남성이면 정말(正末)이라고 부른다. 정단을 위한 각본을 단본(旦本), 정말을 위한 각본을 말본(末本)이라고 한다. 단본인가 말본인가, 정단이냐 정말이냐에 따라서 작품의 성격이 완전히 달라진다. 원곡(元曲) 가운데 억울한 죄를 중심 주제로 하는 작품은 모두 8편이다.

단본(旦本, 여주인공 역) 5편 : 「구효자현모불인시(救孝子賢母不認屍)」「포대제지잠회란기(包待制知賺灰闌記)」「감천동지두아원(感天動地竇娥冤)」「전대윤지감비의몽(錢大尹智勘緋衣夢)」「청렴관장감금환(清廉官長勘金環)」

말본(末本, 남자주인공 역) 3편 : 「신노아대뇨개봉부(神奴兒大鬧開封府)」「하남부장정감두건(河南府張鼎勘頭巾)」「장공목지감마합라(張孔目知勘魔合羅)」

⑤ 필기

당·송 때는 필기의 내용이 더욱 풍부하게 되었다. 이 시기에 소설이 필기로부터 분리되었다. 당나라 때는 역사 사실·전장 제도·언어 덕행을 기술한 『대당신어(大唐新語)』와 『인화록(因話錄)』, 전설고사·전고습속을 기술한 『조야첨재(朝野僉載)』·『당국사보(唐國史補)』, 문인 생활과 시가 창작을 기술한 『운계우의(雲溪友議)』·『당척언(唐摭言)』, 전장·풍속의 고증에 중점을 둔 『봉씨문견기(封氏聞見記)』 등이 출현했다. 송나라 때는 역사학이 발달하고 학자들이 저서입설(著書立說)을 좋아했으므로 일사쇄문(軼史瑣聞)의 필기가 발달했다. 구양수(歐陽脩)의 『귀전록(歸田錄)』, 사마광(司馬光)의 『속수기문(涑水紀聞)』, 『이견지(夷堅志)』, 홍매(洪邁)의 『용재수필(容齋隨筆)』, 육유(陸游)의 『노학암필기(老學庵筆記)』, 왕명청(王明清)의 『휘주록(揮麈錄)』 등이 있다. 소식(蘇軾)의 『지림(志林)』은 환락을 기록하며 정회를 펼치고, 주거비(周去非)의 『영외대답(嶺外對答)』은 한 지역의 산천 풍속을 기술했다.

북송 때 심괄(沈括)의 『몽계필담(夢溪筆談)』은 『천공개물(天工開物)』·『본초강목(本草綱目』·『수경주(水經注)』 등과 함께 '중국 고대의 과학 명저 가운데 하나'로 꼽히고, 또 사회의 암흑을 폭로하고 우국우민의 뜻을 가탁한 까닭에 문학성이 있다고 평가된다. 남송 때 나온 맹원로(孟元老)의 『동경몽화록(東京

夢華錄)』은 도시 풍속과 시민 생활을 묘사한 부분은 정채가 있고 필세가 있다. 이 밖에 관원내득옹(灌園耐得翁)의 『도성기승(都城紀勝)』, 서호노인(西湖老人)의 『서호노인번성록(西湖老人繁盛錄)』, 오자목(吳自牧)의 『몽량록(夢梁錄)』, 주밀(周密)의 『무림구사(武林舊事)』 등도 도시 생활과 지방 풍정을 기록했다.

3) 일본의 중세문학

① 렌가(連歌)

가마쿠라(鎌倉) 막부 이후 와카가 쇠퇴하자 렌가가 민중의 사랑을 받게 되었다. 처음에는 두 사람의 대화에 의해 한 수의 와카를 형성하는 단렌가(短連歌)가 발달했으나, 이후 여러 명이 한 자리에서 구(句)를 이어 전체를 하나의 작품으로 만들어내는 장렌가(長連歌)가 발달하기 시작했다. 처음에는 귀족과 가인들의 기법이었으나 무사와 승려에게까지 파급되었다. 이후 무로마치(室町) 시대에 널리 유행하여 속화되어 갔는데, 소기(宗祇)가 나타나 예술성을 높였다.

② 일기, 기행문, 수필

일본 일기문학의 효시는 『도사닛키(土佐日記)』로, 남자가 여성에 가탁하여, 수령 임기를 마치고 귀경까지 55일 간의 배 여행을 기록했다. 후지와라 미치츠나(藤原道綱)의 어머니가 쓴 『가게로닛키(蜻蛉日記)』는 후대의 궁정 뇨보(女房) 문학에 커다란 영향을 주었다. 그 외 『이즈미시키부닛키(和泉式部日記)』 『무라사키시키부닛키(紫式部日記)』 『사라시나닛키(更級日記)』 등 여성 일기의 명작들이 줄을 이었다. 여성 일기 이외에 남성의 가나 일기, 한문체 일기 『메이게츠키(明月記)』 등도 출현했다. 『도사닛키』와 『사라시나닛키』는 기행문학의 특성도 지니고 있다. 중세 아부츠니(阿仏尼)의 『이자요이닛키(十六夜日記)』는 교토(京都)와 가마쿠라(鎌倉)를 잇는 동해도 여행을 다룬 기행문으로, 편지와 와카도 삽입되어 있다.

일본 수필문학의 효시로 일컬어지는 세이쇼나곤(清少納言)의 『마쿠라노소시(枕草子)』는 미의 수상(隨想), 유취(類聚), 일기회상(日記回想)의 부분들이 어우러져 있다. 중세 은자문학의 대표작은 가모노쵸메이(鴨長明)의 『호죠키(方丈記)』와 요시다겐코(吉田兼好)의 『츠레즈레구사(徒然草)』이다. 『호죠키』는 염세적이고, 『츠레즈레구사』는 낙관적이다.

③ 모노가타리(物語)

일본 중고 시대에는 가나(仮名)를 이용한 산문이 크게 발달하고, 10세기 중반부터 모노가타리가 발달했다. 무라사키시키부(紫式部)의 『겐지모노가타리(源氏物語)』는 우타모노가타리(歌物語)와 츠쿠리모노가타리(作物語)를 집대성한 것이다.

우타모노가타리(歌物語)는 와카를 중심으로 하면서 산문으로 와카의 배경과 유래를 이야기하는 서사물이다. 『이세모노가타리(伊勢物語)』 『야마토모노가타리(大和物語)』 『헤이츄모노가타리(平中物語)』 등이 있다. 『이세모노가타리』는 남녀의 정, 육친의 정, 주군과 신하의 정, 우정, 여정(餘情) 등을 담으면서 '미야비'(세련-도회적인 풍류)의 미학을 낳았다. 『야마토모노가타리』는 비련, 이별, 사별 등을 소재로 하여 단편소설의 요소를 지닌다. 『헤이츄모노가타리』는 세상에 적응을 하지 못해 호색에 빠지지만 연애에 실패하는 이야기이다.

츠쿠리모노가타리(作物語)는 전기적 소재에 소설적 구성을 갖춘 서사물이다. 『다케토리모노가타리(竹取物語)』 『우츠호모노가타리(宇津保物語)』 『오치쿠보모노가타리(落窪物語)』가 있다. 『다케토리모노가타리』는 가구야히메의 성장 과정, 귀공자들과 천황의 구혼, 가구야히메의 승천이라는 줄거리로 이루어져 있다. 『우츠호모노가타리』는 음악의 전승담으로 예도(藝道)의 영원성을 주제로 삼았다. 『오치쿠보모노가타리』는 계모 학대담이다. 그 후 헤이안(平安) 귀족 생활을 소재로 하면서 여성의 감성과 우아한 문장 표현을 부각

시킨 여러 모노가타리가 만들어졌으나, 『겐지모노가타리』를 모방한 것이 많으므로 기코모노가타리(擬古物語)라 불린다. 『스미요시모노가타리(住吉物語)』『도리카에바야모노가타리(とりかへばや物語)』 등이 있다.

레키시모노가타리(歷史物語)는 역사적 사실을 토대로 인간상을 그린 서사물이다. 헤이안 말기 귀족사회가 몰락하고 옛날을 회고하기 시작하면서 『에이가모노가타리(栄花物語)』가 나왔고, 『오카가미(大鏡)』 이후 『이마카가미(今鏡)』『미즈카가미(水鏡)』『마스카가미(增鏡)』 등 '카가미물(鏡物)'이 이어졌다. 군키모노가타리는 전란을 다룬 서사물이다. 이미 중고 시대에 다이라 마사카도(平將門)의 전란을 소재로 변체 한문으로 작성된 『쇼몬기(將門記)』가 나왔다. 이후 호겐란(保元亂)을 다룬 『호겐모노가타리(保元物語)』와 『헤이케모노가타리(平家物語)』, 남북조 동란을 그린 『다이헤이키(太平記)』 등 일-한 혼용체의 서사물이 나왔다. 『헤이케모노가타리』는 스케일이 가장 크다.

④ 노(能)와 교겐(狂言)

노는 노멘(能面)을 쓰고 화려한 의상을 걸친 시테(シテ, 주역)와 와키(ワキ, 상대역)-츠레(조연)가 무대에 등장하여 지우타이(地謠)-하야시(囃)의 음악에 맞춰 초현실적인 세계와 인간내면의 고뇌를 연기한다. 시테는 저승의 존재로서, 신불(神佛), 정령(精靈), 유령(幽靈) 등 영체(靈體)의 인물들이 많으며, 혹은 미코(巫女)나 신지핀 사람(物狂い: 모노구루이)같은 영적 인물이다. 에도시대에 간아미(觀阿彌)와 제아미(世阿彌) 부자가 유현(幽玄)의 미학을 완성했다. 하루 공연의 반구미는 모두 5막으로, 와키노(脇能)는 신, 니반메(二番目)는 무사, 산반메(三番目)는 여성이 주인공이고, 욘반메(四番目)는 사건을 중심으로 하고, 기리노(切能-尾能)는 귀신-짐승이 주인공이다. 노의 연목(演目) 가운데 『하고로모(羽衣)』는 특히 춤이 유명하다. 미호(三保)의 마쓰바라(松原)로 천인(天人, 선녀)의 춤을 구경하러 가는 내용으로 되어 있다. 노본(能本) 즉 우타이본(謠本)은 본문만 남아 있는 것만도 2000번(番)에 달하고, 공연되는 연목만 240번이다.

교겐은 노의 막간에 행해지는 해학적인 대화극으로, 맨 얼굴로 공연하며 4막이다. 축언이 담겨 있는 와키교겐(脇狂言), 다이묘가 주인공인 다이묘교겐(大名狂言), 쇼묘-지방호족이 주인공인 쇼묘교겐(小名狂言), 사위 맞이 내용인 무코죠교겐(聟女狂言), 귀신-수도자가 주인공인 오니야마부시교겐(鬼山伏狂言), 출가-맹인이야기인 슛케자토교겐(出家座頭狂言), 그 외 아츠메교겐(集狂言)으로 각본을 나눈다.

⑤ 한문학

일본에서는 8세기 율령국가의 문화를 상징하는 한시집으로 『가이후소(懷風藻)』가 나왔고, 9세기 전반에는 칙찬한시집이 나왔다. 하지만 일본 중세에서 시가문학은 와카(和歌)·렌카(連歌)·가요(歌謠)가 중심이었다. 13세기 중엽 이후 한시는 고잔(五山)의 선승들에 의해 명맥이 이어졌다. 가마쿠라(鎌倉)시대 승려는 사민(四民) 이외의 별도 계층으로, 문교(文敎)를 담당했다. 가마쿠라 선종의 중심이 오산(五山)이었다. 오산의 선승들은 막부(幕府)나 수호대명(守護大名)으로부터 문인관료로 영입되었다. 그들의 문학은 대륙문화를 수용하여 시와 학을 결합시켰다. 오산 승려의 시문을 보면 차츰 송원(宋元)의 양식을 취하고 사상도 성리학을 중심에 두었다. 오산 승려는 시화축(詩畵軸)에 제시(題詩)와 제서(題序)를 함으로써 우사(友社)의 결속을 확인하고 예술적 취향을 공유했다.

(3) 동아시아의 근대문학

1) 한국의 근대문학

① 한문학의 발달

15세기 후반부터 조선 신분제 사회에서 소외층을 이룬 서얼들이 문학을 통해 스스로의 존립 가치를 드러내기 시작했다. 어무적(魚無迹)은 천민이었으나 문학성이 탁월하여 「유민탄(流民歎)」·「신력탄(新曆歎)」 등 가행체 시를 남겼다. 16세기 말에는 조씨(曹氏)·옥봉(玉峯) 등 여류 시인들이 등장했다.

선조 때는 이르러 당쟁이 일어나고 임진왜란의 참극을 맞았지만 외교 문사의 연마와 더불어 문장의 정련도가 높아지고 감성과 사유가 풍부한 문학이 발달했으므로 이 시기를 목릉성세(穆陵盛世)라고 일컫는다. 송익필(宋翼弼, 1534-1599), 이산해(李山海, 1538-1609), 최경창(崔慶昌), 백광훈, 최립(崔岦, 1539-1612), 이순인(李純仁, 1543-1592), 윤탁연(尹卓然), 하응림(河應臨, 1536-1567) 등을 팔문장(八文章)이라고 불렀다. 또한 유성룡(柳成龍), 이항복(李恒福), 이덕형(李德馨) 등은 전란을 겪으면서 형성된 현실감각을 시문에 담았다. 선조 말, 광해군 초에는 허균(許筠, 1569-1618)과 유몽인(柳夢寅, 1559-1623)이 문학에서 광채를 뿜었다.

유성룡(柳成龍)의 『징비록(懲毖錄)』, 이순신(李舜臣)의 「난중일기(亂中日記)」 등은 난의 경과와 통치체제의 붕괴 모습, 의병과 관군의 투쟁, 개인의 고충 등을 세밀하게 그려 보였다. 민순지(閔順之)는 관련 야사를 총괄하여 「임진록(壬辰錄)」이라 이름했다. 전란 뒤에는 「김충장공유사(金忠壯公遺事)」 「분충서난록(奮忠紓難錄)」과 같이 공을 세운 이들의 유사(遺事)가 유행처럼 만들어졌다. 왜군의 포로가 되었던 강항(姜沆)은 삼 년간의 일본 체험기를 「건거록(巾車錄)」(뒤에 '간양록(看羊錄)'이라 고침)으로 엮었다. 병자호란기에도 「병자록(丙子錄)」 「남한해위록(南漢解圍錄)」 「병자일기(丙子日記)」 등 기록문학이 많이 나왔다. 최명길(崔鳴吉)의 「병자봉사(丙子封事)」는 병자호란 때의 대표적인 주소류 문장이다. 두 전란 후에는 현실을 심각하게 반영한 한문소설이 출현했다. 「달천몽유록(達川夢遊錄)」 「달천몽유록(㺚川夢遊錄)」 「피생몽유록(皮生夢遊錄)」 「강도몽유록(江都夢遊錄)」 등 몽유록계 소설들은 하급 군사, 일반 백성, 여인들의 원망을 반영했다. 또한 조위한(趙緯韓)의 「최척전(崔陟傳)」은 전란으로 인한 부부의 기구한 운명을 소설화한 것이다.

『운영전(雲英傳)』은 고전소설에서는 보기 드물게 비극적 결말이다. 임진왜란 후 선조 34년(1601) 봄날 지금의 청파동에 살던 유영(柳泳)이란 선비가 안평대군의 옛 사저였던 수성궁(壽聖宮)에 놀러 갔다가 술에 취해 잠이 들었는데, 이때 안평대군의 시비 운영(雲英)과 그 애인 김 진사를 만나 그들의 얘기를 듣고서 꿈에서 깨어났다고 적었다는 식으로 짜여져 있다. 일명 『수성궁몽유록(壽聖宮夢遊錄)』이라고도 한다.

임진왜란 이후 유몽인(柳夢寅)·이수광(李睟光)·권필(權韠)·허균(許筠)·심광세(沈光世) 등은 정통 한문학의 관습과는 다른 문학세계를 열었다. 유몽인은 구전의 사실과 중국 소화집을 토대로 야담집 『어우야담(於于野譚)』을 엮었고, 이수광은 해박한 지식과 비판정신을 담은 유서(類書) 『지봉유설(芝峰類說)』을 저술했으며, 권필은 「주생전(周生傳)」을, 허균은 「남궁선생전(南宮先生傳)」 등 다섯 편의 전을 지어 소설구조를 개발했다. 허균은 논변류의 문체로 혁신사상을 논술하고 『학산초담(鶴山樵談)』·『성수시화(惺叟詩話)』 같은 시화와 『국조시산(國朝詩删)』이라는 시선집을 편찬했다. 심광세는 영사악부체시(詠史樂府體詩)를 통하여 현실비판을 의도한 『해동악부(海東樂府)』를 지었다.

17세기 초는 인조반정에 의한 서인 정권의 성립, 인조의 생부 정원군의 추존 문제, 이괄(李适) 난의 진압, 노서·소서의 갈등, 『광해군일기』의 편찬과 『선조실록』의 수정, 후금과 명에 대한 외교적 대응, 병자호란, 척화파(청론)와 강화파의 대립 등 갖가지 정치적 문제가 돌출했다. 이 시기에 신흠(申欽, 1566-1628), 장유(張維, 1587-1638), 최명길(崔鳴吉, 1586-1647), 이식(李植, 1584-1647)은 각기 다른 방향을 현실 정치에 대한 감각과 문학적 취향을 한문학으로 토로했다. 신흠은 『청창연담(晴窓軟談)』·『구정록(求正錄)』·『야언(野言)』·『잡록(雜錄)』을, 장유는 『계곡만필(溪谷漫筆)』을, 이식은 『택당산록(澤堂散錄)』을 각각 저술하여 기존의 사유체계나 문학론과는 다른 방향을 모색했다. 병자호란 후 인조, 효종, 현종, 숙종 연간에 걸쳐 서인 가운데서 노론을 분립시킨 송시열(宋時烈, 1607-1689)은 시대에 대한 우려, 정치적 위기로 인한 출처의 고민, 자기성찰의 태도를 시문에 담았다. 송시열과 대립하여 기호 남인의 영수가 된 허목(許穆, 1595-1682)은 각 지방으로 여행과 유람을 다니고 많은 기행문학과 산수기문을 남겼다. 17세기 후반에는 남인의 허목과 노론의 송시열이 사상의 근거에 관하여 논란을 벌이는 등 학술사상계가 활기를 띰에 따라 논지 전개를 중시하는 논변류, 서독류, 그리고 잡저가 많이 나왔다. 김만중(金萬重, 1637-1692)의 『서포만필(西浦漫筆)』 등은 미셀러니를 통해 포괄주의적 사유세계를 열어 보였다. 불교와 주자학 및 주자(주희)의 학문 태도에 관하여 비판적으로 검토하여 조선 후기의 상대주의적 사유의 대두를 알렸다. 양명학자인 정제두(鄭齊斗, 1649-1736)는 「잡저(雜著)」에서 이기설을 이용하면서도 마음을 근본으로 보는 양명학적 사유를 피력했다. 문장가 김창협도 『농암잡지(農巖雜識)』와 같은 잡저(중수필집)를 남겼다. 숙종 조에 남용익(南龍翼, 1628-1692)은 『호곡시화(壺谷詩話)』와 『기아(箕雅)』를 편찬했고, 김석주(金錫胄, 1634-1684)는 고문의 모범으로 『사기(史記)』의 문장을 내세워 『사기발췌(史記拔萃)』를 간행하고 사부의 가치를 재인식하여 『해동사부(海東辭賦)』를 편찬했다. 정제두의 학문을 이은 이광사(李匡師, 1705-1777)는 개성적인 시문을 창작했고, 그 아들 이긍익(李肯翊, 1736-1806)은 『연려실기술(燃藜室記述)』에서 당론에 치우치지 않은 필치로 역사사실의 기록물을 집성했다. 소론계의 문인 홍양호(洪良浩)는 「해동명장전(海東名將傳)」을 지었다.

이광정(李光庭)은 우언 형태로 세상을 풍자한 이야기를 「망양록(亡羊錄)」으로 엮었으며, 신광수(申光洙)는 평안도의 풍속기사시인 「관서악부(關西樂府)」를 남겼다. 신위(申緯)는 「관극절구(觀劇絶句)나 「소악부(小樂府)」 등 자료적 가치가 높은 한시를 남겼다. 조선 후기에 일부 지식인들은 잡저류와 역사서, 지리서를 저술하여 폭넓은 현실 인식과 자주적 역사의식을 드러내었다. 잡저류로는 유형원(柳馨遠)의 「반계수록(磻溪隨錄)」, 이익(李瀷)의 「성호사설(星湖僿說)」, 홍대용(洪大容)의 「담헌서(湛軒書)」, 박지원의 「열하일기(熱河日記)」, 이학규(李學逵)의 「동사일지(東史日知)」, 이규경(李圭景)의 「오주연문장전산고(五

洲衍文長箋散藁)」 등이 대표적이다. 정약용(丁若鏞)은 현실의 진실한 제시와 풍자를 여러 한시 형식을 통하여 시도했다. 이옥(李鈺, 1760-1812)은 무목적의 개성적인 문학 세계를 열었고, 김정희(金正喜)는 시 창작에서 개성의 가치를 존중하는 성령론(性靈論)을 주장했다. 신위(申緯, 1769-1847), 심능숙(沈能淑, 1782-1840), 서유영(徐有英, 1801-1874)은 새로운 감각의 시문을 창작해내었다. 홍석주(洪奭周, 1774-1842)와 그 아우 홍길주(洪吉周, 1786-1841) 및 종형제 홍한주(洪翰周, 1798-1868) 등은 민중의 삶과 새로운 문화동향에 관심을 두어 문예 취향이 높은 필기 산문의 세계를 열었다. 김매순(金邁淳, 1776-1840)은 민속에 깊은 관심을 가져 『열양세시기(洌陽歲時記)』를 남겼다.

17세기 말 18세기 초 여항 문인 홍세태(洪世泰)는 한문산문에서도 하녀의 죽음을 애도한 「제금비묘문(祭琴婢墓文)」, 같은 중인의 삶을 서술한 「유술부전(庾述夫傳)」을 남겼다. 그 뒤 정래교(鄭來僑)는 예술가에 관한 「김성기전(金聖基傳)」과 「화사김명국전(畵師金鳴國傳)」, 협객에 관한 「임준원전(林俊元傳)」, 의원에 관한 「백태의전(白太醫傳)」과 같은 전 작품들을 남겼다. 19세기 초의 시인인 조수삼(趙秀三)은 당시의 시정인들의 형상을 「동리선생전(東里先生傳)」 「이단전전(李亶佃傳)」 등에서 그려 보였으며, 항간의 설화와 7언절구시를 결합시켜 연작한 「기이(紀異)」에서는 시정인의 삶을 파노라마식으로 제시했다. 한편 조희룡(趙熙龍)은 「호산외기(壺山外記)」를, 유재건(劉在建)은 「겸산필기(兼山筆記)」를 각각 지어 중인층의 인물들의 행적을 서술했다. 유재건은 중인층의 시선집인 「풍요삼선(風謠三選)」과 중인층의 시를 중심으로 한 「고금영물근체시(古今詠物近體詩)」를 편찬했으며, 중인층의 일화집을 집대성한 「이향견문록(異鄉見聞錄)」을 별도로 편집하기도 했다. 1860년, 70년대 정국이 불안해지자 중인층의 시사는 침체했다. 그러다가 1870년대 말 광교(廣橋)에서 강위(姜瑋)를 맹주로 하여 결성된 육교시사(六橋詩社)로 부활되었다. 1922년 국한문 혼용으로 장지연(張之淵)이 엮은 『일사유사(逸士遺事)』가 나왔다.

서얼문인들은 양반사대부 문인들과 시사를 함께하여 세력을 키워 나갔다. 신유한(申維翰, 1681-1752)은 1718년 통신사 제술관이 되어 일본에 다녀온 후 『해유록(海遊錄)』을 남겼다. 불교에 관한 글을 여럿 남기고, 여러 문헌의 출판에 직접, 간접으로 간여했다. 이덕무(李德懋, 1741-1793)는 민족문화의 자긍심을 영구히 전할 총서를 엮고자 했다. 성대중(成大中, 1732-1809)은 1764 서기로 일본에 다녀왔고 부사(府使)의 관직에까지 이르렀다. 성대중의 아들 성해응(成海應)은 방대한 저술 『연경재전집(研經齋全集)』을 남겼다. 1823년 9,996명의 서얼들이 대규모의 상소를 올려 1851년 서얼들도 청직에 등용하는 조치가 내려지게 된다.

조선 중엽 이래 당론(黨論)의 관점에서 서술된 야사들이 많이 나오고, 야사 필기류의 총서로 『소대수언(昭代粹言)』 12권 12책, 『아주잡록(鵝洲雜錄)』 107권 47책, 『대동야승(大東野乘)』 72권 72책, 『청구패설(青丘稗說)』 43책, 『한고관외사(寒皐觀外史)』 140권 70책, 『창가루외사(倉可樓外史)』 120권, 『대동패림(大東稗林)』 125책, 『패림(稗林)』 266권 160책, 『광사(廣史)』 10집 200책 등이 나왔다. 심노숭은 『대동패림(大東稗林)』 100여 책을 만들었다. 이유원(李裕元, 1814-1888)은 39권 33책의 고증적 저술 『임하필기(林下筆記)』를 남겼는데, 여기에 그의 서재에 비장된 야사총서 『임려동승(林廬東乘)』의 서목을 기록해 두었다.

② 한글문학

임진왜란 이후 조선에는 한글로 창작된 소설이 나왔다. 『홍길동전』은 그 효시이다. 필사본으로 전하다가, 19세기에 목판본이 나왔는데 경판본이 24장, 완판본이 조금 길어 36장에 불과하다. 『홍길동전』의 작가는 의적을 등장시켜 사회제도의 모순을 개혁하려는 혁명성을 드러내었다. 하지만 작가의 변혁 의지는 매우 미숙하다. 홍길동은 서얼 차별의 부당함을 고발하는 데는 성공하였지만, 조선의 신분제도를 개혁해 줄 것을 임금에게 청하지 않았다. 또 활빈당의 근거지(제도)로 돌아와 있던 길동은 아버지의 죽음을 예견하고

월봉산에 거대한 묘역을 조성하고, 이미 타계한 부친의 시신을 운구하여 삼년상을 마친다. 길동은 적장자 인형보다도 더욱 적통을 이은 사람처럼 상장(喪葬)을 집행한다. 소설의 마지막 부분은 이렇게 길동이 홍씨 집안의 제사권을 지닌 것처럼 묘사했다.

조선 후기에는 한문 간찰이나 문집, 행장, 묘도문자를 언해한 것들이 많이 나왔다. 대개 궁중이 집안에서 여성들이 공람하기 위해 작성한 것인 듯하다. 효명세자(孝明世子, 1809-1830)는 익종(翼宗)으로 추존되었는데, 그 문집 『학석집(鶴石集)』의 52면까지는 그 한글본 『학석집』이 별도로 전한다. 또 여류의 시집 두 책이 한글로 번역되어 전한다. 곧, 호연재 김씨(浩然齋 金氏, 1681-1723)의 『호연직유고(浩然齋遺稿)』(1814년 송규희[宋奎熙] 어머니 청송침씨 필사), 의유당 남씨(宜幽堂 南氏, 1727-1823)의 『의유당유고』(1843년 필사)가 그것이다.

조선 후기의 영조 연간에는 『고문진보』가 언해되었다. 고려대 육당문고본과 장서각본을 합하여 20권 14책이 있다. 이것은 『상설고문진보대전(詳說古文眞寶大全)』을 저본으로 하여 발췌·번역한 것을 한글 정자체로 필사했다. 한편 장서각에는 김석주(金錫胄) 편 『고문백선(古文百選)』을 언해한 필사본, 명나라 여진(余進) 편찬의 『십구사략통고(十九史略通攷)』 제1권을 언해한 『십구사략언해』(『사략언해』)의 목판본(1772년=영조 48년 경상감영)도 있다.

명나라 구우(瞿佑)의 『전등신화』는 조선에 일찌 유입되었고, 『전등여화』의 부록 『가운화환혼기(賈雲華還魂記)』는 조선 후기에 『빙빙전(聘聘傳)』으로 번안되어 유포되었다. 명종 때 임기(任芑)는 『전등신화』 원문에 단구(斷句)를 하고 주해(註解)를 하여 『전등신화구해(剪燈新話句解)』를 엮었다. 조선 후기에는 사역원을 중심으로 중국 문언소설이나 백화어 소설, 그리고 희곡 대본을 언해하기도 했다. 『오륜전비언해』 목판본 8권 5책은 명나라 구준(丘濬, 1420-1495)의 『오륜전비기(五倫全備記)』를 한글로 번역한 책이다. 1709년(숙종 35) 사역원 제조 김창집(金昌集)이 완성시키고, 1721년 유극신(劉克愼)이 간행했다. 『오륜전비기』 제16단 정장시(定場詩) 함련과 경련은 『춘향전』 어사출도 대목에서 "금준미주는 천인혈이요, 옥반가효는 만성고라. 촉루낙시에 민루낙하고 가성고처에 원성고라(金樽美酒千人血, 玉盤佳肴萬姓膏. 燭淚落時民淚落, 歌聲高處怨聲高)"의 7언 4행으로 이용되었다.

조선 후기에는 『삼국지연의』[『삼국지통쇽연의(三國志通俗演義)』] 『슈호지』 『셔유긔』 『봉신연의(封神演義)』 『포공연의』 『홍무몽(紅樓夢)』 등 중국소설과 희곡들이 언해되었다. 또 한글 장편소설이 많이 나왔다. 1960년대까지 낙선재에 보관되어 있던 83종 소설들 가운데 5책 이상 장편 분량에 해당하는 국문소설이 67종이나 되고, 전체 83종 가운데 49종이 창작소설로 추정된다. 1840년경 남영로(南永魯, 1810-1858)는 『옥루몽(玉樓夢)』을 지었다. 국문필사본 15책이 전하는데, 『옥련몽(玉蓮夢)』이라고도 한다. 중국 명나라를 무대로 문창성(文昌星)과 제방옥녀(帝傍玉女)·천요성(天妖星)·홍란성(紅鸞星)·제천선녀(諸天仙女)·도화성(桃花星) 등 다섯 선녀가 인간세계에 내려와 부귀영화를 누리며 살다가 천상에 올라간다는 이야기이다.

③ 요(謠)와 구비문학

민중들은 정치적 의사를 요(謠)의 형식으로 표출했다.[10] 이를테면 중종 때인 1513년 만손(萬孫)이 연산군의 아들 양평군(襄平君)을 칭하다가 죽음을 당했는데 당시 「만손요」가 유행했다. 고종 2년(1865) 4월, 홍선대원군은 왕권을 과시하려고 경복궁을 중건하다가 공사비를 조달하지 못하자 당백전을 발행했다. 철종 때 이미 경복궁 공사를 예견한 참요가 민간에 유행했다고 한다. 문헌에 기록이 되는 경우가 드물지만 민간에는 의사(擬似)-정치언론으로서 참요가 유행했음을 알 수가 있다.

조선 후기에는 한문학과 구비문학의 만남이 깊어졌다. 서사물은 구연되기도 하고 기록문학으로 정착되기도 하며, 한시에 반영되기도 했다. 이를테면 홍신유(洪愼猷, 1722-?)의 「달문가(達文歌)」는 꼭지단 달문을 노래한 작품이다. 달문은 광문이라고도 하며, 박지원의 「광문자전」의 주인공으로, 꼭지단이자 산대놀이의 예인이다. 성대중은 『청성잡기』에 용호영의 패두 이씨가 꼭지단(거지 왕초)의 청으로 거지들 무리 앞에서 연주를 한 이야기를 기록해 두었다. 홍석모(洪錫謨, 1781-1850)는 '독장수 주먹구구'라는 민담을 받아들여 서사한시의 형태로 구성해 놓았다. '독장수 주먹구구'민담은 『고금소총』이나 『송남잡지』와 같은 여러 문헌에 보인다.

2) 중국의 근대문학

① 명의 산문과 소설

명나라 때는 신흥경제의 태동 하에 사회기층에서 새로이 대두된 시민계층의 상승 이데올로기를 대변하는 왕양명의 심학이 발달하여, 성리학 이데올로기와 기존 정치권에 타격을 가했다. 만력(萬曆) 연간에는 신종(神宗)의 악정이나 희종(熹宗)의 무능한 정치를 둘러싸고 동림파(東林派)가 개혁을 시도하다가 위충현(魏忠賢) 당에 의해 좌절했다. 이탁오(李卓吾, 李贄, 1527-1602)는 『분서(焚書)』를 저술하여 인간의 욕망을 긍정했으며 개인의 삶과 의식을 중시했다. 결국 명교(즉 유학)의 파괴자로 지목되어 76세로 옥에 갇히고, 스스로 목숨을 끊었다. 원굉도는 이탁오의 영향으로, 문학에서 스스로의 성령을 펼쳐낼 것(獨抒性靈)을 추구하고 기벽(奇癖)을 중시했으며, 귀신과 꿈의 세계를 문학으로 거침없이 드러내었다.

명대에는 풍몽룡(馮夢龍, 1574~1645)과 능몽초(凌蒙初, 1534~1645) 등의 작가가 등장했다. 풍몽룡은 소설의 기능을 '유세·경세·성세'로 보아, 그가 편찬한 단편 소설집의 명칭을 『유세명언(喩世明言)』·『경세통언(警世通言)』·『성세항언(醒世恒言)』이라고 했다. 풍몽룡은 이 『삼언(三言)』의 서문에서, 그 소설들이 육경(六經)과 국사(國史)를 보좌할 만한 효용성을 지닌다고 말했다. 풍몽룡은 또 『정사(情史)』·『고금담개(古今譚概)』·『지낭(智囊)』·『소부(笑府)』 등 4종의 소

---

10. 심경호, 『참요: 시대의 징후를 노래하다』, 한얼미디어, 2012.7.

품문 편집에도 간여했다. 복사(復社)의 성원이었다.

『수호전(水滸傳)』은 송나라 선화(宣和) 연간(1119-1125) 송강(宋江) 등 36명이 산동에서 반란을 일으켜 한때 관군을 격파했으나 나중에 항복했다는 사실을 바탕으로 민중들이 그들을 영웅시 한 설화를 바탕으로 소설로 꾸민 것으로 백화체이다. 이 설화는 강담으로 유포되고 연극으로 공연되는 사이에 이야기가 이야기를 낳아, 처음에는 36명이었던 영웅이 점점 불어나 108명이 되었다. 편자는 시내암(施耐庵)으로 알려져 있다. 시내암은 군웅의 한 사람인 장사성(張士誠, 1321-1367)의 난에 참가했다고 한다. 1510년경에 책으로 만들어졌다. 크게 100회본과 120회본, 김성탄(金聖歎)의 70회본의 3종류로 나누어진다.

『삼국지통속연의』(즉 『삼국지』)는 14세기 나관중(羅貫中)의 작품으로 고문체이다. 원나라 때부터 완전한 소설 구조를 갖추었고 명대에 와서 널리 유포되고 여러 이본을 낳았다. 강담(講談) 세계에 연원을 두어, 장회소설체(章回小說體)로 구성되어 있다. 간행 연대가 가장 빠른 것은 명나라 홍치(弘治) 7년(1494) 및 가정 원년(1522)의 서문이 붙은 가정본이다. 『삼국지연의』는 『통감강목』에 따라 촉나라를 정통에 두었다. 청나라 초 모종강(毛宗崗)은 그러한 정통사상을 『삼국지연의』의 구석구석까지 깊이 침투시켰다.

『금병매(金甁梅)』는 1600년경에 성립한 책으로, 호색한 서문경(西門慶)과 그 처첩들의 애욕을 축으로 당시의 세태를 그린 소설이다. 제목은 주인공 서문경의 다섯 번째 부인 반금련(潘金蓮)과 여섯 번째 부인 이병아(李甁兒), 그리고 금련을 모시는 하녀 춘매(春梅)의 이름에서 각각 한 글자씩 딴 것이다. 장회소설 100회로 구성되어 있다. 『금병매』에 대해 노신은, "그 사이에 인과응보적인 내용도 끼어 있으나 신선이나 귀신에 관한 이야기가 그다지 많지 않고, 주로 세태의 변화를 묘사했으므로 '세태서(世態書)'라 말할 수 있다."고 했다.

② 청의 산문과 소설

명말청초에는 '기인(奇人)의 연수(淵藪)'라고 일컬어질 만큼 상식을 넘어선 기인들이 많았다. 하지만 중국을 차지한 만주족의 청나라는 안정을 꾀한다는 명분 아래 탄압과 착취를 했다. 지식인들은 문자옥(文字獄) 때문에 사회현실을 있는 그대로 묘사하기가 어려웠다. 하지만 청초의 장조(張潮)는 청초 작가들의 기문을 모아 『우초신지(虞初新志)』를 편찬했다. 강희 22년(1683)에 1차 편집이 이루어졌으나, 이후 여러 번 증정(增訂)되어 강희 39년(1700)에 비로소 간행되었다. 『우초신지』 이후 정주약(鄭澍約)은 총 86편의 작품을 12권으로 묶은 『우초속지(虞初續志)』(1802)를 엮었고, 그 뒤로 『광우초신지(廣虞初新志)』·『속우초지(續虞初志)』 등의 아류작이 속속 등장했다.

포송령(蒲松齡, 1640~1715)의 『요재지이(聊齋志异)』는 짤막한 이야기 500편으로 이루어져 있다. 150편에 달한다는 연애 고사에서 포송령은 거침없는 성(性)과 자유로운 연애를 묘사했다. 특히 인간 남자의 대상으로 귀신과 여우를 등장시켰다. 또한 청초의 불합리한 제도나 부패하고 타락한 정치를 다루어 비판하고, 억울한 백성의 원한을 풀어주는 현명한 관리, 자신의 삶을 개척하는 여걸, 신의를 위해 목숨 바치는 기인들의 이야기를 다루었다.

③ 명·청의 필기

명·청 시대에는 필기의 취급 범위가 넓어지고 규모가 커졌다. 조정에서도 대대적으로 문인들을 조직하여 대형의 유서(類書)와 총서(叢書)를 편집했다.

(a) 농업 생산: 서광계(徐光啓)의 『농정전서(農政全書)』, 실명씨 『심씨농서(沈氏農書)』
(b) 수공업과 상업: 송응성(宋應星)의 『천공개물(天工開物)』, 장한(張瀚)의 『송창몽어(松窓夢語)』
(c) 사회경제와 풍속: 범렴(范濂)의 『운간거목초(雲間據目鈔)』, 전영(錢泳)의 『이원총화(履園叢話)』, 섭몽주(葉夢珠)의 『열세편(閱世編)』

(d) 제도·문물·경제·민풍: 왕세정(王世貞)의 『엄주산인별집(弇州山人別集)』, 호응린(胡應麟)의 『소실산방필총(少室山房筆叢)』, 심덕부(沈德符)의 『만력야획편(萬曆野獲編)』, 사조제(謝肇淛)의 『오잡조(五雜俎)』, 주국정(朱國禎)의 『용동소품(湧幢小品)』

(e) 농민 봉기: 모기령(毛奇齡)의 『후감록(後鑑錄)』, 이세웅(李世雄)의 『구변기(寇變記)』, 오위업(吳偉業)의 『수구기략(綏寇紀略)』, 서종치(徐從治)의 『평추기사(平秋紀事)』

(f) 역사지리와 자연지리: 왕사성(王士性)의 『광지역(廣志繹)』, 고염무(顧炎武)의 『천하군국이병서(天下郡國利病書)』, 고조우(顧祖禹)의 『독사방여기요(讀史方輿紀要)』

(g) 명청 역사 문헌과 인물 전기: 하교원(何喬遠)의 『명산장(名山藏)』, 이락(李樂)의 『견문잡기(見聞雜記)』, 초횡(焦竑)의 『헌징록(獻徵錄)』, 왕세정(王世貞)의 『엄주산인사료전후집(弇州山人史料前後集)』, 이원도(李元度)의 『선정사략(先正事略)』

(h) 인물 전기: 황종희(黃宗羲)의 『명유학안(明儒學案)』, 장지교(蔣之翹)의 『요산당외기(堯山堂外紀)』, 강번(江藩)의 『한학사승기(漢學師承記)』와 『송학연원기(宋學淵源記)』, 전림(錢林)의 『문헌징존록(文獻徵存錄)』

(i) 학술 저작: 고염무의 『일지록(日知錄)』, 조익(趙翼)의 『해여총고(陔餘叢考)』, 전대흔(錢大昕)의 『십가재양신록(十駕齋養新錄)』

그 밖에 소수민족의 정황을 기록한 것, 대외관계 및 대외무역을 기록한 것, 과학기술과 공업미술을 기록한 것 등이 있다. 『고금설해(古今說海)』·『광백천학해(廣百川學海)』·『국조기록회편(國朝紀錄滙編)』·『고금담개(古今譚概)』·『견호집(堅瓠集)』 등은 수록 내용이 호한하다.

3) 일본의 근대문학

① 하이카이(俳諧), 교카(狂歌)와 센류(川柳)

렌가가 쇠퇴한 이후 하이카이렌가(俳諧連歌)를 거쳐 에도시대의 하이카이

(俳諧)로 변화했다. 하이카이렌가는 렌가의 내용을 골계화하는 방식이었다. 이후 와카와 렌구(連句)를 모태로 하되 그 제1구인 5–7–5 17음절의 홋구(發句)가 독립하여 '5–7–5 17음절' 단독 형식의 하이카이가 발달했다. 마츠오 바쇼(松尾芭蕉, 1644-1694)는 『사라시나기행(更級紀行)』과 『오쿠노호소미치(奥の細道)』 등은 담백한 가운데 깊은 맛을 느끼게 하는 '와비–사비'(미완성과 무상함에서 오는 심미적 감정상태)의 미학을 완성했다. 18세기 중엽 요사 부손(与謝蕪村) 등은 세밀한 묘사와 그림을 연상시키는 회화적인 구(句)를 쓰는 한편 고전과 역사를 소재로 하는 비현실적이고 탈속세적인 구도를 만들었다. 고바야시 잇사(小林一茶)는 파리·개구리·참새·모기·벼룩 등 미물들을 읊으면서 자비나 연민 같은 따뜻한 감정을 표현했다.

교카는 와카와 마찬가지로 5·7·5·7·7의 단가 형식이되, 골계와 풍자를 목적으로 하며, 고전 작품의 패러디도 많다. 작가로는 가라고로모 킷슈(唐衣橘洲), 요모노 아카라(四方赤良), 야도야노 메시모리(宿屋飯盛) 등이 유명하다. 센류는 교카의 전성기에 서민적인 단시 형태로 발달했다. 하이쿠와 마찬가지로 5·7·5 형식이되 비속미를 지닌다. 덴쟈(点者)였던 가라이 센류(柄井川柳)의 이름에서 유래한 것으로 마에쿠즈케(前句付)에서 독립한 것이다. 기고(季語)와 기레지(切字) 등의 제약이 없어 자유롭게 비속한 어휘를 사용할 수 있다. 세태풍자 문학으로서 명맥이 이어진다[마에쿠즈케는 아래구 7·7을 출제하여 문답식으로 위 구 5·7·5를 붙여 그 우열을 가리는 놀이로, 덴쟈가 판정한다. 기레지는 하이쿠에서 여정을 느낄 수 있게 구를 끊어 주는 말이다].

② 오토기조시(お伽草子), 가나조시(仮名草子), 우키요조시(浮世草子)

모노가타리문학이 쇠퇴하자 서민을 위한 통속소설로 오토기조시(お伽草子)가 발달했다. 그림을 곁들였으며, 권선징악 등 교훈적인 내용이 많다. 『잇슨보시(一寸法師)』 『분쇼조시(文正草子)』 『슈텐동자(酒呑童子)』 등이 유명하다.

오토기조시 이후 근세 초 가나조시(仮名草子)가 발달했다. 인쇄문화의 발달로 서민을 대상으로 교훈담, 연애물, 설화, 여행 안내 등을 담았다. 아사이료이(淺井了意)의 『도카이도메이쇼키(東海道名所記)』, 숍이야기를 고어로 번역한 『이소호모노가타리(伊曾保物語)』, 실용물 『치쿠사이(竹齊)』, 안라쿠안사쿠덴(安樂庵策伝)의 『세스이쇼(醒睡笑)』가 유명하다. 이것들은 라쿠고(落語)에 영향을 미쳤다. 가나조시 이후 우키요조시(浮世草子)가 나와 우키요를 살아가는 인간의 모습을 예리하게 묘사했다[쵸닌들의 호색 생활을 우키요라고 한다]. 이하라 사이카쿠(井原西鶴, 1642-1693)의 『고쇼쿠이치다이오토코(好色一代男)』(1682년), 『닛폰에타이구라(日本永代蔵)』『세켄무네상요(世間胸算用)』 등이 대표작이다.

③ 요미혼(讀本)·구사조시(草双紙)와 샤레본(洒落本)·닌죠본(人情本)·곳케이본(滑稽本)

근세 중기 소설은 그림 중심과 읽기 문장 중심의 둘로 발달했다. 요미혼은 읽기 문장을 중심으로 하며, 중국소설을 번안하여 일·한 혼용문을 사용한 본격소설이다. 권선징악을 주제로 하며 구어적 대화체를 사용했다. 처음에는 우키요조시를 이어 괴이 단편소설집이 나오고 그 후 장편화했다. 대표작품으로는 우에다아키나리(上田秋成)의 괴기소설 걸작 『우게츠모노가타리(雨月物語)』와 산토쿄덴(山東京伝)의 『츄신스이코덴(忠臣水滸傳)』, 다키자와바킨(滝沢馬琴)의 최대 장편 전기소설 『난소사토미핫켄덴(南總里見八犬伝)』 등이 있다. 구사조시(草双紙)는 어린이와 여성을 대상으로 하는 아카혼(赤本)-구로혼(黒本)-아오혼(青本)과 성인을 대상으로 하는 기뵤시(黄表紙)-고칸(合巻)으로 전개되었다. 소설 분량이 많아지면서 5권을 합본하여 1권으로 만들게 되는데 이것이 고칸이다. 복수담으로 교훈성이 짙다.

샤레본, 닌죠본, 곳케이본은 더욱 그림을 중심에 두었다. 샤레본은 쵸닌 남자들의 유곽지를 무대로 하여 유곽의 유녀와 손님들이 나누는 사랑 이야기를 사실적으로 묘사한 것이다. 산토교덴은 『츠겐소마가키(通信總籬)』를 만들어 많은 독자를 얻었지만 풍기문란으로 금지되고 교덴도 형을 구형받았다. 이후에는 닌죠본(人情本)과 곳케이본(滑稽本)이 등장했다. 닌죠본은 다메나가 슌스이(爲永春水)의 『슌쇼쿠우메고요미(春色梅兒譽美)』가 대표작이다. 콧게이본은 전업 작가 짓펜샤 잇쿠(十返舍一九)의 『도카이도츄히자쿠리게(東海道中膝栗毛)』와 시키테삼바(式亭三馬)의 『우키요부로(浮世風呂)』가 대표작이다.

④ 닌교죠루리(人形淨瑠璃)와 가부키(歌舞伎)

닌교죠루리는 죠루리(淨瑠璃)에 류큐에서 도래한 샤미센의 반주와 조종하는 인형이 더해진 서민 예능이다. 분라쿠(文樂)라고 한다. 다유(太夫) 한 사람이 샤미센에 맞춰 죠루리를 부르고, 그것에 맞춰 각각 세 조종수가 인형을 조작한다.

에도시대에는 '코스츔 플레이(costume play)'인 가부키가 발달했다. 가부키는 전란으로 죽은 사람들의 혼령을 제사지내는 고료오에(御靈會)에서 유행하던 후류우(風流) 오도리(踊)를 모태로 삼아, 가면을 사용하지 않고 후리(振り)를 맞추어 추는 무대예술로서 시작했다. 근세 이후 노오가크(能樂) 전승 집안에서 게이코(稽古)를 하던 무대가 시바이(芝居) 극장으로 발전했으며, 시간적 비약을 표시하는 기호로 인막(引幕)을 채용했다. 에도 말 7대 이치가와 단쥬우로오(市川團十郎)가 가문의 권위를 과시하기 위하여 집안에 전승되어 온 예(藝 : 게이)를 모아 가부키 십팔번(十八番)을 정했다. 1748년 오사카에서 초연된 『가나데혼츄우신구라(假名手本忠臣藏)』는 가부키 전체 희곡 가운데 상연 횟수가 가장 많다. 아코우(赤惠) 로오시(浪士)가 아다우치(仇討)했던 사건을 소재로 하되, 아시카가(足利) 시대 『타이헤이키(太平記)』의 세계에 가탁한 작품이다. 1840년 에도에서 초연된 『간진쵸오(勸進帳)』는 미나모토 요리토모(源頼朝)와 대립한 요시츠네(義經)를 위해 벤케이(弁慶)가 활약하는 내용을 담았다. 가부키의 각본가[다테사크샤(立作者)]로는 1700년대 초 치카마츠몬

자에몬(近松門左衛門, 1653-1723)과 1800년대 초 쯔루야난보끄(鶴屋南北)가 저명하다. 치카마츠의 각본으로는 1703년 초연된 『소네자키신쥬(曾根崎心中)』와 1715년에 초연된 『고쿠센야갓센(國性爺合戰)』이 유명하다. 『소네자키 신쥬』는 간장공장 종업원 도쿠베(德兵衛)와 유녀 오하쓰(お初)가 새벽녘 소네자키 숲으로 들어가 일곱 번째 종소리가 울리는 순간 죽음을 맞은 이야기이다. 난보끄의 각본으로는 1804년에 초연된 『텐지끄도크베에이고크바나시(天竺德兵衛韓噺)』와 1825년에 초연된 『도오카이도오요츠야카이단(東海道四谷怪談)』이 저명하다. 『도오카이도오요츠야카이단』은 오이와(お岩)라는 여인이 유령이 되어 한 집안을 멸망시킨다는 집념을 묘사한 괴담이다.

⑤ **한문학**

에도시대에 들어와서는 교호(享保) 연간에 오규 소라이(荻生徂徠, 1666~1728)가 고문사학(古文辭學)을 창도한 뒤 제자 핫도리 난카쿠(服部南郭)가 성당(盛唐)의 시풍을 확산시켰다. 간세이(寬政) 연간에는 이치가와 간사이(市河寬齋)·야마모토 호쿠잔(山本北山)·가시와기 죠테이(柏木如亭) 등이 송시(宋詩)를 중시했으며, 간 차잔(菅茶山)과 라이 산요(賴山陽)는 위송시(僞宋詩)를 비판했다. 오규 소라이의 겐엔파(蘐園派)가 경의파(經義派)[太宰春台]와 시문파(詩文派)[服部南郭]로 갈린 이후, 일본 한시는 유학과는 별도로 '(和風)문인취미'를 형성했다.

에도시대에는 본초학과 난학 등이 발달하면서 박물학이 하나의 중요한 분과를 이루었다. 오사카(大阪)의 한방의(漢方醫) 데라지마 료안(寺島良安, 이름 尙順)은 명나라 『삼재도회(三才圖會)』를 모범으로 삼아 삽화를 첨부하여 1712년(일본 正德 2년) 전체 105권 81책에 달하는 『화한삼재도회(和漢三才圖會)』를 출판하였다. 각 항목에는 일본과 중국의 사상(事象)을 天(1-6권)·人(7-54권)·地(55-105권)의 부로 나누어 고증하고 그림(插繪와 古地圖)을 첨부했다.

(4) 동아시아의 근세문학

1) 한국의 근세문학

19세기 후반, 개항 이후에는 외세 침략에 대한 저항과 제도 개혁을 통한 근대국가의 성립이 역사적 과제로 되었다. 이 시기에는 국민주권의식이 철저하지 않은 상태에서 개화자강(開化自强)의 사상과 충군애국의 사상이 민족주의적 사유양식의 두 조류를 이루었다.

이항로(李恒老, 1792-1868)는 병인양요를 계기로, '중심성성(衆心成城)'에 의한 의려책(義旅策)을 주장했다. 그 사상은 김평묵(金平默, 1819-1888), 유중교(柳重教, 1821-1893), 최익현(崔益鉉, 1833-1906)에게 이어졌다. 한편 이시원(李是遠, 1790-1866)은 『국조문헌(國朝文獻)』 1백여 권을 저술했다고 전한다. 이시원의 손자 이건창(李建昌, 1852-1898)은 조선이 열강의 침략에 적절히 대응하지 못하는 것은 붕당의 정론이 갈려 있는 데 원인이 있다고 절감하고 『당의통략』을 집필했다. 황현(黃玹, 1855-1910)은 역사와 현실에 대한 예리한 통찰을 바탕으로 『매천야록(梅泉野錄)』을 남겼고, 이기(李沂, 1848-1909)는 한문이 우민화의 수단이 되었다고 비판하고 국한문 혼용을 주장했다. 1917년 최영년(崔永年), 정만조(鄭萬朝), 여규형(呂圭亨) 등은 「조선문예(조선문예)」를 간행하고 한문학 부흥운동을 적극적으로 전개했으나 한문학은 더 이상 시대의 중심에 있지 않았다.

2) 중국의 근세문학

아편전쟁(1841~42) 전후 서구 세력이 동진(東進)함에 따라 중국의 정치·사회·문화는 큰 변혁을 겪었다. 이 무렵 량치차오[梁啓超]는 신민체(新民體)의 문체를 성립시켰다. 옌푸[嚴復]는 T.H.헉슬리의 『진화와 윤리』, A.스미스의 『국부론(國富論)』, 몽테스키외의 『법의 정신』을 번역하고, 린슈[林紓]는 뒤마의 『춘희(椿姬)』, 빅토르 위고, 찰스 디킨스 등의 문학을 번역했는데, 당시에는 고문문체를 사용했다. 중화민국 성립(1912) 이후, 미국 유학의 후스[胡適]가 구어체에 의한 신문학을 잡지 『신청년(新青年)』에 발표하고, 천두슈[陳獨秀]도 국민적·사실적·사회적인 문학을 건설하자고 주장했다. 1918년 루쉰[魯迅]은 『광인일기(狂人日記)』를 『신청년』지에 발표하여 유교적 봉건적 질서의 기만성을 폭로하고, 이후 『아(阿)Q정전(正傳)』을 발표하여 중국인의 의식 혁명을 부르짖었다.

제1차 세계대전 후 1919년 5월 4일 베이징[北京]대학의 학생 데모가 일어나 대중운동, 신문화운동이 전국적으로 확산되었다. 마오둔[茅盾]은 『소설월보(小說月報)』를 출판하고, 궈모뤄[郭沫若]는 『창조계간(創造季刊)』을 출판했다. 소설에서는 1930년 전후 마오둔의 『자야(子夜)』, 바진[巴金]의 『집[家]』, 라오서[老舍]의 『낙타상자(駱駝祥子)』, 선충원[沈從文]의 『변성(邊城)』, 예사오쥔[葉紹鈞]의 『예환지(倪煥之)』 등이 나왔고, 희곡에서는 차오위[曹禺]의 『뇌우(雷雨)』와 『일출(日出)』이 나왔다. 이후 라오서는 『사세동당(四世同堂)』에서 중-일전쟁의 민족체험을 그려 보였다. 1942년 중국공산당의 항일 근거지였던 옌안[延安]에서 마오쩌둥[毛澤東]은 '문예강화(文藝講話)'를 제시해서, 문학과 예술이 노(勞)·농(農)·병(兵)에게 봉사해야 한다고 주장함으로써, 이후 중국에서는 '인민문학'이 성립했다.

3) 일본의 근세문학

일본의 근대는 전통적인 와카도 유행했으나 아사카샤(浅香社)가 단카의 새 바람을 일으켰다. 낭만주의 선풍이 일어나 신시샤(新詩社)가 결성되고 기관지 『명성(明星)』이 창간되었으며, 이에 대항하여 사실주의파의 『아라라기(阿羅々木, あららぎ)』가 나왔다. 이시카와 다쿠보쿠(石川啄木, 1886~1912)는 자연주의의 영향으로 와카를 혁신시켰다. 이후 『명성』이 폐간되고 『스바루(昴, すばる)』가 도회적-향락적인 경향의 단카들을 중시했다.

일본 근대시는 서구시의 번역에서 출발했는데, 1882년의 『신체시초(新體

詩抄)』가 그 기점이라고 일컬어진다. 마자키 도손(島崎藤村)의 『와카나슈(若菜集)』는 7·5조 형식에 새로운 시정을 가미했다. 우에다 빈(上田敏)의 번역집 『해조음(海潮音)』은 프랑스 상징파의 영향을 받았다. 스스키다 규킨(薄田泣菫)은 상징수법을 도입하여 고전적 정취를 추구했고, 간바라 아리아케(蒲原有明)는 일본 최초의 상징시집 『아리아케슈(有明集)』를 엮었다. 가와지 류코(川路柳虹)의 『쓰레기 터(塵溜)』는 구어 자유시를 시도했다. 기타하라 하쿠슈(北原白秋)는 퇴폐성과 관능성이 깔린 시집 『쟈슈몬(邪宗門)』을 출판했다. 다이쇼(大正)의 시라카바파(白樺派)를 대표하는 다카무라 고타로(高村光太郎)는 이상주의적 경향을 구어체 자유시로 표현했다. 하기와라 사쿠타로(萩原朔太郎)는 예술지상주의 입장에서 서정성과 음악성을 결합시킨 현대시를 출발시켰다. 이 무렵 프롤레타리아 문학가들은 노동자 계급을 노래했다. 호리 다츠오(堀辰雄)는 전통적 서정을 중시하는 『사계(四季)』를 창간하고, 미요시 다츠지(三好達治)와 나카하라 츄야(中原中也)가 이 문예지에서 활동했다. 현실과 개성을 중시하는 『역정(歷程)』에서는 미야자와 겐지(宮澤賢治)가 활동했다.

일본 개화기에는 게사쿠(戲作) 전통과 번역소설의 영향으로 새로운 소설 양식이 성립하고 그 후 독자적인 소설 양식이 발달했다. 모리 오가이(森鷗外, 1862-1922)의 『무희(舞姬)』는 이국적인 풍조를 담았고, 쓰보우치 쇼요(坪内逍遥)는 『소설신수(小説神髓)』에서 사실주의 문학을 주장했으며, 후타바테이 시메이(二葉亭四迷)의 『부운(浮雲)』은 본격적 근대문학의 특성을 지녔다. 이후 기타무라 도코쿠(北村透谷)는 낭만주의의 길로 나아갔고, 시마자키 도손(島崎 藤村)의 『파계(破戒)』와 다야마 가타이(田山花袋)의 『포단(蒲団)』은 자연주의의 길로 나아갔다. 모리 오가이와 나츠메 소세키(夏目漱石, 1867~1916)는 자연주의에 반대하고 고답적이고 여유로운 개인주의 문학을 추구했다. 무샤노코지 사네아쓰(武者小路実篤), 시가 나오야(志賀直哉), 아리시마 다케오(有島武郎) 등 시라카바파는 이상주의와 인도주의를 표방했고, 나가이 가후(永井荷風, 1879~1959), 다니자키 준이치로(谷崎潤一郎, 1886~1965), 사토 하루오(佐藤

春生, 1892~1964) 등은 탐미주의로 나아갔다. 아쿠타가와 류노스케(芥川龍之介, 1892~1927)와 기쿠치 간(菊池寛, 1888-1948)은 현실주의를 추구했다. 다이쇼(大正) 말 이후 고바야시 다키지(小林多喜二), 도쿠나가 스나오(德永直), 사타 이네코(佐多稲子) 등은 프롤레타리아 문학을 표방했고, 이에 대립하여 요코미츠 리이치(横光利一), 가와바타 야스나리(川端康成)는 신감각을 중시했다.

III

동아시아 언어

최귀묵

고려대 국어국문학과 교수

이 장에서는 동아시아의 네 나라의 언어인 중국어 ·한국어 ·일본어 ·베트남어(월남어)의 성격과 특징을 개괄적으로 살펴보고자 한다. 네 나라 언어는 각기 상이한 계통과 언어 구조를 지녔다. 그럼에도 불구하고 네 나라가 중세 시기에 같은 문명권(한문문명권)에 속해 있으면서 한자와 한문을 사용했기 때문에 나타난 공통점도 뚜렷하다. 한자어에 기원을 둔 공통된 어휘가 많은 것은 물론이고, 한국·일본·베트남은 한자의 음훈(音訓)을 이용해서 자국어를 표기하는 차자표기(借字表記)를 고안해서 사용하기도 했다. 근대에 들어서 한자를 자국어 표기에서 어떻게 처리할 것인가를 두고 고심한 점도 일치한다. 이러한 네 나라 언어의 역사적 경험에 주의하면서 각 언어의 계통과 유형적 특징, 차자표기, 한자 표기의 문제에 대해서 논의해 보기로 한다. 지면의 한계로 말미암아 각국 소수민족의 언어에 대해서는 논의하지 못하며 한국어는 필요한 경우 간략하게 언급하도록 한다. 베트남어는 비교적 낯설다고 보고 좀 더 소상하게 설명하고자 했다.

1. 중국어

(1) 명칭

우리는 중국 사람들이 하는 말을 중국어라고 부른다. 그런데 중국 안팎에서 중국어를 가리키는 용어가 여럿 있다. 혼동을 피하기 위해서 간단하게 용어를 구분해 보기로 한다. 우선 중국 사람들은 자신들이 하는 말을 일컬어 한어(漢語)라고 한다. 한족(漢族)이 고금을 통하여 중국 땅 전역에서 사용해 온 언어를 총칭한다.

보통화(普通話)는 우리의 표준어에 해당하는 명칭이다. 보통화는 한족이 하는 말 중에서도 중세 이래 양자강(揚子江) 이북의 이른바 중원 지방을 중심으로 성립해 온 북방어(北方語)의 어휘나 문법을 바탕으로 하고, 수도 북경 방언 가운데서도 일정한 교양이 있는 사람들의 발음을 표준으로 삼고 있다. 이 보통화를 글로 옮긴 글말(문어)을 백화(白話)라고 한다. 한편 대만에서는 표준어를 국어(國語)라고 부르고 있다.

관화(官話)라는 명칭도 접하게 되는데, 말 그대로 '공식어, 관용어(官用語)'라는 뜻을 가지고 있다. 명청대 중앙정부의 표준어 역할을 해 왔다. 영어로 북경어를 가리켜 만다린(Mandarin)이라고 해 왔는데, 바로 관화의 의미에 해당하는 말이다.[1]

(2) 유형적 특징

중국어는 중국·티베트어족(Sino-Tibetan language family, 漢藏語族)에 속하는 여러 언어들 가운데 가장 역사가 길고 사용자 수도 가장 많은 언어이다. 한족과 그들의 언어가 어디에서 기원했는지 아직 분명하게 밝혀지지는 않았다. 다만 기원전 일천 년 전후에 아시아 대륙의 서북부로부터 중원 지방으로 진출해 온 주(周)라고 하는 부족으로 소급해 올라갈 수 있다는 점은 분명하다. 적어도 그 이후로는 한족의 문화적 전통의 연속성이 역사적으로 확실하기 때문에 그 일관성을 의심할 근거는 달리 없다.

중국 대륙 중심부에는 그 이전에도 상(商)(=殷) 왕조가 있었고, 또 그 전에 하(夏) 왕조가 있었다고 하는데, 그때 사용된 언어가 우리가 알고 있는 의미에서 중국어의 직접적인 조상인지는 아직 과학적으로 충분히 해명되지는 못했다. 다만 은(殷)나라 사람들이 남긴 갑골문자에 있는 음부(音符)의 사용법으로부터 판단하건대 은대의 언어(적어도 그 기록 언어)는 오늘날 우리가 알고 있는 중국어와 그다지 다르지 않았다고 생각된다.[2]

중국어의 유형적 특징으로 꼽히는 것 가운데 대표적인 것을 들면 다음과 같다.

첫째, 중국어는 단음절어(monosyllabic language)이다. 하나의 형태소(morpheme)가 주로 한 음절로 되어 있는 언어를 단음절어라고 한다. 그런데 현대 중국어에서는, 현대 사회의 복잡한 사회생활을 반영해서인지, 복음절(複音節)로 된 단어가 늘어가고 있는 추세다. 하지만 복음절 단어라고 해도 의미의 단위는 어디까지나 한 음절이고 각 음절의 의미가 조합되어 복음절 단어의 의미가 이루어진다.

둘째, 중국어는 성조어(tone language)이다. 중국어는 매 음절이 일정한 높낮이(pitch)를 지니고 있다. 성조가 의미를 변별하는 기능을 가지고 있기 때문에 음이 같다고 해도 성조가 다르면 의미가 달라진다. 중국어[普通話]에는 다음과 같은 네 가지 성조가 있다.

[오점제표기법(五點制表記法)으로 나타낸 성조]

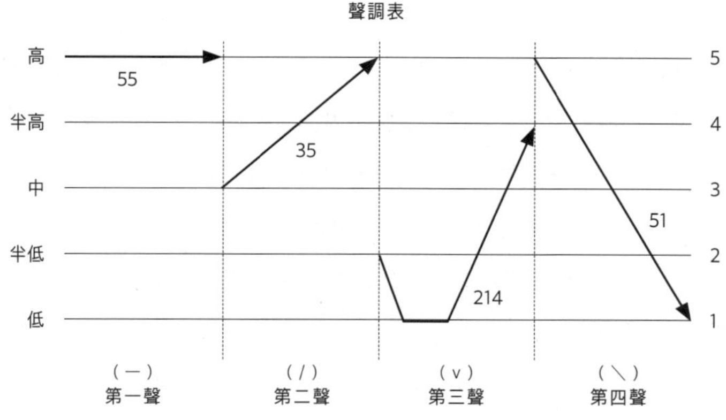

셋째, 중국어는 고립어(isolating language)이다. 어형 변화나 접사(=접두사 · 접미사)가 없고, 단어가 놓이는 위치(=어순)에 따라 문장 속에서 가지는 여러 가지 관계가 결정된다.

넷째, 중국어는 명사에 수사나 지시사가 붙을 경우에는 반드시 양사(量詞)를 필요로 한다. 수사나 지시사가 단독으로 명사를 수식할 수 없고, '這本書'(이 책), '這一個人'(이 한 사람)처럼 지시사-수사-양사-명사의 순서가 된다.

다섯째, 중국어는 통사적으로 SVO 언어에 속한다. 중국어의 주어, 동사, 목적어의 어순은 SVO로 되어 있다. 한국어는 통사적으로 SOV 언어에 속한다.

여섯째, 중국어의 수식어와 피수식어의 순서는 한국어와 마찬가지로 수식어-피수식어의 순서로 되어 있다.[3]

---

1. 최영애, 『중국어란 무엇인가』, 통나무, 1998, 35~40쪽.

2. 亀井 孝 외 편, 『言語學大辭典』 第2卷, 東京: 三省堂, 1989, 892~893쪽.

3. 최영애, 앞의 책, 41~45쪽.

(3) 한자의 서체(書體)

중국어 문자가 창안되어 정비되고 성숙된 형태를 갑골문(甲骨文)에서 찾을 수 있다. 갑골문은 자형(字形) 면에서는 지금의 해서(楷書)와 일맥상통하고 문법 면에서 현대 중국어와 기본적으로 일치하는 어법 형태를 갖추고 있다. 따라서 갑골문이 해서체의 고형태, 즉 고한자(古漢字)라는 사실은 분명하다.[4]

갑골문은 지금부터 3천여 년 전 상(商) 왕조의 마지막 도읍지 은(殷)(=殷墟)에서 발굴된 상(商) 왕실의 점복(占卜) 기록이다. 상나라 사람들은 국가의 대소사나 일상의 작은 일도 길흉을 점쳤다. 거북딱지와 소의 어깨뼈에 홈을 파서 불에 쪼여 갈라지는 금을 보고 길흉을 판단했다. 점을 친 후에는 복사(卜辭)나 점복과 관련된 여러 가지 내용을 거북딱지나 소 어깨뼈에 새겨 두었다.

이러한 갑골문이 만들어진 시기는 어림잡아서 기원전 1300년에서 기원전 1100년으로 보는 것이 통설이다. 현재 발굴된 갑골문의 문자 수는 대략 사천오백여 자 정도이며 이 가운데 형음의(形音義)가 해독된 글자 수는 약 천 자 정도가 된다.[5]

상대(商代)에 갑골문만 있었던 것은 아니고, 금문(金文)이라는 서체도 존재했다. 말 그대로 청동기에 새겨진 문자였다. 금문은 주(周)나라로 전해졌다. 주나라 이후로도 문자는 발전을 보였는데, 주문(籒文)(=大篆), 고문(古文), 소전(小篆)이 창안되어 쓰였다.

소전은 진(秦)나라의 공식 서체였다. 통일 왕국 진의 시황제는 승상 이사(李斯)의 건의를 받아들여 당시 육국(六國)에서 사용하던 이형(異形)의 문자들을 모조리 폐지하고, 그 동안 진나라에서 써 왔던 글자체로 보이는, 주문(籒文)이라고도 불렸던 대전을 개량해서 만든 소전으로 천하의 문자를 통일했다. 소전은 한자의 역사에서 최초로 규범화된 문자체이다. '서동문(書同文)'[6]이라고 하는 문자 통일 정책을 시행해서 관 주도의 규범화된 서체가 출현하게 되었다. 소전은 『설문해자(說文解字)』[7]의 표자제로 9,353 자가 사용되어 지금까지 전해지고 있다.

진시황은 천하를 통일한 후에 각지를 순행(巡行)했는데, 이사로 하여금 자신의 공덕을 칭송하는 글을 지어 돌에 새기게 했다. 이를 진각석(秦刻石)이라고 부른다. 소전으로 된 글은 이사의 필적이라고 전해진다. 『사기(史記)』의 기록에 의하면 역산(嶧山), 태산(泰山), 낭아대(狼牙臺) 등 일곱 곳에 각석을 세웠다고 한다.

갑골문

진나라 때는 예서(隸書)가 만들어졌다. 『한서(漢書)』나 『설문해자』에 따르면 진시황 치세에서는 재판(옥사)이 많아졌기 때문에 하급 관리들이 문자의 획수를 줄인 간단한 서체를 만들어서 썼다고 한다. 진시황은 강력한 중앙집권을 꾀하면서 만리장성과 아방궁 축조 등의 거대한 토목공사를 일으켰는데, 여기에는 백성들의 수많은 인력과 물자가 동원되었다. 무리한 대역사이다 보니 반란자와 탈주범 등 범법자들이 양산되었고, 그 때문에 옥사가 늘어나 옥리들은 업무가 과도해졌다. 특히 번잡한 글자인 전서로 기록하는 일은 업무를 더욱 어렵게 만들었을 것이다. 그래서 옥리들은 좀 더 신속하게 기록하기 위해서 자신들이 직접 간결한 모양으로 글자를 고안해 썼는데 이것이 바로 예서였다. 예서는 전서에 비해 획수가 간결할 뿐만 아니라 필획의 모양

역산(嶧山) 각석

4. 다만 체계화된 양상을 보건대 갑골문이 중국 최초의 문자 단계는 아니고, 그 이전에 오랜 문자 형성 과정이 있었다고 보아야 한다.

5. 양동숙, 『중국 문자학』, 차이나하우스, 2006, 85~88쪽.

6. 글은 같은 글자를 쓰게 한다는 뜻.

7. 후한(後漢)의 허신(許愼)이 기원후 100년에 지은 자서(字書).

도 직선화가 많이 이루어져 필사에 용이했다. 문서 담당 말단 공무원이라는 뜻의 서리(書吏)의 다른 말인 예인(隸人)들 사이에서 통행하던 글자체라고 해서 예서라는 이름이 붙게 된 것이다.[8]

한대(漢代)에는 예서가 공식 서체가 되었다. 소전보다 훨씬 간략하게 정형화된 이 예서체가 실용성에서 우위를 점하게 되어 국가의 공식 자체로 발돋움하게 된 것이다. 예서는 글자체에서 상형적인 요소가 완전히 사라지고 필획도 간략화 · 직선화되었으며 글자 모양도 네모꼴로 방정하게 되었다. 후한 말에 형성되기 시작하여 진대(晉代)부터 통용되었던 해서체(楷書體)와 거의 차이가 없다.

해서(楷書)는 '진서(眞書)' 또는 '정서(正書)'라고 부르기도 하는데, 오늘날 우리가 사용하는 서체다. 이 서체는 필획이 곧도 형체가 방정하게 구성되었기 때문에 모든 한자 서사의 표준처럼 인식되어 왔다. '해(楷)'도 '본보기'라는 의미를 갖고 있다. 해서는 전한(前漢) 시기에 싹이 터서 지속적으로 발전해 후한(後漢) 말과 위진(魏晉) 시기에 본격적으로 통용되었으며 지금껏 변함없이 사용되고 있다.

초서(草書)는 글씨를 신속하게 쓰기 위해 고안한 흘림체다. 정식 자체는 아니지만 신속하고 간편하게 쓰려다 보니 복잡한 필획을 최대한 간결하게 바꿈으로써 오늘날의 간체자에까지 이를 수 있었다. 행서(行書)는 해서와 초서의 중간에 있는 서체라고 볼 수 있다. 해서보다는 쓰기 편리하고 초서보다는 읽기 용이하다. 일상생활에서 손으로 글을 쓰는 경우 널리 쓰인 서체이다.

(4) 간체자(簡體字)

중국어의 어음을 음절 이하로 분석하여 그 음을 표기하는 문자는, 근대에 이르기까지 끝내 발달하지 못했다. 중국 정부는, 문자 개혁을 통해서 궁극

簡体字	繁体字
东	東
万	萬
个	個
义	義
鸟	鳥
乐	樂

간체자와 번체자

적으로는 한자를 폐지하고 표음문자로 대체하고자 하지만, 이는 시간을 요하는 작업이므로 그 전단계로 한자를 간화해서 쓴다는 방침을 정했다. 소전에서 예서로의 변화에서 잘 나타나고 있듯이 한자 서체의 변화의 방향은 간화(簡化)라고 할 수 있는데, 그런 흐름을 잇고자 했다.

1956년에 「한자간화방안(漢字簡化方案)」을 공포했고, 1964년에는 한자간화방안(漢字簡化方案)의 최종안인 「간화자총표(簡化字總表)」를 반포해서 모든 글쓰기를 여기에 맞춰 쓰도록 제도화했다. 「간화자총표」에는 총 2,238개의 간화자가 실려 있다. 방대한 수의 한자 중에서 상용자(常用字)를 정선함으로써 자수를 줄여서 학습과 사용에 편리하게 하고, 복잡한 한자의 필획을 간화했다. 원래의 필획을 모두 갖추고 있는 글자를 번체자(繁體字), 필획이 간화된 글자를 간체자(簡體字)라고 부른다.

(5) 방언

현대 중국어 방언은 다음의 7대 방언 그룹으로 나뉜다. 이들 중국어 방언 간에는 음이 조금 다를 뿐 소통에는 지장이 없을 정도의 차이에서, 완전히 외국어같이 서로 전혀 소통되지 않을 정도로 큰 차이까지 그 격차가 심하다. 그래서 서구의 학자들 사이에는 북경어 화자와는 소통이 되지 않는 광동(廣東) 말이나 대만 말은 북경어와는 다른 외국어로 보아야 한다는 의견도 만만치 않다. 하지만 방언이 서로 그렇게 달라도 외국어로 보지 않고 방언으로 보는 주요한 이유는 우선 중국이라는 통일체를 지속해 온 역사가 오래 되었고, 그 위에 한자라는 문자 체계가 일관되게 유일한 문자 체계로서 존재해

---

8. 김근, 『한자의 역설』, 삼인, 2009, 62~64쪽.

왔기에 개별 방언에 의거한 글말(문어)의 생성과 발달이 이루어지지 않았기 때문이다.[9]

ㄱ) 북방어(北方語): 관화방언(官話方言)이라고도 한다. 북경방언이 대표적이다.

ㄴ) 오어(吳語): 상해방언이 속해 있다.

ㄷ) 상어(湘語)

ㄹ) 감어(贛語)

ㅁ) 객가어(客家語)

ㅂ) 민어(閩語): 대만 말이라고 부르는 것은 민어의 일종이다.

ㅅ) 월어(粵語): 광동(廣東) 말이라고도 한다. 홍콩, 마카오가 포함되어 있다.

---

9. 최영애, 앞의 책, 61~62쪽.

2. 일본어

(1) 명칭

일본에는 일본인 자신이 하는 말을 가리켜 '국어(國語)'라고 하고, 외국어와 대비하는 맥락에서는 자신들의 말을 가리킬 때는 '일본어'라고 하는 용법이 자리 잡고 있다. 한국이나 대만에도 이와 상통하는 용법이 정착되어 있다. 이렇게 동아시아에서 자국어를 '국어'라고 하는 용법은 일본에서 유래했다.

일본에서는 메이지 유신을 거쳐 근대 국민국가를 만드는 과정에서 '국어'라는 개념이 점차 성숙되었다. '국어'라는 개념은 청일전쟁에 의한 국가의식의 고양을 거치면서 완전히 자리를 잡게 된다. 언어의식에 국가의식이 주입됨으로써 '국어'가 처음으로 '국민'의 언어 표출 전체를 포괄할 수 있게 된 것이다.[10] 이렇게 해서 정착한 '국어'라는 개념이 동아시아 각국에 전파되어 자국어를 '국어'라고 하는 관례가 형성되었다.

---

10. 이연숙, 『국어라는 사상』(고영진·임경화 옮김), 소명출판, 2006.

(2) 계통

세계 언어 통계를 제공하는 웹 사이트에 따르면 일본어 사용자 수는 일억 이천팔백만 명에 이른다.[11] 중국어, 스페인어, 영어, 아랍어 등의 뒤를 이어 아홉 번째로 많은 사용자 수를 가지고 있는 언어라고 한다. 그런데 일본어는 'Japonic' 어족에 속한다고 분류하면서 상위 어족을 설정하지 않고 있다. 일본어가 어떤 언어 계통에 속하는가에 대해서는 여러 가지 설이 제출되었으나 아직 정설이라고 할 만한 것은 없기 때문이다.

지금까지 제출된 주요 견해를 분류해 보면 크게 북방기원설, 남방기원설, 혼합설의 세 가지로 나눌 수 있다. 북방기원설은 지리적으로 인접해 있는 한국어 또는 몽골어, 퉁구스어, 투르크어 등 알타이어족의 여러 언어들과 계통이 같다고 보는 견해다. 이에 비해서 남방기원설은 남방 아시아의 여러 언어, 예를 들면 말레이·폴리네시아어 또는 티베트·미얀마어 등과의 관계를 강조하는 입장이다. 혼합설은 남방계 언어가 토대가 되었는데 이후 북방계 언어의 영향이 더해져서 지금의 일본어가 되었다는 설이다. 그밖에도 인도 남부의 드라비다어, 그 중에서도 특히 타밀어와 동계라고 하는 주장도 제기되었으며 아이누어와의 관계를 재검하려는 움직임도 있다.

일본어와의 관계가 문제가 되는 여러 언어 가운데도 한국어 같은 경우는, 어순과 그 밖의 문법적인 성격, 경어의 조직, 일부 어휘 등 몇 가지 점에서 일본어와 비슷한 특징을 보인다. 하지만 두 언어가 명확히 동계라고 할 수 있는 것을 보여 주는 증명은 아직 완전히 이루어지지 않았다.[12]

(3) 문자

한자 본래의 의미와는 관계없이, 한자(漢字) 한 글자 한 글자로 일본어의 음절을 표기하는 방식이 고안되어 대체로 7세기경에는 정착된 것으로 보인다. 이러한 차자표기(借字表記)가 사용된 대표적인 문헌이 『만요슈(万葉集)』(8세기)이기 때문에 흔히 '만요가나(万葉仮名)'라고 부른다. '가나'라는 명칭은, 정식 문자(眞名, 마나)인 한자와 달리 임시(또는 가짜) 문자라는 뜻에서 붙여진 말이다.

鏡の底には夕景色が流れていて、つまり写るものと写
す鏡とが、映画の二重写しのように動くのだった。登場
人物と背景とはなんのかかわりもないのだった。しかも人
物は透明のはかなさで、風景は夕闇のおぼろな流れで、
その二つが融け合いながらこの世ならぬ象徴の世界を描
いていた。殊に娘の顔のただなかに野山のともし火がと
もった時には、島村はなんともいえぬ美しさに胸が顫え
たほどだった。

遥かな山の空はまだ夕焼の名残の色がほのかだったか
ら、窓ガラス越しに見る風景は遠くの方までものの形が
消えてはいなかった。しかし色はもう失われてしまってい
て、どこまで行っても平凡な野山の姿が尚更平凡に見え、
なにものも際立って注意を惹きようがないゆえに、反って
なにかぼうっと大きい感情の流れであった。

가와바타 야스나리(川端康成), 「설국(雪國)」에서

만요가나는 한자의 음을 빌려 일본어를 표기한 경우와 한자의 뜻을 빌려 일본어를 표기한 경우로 나뉜다. 那(な), 南(なむ)처럼 한자의 음으로 일본어 음절을 표기하고, 毛(け), 巻(まく)처럼 한자의 뜻으로 일본어 음절을 표기하는 것이다.[13]

헤이안 시대에 이르러 만요가나를 모체로 하여 히라가나(平仮名)와 가타가나(片仮名)가 만들어졌다. 히라가나는 헤이안 시대 중기인 10세기경에 만요가나로 사용되던 한자의 초서체(草書體)가 더욱 간략화되어 만들어졌다. 그래서 히라가나 글자체는 그 바탕이 되었던 한자의 모습을 지니고 있다. 예를 들어 '安'이 'あ'가 되었고, '仁'이 변해서 'に'가 되는 식이다.

가타가나는 만요가나로 사용되던 한자들 중 일부를 떼어서 만들 글자다. 즉 '伊'는 'イ'로, '仁'은 'ニ'로 하는 식이다. 헤이안 시대 초기에 승려들이 한문 불전(佛典)을 훈독할 때 한자를 읽는 법이라든가 조사, 조동사 등을 문장의 행간에 기입한 데서 비롯되었다. 좁은 행간에 기입하기 위해서는 복잡한 만요가나의 글자체는 불편하고 비능률적이었을 것이므로 자형(字形)을

---

11. http://www.ethnologue.com/statistics/country에 따르면 전세계 일본어 사용자 수는 129,160,810명이라고 한다.

12. 亀井 孝 외 편, 『言語學大辞典』 第2巻, 東京: 三省堂, 1989, 1571쪽; 이인영, 「일본어는 어디에서 왔을까?」, 『높임말이 욕이 되었다』(한국일어일문학회 지음), 글로세움, 2003, 19~23쪽.

13. '毛'를 음독하면 'もう', '巻'을 음독하면 'かん' 또는 'けん'이 된다.

최대한 간략화한 표기 방식을 고안하게 되었을 것이다.[14]

(4) 한자어

일본은 한국이나 베트남과 마찬가지로 중세 시기 동아시아 한문문명권에 속해 있었기 때문에 일본어에는 대량의 한자어가 수용되게 되었다. 그런데 한자어가 오늘날과 같이 일본의 사회의 각층에서 두루 사용되게 된 것은 메이지유신 이후의 일이다. 막부 말기부터 메이지 시대에 걸쳐서 일본은 유럽의 근대문물을 수용하게 되었고, 그 과정에서 유럽의 근대적인 개념들을 대량으로 수입했다. 이 개념들은 거의가 원어로부터 한자어로 번역했다. 당시 지식인이 모두 한학의 소양을 지니고 있었기 때문이다. 이들 한자어는 한국어에 전해지고 중국어에도 역수출되었다. 또한 중국어를 매개로 해서 베트남어에도 침투했다. 한문문화권의 여러 언어는 일본에서 고안된 한자어를 매개로 하여 근대적인 개념을 표현하는 수단을 가지게 되었다.

한자어는 한자로 표기하는 것이 원칙이다. 그런데 한자를 포함해서 일본에서 사용되고 있는 문자는 무척 복잡하다. 우선 한자와 가나라고 하는, 자획이 다른 두 종류의 문자가 사용된다. 거기에 더해서 가나에는 자형(字形)의 성격이 다른 히라가나와 가타가나라고 하는 두 종류가 있다. 이 밖에 경우에 따라서는 로마자를 사용하기도 한다.

이 네 종류의 문자를 사용하는 데는 규약이 있다. 원칙적으로 말의 의미 부분에는 자획이 복잡한 한자를 사용하고, 형태부에는 자획이 좀 더 단순한 히라가나를 사용한다. 히라가나는 일본어를 표기하는 데 사용되지만 가타카나는 외래어 등 특수한 경우에 사용된다. 이러한 역할 분담은 자형 상 분명한 대조를 형성했으며, 이로 말미암아 띄어쓰기 습관의 형성이 지연되었다는 견해가 있다.[15]

(5) 훈독(訓讀)

한자를 일본어로 읽는 방법으로는 음독(音読み, おんよみ)과 훈독(訓読み, くんよみ)의 두 가지가 있다. 음독(音読み)은 한자의 중국어 발음이 일본에 전해져 변형되어 정착한 것이다. '山'을 예로 들면, 'サン(산)'(또는 'セン')으로 읽는 것이 음독이다. 반면 훈독이란 한자를 일본 고유어로 읽는 것이다. 한자에 일본어로 의미를 대응시키고 그것을 그대로 발음으로도 사용하는 것이다. '山'의 훈독 'やま(야마)'는 현대 중국어 'shān'에 상당하는 일본어의 의미인 동시에 발음이기도 하다. 이렇게 한자를 음독하기도 하고 훈독하기도 하는 것은 동아시아 한문문명권에서 일본어에서만 보이는 현상이다.

일본에서는 한자를 훈독함으로써 한자의 일본어화가 심화되었기 때문에 오늘날에 와서 한자로부터 해방되는 것이 점점 더 어려워졌다.[16] 근대화와 더불어 탈아입구(脫亞入歐)를 소리 높여 외쳤지만 한자를 버릴 수는 없었다. 베트남은 로마자 표기로 전환하고, 한국에서는 한국어 표기에 한자를 사용하지 않는 경향을 보이는 것과는 전혀 대조적인 현상이라고 할 수 있다.

---

14. 고수만, 「가나의 탄생」, 『높임말이 욕이 되었다』(한국일어일문학회 지음), 글로세움, 35~40쪽. 히라가나는 '평이한[平] 문자'라는 뜻을 가지고 있고, 가타가나는 한자를 대폭 생략해서 만들어졌기 때문에 '불완전한[片] 문자'라는 뜻을 가지고 있다고 한다.

15. 亀井 孝 외 편, 앞의 책, 1575쪽.

16. 亀井 孝 외 편, 위의 책, 1575쪽.

3. 베트남어

(1) 계통

베트남어는 오늘날 베트남을 이루고 있는 54개 민족 가운데 최다수 민족인 비엣족(=낀족)이 사용하는 언어다. 세계 언어 통계를 제공하는 에스노로그(Ethnologue)의 홈페이지에 따르면 베트남어 사용자 수는 약 7,700만 명에 이른다. 남북한을 합한 한국어 사용자 수보다 약간 많다.[17]

베트남어는 단음절 고립어이자 성조어라는 특징을 가지고 있다. 어형 변화나 접사(=접두사·접미사)가 없고, 단어가 놓이는 위치에 따라 문장 속에서 가지는 여러 가지 관계가 결정되며(=고립어) 여섯 종류의 성조가 있다(=성조어). 언어 계통 연구에 따르면 베트남어는 오스트로·아시아(Austro-Asiatic) 어족(語族)의 몬·크메르(Mon-Khmer) 어군(語群)에 속한다고 보는 설이 유력하다.[18]

(2) 표기

베트남 사람들은 자국어(베트남어)를 '꾸옥 응으(quốc ngữ)'라고 한다. 한자어 '국어(國語)'를 베트남어로 읽은 것이다. 오늘날 베트남어의 표기에 한자가 쓰이는 것은 물론 아니지만, 독자의 이해를 돕기 위해서 이곳에서는 한자를 우리말로 읽어 '국어'라고 표기하기로 한다. 국어의 성립 과정에 대해서는 다음 절에서 설명하기로 하고, 여기서는 먼저 자모(字母)[19]의 발음에 대해서 살펴보기로 한다.

[베트남어의 자모]

A a	A a	Â â	B b	C c	D d	Đ đ	E e	Ê ê
a	a	ớ	bê/bờ	xê/cờ	dê/dờ	đê/đờ	e	ê
[ɑ]	[ɑ/a:]	[ə]	[ɓ/ʔb]	[k]	[ʐ]	[ɗ/ʔd]	[ɛ]	[e]
G g	H h	I i	K k	L l	M m	N n	O o	Ô ô
giê/gờ	hắt	i ngắn	ca	(e−)lờ	(em−)mờ	(en−)nờ	o	ô
[ʒ/ɣ]	[h]	[i]]	[k]	[l]	[m]	[n]	[ɔ]	[o]
Ơ ơ	P p	Q q	R r	S s	T t	U u	Ư ư	V v
ơ	pê/pờ	cu/quy	(e−)rờ	ét−sì/sờ	tê/tờ	u	ư	vê/vờ
[ə:]	[p]	[k]	[z]	[ʂ]	[t]	[u]	[ɨ]	[v/j]
X x	Y y							
ích−xì/xờ	i dài/i−cờ−rét							
[ʂ~ɕ]	[i:]							

Other letter combinations

ch	gh	gi	kh	ng	ngh	nh	ph	qu
[ʈ]	[g]	[z]	[kx~x]	[ŋ]	[ŋ]	[ɲ]	[f]	[kw]
th	tr	ach	anh	ăm	ăng	ôm	ông	
[t̪h]	[ʈɽ~tʂ]	[aĭk]	[aĭɲ]	[au̯m]	[ou̯ŋ]	[ou̯m]	[ou̯ŋ]	

Diphthongs and triphongs

ai	ay	ây	ao	au	âu	eo	êu	ia
[aĭ]	[ɛi]	[ei]	[au̯]	[au̯]	[əu̯]	[ɛu̯]	[eu̯]	[iə]
iê	iêu	iu	oa	oai	oă	oe	oi	ôi
[iə]	[iəu̯]	[iu̯]	[wɑ]	[wɑĭ]	[wa]	[wɛ]	[ɔi]	[oi]
ơi	ua	ưa	uô	ươ	ui	uôi	uâ	uê
[ɤĭ]	[uə]	[ɯə]	[uə]	[ɯə]	[uĭ]	[uəĭ]	[wə]	[we]
uơ	uy	uyê	ưi	ươi	ưu			
[wɤ]	[wi]	[wiə]	[ɯĭ]	[ɯəi]	[ɯu̯]			

---

17. http://www.ethnologue.com/statistics/country에 따르면 베트남어 사용자는 76,935,370명이고 남북한을 합한 한국어 사용자는 71,949,600명이다. (2016년 6월 15일 검색) 베트남어의 특징에 대한 논의는 최귀묵, 《문학의 창으로 본 베트남》, 고려대학교 출판문화원, 2018의 논의를 요약한 것이다.

18. 변광수, 『세계 주요 언어』(개정증보판), 역락, 2003, 31쪽.

19. http://www.omniglot.com/writing/vietnamese.htm

영어(로마자)에 익숙한 독자가 직관에 의지해서 읽을 경우 잘못 발음하기 쉬운 자모가 있는데, 'd-', 'đ-', 'ng-', 'ngh-', 'nh-', 'tr-', 'ơ-', 'ư-' 등이 그것이다. 아래에 몇 가지 보기를 들어 본다.

Đông Dương Tạp Chí 「동 즈엉 땁 찌」(잡지 이름)[20]: 'd-', 'đ-'

Nguyễn Trãi 응우옌 짜이(인명)[21]: 'ng-', 'tr-'

Nghệe An 응에 안(지명): 'ngh-'

Nha Trang 냐 짱(지명): 'nh-', 'tr-'

phở 퍼(쌀국수): 'ơ-'

chữu nôm 쯔놈(베트남어 차자 표기): 'ư-'

한때 성씨 가운데 하나인 '응우옌(Nguyễn)'을 '구엔'으로 표기한 적이 있는데 베트남어 원음과는 거리가 있다.[22] 또한 한국인이 즐겨 찾는 여행지 가운데 하나인 'Nha Trang'을 '나 트랑'이라고 읽는다든지, 쌀국수를 뜻하는 'phở'를 '포'라고 읽는 것도 베트남어 원음과는 다소 거리가 있기는 마찬가지다. 각각 '냐 짱', '퍼'라고 읽는 쪽이 좀 더 원음에 가깝다.

베트남어의 한 음절을 구성 요소로 나누면 '성조+첫 음(첫 자음)+운(韻, vầan)'이 된다. 'toàn'(또안)을 예로 들어 보면, 모음 위에 있는 '＼' 표시는 성조(2성)를 표시하고, 't[t]'는 첫 음(첫 자음)이며 'oan[wan]'은 운에 해당한다. 베트남어에는 다음 그림에서 보듯이 여섯 가지 성조가 있다.

어휘의 측면에서 볼 때, 한자어가 차지하는 비중이 높다는 점도 베트남어의 특징으로 꼽을 수 있다. 이는 베트남이 한국이나 일본과 마찬가지로 중세 동아시아 한문문명권의 일원으로서 한문을 수용해서 글쓰기를 하면서 나타난 자연스러운 현상이라고 하겠다. 한자어를 한월어(Từ Hán Việt, 漢越詞)라고 하는데, 베트남어에서 차지하는 비중이 70퍼센트를 넘는다고 한다. 그래서 중등학교에서도 한월어 교육을 소홀히 하지 않고 있다.

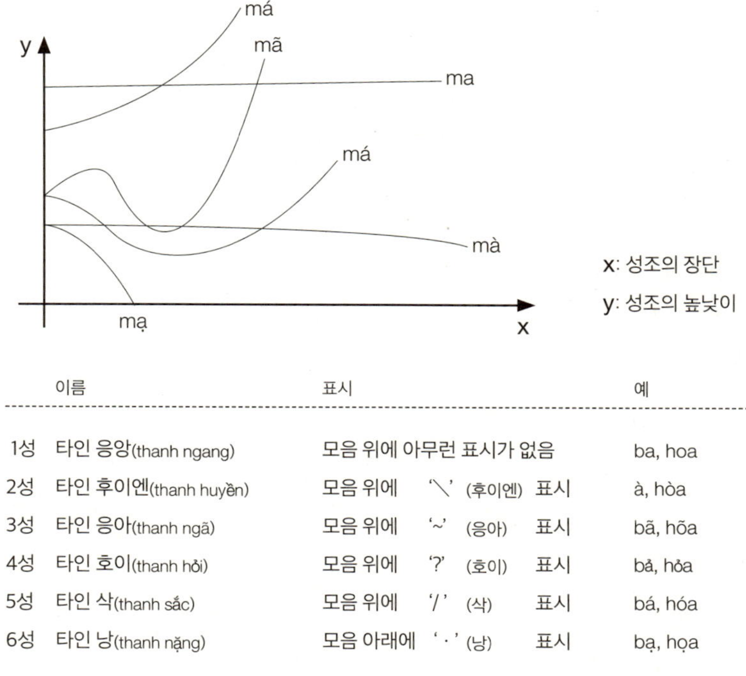

	이름	표시	예
1성	타인 응앙(thanh ngang)	모음 위에 아무런 표시가 없음	ba, hoa
2성	타인 후이엔(thanh huyền)	모음 위에 '＼' (후이엔) 표시	à, hòa
3성	타인 응아(thanh ngã)	모음 위에 '~' (응아) 표시	bã, hõa
4성	타인 호이(thanh hỏi)	모음 위에 '?' (호이) 표시	bả, hỏa
5성	타인 삭(thanh sắc)	모음 위에 '/' (삭) 표시	bá, hóa
6성	타인 낭(thanh nặng)	모음 아래에 '·' (낭) 표시	bạ, họa

오늘날 베트남에서 채택하고 있는 중등학교 교과서 부록 부분에는 한월어가 정리되어 있는데, 그 가운데 하나인 'thiên(天)'을 보면 다음과 같다.[23] (한자와 우리말 한자음은 필자가 적어 넣었다.)

thiên 天(천)	thiên hạ 天下(천하)	thiên nhiên 天然(천연)
	thiên tai 天災(천재)	thiên thần 天神(천신)
	thiên thời địa lợi nhân hòa 天時地利人和(천시지리인화)[24]	

20. 「동양잡지(東洋雜誌)」, 1913 ~1917년에 걸쳐 간행된 주간지.

21. 완채(阮廌, 1380~1442).

22. 일본어로는 'グエン'(구엔)으로 표기한다.

23. Bộ Giáo dục vá Đáo tạo, 『Ngữ văn(어문)』 6(tập hai), nxb Giáo dục Việt Nam, 2010, 174쪽.

베트남어를 배울 때, 이와 같은 한월어에 주목한다면 비교적 쉽게 어휘를 늘려 갈 수 있다. 오늘날 널리 쓰이는 『베트남어 한국어 사전』[25]에는 한월어의 경우 한자가 병기되어 있어 퍽 유용하다. 베트남이나 중국에서 출간한 『월한사전(越漢辭典)』도 여러 종 나와 있으니 함께 참조하면 좋을 것이다.[26]

(3) 쯔놈

역사상 베트남어를 표기하기 위해 고안된 표기법으로 두 가지가 있는데, 쯔놈(chữ nôm)과 국어(quốc ngữ)다. 쯔놈은 중세 시기에 베트남 사람들이 한자를 차용해서 만든 베트남어 기록 문자다. 한자의 음과 뜻을 빌려 자국어 문장 전체를 적은 표기법이라는 점에서 한국의 향찰(鄕札)이나 일본의 만엽가나[萬葉假名]와 상통한다. '쯔'(chữ)는 '글자, 문자'라는 뜻이고, '놈'(nôm)은 'nam'(南)에서 유래한 말로서, '남쪽'이라는 뜻이다. 그래서 쯔놈은 '중국 남쪽에 사는 베트남 사람이 베트남어를 표기하기 위해서 사용하는 문자'라는 뜻이다. 쯔놈 표기를 국음(國音, quốc âm)이라고도 불렀다.

쯔놈이 처음 등장한 것은 8세기 혹은 그 이전이라고 하는데, 시간을 두고 점차 정착하여 대략 13세기경부터 문학작품 창작에 본격적으로 사용되었다. 『대월사기전서(大越史記全書)』의 1282년 기사에 따르면 완전(阮詮)이라는 문인이 베트남어로 시를 짓는 데 능했는데, 이로부터 베트남어로 시부(詩賦)를 짓는 일이 비롯했다고 한다. 완전의 사례는 13세기 말경에는 쯔놈으로 문학작품을 창작하는 것이 확실히 정착했음을 말해 준다고 해석할 수 있다. 향찰이나 만엽가나와 마찬가지로 한자를 알아야 쓸 수 있었기에 상층 지식인들이 쯔놈 사용을 선도하는 것은 당연한 일이었다.

쯔놈은 한자를 그대로 이용하거나 변형시켜 만들었는데 글자를 만들어 베트남어를 표기하는 방법, 곧 조자(造字) 방식은 다양했다. 이곳에서는 쯔놈의 조자 방식에 대한 번거로운 설명은 피하고, 저 유명한 〈취교전(翠翹傳)〉

의 첫 두 줄을 보면서 몇 가지 특징적인 면모를 살펴보기로 한다.

1870년 간행본의 서두 부분이다. 제시한 쯔놈 원문의 처음 두 구(句)를 현대 베트남어로 전사(轉寫)하면 아래와 같다. 우리말 번역도 덧붙였다.

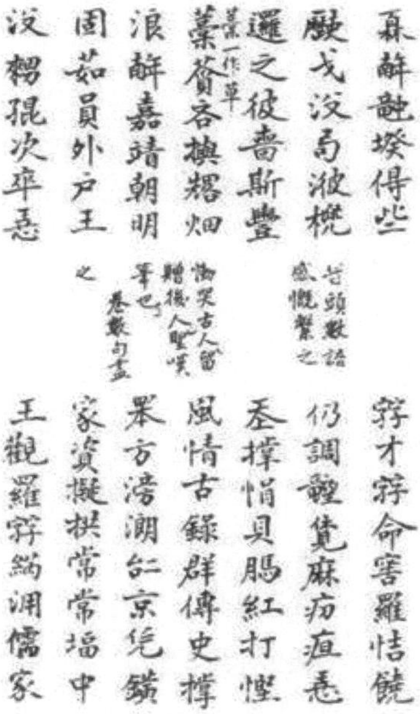

> 𤾓𢆥𥪞𡎝𠊛些
>
> Trăm năm trong cõi người ta.
>
> 𡦂才𡦂命窖羅恄饒
>
> Chữ tài chữ mệnh khéo là ghét nhau.

> 사람이 이 세상에서 사는 백 년 동안,
>
> 재(才)와 명(命)은 이상하게도 서로 미워한다네.[27]

'trăm'에 대응하는 쯔놈 글자 '𤾓'은 자형(字形)을 보고 쉽게 짐작할 수 있듯이, '百'과 '林'을 합쳐서 만들었다. 글자의 구성요소인 '百'은 뜻을 표현하는 부분이고, '林'은 발음을 나타내는 부분이다. 이렇게 한자 둘을 결합해서 만든 쯔놈의 경우, 하나는 뜻을, 하나는 음을 나타내는 경우가 일반적이다. 이들을 형성자(形聲字)라고 불러도 좋을 것이다.

---

24. 기후 조건의 도움, 지리적 조건의 유리함, 사람들의 화합. "天時不如地利 地利不如人和"(천시가 지리만 못하고, 지리가 인화만 못하다.)『맹자(孟子)』

25. 조재현 편저, 앞의 책, 2000.

26. 한월어 학습은 베트남어 문어(文語) 사용 능력을 기르는 데도 효과적이다.

27. 재능이 있는 사람이 기구한 운명을 타고나는 것을 재능과 운명이 서로를 미워한다고 표현했다. 미인박명(美人薄命).

첫 구 마지막에 있는 'ta'에 대응하는 쯔놈 글자는 '些'다. 한자 '些'의 소리를 취해서 'ta'라고 읽으며 '우리들'이라는 뜻이다. 한자의 의미는 고려하지 않고 음이 같은 한자를 가져다가 베트남어를 표기하고 있다. 둘째 구에 있는 'khéo', 'là'에 각각 대응하는 '窖', '羅' 또한 마찬가지로 한자음을 이용한 것인데, 'khéo là'로 쓰이면 '우연히 ~하다'라는 뜻이 된다. 'nhau'의 '髐' 또한 한자음을 취한 글자인데, 한자의 뜻과는 상관없이 '서로, 함께'라는 뜻을 나타내고 있다. 마지막으로 볼 것은 둘째 구의 'tài'와 'mệnh'에 대응하는 글자 '才'와 '命'이다. 이들은 한자의 음과 뜻이 바뀌지 않고 그대로 쯔놈 글자로 쓰이고 있다.

이처럼 쯔놈은 베트남어를 전면적으로 표기하는 데 유용하게 사용되었지만 무시할 수 없는 약점도 가지고 있었다. 무엇보다도 한자를 알아야 되기 때문에 쯔놈은 익혀서 사용하기가 무척 어려웠다. 차자 표기가 본래 그렇기도 하지만, 한자를 조합하거나 변형해서 새로운 쯔놈을 만드는 방식이 널리 쓰였기 때문에 불편이 가중되었다. 한자로는 표현할 수 없는 베트남 고유의 자모가 적지 않아서 발음이 유사한 글자를 써서 표기했지만 그 때문에 잘못 읽을 수도 있었다. 하나의 어휘를 표현하는 데 서로 다른 쯔놈이 쓰이기도 해서 표기가 일관되지 못했다. 요컨대 쯔놈은 표준화되지 않고 자의적 성격이 강한 표기 시스템이라는 약점이 있었다고 할 수 있다.[28]

쯔놈은 거의가 산문체가 아닌 운문체의 글을 표기하는 데 쓰였다. 쯔놈은 운율의 제약에서 벗어난 자리에서 쓰일 기회를 좀처럼 얻지 못했던 것이다. 우리의 경우 향찰로 기록된 산문이 전하지 않는다는 사실을 떠올리면, 한자를 이용한 차자 표기로 길게 이어지는 산문체의 글을 쓰는 것이 얼마나 힘든 일일지 짐작할 수 있을 것이다. 그 결과 역사상 쯔놈으로 창작한 글은 거의가 운문이었다. 구어를 반영해서 산문체로 길게 이어지는 글을 지으려는 시도는 어쩌다 혹간 있었을 뿐이다. 쯔놈 작품의 언어와 일상 구어 사이에 놓인 거리가 좀처럼 좁혀지지 않았다. 소설마저도 운문인 시전(詩傳, truyện thơ nôm)(=운문 소설)이었다. 중세 민족어 글쓰기에서 발견되는 '운문의 압도적인 우위'는 베트남문학의 고유한 특징이다.

베트남은 중세 시기에 자국어의 어음(語音)을 정확히 표기할 수 있는 표음문자 시스템을 갖지 못하고 차자 표기에 의존해야 했다. 쯔놈은 배워서 사용하기 어려운 문자 체계였다. 글자나 운용 방법을 익히기 어려운 쯔놈으로는 가독성을 높이고 글의 쓰임새를 다양화하며 좀 더 많은 독자를 확보하는 것이 결코 쉬운 일이 아니었다. 그 결과 한국이나 일본의 중세 문학과 비교해 볼 때, '기록문학의 상대적 열세' 현상이 두드러진다. 한글이나 가나문자의 발명이 얼마나 혁명적인 사건이었는지를, 베트남과의 비교를 통해서도 알 수 있다.

(4) 국어

'국어(quốc ngữ)'는 두 가지 뜻을 가지고 있다. 하나는 '베트남 국민이 쓰는 말'이라는 뜻이고, 다른 하나는 '국어 글자(chữ quốc ngữ)'를 줄인 말로, 베트남어를 표기하는 로마자를 가리킨다. 쯔놈을 대신해서 베트남어를 표기하는 데 쓰인 문자(로마자)가 바로 '국어'다.

베트남어를 로마자로 표기하게 된 데는 가톨릭 선교사들의 역할이 지대했다. 프랑스 아비뇽 출신의 예수회 선교사 알렉쌍드르 드 로드(Alexandre de Rhodes, 1591~1660)가 1651년에 로마에서 낸 〈안남어 뽀르뚜갈어 라틴어 사전(Dictionarium Annamiticum, Lusitanum et Latinum)〉이 로마자화 초창기의 모습을 보여 주고 있다. 하지만 이 로마자 표기는 가톨릭 포교의 범위 내에서나 사용되는 것이어서 19세기 말까지는 별다른 주목을 받지 못했다.

---

28. 쯔놈의 조자(造字)방식과 쯔놈 표기법의 약점에 대한 논의는, 부이 주이 떤(Bùi Duy Tân), 박연관 옮김, 「베트남의 쯔놈과 베트남에서의 쯔놈 연구」, 『아시아 諸民族의 文字』(口訣學會 編), 태학사, 1997을 주로 참조했다.

국어가 본격적으로 보급된 것은 베트남이 프랑스의 식민지가 된 다음의 일이다. 프랑스 식민당국은 국어 사용을 적극 권장했다. 프랑스 문화를 보급해 동화(同化)시키기 위해서는 베트남어의 로마자화가 시급하다고 인식했던 것이다.

국어 사용이 공식화된 것은 코친차이나(베트남 남부)가 프랑스의 직할 식민지가 된 1862년으로 소급될 수 있다.[29] 1878년부터는 공문서에 베트남어(국어) 사용을 인정하고 학교에서 배우는 교과목으로 베트남어도 인정했다. 1896년에는 과거 시험의 일부에 국어를 쓰도록 하는 변화가 있었다. 그런데 과거제도는 1919년의 회시(會試)를 끝으로 폐지되기에 이르렀다.

베트남 남부 출신의 가톨릭 신자이면서 프랑스 식민당국에 협조적이었던 쯔엉 빈 끼(Trương Vĩnh Ký, 1837~1898)와 후인 띤 꾸어(Huỳnh Tịnh Của, 1834~1907)와 같은 인물이 앞장서서 국어의 보급과 연구에 기여했다. 쯔엉 빈 끼는 저널리즘에 투신해서 최초의 국어 신문인 「가정보(嘉定報, Gia Dịnh Báo)」(1865년 창간, 월간)의 발행에 관여했다. 『프랑스어 베트남어 소사전(Petit Dictionnaire Français Annamite)』 『베트남어 프랑스어 대사전(Grand Dictionnaire Annamite Français)』을 비롯한 수종의 사전을 편찬했으며 국어를 사용해서 고전 작품을 번역하는 데도 힘썼다. 국어를 이용해 여행기 같은 글도 저술해서 발표했다. 베트남 근대 국어 산문은 쯔엉 빈 끼의 중국, 베트남 고전 번역과 글쓰기에서부터 시작되었다고도 말할 수 있다.

후인 띤 꾸어는 쯔엉 빈 끼와 함께 「가정보」의 간행에 참여해서 1869년에는 주필(主筆)이 되었다. 쯔엉 빈 끼와 노선을 같이하면서 베트남어 사전인 『대남국음자휘(大南國音字彙, Đại Nam Quấc Âm Tự Vị)』(I

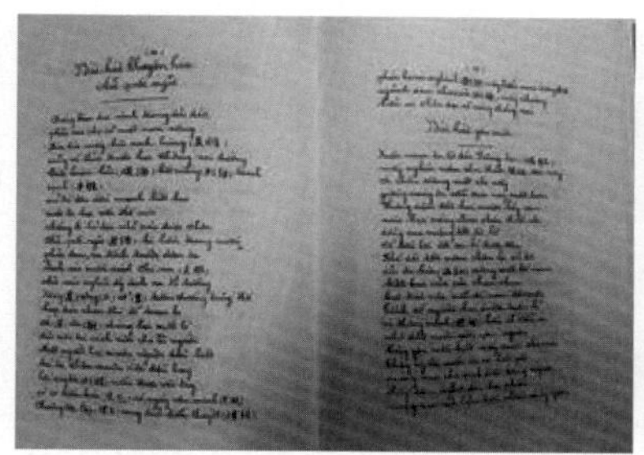

동경의숙시문

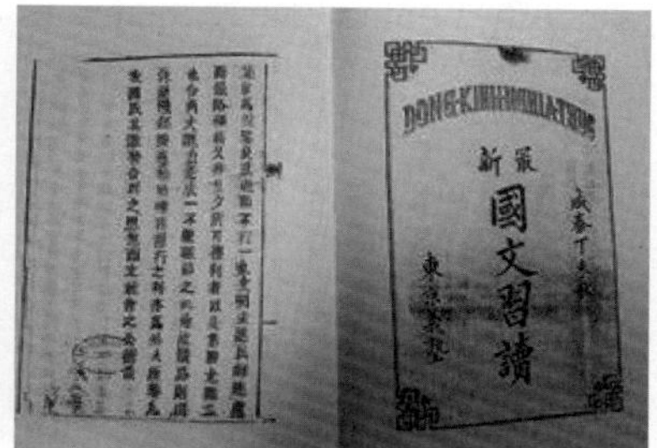

국문습득

·II, 1895~1896)를 편찬했다. 왼쪽의 사진은 『대남국음자휘』의 한 페이지다. 한자나 쯔놈 글자를 표제어로 제시하고, 그 오른편에 국어로 음을 적었다. 그리고 해당 어휘의 뜻을 국어로 풀이한 다음, 줄을 바꾸어 해당 어휘가 사용되는 용례를 열거하고 각 용례의 뜻도 풀이해 놓았다. 이 사전은 당대 베트남어 어휘의 전모를 보여 주고 구어(口語)의 표준을 제시한 공적이 있다.[30] 이와 같은 쯔엉 빈 끼와 후인 띤 꾸어의 활동은 국어에 대한 사회적 관심을 불러일으키기에 충분한 것이었다.

하지만 한자나 쯔놈을 버리고 표음문자인 국어를 사용하는 전환은 글쓰기의 근간을 뒤흔드는 변화여서 전통의 계승과 단절이 얽히는 복잡한 양상으로 전개되었다. 다음은 동경의숙(東京義塾)에서 사용한 교과서인데, 한문과 로마자가 모두 이용되고 있음을 보여 준다. 동경의숙은 1907년 3월에 하노이(=東京)에서 문을 연 사립학교이고, 동경의숙에서 교과서로 삼아서 공부한 글을 통칭해서 동경의숙시문(東京義塾詩文)이라고 불렀다.

동경의숙시문에는 〈신정윤리교과(新訂倫理教科)〉나 〈월남망국노부(越南亡

---

29. 1862년 6월 5일에 제1차 사이공 조약이 체결되었다. 이 조약에 따라서 베트남은 코친차이나의 동부 3성(省)을 프랑스에 할양했다.

30. Maurice M. Durand · Nguyen Tran Huan, 같은 책, 22쪽.

國奴賦)〉와 같은 한문 작품, 〈남해포신가(南海逋臣歌)〉와 같은 쯔놈 시문, 〈국문습독(國文習讀)〉과 같은 국어 시문이 망라되어 있다. 국어로 창작한 시문이 있어서 국어 사용의 확대에 기여한 바가 크다고 할 수 있지만 한문학이나 쯔놈문학을 완전히 대체하기에 이른 것은 아니었다. 〈신정윤리교과〉가 보여주듯이 윤리·철학의 논의를 한문으로 하고 있는데, 아직은 국어가 그 역할까지 감당하지는 못하고 있었다는 사실을 보여 주는 점이 흥미롭다.

국어가 근대적 글쓰기의 도구로 확고하게 자리 잡아 가는 흐름은 19세기 후반 베트남 남부에서 발원했는데, 1930년대에 이르러서는 거스를 수 없는 주류가 되었다. 국어 사용은 어째서 남부에서부터 시작되었는가? 그것은 남부에서 먼저 식민 도시가 형성되었기 때문이라고 말할 수 있다. 베트남 남부는 18세기 이후 새로 획득한 영토였는데, 19세기 후반부터 프랑스가 메콩 델타를 수출용 쌀 생산지로 개발하면서 급속하게 발전했다. 그 중심 도시가 바로 사이공(Sài Gòn)이었다.

사이공에는 유럽으로부터 인쇄 기술(등사판 인쇄)이 도입되어 대량 인쇄가 가능해졌고, 마침내 1865년에는 최초의 신문이 발행되었다. 그것은 식민지 정부의 관보(官報)였다. 이후 식민지화가 중부로 북부로 진행됨에 따라서 1910년까지는 베트남 전역에서 신문이나 잡지가 발행되기에 이르렀다.

국어로 된 신문 · 잡지, 번역을 포함한 각종 저작물이 속속 등장하면서 처음에는 저항감을 가지고 있던 중부와 북부의 지식인들도 근대 문물을 받아들여 보급하기 위해서는 한자를 버리고 국어를 쓰는 쪽으로 방향을 전환해야 한다는 판단을 하게 되었다. 남부에 비해서는 늦었어도 중부와 북부의 지식인들도 국어 사용과 보급에 적극 동참하게 되었다. 표의문자인 한자, 그것을 빌려 만든 불완전한 표기인 쯔놈과 달리 국어는 표음문자여서 쉽게 익혀 쓸 수 있는 장점이 있었다. 베트남 근대 지식인들은 민중을 계몽하거나 민족적 일체감을 형성하는 데 국어가 유효한 수단이라고 생각했다.

IV

동아시아 정치문화

박대재

고려대 한국사학과 교수

1. 머리말

일본의 동양사학자 니시지마 사다오(西嶋定生)는 근대 이전 중국, 한국, 일본, 베트남을 묶은 동아시아의 공통 지표로, ①한자 문화 ②유교 ③율령제(律令制) ④중국화 된 불교 등을 들었다. 니시지마는 동아시아 4국이 단순히 문화 내용에서 공통일 뿐만 아니라 중국을 중심으로 한 책봉–조공체제를 매개로 정치적으로도 상호 유기적으로 연결되어 하나의 완결된 역사 세계로서 '동아시아 세계'가 존재하였다고 보았다. 중국 중심의 '동아시아 세계'를 문화권과 정치권이 일치하는 자기 완결적이고 자율적인 하나의 세계로 바라보는 것이다.

하지만 이러한 동아시아 세계의 정치적 실제성은 역사적으로 보아 의문의 여지가 없지 않다. 한나라 때 형성된 조공·책봉체제는 형식적인 외교 질서의 외피에 불과했으며, 삼국시대와 남북조시대의 분열기를 거치면서 중국 중심의 일원적인 체제는 사실상 작용하기 힘들었다. 수·당 이후 통일적 책봉체제가 다시 수립된 것 같지만, 고구려와 수·당 사이의 70년 전쟁에서 보듯이 책봉·조공관계는 외교적인 형식에 지나지 않았다. 고대 일본 역시 천황제를 수립하면서 중국 중심의 질서에서 이탈해 있었다는 것도 동아시아가 중국 중심의 완결적 세계가 아니었음을 보여준다.

그러나 문화적으로 동아시아 4국이 하나의 세계를 형성하고 있었던 것은 부인할 수 없는 사실이다. 특히 1980년대 한국, 대만, 홍콩, 싱가포르 등의 이른바 NIEs(Newly Industrializing Economies, 신흥공업경제지역)의 경이적인 경제발전에 따라, 이 지역을 한자문화권, 유교문화권이라 부르게 되면서, 동아시아가 하나의 문화권으로 주목받게 되었다. 이 지역 경제발전의 배경을 문화적 동일성에서 구하려는 시도가 이루어지면서, 그동안 근대화에 부정적 요인으로 취급되었던 유교가 경제발전의 요인으로 재평가되게 되었다. 이에 따라 이들 지역 내의 상호 차이점보다는 문화권으로서의 동일성을 강조하는 경향이 대두하기 시작하였다.

외부자의 시각에서 볼 때는 동아시아의 문화가 동일한 것처럼 보일 수도 있지만, 사실 내부자의 시각에서 보면 동아시아 내부 상호간에 차이점도 적지 않다. 이러한 현상은 전통시대에도 역시 마찬가지였다. 고대 동아시아 4국은 동일한 한자문화권을 이루고 있었지만, 그 내부에서는 한국의 이두(吏讀)나, 일본의 가나(假名), 베트남의 쯔놈(字喃)처럼 각 지역마다 독자적인 문화 요소도 내포하고 있었다.

정치문화의 측면에서도 모두 유교와 율령에 기초하고 있었다는 점에서 공통되지만, 한국에서는 유교문화가 보다 발달하고, 일본에서는 율령제가 보다 발달하였다는 특징이 나타난다. 이런 사실은 전통시대 한국에서 가장 발단된 중앙집권 국가였던 조선을 '유교국가'라 부르고, 가장 중앙집권적이었던 헤이안시대의 일본을 '율령국가'라고 부르는 데서도 확인할 수 있다. 이처럼 동아시아 세계 정치문화에서 지역마다의 특징이 나타나는 원인은 무엇일까? 이 글에서는 이러한 질문에 초점을 맞추면서, 전통시대 동아시아 정치문화의 형성과 전개 과정을 살펴보고자 한다.

2. 예치(禮治)와 법치(法治)

(1) 덕(德, 예禮)·형(刑, 법法) 분리의 정치사상

『논어』〈위정(爲政)〉편에 "정(政)으로써 이끌고 형(刑)으로써 가지런히 하면 백성들이 죄를 면할 수 있으나 염치 없게 되며, 덕(德)으로써 이끌고 예(禮)로써 가지런히 하면 염치 있고 또한 바르게 된다"는 공자의 말이 있다. 정치에서 정(政)·형(刑)보다 덕(德)·예(禮)를 중시하는 입장이다. 여기서 '정(政)'은 법규와 제도의 시행 즉 좁은 의미의 정치로 행정을 의미하는 것이다. 공자는 또한 "예악(禮樂)이 일어나지 않으면 형벌이 적중하지 않고, 형벌이 적중하지 않으면 백성들이 수족 둘 곳이 없다"(〈자로子路〉편)고 하였다. 이 역시 형벌보다 예악이 먼저임을 강조한 것이다. 이와 같이 정-형보다 덕-예-악을 중시하는 공자의 말은 당시 위정자들에 대한 비판이기도 했다.

공자가 생존했던 춘추시대 말기는 주(周)나라의 종법(宗法, 예제禮制)이 무너지고 '정형' 없이는 제후들이 지배를 유지·강화할 수 없는 상태였다. 서주(西周)부터 춘추 중기까지는 제후국들이 종족(宗族) 내지 분족(分族)에 의해 각각 지배·대표되며, 제후국 간의 질서는 분사(分祀)·사씨(賜氏) 등을 매개로 하는 이른바 종법적 봉건제도를 기초로 통혼·회맹의 반복에 의해 유지되고 있었다. 춘추 후기가 되면서 이러한 체제는 동요하기 시작하고, 각국의 군주와 대부는 기존의 전통을 버리고 새로운 정치 방침을 모색하게 되었다.

「형서(刑書)」(BC 536, 鄭)와 「형정(刑鼎)」(BC 513, 晉)의 제정, 조세제도의 개혁(魯宣公 15년, BC 594)이 추진되었고, 유능한 인재를 신분이나 교양에 관계없이 등용하는 것도 필요하게 되었다. '정형'에 의해 백성을 다스리는 능률주의나, 벼슬만을 염두에 두고 교양을 경시하는 당시 풍조에 대해 공자는 '군자'의 입장에서 동조하지 않고 비판하였다.

춘추 말기부터 전국시대에 들어가면서, 각국의 군주는 부국강병을 위해 더욱 개혁에 박차를 가하였다. 당시 전통을 부정하는 새로운 변혁의 조치는 '법'이라고 불리는 경우가 많았다. "도둑이 훔친 물건을 숨겨준 자는 도둑과 같이 벌한다"는 초(楚)나라의 '복구지법(僕區之法)', 진나라 상앙(商鞅)이 강화했다고 하는 연좌제인 '상좌지법(相坐之法, 상군지법商君之法)' 등은 관료나 백성 내부에 사적인 은의(恩義) 관계가 성장하는 것을 막고, 군주권을 강화하고자 하는 의도에 따른 것이었다. 전국시대 법은 군주를 중심으로 한 특정 집단의 성장에 따라, 그 신하 집단을 통제하기 위한 내부 규율로서 정비되기 시작하였다. "몰래 군주의 마차를 탄 자는 발뒤꿈치를 자른다(刖)."고 한 '위국(衛國)의 법'이나 "전상(殿上)에서 군주를 모시는 신하는 작은 무기도 소지해서는 안 된다"고 한 '진(秦)의 법'은 모두 군주의 권위와 안정을 확보하기 위한 것이었다.

법(法)의 옛 글자는 '灋'으로, 신령한 동물인 獬廌(해태, 해치)를 사용한 신판(神判)에서 기원하였다고 한다. 주나라 청동 예기에 새겨진 명문에서는 '灋'이 '폐(廢)'의 의미로 사용되는 경우가 많다. 이것은 신판 결과 죄인의 더러움이 옮겨간 해태를 물로 씻어냄으로써 죄를 없애는 것과 관계가 있다고 보인다. '灋'자에서 해태 부분이 빠지고 물로 씻어내는 정화 행위만 남은 것이 '법(法)'자이다.

이처럼 법을 핵심으로 한 새로운 지배관계가 형성되기 시작한 춘추시대 말기에 공자는 그 움직임에 미리 경고를 한 것이다. 주로 중류의 士 계층 출신자들을 제자로 교육하고, 그들에게 벼슬길을 열어주면서도 '법형(法刑)'을 중시하는 현실의 위정자들에게 예속되는 것을 바라지 않았던 것이다.

법형(法刑)에 의한 지배 권력의 강화, 전쟁에 의한 영역의 확대라는 위정자의 움직임에 대처하는 사상적 방식은 대체로 세 가지가 있어 왔다.

첫째, 법형에 의한 군주권 강화의 방향을 보다 순수화해서, 그것을 이론적으로 보강하는 刑名의 학, 즉 법가사상이다. 법가사상은 상앙(商鞅)의 법(法), 신불해(申不害)의 술(術), 신도(愼到)의 세(勢)를 비판적으로 종합한 한비자(韓非子)의 법술사상에 의해 대표된다. 법은 관부에 명시하여 백성에게 상벌의 기준을 알리기 위한 것이고, 술은 군주가 수중의 신하를 생각대로 움직이기 위한 것이다. 한비자는 신불해와 같이 술(術)에 편중하면 법이 문란해지고, 상앙과 같이 법(法)만 중시하면 대신을 통제하는 술이 소홀해지기 때문에, 법과 술을 겸비해야 한다고 주장하였다. 또한 『신자(申子)』를 인용해, 군주의 지위와 권력은 그 현(賢)과 지(知)에 좌우되는 것이 아니라 세위(勢位)에 의해 결정되는 것으로, 법과 세가 갖추어져야 정치가 이루어진다고 하였다. 한비자는 법, 술, 세에 의해 강화된 군주권과 신하의 이해관계를 상반된 것으로 파악하였다. 상·하의 이해는 상반된 것으로, 공(公)과 사(私)는 창힐이 문자를 만든 이래 근본적으로 서로 받아들일 수 없는 것이라고 단정하였다. 군신관계는 골육의 친(親)과는 다르기 때문에, 이해(利害, 상벌(賞罰))에 의해 통제할 수밖에 없다는 것이다. 군주가 대신을 조정하는 술이나, 관리가 백성을 감독하는 법은 대신이나 백성의 입장에서는 화가 되는 것이 당연하다. 정치는 믿을 수 없는 인의(仁義)의 백성(適然之善)에 의존하는 것이 아니라, 법술(必然之道)에 철저해야만 한다는 것이다.(『한비자』〈현학顯學〉) 따라서 형벌도 백성이 두려워할 정도로 엄중해야만 나라가 잘 다스려진다고 한다. 이와 같이 법형에 의한 군주권 강화의 방향을 한비자는 명쾌하고도 비정하게 이론화하고 정당화하고 있다.

둘째, 군주권의 존재를 전제하지만 노골적인 권력 신봉에는 일정한 도덕적 제압을 가하는 방식으로, 맹자의 왕도정치론이 대표적이다. 전국시대 제후 사이를 오가며 유세했던 맹자가 군주 권력의 존재를 인정하는 것은 당연하지만, 그가 군주에게 요구한 자질은 한비자의 경우와 크게 다른 것이었다. 맹자에게 군주의 지위는 불변부동한 권위의 자리로 보이지 않았다. 따라서 군주가 큰 허물에 대해 반복해서 간언해도 듣지 않으면 귀척(貴戚)의 경(卿)이 그 자리를 바꾸어도 좋다고 하였다.(『맹자』 〈만장萬章〉 하下) "백성이 가장 중하고, 사직이 그 다음이며, 군주는 가장 가볍기 때문에, 제후·사직을 위태롭게 한다면 (군주를) 바꾼다"고 하고(〈진심盡心〉 하下), "은나라 주왕(紂王)과 같이 인의를 손상시킨 잔적은 군주로서 자격이 없기 때문에 주살해도 당연하다"고도 하였다.(〈양혜왕梁惠王〉 하下) 백성이 재물을 얻게 하는 '선정(善政)' 보다도, 백성의 마음을 얻는 '선교(善教)'를 더 높이 평가하였으며(〈진심盡心〉 상上), 5무의 집과 100무의 밭으로 백성이 산 자를 키우고 죽은 자를 보내는데 서운함이 없도록 하는 정치가 '왕도(王道)'의 시작이라고 하였다.(〈양혜왕梁惠王〉 상上) 맹자는 군주의 태도에 따라서 신하의 태도도 결정되며, 존비·친소의 서열을 어지럽히지 말라고 하였다. 많은 군주가 측근이나 대부의 추천을 가볍게 믿고 하찮은 사람을 등용하고, 등용된 사람도 개·말이나 먼지·지푸라기와 같이 취급하는 데 대한 반발의 표현인 것이다. 또한 귀한 자를 귀하게 하고 현명한 자를 높이고, 친자(親者)를 귀하게 하고 사랑하는 자를 부유하게 하는 것을 오히려 정치의 기본이라고 생각하였다. 한비자의 입장이라면, 그것은 공(公)을 저버리고 사(私)에 사로잡힌 것이 된다. 하지만 맹자는 공자와 마찬가지로 '이(利)'보다 자식이 부모의 죄를 숨겨주는 친은(親隱)의 인(仁)을 더 중시하고, '불인지심(不忍之心)'을 인간 고유의 것으로 보편화하여, 그 위에 왕도정치를 구축하고자 한 것이다.

셋째, 진정한 성인의 정치는 무력과 교화 등에 의해 기대할 수 없다는 입장으로 노자가 대표적이다. 노자는 군주권력이 백성의 자생적 질서에 간섭하고 그것을 어지럽히는 것을 좋아하지 않는다. 또한 백성의 자연 질서를 존중하는 입장에서, 인의도덕의 예교가 밖으로부터 주입되는 것도 좋아하지 않는다. "성(聖)을 끊고 지(智)를 버리면 백성의 이익은 백배가 되고, 인(仁)을 끊고 의(義)를 버리면 백성의 효자(孝慈)가 회복되며, 교(巧)를 끊고 이(利)를 버리면 도적이 사라진다."(『노자』 19장) 다시 말하면 백성이 다투는 것은 현(賢)을 숭상하기 때문이며, 백성이 도둑질을 하는 것은 진보(珍寶)를 귀하게 여기기 때문이고, 마음이 어지러운 것은 욕심 때문이라는 것이다. 성인의 정치는 백성의 배를 채우고 몸을 강하게 하는 한편, 마음은 욕망을 없애고 비우게 하는 것으로, 곧 백성을 무지무욕(無知無欲)에 이르게 하는 것이 그 이상이라고 하였다.(3장) "도(道)는 항상 아무 일도 하지 않으면서 하지 않는 것이 없다.(無爲而無不爲) 후왕(侯王)도 이것을 잘 지킨다면 만물은 장차 스스로 변화하게 될 것이다. … 바라지 않으면서 조용히 하면 천하도 스스로 바르게 될 것이다."(37장) 노자가 말하는 '무위(無爲)'는 전쟁이나 권력을 남용하는 것의 부정이고, 인의(仁義) 등의 예교(禮敎)를 강제하는 것의 부정이다. 이들 '위(爲)'에 의해서는 '무불위(無不爲)'의 진정한 '위(爲)'에 도달할 수 없다는 것이다. 다시 말해 소국과민(小國寡民)의 이상향을 실현하기 위해서는, 권력자나 유가의 무리가 불가결하다고 생각하는 이런 '위(爲)'는 무용(無用)하다는 '무위정치론'이라고 할 수 있다.

한비자는 군주와 신하의 관계를 공과 사의 대립으로 환원하고 군주권력의 강대화를 직선적으로 긍정하였다. 맹자는 군주권력의 초월성을 인정하지 않고, 오히려 그것이 도의성에 구속되는 면을 강조하였다. 그에 비해 노자는 군주권의 폭력성은 물론이고, 그 도의적 가면성에도 비판을 가한 것이다. 그 점에서 노자의 비판은 철저하지만, 반면 '무위'에 의해 '무불위'의 정치가 실현되기를 기대하는 집착은 도리어 강한 것이다. 또한 노자는 성인의 출현에 의존하고 있다. 이 점에서 노자의 사상은 보다 깊이 민중의 정서에 의거하면서 군주권을 신장하고자 하는 사람들에게 이용가치가 있는 것이기도 했다. 예를 들어, 『한비자』 〈유로(喩老)〉편에서는 "군주의 세(勢)는 신하보다 중하지 않으면 안 되는데, 세(勢)의 중함은 군주의 연못(淵)이다"라고

하면서, 말미에 "물고기는 연못을 벗어나서는 안 된다"는 『노자』 제36장의 구를 인용하고 있다. 또한 "상벌은 나라의 이기(利器)로, 군주는 그것에 의해 신하를 제어해야 한다."고 하면서, 역시 『노자』의 같은 장 "나라의 이기(利器)는 사람들에게 보여서는 안 된다"는 구를 인용해 말을 맺고 있다. 『한비자』의 〈해로(解老)〉편이나 〈유로(喩老)〉편 등은 『노자』를 근거로 해서 법술사상을 심화·권위화하려고 한 작품인데, 『노자』 자체에 이와 같은 이용을 가능케 한 원인 요소가 있었던 것이다. 『사기』에서 신불해-신도-한비자 등의 학문을 "황로(黃老)에 근거하고 있다"고 서술한 것도, 사마천이 한비자의 후학들에 의해 전개된 법가사상과 『노자』 사이의 접합에 주의하였기 때문이다. 이런 맥락에서 보면 "아무 일도 안 하면서 하지 않는 일이 없는(無爲而無不爲)" 노자의 정치야말로, 어쩌면 '술(術)'의 최고 경지인지도 모른다.

(2) 덕(德, 예禮)·형(刑, 법法) 배합의 정치사상

한비자는 "명군이 신하를 제어하는 데는 형과 덕의 두 가지 수단(柄)이 있는데, 형은 살육하는 것이고 덕은 상을 주는 것이다. 신하는 주벌을 두려하고 상을 원하기 때문에, 군주는 형과 덕의 두 가지 수단을 쓴다면 여러 신하들을 통제할 수 있다"(『한비자』, 〈이병二柄〉편)고 하였다. 한비자는 덕을 군주의 지배 수단으로 할당하면서, 덕보다는 형을 우선해 엄중히 해야만 한다는 입장에 서 있다. 이것은 상앙의 중형주의(重刑主義)와 서로 통하는 것이다.

상앙은 경(卿)·상(相)·장군부터 대부·서인(庶人)에 이르기까지 형벌에는 등급을 두지 말아야 한다며 '일형(一刑)'을 강조하였다.(『상군서商君書』 〈상형賞刑〉편) '일형'이란 지위·신분에 구분을 두지 말고 형을 똑같이 집행해야 한다는 것이다. 나아가 상앙은 형을 3족에 미치게 하는 중형을 써야 백성의 범죄가 없어질 뿐만 아니라 형 자체도 없어지게 된다고 주장하였다. 중형은 범죄 금지의 수단이자, 그를 통해 '무형(無刑)'이 초래될 수 있다고 보는 것이다. 상앙은 전쟁, 살인, 형벌 같은 기피의 수단도, 그에 의해 '무전(無戰)' '무살(無殺)' '무형(無刑)'의 상태가 될 수 있다면, 그것을 적극적으로 긍정하는 논리를 세우고 있다.(『상군서』〈획책劃策〉편)

이러한 중형주의에 대해 전국 말기의 유학자 순자(BC 298~238)는 다른 입장에서 형벌의 의의를 논하였다. 순자에게는 법가를 연상케 하는 상벌중시론도 있었지만, 그 사상의 본질은 법형에 의한 정치(법치)보다 덕에 의한 정치(덕치)에 있었다. "포상, 형벌, 모략 등은 인부나 상인에게 쓰는 것으로 국가통치의 본도는 아니다. 정치에서는 우선 덕을 후하게 하고, 예의에 의해 이끌고, 충신(忠信)을 백성에 접하게 하는 것이 기본이다. 현인을 높이고 능력자를 등용하고 관작과 포상을 그들에게 준다. 백성의 일도 과중하게 하지 말고, 어린아이와 같이 양육해야 한다. 그렇게 하면 정령은 안정되고 풍속도 천하가 하나같이 될 것이다. 그럼에도 불구하고 풍속을 벗어나고 윗사람을 거역하는 자가 나온다면, 백성들 스스로가 추하다고 미워하게 될 것이다. 이때에 비로소 형(刑)을 가한다면 최대의 치욕이 될 것이다. 정말 어리석은 사람이 아니라면, 이것을 보고 자기의 행동을 고치지 않는 자가 없을 것이다. 이렇게 해서 백성들은 모두 위의 법을 지키고, 위의 뜻에 따라 안정되게 될 것이다."(『순자』〈의병議兵〉편)

덕치에 의해서 정령(政令), 풍속을 안정시킨 뒤에 그 질서로부터 이탈하는 자가 나오면 그때 비로소 형(刑)을 가하라는 순자의 논리는 분명히 법가의 형벌만능론과는 다른 것이다. 그것은 맹자의 형벌론과 통하는 면이 있다. 맹자는 "군주는 좌우 사람들이 죽여야 한다고 해도 따르지 말고, 여러 대부가 죽여야 한다고 해도 따르지 말고, 나라 사람들이 모두 죽여야 한다고 하면, 비로소 조사하여 명확한 증거에 의해 사형에 처해야 한다. 이렇게 하면 군주가 사형을 집행하였지만, 나라 사람들이 그를 죽인 것이 된다."라고 하였다.(『맹자』〈양혜왕〉 하) 맹자와 순자는 어디까지나 덕치가 근본이고, 형벌은 그 보조 수단이라고 보는 '덕본형말(德本刑末)'의 관점에 서 있었다.

그러면서도 순자는 형벌을 군주에게 불가결한 수단으로 제도화하고자 하는 지향을 갖고 있었다. 형법제도의 정비를 제창한 후한 반고의 『한서』 〈형법지〉에서 순자를 높게 평가한 이유도 여기에 있다. 순자에게 법은 형법 외에 예악(禮樂)과 같은 가치의 '법도(法度)'의 의미도 가지고 있었다.(『순자』 〈대략大略〉편) 법가의 신도를 평가하면서, "법을 숭상하지만 법이 없다."고 하였는데(〈비십이자非十二子〉편), 앞의 법은 법형(법령)을 가리키고, 뒤의 법은 예법에 해당하는 것으로 서로 구분된다. 현실에서 행해지는 법령(법형)을 법으로서 인정하면서도, 그것을 성립시키는 원리로서의 법(예법)을 주목하는 데 순자의 특색이 있다. 이것은 맹자의 이상적 덕치(왕도정치)에 한비자의 현실적 법술을 포섭한 정치원리라고 할 수 있다. 순자는 법을 유가 사상체계 안에서 합리화하려는 시도를 보여 주고 있다.

전국 말기부터 한초에 이르기까지, 더욱 안이하게 덕과 형을 절충하려는 시도가 유행하기도 하였다. 덕을 상작(賞爵)의 의미로 해석하거나 덕과 형을 춘추(春秋)와 추동(秋冬)의 계절에 각각 배당하여 자연의 변화·순환과 결부시키는 사상은 전국시대 이후 성립된 것으로, 특히 진(秦) 제국의 정치를 '임형주의(任刑主義)'라고 비판한 한나라 유학자들에 의해서 의식적으로 답습되었다. 예를 들어 한(漢) 문제(文帝) 때 가의(賈誼, BC 200~168)는 진의 정치가 인의를 무시하고 형법을 가혹하게 했다는 점을 비판하면서(〈과진론過秦論〉), "인의은후(仁義恩厚)는 군주의 날카로운 칼날이고 권세법제(權勢法制)는 군주의 도끼이다"라고 논하였다.(『한서』 〈가의전〉)

이러한 덕·형의 배합은 한 무제(武帝) 때 동중서(董仲舒, BC 198~106)의 논의에서 더욱 극명하게 나타난다. "하늘이 만물을 낳는 봄에는 임금이 仁에 의해 백성을 사랑하고, 하늘이 만물을 키우는 여름에는 임금이 덕(德)에 의해 백성을 키우고, 하늘이 만물을 죽이는 서리(霜)의 계절에는 임금이 형(刑)에 의해 백성을 벌한다. 이와 같이 천(天)과 인(人)의 응(應)함은 옛날부터 변함이 없다"고 한 것이다.(『한서』 〈동중서전〉) 또한 춘·하·추·동에 의해 1년이 이루어지는 것에 대응해서, 성인은 경(慶)·상(賞)·벌(罰)·형(刑)을 차례대로 시행해서 덕을 이루어야 한다고 주장하였다.(『춘추번로』〈사시지부四時之副〉편) 그러면서도 덕과 형은 양·음, 대·소, 강·약, 선·악, 경·권처럼 '덕본형말(德本刑末)'의 관계에 있다고 하여 유가의 전통에 서 있음을 분명히 하였다.(〈양존음비陽尊陰卑〉편) 천인상관(감응)설에 토대를 둔 형벌의 형이상학적 설명은, 토덕개제(土德改制)나 봉선예의(封禪儀禮) 등과 짝하는 한 왕실의 중앙집권 정책과 밀접하게 연결된 것이다.

3. 유학의 국교화

동중서는 한 경제(景帝) 연간(BC 156~141)에 『춘추공양전(春秋公羊傳)』으로 박사가 되었으나, 두각을 나타낸 것은 한 무제 때의 대책(對策) 참여 때이다. 한 무제 건원(建元) 원년(BC 140) 전국으로부터 추천된 현량방정(賢良方正)의 사(士) 가운데 동중서의 대책(天人三策)이 특히 주목되면서, 신불해·상앙-한비자 등의 말은 배척되고, 이윽고 오경(五經) 박사가 설치되어, 한의 정치가 점차 유학(儒學)만 존중하는 방향, 즉 유학의 관학화(官學化)가 진행되었다. 일찍부터 동중서는 유학의 국교화(國敎化)를 이끈 인물로 평가받아 왔다. 동중서는 군주권의 강화를 긍정해야 하는 절대적 요청 때문에 '대일통(大一統)'과 세계국가 사상의 이론적 근거를 우선적으로 제공하였지만, 다른 한편 유가의 전통정신에 입각하여 이를 일정한 범위 안에 억제하고자 하는 준비도 게을리 하지 않았다고 이해되었다.

그런데 동중서의 천인삼책(天人三策)이 상주된 시기가 논란이 되고, 반고가 『한서』에서 동중서를 유교의 확립자(儒宗)로 추앙한 것은 유향-유흠 부자의 사상적 영향을 받은 부회이며, 한 무제의 5경 박사 설치도 『한서』에만 보이는 가탁된 기록으로 사료적 문제가 있다는 비판이 제기되었다. 이에 따라 유가 관료가 공경(公卿)층으로 본격 진출하는 한 원제(元帝) 시기(BC 48~33)를 유학 국교화 시기로 새로 설정하기도 하였다. 한편 유학의 국교화란 유가에서 주장하는 예설(禮說)에 의한 국가 제사와 황제권의 개편이라고 보면서,

종묘제-교사제 등의 국가제사가 유가사상에 따라 개정되고 참위설에 의해 황제권이 신비화된 전한 말기를 그 시기로 보기도 하였다. 이에 따라 왕망 정권(AD 9~23)은 전한 말기의 유학 국교화를 배경으로 출현하여 그것을 완성시킨 것으로 자리매김 되었다. 이와 비슷한 맥락에서 도참을 전면적으로 수용하여 즉위·정책·봉선 등을 모두 도참에 의거해 실시한 후한 광무제 시기(AD 25~57)를 주목하기도 한다. 최근에는 유학의 국교화가 어느 한 시기에 이루어진 것이 아니라, 전한 문·무제기로부터 후한 광무·장제기에 이르기까지 단계적으로 이루어졌다고 보는 입장이 대두하고 있다.

이처럼 유학 국교화 시기를 둘러싸고 아직 학계의 논의가 진행 중이지만, 동중서가 한의 정치와 유학을 연결하는 데 중요한 포석을 깔았다는 것을 부정하기는 어렵다. 동중서 자신은 중앙의 고위직에 나아간 적이 없고, 강도왕(江都王)의 상(相), 교서왕(膠西王)의 상(相)을 지내다가 이윽고 병을 칭해 사임하고 다시 출사하지 않았다. 동중서의 노병치사에도 불구하고, 장탕(張湯) 등은 조정에 '대의(大議)'가 있을 때마다 동중서의 집을 찾아가 사안의 득실을 물었다. 동중서가 지었다는 『치옥(治獄)』 16편(『한서』 예문지)이나 『춘추결옥(春秋決獄) 230사(事)』(『후한서』 〈응소전應劭傳〉)는, 당시 조정의 대의에 대한 동중서의 결정 자문을 모은 것이다. 그 기록은 『태평어람』과 『통전』에 일부 남아 있는데, 동중서는 '원심정죄(原心定罪, 논심정죄(論心定罪))', 즉 마음을 헤아려 죄를 정하는 '춘추의 뜻'(春秋義)을 기준으로 사안을 판단하고 있다. 행위의 결과보다 동기의 선악을 기준으로 판단하는 공양학(公羊學)의 입장인 것이다. 예컨대, 살인을 한 아들을 숨겨준 아버지를 율문에 따라 중죄로 처벌할 것인가의 물음에 대해, 동중서는 '춘추의 뜻'에 "아버지는 아들을 위해 숨긴다(父爲子隱)"고 하였기 때문에, 죄에 해당하지 않는다고 판단하였다. '부위자은(父爲子隱)'은 사실 『춘추』가 아니라 『논어』 〈자로(子路)〉편의 직궁(直躬) 설화에 나오는 말이다. 동중서가 존중한 '춘추의 뜻'은 율문 규정을 기계적으로 적용하는 데 저항하고, 온정주의적 해석을 도입하는 단서로 이용되었다. 이러한 친족 간의 '용은(容隱)'은 한 선제(宣帝) 지절(地節) 4년(BC 66)에 제도화되기에 이르렀다.

'춘추의 뜻'은 한나라 시기 관료와 학자들에 의해 다수 원용되었다. '악을 미워하는 것은 당사자에 한정하고, 선을 칭찬하는 것은 자손에까지 미치게' 하거나, '반란의 수령만 주살하고' 그에 따랐던 자들은 죄를 묻지 않는다거나, 과거의 과실을 묻지 않는 경우에는 '공으로써 과를 덮는다(以功覆過)'는 '춘추의 뜻'이 원용되었다. 다른 한편 동기(마음)를 중시하는 '춘추의 뜻'은 군(君)과 친(親)에 대해 반역의 마음을 품은 것만으로도 주살해야 한다는 판단의 근거가 되기도 하였다.(『공양전』, 장공莊公 32년) '춘추의 뜻'이 반드시 온정주의와 연결된 것만은 아니었다.

한 무제 때 산동 지방에 시찰을 나갔던 박사 서언(徐偃)이 소금과 철의 제조를 마음대로 허가하는 '교제(矯制)'의 죄를 짓고 난 후, 자신을 변호하며 '춘추의 뜻'에 "대부가 강역을 나가 사직을 안전하게 하고 만민을 보존하기 위해 마음대로 해도 가하다."라는 것을 근거로 제시하였다. 이에 대해 알자급사중(謁者給事中) 종군(終軍)이 힐난하기를, "옛날에는 제후에 의해 국이 다르고 풍속이 나뉘었기 때문에 대부가 국경을 나갔을 때 응기응변의 조치가 허락되었다. 하지만 지금은 천하가 하나 되고, 만민이 풍속을 같이 하여, 『춘추』의 '왕자(王者)에게는 밖(外)이 없다'고 한 상태가 되었다. 따라서 서언이 순행한 지역은 강역을 벗어난 것에 해당하지 않고, 교동(膠東)과 노(魯) 양국에 소금과 철의 제조를 허가한 것은 국가의 이익이 되지 않기 때문에, 사직을 안전하게 하고 만민을 보존하는 뜻에도 해당하지 않는다"고 하였다. 서언은 종군의 탄핵에 반론하지 못하고 결국 '교제전행(矯制顓行)'의 죄로 사형에 처해졌다.(『한서』〈종군전〉) 통일제국인 한에서 과거 '춘추의 뜻'이 무한정 적용되지 않는 분위기가 생긴 것이다. 다만 "왕자에게는 밖이 없다"고 하는 보다 차원 높은 '춘추의 뜻'이 다시 연결되고 있다.

이처럼 '춘추의 뜻'은 반드시 온정주의와 연결된 것은 아니고, 당시 정치

상황과 관련되며 군주권력을 더욱 강화하는 쪽으로 기능하였음을 알 수 있다. 한나라 때 『춘추』 공양학이 국가교학이 되었던 것도 양면의 해석을 가능하게 하는 학문이었기 때문이다.

공자는 정치에서 정·형보다 덕·례가 중요하다고 제안하면서, 정형을 중시하는 당시의 움직임을 비판하였다. 현실의 정·형에 저항하여 덕·례의 사상으로 대결하고자 한 것이다. 맹자 역시 스스로 공자의 길을 이었다고 선언하면서 전국시대 군주들에게 인의의 도를 유세하며, 현실과 대결하는 데 생애를 바쳤다. 한비자와 노자도 현실의 군주에게 자신의 사상을 가지고 각자의 방식으로 대결하였던 것이었다.

이와 같은 사상의 현실 정치에 대한 대결은 정치의 사상으로의 접근을 도출하기도 하였다. 특히 공권력에 대해 사적인 생활영역의 가치를 주장하고, 법률과 전쟁에 의한 강제보다 도의심(道義心)에 기초한 자발성을 중시한 유가 사상은, 안정된 통일질서를 목표로 한 한(漢) 제국의 위정자들에게 매력적인 것으로 보이기 시작했다. 이러한 정치의 변화는 또한 사상 쪽에도 반향을 불러일으켜, 정치를 대결의 대상이 아니라 포섭의 대상으로 보는 사상이 생기게 되었다. 덕을 본으로 하고 형을 말로 보는 순자의 사상이나, 덕·형을 사계에 배당하고 유학 국교화에 포석을 깔았던 동중서의 사상은, 이러한 배경에서 성립된 것이다. 덕·례를 강조하던 공자로부터 덕(예)·형(법)의 겸비를 주장하는 동중서로의 발전은, 유가 사상의 정치화를 의미하는 것이기도 하다. 유가 사상은 그 속에 정치(형·정)를 포섭하면서, 다른 한편 왕조체제내로 포섭되어 갔던 것이다. 유학의 국교화에 따라 유가에서 중시하던 예(禮)는 차차 국가의 제도로 법제화되어 갔다.

예의 법제화는 초기에는 『주례(周禮)』의 체제를 따라 국가의 전장 제도를 개편하다가, 점차 예전(禮典)을 새로 편찬하는 방향으로 전개되었다. 수(隋) 개황(開皇) 5년(585)에 오례(五禮) 100권을 편찬하여, '신례(新禮, 개황례開皇禮)'로서 직접 시행하기에 이르렀다. 수나라의 신례는 북위(北魏)·북제(北齊), 양

(梁)·진(陳), 서위(西魏)·북주(北周) 등의 고례(古禮)를 참조한 것이었다. 당(唐) 역시 초기에는 '수례(隋禮)'를 사용하다가, 태종 때 수례를 바탕으로 증보하여, 길례(吉禮) 61편, 빈례(賓禮) 4편, 군례(軍禮) 20편, 가례(嘉禮) 42편, 흉례(凶禮) 11편의 정관례(貞觀禮)를 새로 편찬하였다. 고종은 다시 정관례를 보완하여 현경례(顯慶禮) 130권을 편찬하였고, 현종 개원(開元) 20년(732) 정관례·현경례를 다시 보완하여 『대당개원례(大唐開元禮)』 150권을 편찬하여 드디어 당례(唐禮)가 완성되었다.

4. 법률의 유가화

유가 사상은 인·의의 윤리를 중심으로 하며, 귀천(貴賤)·존비(尊卑)·장유(長幼)·친소(親疏)의 유별(有別)을 강조한다. 그리고 유별의 경지를 이루기 위해 차별성의 행위규범을 제정하였다. 이러한 차별성의 규범은 유가의 '예(禮)'로, 이것은 유가의 정치(禮治) 수단이기도 하다. 반면 법가는 '일상일형(一賞一刑)', 즉 상·형을 친소·귀천에 관계 없이 일률적으로 적용한다. '유별'에 반대하여 '친친(親親)' '애사(愛私)'는 '난(亂)'이라고 이해하며, 이에 동일성의 행위규범인 '법(法)'을 정치(法治) 도구로 삼는다. 사마천이 법가에 대해, "친소를 구별하지 않고 귀천을 나누지 않고, 법에 의해 한가지로 판단한다."고 평한 것도 이 때문이다.

유가·법가의 주요 논쟁은 예치·법치의 논쟁인데, 차별성 행위 규범과 동일성 행위 규범 사이의 논쟁이라고도 할 수 있다. 춘추·전국시대는 유·법 2가의 주장이 경쟁하던 시기였다. 전국 후기 이후 법가가 득세하면서 법률(형·법)이 제정되자, 유가는 법률의 유가화를 기도하였다. 예의 정신과 내용을 법가가 제정한 법률 속에 삽입하는 것(以禮入法)이 법률 유가화의 핵심이었다. 다시 말해 동일성의 법률을 어떻게 차별성의 법률로 만들 것인가의 문제였다. 『사고전서제요(四庫全書提要)』에서 "당률(唐律)은 하나같이 예(禮)에 따른다"고 하였는데, 이것은 법률 유가화의 결과를 가장 잘 표현한 것이다. 일반적으로 중국 법률을 유가주의적 법률이라고 하는데, 이것은 당(唐)

이후 현존하는 법전에 근거한 것이며, 선진시기의 법률까지 모두 그런 것은 아니었다. 그렇다면 법률의 유가화는 언제 어떻게 시작된 것일까?

진(秦)·한(漢)의 법률은 법가가 정리한 것으로 순전히 법가 정신에 근거한 것이다. 유가의 정치사상은 주(周)의 전장(典章)제도를 기준으로 하고 있으며, 봉건제도를 배경으로 성립한 것이다. 유가에서 '유별'을 강조하는 이유도 이런 맥락에서 이해할 수 있다. 춘추시대 이후 봉건제도가 쇠퇴하면서 부국강병이 정치의 중점이 되고, 유가는 점차 시대의 조류에서 밀려나게 되었다. 법가는 이러한 조류에 응해 일어나, 봉건에 반대하며 집권화를 추구하는 패주의 수요에 부합하였다. 이에 따라 법가사상에 기초한 법률이 제정되었는데, 위(魏)나라 이회(李悝)의 「법경(法經)」, 진나라 상앙의 「진법(秦法)」이 대표적이다. 소하(蕭何)가 정리한 한(漢)의 율령(律令, 율경律經)도 전부 진법을 답습한 것으로, 이회-상앙으로 이어지는 법가의 전통을 계승한 것이다.(『진서晉書』〈형법지刑法志〉)

법률의 유가화는 한나라 때 그 단서가 보이기 시작했다. 비록 한율(漢律)이 법가 계통의 것이었지만, 유가 출신 사들이 한 무제 이후 관직에 진출하게 되면서 국가제도에 영향을 미치기 시작하였다. 법률이 이미 반포되어 하루아침에 바꿀 수는 없지만, 유가 입장에서 법가 계통의 법률을 '귀천동형(貴賤同刑)'이라고 공격하고(賈誼), 법률 장구(章句)에 주석을 붙이거나(叔孫宣·郭令卿·馬融·鄭玄), 『춘추』·『상서』 등의 경의에 의해 옥사를 재결하여(陳寵·公孫弘·董仲舒·應劭), 법률에 유가 사상을 집어넣어 예(禮)와 상응하게 하고자 하였다.

유가의 체계적인 법률 개수는 조위(曹魏) 명제(明帝) 때(227~239) 위율(魏律) 제정부터 시작되었다. 조위 이후 신왕조마다 반드시 본조의 법률을 제정하였다. 법전의 편제와 수정은 유가 관료의 손에 의해 이루어졌다. 이를 계기로 유가 정치사상의 정화인 예(禮)가 법률 조문 속에 스며들게 되어, 법률 전부가 유가사상에 의해 지배되게 되었다. 이러한 과정은 위·진시기부터 시작되고, 북위 때에 더욱 발달하여, 중국 법률의 유가화는 수·당 이전에 이미 대체로 완성되게 되었다.

위율(魏律)을 제정한 유소(劉劭)는 "마땅히 예악(禮樂)을 제작해 '이풍역속(移風易俗)'해야 한다"고 여겨 『악론(樂論)』 14편을 지었던 유학자였다.(『삼국지』 유소전) 위 명제는 위율을 제정하는 데 정현의 장구(주석)만 쓰고 나머지는 쓰지 못하게 하였는데, 이것은 유가의 주석만을 인정하고 나머지 계통의 해석은 인정하지 않은 것이다. 위율에서 한율이 금지하던 추살(追殺, 복수)을 고의(古義)에 의거해 허용한 것이나, 상앙이 제정한 '이자지과(異子之科)'를 비로소 삭제한 것은, 모두 유가의 예(禮)를 기준으로 개수한 결과이다. 이를 통해 한율(漢律)이 진율(秦律)을 계승한 법가 계통이라는 사실을 다시 한 번 확인한 수 있다.

또한 유가 사상에 입각한 팔의(八議)가 법률에 편입된 것도 조위 때부터이며, 이는 법률의 유가화에서 가장 중요한 사건이라 평가된다. 8의는 위율부터 실리기 시작하여, 위진남북조 시기에 발전을 거쳐, 수(隋)·당율(唐律)에 이르러 성숙·정형화되었다. 8의는 친(親)·고(故)·현(賢)·능(能)·공(功)·귀(貴)·근(勤)·빈(賓) 등 8종 신분의 귀족관료가 형법상 의(議, 조정의형朝廷議刑)·청(請, 청구황제재결請求皇帝裁決)·감(減, 감형減刑)·면(免, 면형免刑)·당(當, 이관당형以官當刑)·속(贖, 이전속형以錢贖刑) 등의 법정 특권을 가질 수 있게 한 제도이다. 신분의 구분 없이 '일형(一刑)'을 주장하는 법가의 사상과 상반되는 취지의 제도인 것이다. 이것은 '유별'을 강조하는 유가의 차별성 행위규범인 '예(禮)'가 법률에 투영된 결과이다.

위율 다음의 진율(晉律)도 정충(鄭冲) 등의 유학자들이 중심이 되어 정리한 것이다. 진율의 제정에는 모두 14인이 동원되었는데, 가충(賈充) 1인을 제외하고 모두 유가주의 경향을 가진 '제유학(諸儒學)'이었다.(『위서』 〈형법지〉) 진율에서 보이는 가장 큰 특징은 '예교(禮敎)'에 입각하여 '오복(五服)을 기준으로 치죄(治罪)'(准五服以治罪)하였다는 것이다. 5복이란 유교의 상례(喪禮)에서

망자와의 혈통 관계 친소(원근)에 따라 다섯 가지(斬衰·齊衰·大功·小功·緦麻)로 구분되는 상복제도이다. 유교에서는 사람이 죽은 뒤 그 망인과의 친소 관계에 따라 각각 다른 기간의 상복을 착용하여 애도의 뜻을 표하였다. 이것은 유교의 예제가 법률에 반영된 결과이며, 후대 복제(服制)에 의거해 죄를 정하는 제도의 발단이 되었다. 진율(晉律)의 오복제(五服制)는 위율(魏律)의 팔의제(八議制)와 함께 법률 유가화 과정에서 두 번째로 큰 사건이었다.

또한 진(晉) 시대는 법률(형률)뿐만 아니라 율령 체제 전반에서 획기적 시기이기도 하였다. 선진시기뿐만 아니라 한 시대까지도 율(律)과 영(令)을 구분하지 않고 모두 법률, 법전의 의미로 통용하였다. 『관자』(七臣七主)에서 이미 율은 지쟁(止爭)을 위한 것으로, 영은 지사(知事)를 위한 것으로 쓰임을 구분하였지만, 율과 영이 명확하게 구분되어 제도화된 것은 삼국시대 이후이고 한대까지도 율과 영을 구분하지 않고 혼용하였다. 그래서 '영'을 형법의 의미로 쓰기도 하고, '율령'을 형률의 의미로 부르기도 했다. 위진 이후에 율령의 의미가 분화되어, 율은 오로지 금지법인 형법을 의미하는 용어로, 영은 오로지 명령법인 행정법, 소송법, 민상법 등을 의미하는 용어로 구분되었다. 『당육전』에 진(晉)의 율령을 율 12편, 영 40편으로 이루어졌다고 분류한 것도 이 때문이다. 진의 율령은 이른바 후대의 형법전(律)과 행정법전(令)으로 명료하게 구분되었던 것이다. 군사(軍事)·전농(典農)·고주(酤酒) 등은 율에 넣지 않고 令으로 했다거나, 영을 어겨 죄가 있으면 율에 넣었다거나 하는 『진서(晉書)』 형법지 기록은 이러한 사정을 잘 보여 준다.

이렇게 분화된 율과 령의 구분은 수(隋)·당(唐) 시기까지 계승되고, 당으로부터 일본에 전해져 더욱 체계화되었다. 『당육전』에서는 율로써 형벌을 바르게 하고 죄를 정하며(律以正刑定罪), 영으로서 법을 만들고 제도를 세운다(令以設範立制)고 하였다. 또한 『당서』 〈형법지〉에서는, 영은 존비귀천(尊卑貴賤)의 등수(等數)로 국가 제도이고, 그것을 어기고 죄악을 저지른 자는 율로써 '일단(一斷)'한다고 하였다. 영이 존비귀천의 등급과 연결된다는 것은, 유가의 차별성 행위규범인 예와 관련된 제도라는 사실을 시사해준다. 실제로 진령(晉令) 40편 가운데 호령(戶令), 학령(學令), 공사령(貢士令), 관품령(官品令), 이원령(吏員令), 봉름령(俸廩令), 복제령(服制令), 사령(祠令) 등 대부분 영이 존비귀천의 차등을 법제화한 것이다. 이러한 영제(令制)의 전통은 당(唐)뿐만 아니라 송(宋)·명(明)의 영까지 이어진 것으로 확인된다.

북위에서 율령 제정을 주도한 최굉(崔宏)·최호(崔浩) 부자, 고윤(高允) 등은 춘추학(春秋學)에 조예가 깊은 유학자들이었다. 특히 국자좨주(國子祭酒) 유방(劉芳)은 율령의 정리뿐만 아니라 조정 길흉대사도 정리하여, '의례의율(議禮議律)'이 모두 그에게서 나와 '유종(儒宗)'으로 칭해지기도 했다. 당시 예와 율이 서로 통하는 밀접한 관계에 있었으며, 입법 정신의 중점이었음을 보여준다. 북위 율령은 처음에 최호, 고윤 등에 의해 의정될 때 이미 유가화가 진행되었지만, 또 다시 유방의 수정을 거치면서 유가화 정도가 더욱 철저하게 되었다. 북위율(北魏律) 가운데 '왕관계구품(王官階九品)'인 자는 '관작으로 형(刑)을 제(除)할 수 있게' 하였는데, 이것은 일찍이 한(漢)의 가의(賈誼) 등이 주장한 유가의 입장이 반영된 조항이다.

중국 법률의 유가화는 위·진대에 개시되어, 북조(북위)에서 완성되었다고 이해된다. 북위의 법률은 뒤에 북제, 수에 의해 계승되었다. 북제 율에서 보이는 큰 특징은 중죄 10조(수隋 이후 10악惡)를 기존의 팔의(八議)와 구분하여 따로 설치하고 중시하였다는 것이다. 10악은 부도(不道), 불경(不敬), 불효(不孝), 불의(不義) 등 유가의 덕목을 어긴 자들에 대한 특별 처벌 규정이었다. 특히 악역(惡逆), 불효, 불목(不睦), 불의, 내란(內亂) 등의 5악은 유가가 우선시한 사친(私親)의 영역인 가족 윤리 유지를 위한 규정이었다. 10악은 북제 율에서 중죄 10조로 처음 나타난 이후 수·당을 거쳐 명·청에 이르기까지 계승되었다.

북제의 율령을 정비한 최묘(崔昴), 형소(邢劭), 최표(崔儦), 웅안생(熊安生), 마경덕(馬敬德) 등은 모두 예악과 오례(五禮)를 겸수한 유학자들이었다. 북제에 이르러 율령에 유가주의적인 증보, 수정이 이루어졌고, 더 나아가 북주의 율령은 아예 완전히 『주례(周禮)』를 모방하여 유가화가 극대화되었다. 다만 『주례』가 현실에 맞지 않는 단점으로 인해 북주의 율령은 후대 율령에 거의 영향을 미치지 못했다.

수·당의 율령이 북위·북제를 계승 답습하고, 북주의 제도를 채용하지 않은 것도 이런 점 때문이다. 수의 율은 북제의 율을 직접 승계하면서도 아울러 위(魏)·진(晉)의 율을 채용한 것으로, 당률(唐律)의 근본이 되었다.

5. 맺음말

이상의 설명을 바탕으로 머리말에서 화두로 던졌던 동아시아 정치문화 전개 양상의 차이에 대해 생각해보자. 한국에서는 유교를 중심으로, 일본에서는 율령을 중심으로 정치문화가 발달하였던 점은 역사적으로 어렵지 않게 간취할 수 있다. 조선에서도 『경국대전(經國大典)』『대전회통(大典會通)』과 같은 법전이 편찬되었고, 헤이안시대 일본에서도 『내리식(內裏式)』『의식(儀式)』 등의 의례서가 편찬되었지만, 조선에서는 율령보다는 유교적 예에 의거해서, 일본에서는 대보(大寶)·양로율령(養老律令) 등 율령격식에 기초해 정치문화가 전개되었던 사실은 부인할 수 없다.

앞서 살펴보았듯이 예가 차별성의 행위규범이라고 한다면, 법은 동일성의 행위규범이라 할 수 있다. 예에서는 존비·귀천·장유·친소의 유별을 강조하며, 법에서는 친소·귀천에 관계없이 일률적인 상형(賞刑)의 집행을 강조한다. 중국의 삼국시대 이래로 예와 법의 융합이 지향된 것도 이러한 양자의 장점을 절충시키기 위한 것이었다.

하지만 한국에서는 예를 중심으로, 일본에서는 법을 중심으로 받아들여 정치문화를 발전시켜 나아갔다. 이것은 한국이 차별성의 행위규범을 중시하는 입장에서, 일본은 동일성의 행위규범을 중시하는 입장에서 중국의 문화를 수용한 결과라고 할 수 있다. 한국에서는 골품제나 양천제(良賤制)와 같은 신분제도가 지배체제의 근간을 이루었고, 일본에서는 모든 신민(臣民)은 천황의 가족이라고 보는 천황제가 정치제도의 중심을 이루었다.

한국과 일본의 정치문화에서 차별성과 동일성이 각각 강조된 것은 두 나라가 겪어온 역사적 경험의 차이에서 기인한다. 한국에서는 중앙집권적인 통일왕조가 몇 백 년 이상 지속된 반면, 일본에서는 지방 세력의 분포에 의해 지방분권적인 구조가 자주 형성되었다. 이러한 역사적 맥락 속에서 한국에서는 예의 차별성을, 일본에서는 법의 동일성을 강조하는 정치문화가 상대적으로 요구되었던 된 것이 아닌가 생각된다. 동아시아의 정치문화가 예와 법이란 두 가지 큰 원리에 기초하고 있었던 것은 공통되지만, 각 나라의 역사적 환경에 따라 양자의 비중을 서로 다르게 수용·발달시켰던 것이다.

V

동아시아 문화와 예술

김수미

고려대 일어일문학과 교수

1. 동아시아 문화학이란

(1) 동아시아에서 문화(文化)의 개념

'문화'란 무엇을 의미하는가. 광의의 의미로 문화란 자연(自然)과 구별되는 인간행위의 총체, 인간 생활에 의거하는 모든 것을 가르킨다. 이와 같이 문화라는 개념은 포괄성, 함의성을 지닌 용어로서, 예로부터 다양한 분야에서 그 정의가 시도되어 왔다. 고전적인 개념으로는 영국의 문화인류학자 에드워드 타일러(E.B.Tyler)의 정의가 널리 알려져 있다. 그는 대표적 저서 『원시문화(Primitive Culture)』(1871년)에서 문화란 "지식, 신념, 예술, 도덕, 법, 관습 등 사회구성원으로서 인간이 획득하게 되는 모든 능력과 습관을 포괄하는 복합적 총체"라 규정짓고 있다.

원래 서양에서 문화라는 단어(영어·프랑스어 'culture', 독일어 'kultur')는 '경작하다' '재배하다' 라는 의미의 라틴어 'cultura'에서 유래한 것이다. 이 라틴어의 어원에는 여러 의미가 존재하는데, 중세에는 '마음의 배양' '수양'이라는 의미로 사용되었으며, 이후 '가치를 창조한다' 라는 뜻으로 변화하여, 인간이 자연을 이용하여 자신의 삶과 사회를 발전시켜나가는 행위와 그 생활양식을 통틀어 지칭하는 말로 사용되게 된다.

하지만 이러한 서구의 문화 개념이 고대 동아시아에서도 동일하게 사용되었던 것은 아니었다. 동아시아권에서 '문화'라는 단어가 처음 등장하는 것은 BC 6세기경에 만들어진 한(漢)나라 유향(劉向)이 지은 『설원(說苑)』으로 알려져 있다. 지무편(指武篇)을 보면, "무릇 무예가 흥하면 복종하지 않게 되고 문화를 바꾸지 않으면 연후에 주살이 가해지게 된다(凡武之興, 爲不服也, 文化不改, 然後加誅)라는 구절이 나오는데, 여기서 문화란 권력이나 형벌이 아닌 문덕(文德)으로 백성을 가르키는 것을 의미한다. 이후 중국의 문헌을 보면, 문화는 무덕(武德)에 대비되는 개념으로 사용되며, 문치교화(文治教化)라는 의미를 지닌다. 근대 이전, 에도(江戶)시대 일본에서 사용된 '문화'(文化)라는 연호(年号:1804~1818년)도 이러한 중국 문헌의 의미에 입각해 지어진 것이었다. 이와 같은 문화의 개념은 한국, 일본과 같은 동아시아 문화권에서도 통용된 것으로 보이며, 이는 근대 이후 서구의 문화개념이 이식되기 전까지 지속되었다.

현재 우리가 사용하고 있는 '문화'와 동일한 개념이 동아시아에 들어온 것은 근대 이후로, 이는 동아시아에서 서구문물을 한발 앞서 받아들인 일본에서 먼저 번역어로 사용되어졌다. 메이지유신(明治維新) 직후 1870년 니시 아마네(西周)의 『백학연환(百学連環)』을 보면, 인간의 정신작용에 의해 만들어진 양식이라는 의미로 '문화'라는 용어가 등장한다.

하지만, 메이지 초기 '문화'라는 단어는 'civilization'이나 'enlightenment'의 번역어로도 사용되고 있어, 문명(文明), 문명개화(文明開化), 계몽(啓蒙)이라는 의미로도 이용되었다. 1871년 나카무라 마사나오(中村正直)가 영국의 사상가, 새무엘 스마일즈(Samuel Smiles)의 『자조론(Self-Help)』를 번역한 『서국입지편(西国立志編)』에는 문명개화라는 의미로 '문화'라는 용어가 등장하며, 1884년 간행된 학술용어집 『개정증보 철학자휘(改訂增補 哲学字彙)』에는 'Enlightenment'의 번역어로 '대각(大覚)' '문화(文化)'라는 한자어를 들고 있다.

이와 같이, 메이지 초기 '문화'라는 용어는 '문명'과 거의 같은 의미로 혼용되는 경우가 많았다. 이는 서구 근대사회가 17세기 후반 시민혁명과 18세기 후반 산업혁명을 거치면서 영국, 프랑스를 주축으로 문화(culture)를 문명(civilization)의 의미로 파악하려는 경향과 맥을 같이하며, 또한 근대 일본이 서양의 문명과 문물을 받아들여 국가의 틀을 새로이 만들고 부국강병을 이루려는 당시 일본의 풍조와 맞물려진 결과라 할 수 있다.

근대 서구 문물과 직면하게 된 중국, 한국 등 동아시아에서도 일본에서 만들어진 번역어를 사용하며 서구의 '문화' 개념을 받아들이게 되었다. 이와 같이 현재 우리가 흔히들 사용하고 있는 '문화'라는 용어의 개념은 고대 동아시아에서 통용된 의미와는 상이한 것이라 할 수 있다. 즉 학문, 예술, 도덕, 종교 등 인간의 생활을 고양시키기 위한 정신작용의 가치창출이라는 현재 '문화'의 의미는 서구의 개념이 근대에 들어와 정착한 것으로 그 역사가 그리 길지 않다 하겠다.

(2) 동아시아 문화 연구

본격적인 문화 연구는 19세기 이후 서구에서 출발하였다. 문화는 인류학, 생물학, 철학, 사회학, 언어학, 심리학, 민속학 등 여러 학문분야의 연구대상이 되었으며 그 성과로 다양한 문화이론이 등장하게 된다. 1896년 옥스퍼드 대학을 비롯하여 유럽과 미국의 각 대학에서 문화인류학, 문화학과 같은 학문분과가 편성됨에 따라, 문화 연구는 교육의 영역을 확보하며 지속적으로 발전할 토양을 마련하게 되었다. 동아시아에서 문화 연구의 영역은 이러한 서양 학문의 기틀 하에, 근대 이후 서양 문물의 유입과 더불어 본격적으로 시작되었다.

중국, 한국, 일본 등의 동아시아 문화를 조망할 때 흔히 언급되는 특성으로 동일한 한자문화권이며, 유교, 도교, 불교라는 사상·종교적 공통분모를 지니고 있다는 점이다. 이는 동아시아 문화를 형성하는 사유(思惟)나 가치, 행동양식, 예술창조의 기초적 원리가 되어 왔으며, 서양문화권과 대별되는 동양 문화, 동아시아 문화를 하나의 문화권으로 묶어주는 틀을 제공해 왔다. 동아시아 각국이 이와 같은 공통점들을 공유하게 된 데에는 접근용이성이라는 지리적 조건하에 오랜 시간동안 '문화전파' '문화접촉'이 일어난 데 기인한다 할 수 있다.

'문화전파(文化傳播)'란 어느 문화권 혹은 민족, 사회의 문화의 구성요소가 다른 문화권에 전해져서 영향을 미치는 현상이며, 두 문화가 지속적으로 접촉하여 상호간에 많은 부분이 전파된 것을 '문화변용(文化變容)'이라 한다. 이 개념은 문화인류학에서 전파주의(傳播主義)에 의해 채용되었다. 전파주의는 진화론(進化論)에 반대하는 입장에서 생겨났으며, 19세기말부터 20세기 전반 문화연구를 주도한 민족학(民族學)의 기치하에 주로 전개되었다. 문명의 발상지로부터 문화가 태동하여 전파, 확산되어 간다는 이 이론은 원시사회에 대한 시간측정의 문제점이나, 여러 민족의 개별적 조건이나 토착문화의 중요성이 배제된다는 점에서 비판이 제기되었다. 하지만, 문화연구에 있어 공간적 분포와 시간성을 고려하여 전파나 이동의 중요성을 제기했다는 사실은 전파주의의 중요한 성과라 할 것이다.

인간에 의해 만들어진 창조적 산물인 유형·무형의 문화유산은 다른 외부문화와의 접촉, 전파에 의해 교환·차용되며 변화, 발전되어 왔다. 이러한 이문화(異文化) 간의 접촉 및 전파에는 단순히 인간의 이동·교류 뿐 아니라, 문물, 기술, 제도, 예술, 전통, 사상 등 다방면의 문화의 구성요소를 포괄한다. 이러한 사실은 중국, 한국, 일본 등 동아시아 문화를 통시적(通時的)인 시간흐름 속에서 살펴보면 더욱 자명해 진다. 동아시아 각국은 지리적으로 근접해 있을 뿐 아니라, 문화의 여러 구성요소 사이에도 상호 밀접한 관계를 지니고 있다. 서구 문화와 비교하여 동아시아 문화 전체의 보편성이라 여겨왔던 사항이, 동아시아 어느 한 국가나 민족이 지닌 독자성일 수도 있고, 혹은 몇몇 국가의 공통점일 수도 있는 것이다.

그동안 동아시아 문화연구는 중국문화, 한국문화, 일본경제, 신라미술,

중국정치와 같이, 국가별, 시대별, 분야별로 세분화되고 개별화된 카테고리로 구분되어 연구되어 왔다. 하지만 동아시아 각국의 문화가 서로 밀접한 관계 속에서 전파되고 발전해 왔다는 사실을 상기해 보면, 각국의 개별적 문화를 정확하게 파악하기 위해서는 각 문화간의 보편성과 특수성, 공통점과 상이점을 파악하여 문화간 상호작용을 탐구하는 작업이 요청된다 하겠다. 이는 개별적 문화 연구의 정확성을 기하는 일이며, 동시에 동아시아 문화를 전체를 조망하는 일이기도 하다.

이와 같은 관점에서 다음 장에서는 세시풍속과 회화예술의 예를 들어 동아시아 문화예술의 편린을 살펴보고자 한다.

2. 동아시아의 세시풍속

(1) 동아시아 지역과 시간성

인간은 오랜 세월을 거치면서 형성된 공동체 내에서 특별한 날을 설정하여 의미를 부여하고 의례적 행위, 행사를 행해 왔다. 이를 세시풍속(歲時風俗)이라 하는데, 여기서 세시(歲時)란 해(歲)와 때(時)의 합성어로, 일상적인 날이 아닌 특별한 날, 매듭을 짓는 날을 의미한다. 중국, 한국에서는 세시풍속을 세시(歲時), 세사(歲事), 시령(時令), 월령(月令) 등으로 일컬어 왔으며, 일본에서는 주로 연중행사(年中行事)라 칭하였다. 이와 같은 세시풍속의 형성에는 인간의 시간인식이 중요한 요소로 작용하였고 따라서 천문, 역법(曆法)등의 과학적 지식이 직접적으로 관계하였다. 예로부터 인간은 농경생활을 하면서 자연환경이 주는 영향이 증대하게 되자, 이를 예측하기 위해 별자리를 관측하여 계절과 기후의 변화를 측정하여 왔다. 천문, 역법 지식에 근거하여 한 해의 시간을 정하고 시간 절기를 나누었으며 이러한 자연의 순환적인 시간성 속에 인간의 생산활동과 일상생활에 관계한 행사를 배치함으로써 인간은 세시풍속을 형성해 나간 것이다.

그렇다면 동아시아 지역에서는 순환적인 시간성을 어떻게 파악해 왔을까? 우선 인류가 사용한 역법으로 태양력(太陽曆), 태음력(太陰曆), 태양태음력(太陽太陰曆)이 있다. 태양력은 태양의 주기를 중심으로 한 역법으로 고대 이집트의 시리우스 역법으로부터 출발하여, 이후 1582년 로마에서 채용된 글레고리역이 세계적으로 널리 보급되었다. 태음력은 달의 운행을 중심으로 한 역법으로 메소포타미아 문명인 슈메르인에 의해 시작되어 일부 이슬람 국가에 의해 사용되고 있다. 동아시아의 경우에는 고대부터 태양태음력을 채택하여 사용하였다. 태양태음력은 달의 운행을 기본으로 삼고 거기에 태양의 운행을 고려하여 윤월(閏月)을 넣어 시간을 설정한 역법으로, 고대부터 근대초까지 중국, 한국, 일본, 베트남 등 동아시아 지역에서 널리 사용되었다.

이와 같은 동아시아 역법체계는 일찍이 중국에서 시작되었다. 『서경(書經)』「요전(堯典)」에는 "일월성신(日月星辰)을 관찰하여 삼가 백성에게 때를 알려주었다(象日月星辰, 敬授人時)" 라고 역서(曆書)의 효용을 적고 있다. 농경사회에서 절기와 천문 현상을 관측하여 백성들의 생업에 도움이 되는 역법을 제정하는 일은 제왕의 책무였고, 유교 전통사회에서 이는 국가대사였다. 중국에서는 상고시대부터 역서가 존재하였지만, 삭망주기 계산에 의한 체계적인 태양태음력 역법은 BC104년 전한(前漢)의 무제(武帝)에 시행된 태초력(太初曆)에 의해 정립되었다. 이후, 중국에서는 왕조가 바뀔 때마다, 새로운 역법이 시행되는 등, 통시적으로 여러 역법이 등장하게 되는데, 1645년 청나라 순치(順治) 2년에 이르러 서양 역법 체계를 수용한 시헌력(時憲曆)이 시행되게 된다. 이는 아담 샬(Johann Adam Schall von Bell, 중국명 湯若望: 1591~1666)을 비롯한 예수회 선교사들이 들여온 서양 천문학을 사용하여 천체 운용을 계산, 기존 역법을 수정해 만든 것으로, 1911년 태양력인 글레고리오역으로 바뀌기 전까지 지속되었다.

이러한 중국의 역법체계는 한국, 일본 등 고대 동아시아 국가에도 전파되어 수용되었다. 한반도에서는 신라 선덕여왕 시기, 경주시 인왕리에 첨성대가 세워진 것으로 보아 당시 천문관측이 행해지고 있음을 알 수 있다. 고구려, 백제, 신라에서는 중국에서 들어온 역법을 사용하고 있었는데, 674년 통일신라 문무왕 때 대나마덕복(大奈痲德福)이 당(唐)에서 역술을 배워와 인덕력(麟德曆)을 시행한 것으로 알려져 있다. 이후, 고려 태조 때 당나라의 선명력(宣明曆), 충선왕 때 원나라의 수시력(授時曆), 1370년 공덕왕 때 명나라의 대통력(大統曆) 등 중국의 역법을 받아들여 사용하였다.

한국의 독자적인 역법은 1442년 조선 세종 때에 이르러, 칠정산(七政算)이라는 역법에 의해 실현된다. 이는 집현전과 서운관 학자들이 왕명에 의해 한국 역대 역법과 원, 명나라 역법을 참조하여 만든 것으로, 『칠정산내편(七政算內篇)』『칠정산외편(七政算外篇)』 두 권으로 구성되어 있다. 『칠정산내편』에는 중국 북경(北京)이 아닌 서울을 표준으로 작성한 역법이 실려 있고, 『칠정산외편』에는 이슬람력을 번역, 수록하였다. 이후 1653년 조선 효종 때 김상범(金尙範)이 서양 역법을 도입하여 시헌력(時憲曆)을 제작하였고, 영정조 때 이를 한국 실정에 맞게 정비하여 백중력(百中曆), 천세력(千歲歷)을 편찬하게 된다. 이와 같은 태양태음력은 이후 1896년 을미개혁(乙未改革)에 의해 공식적으로 태양력이 채택되기 전까지 지속되었다.

일본의 경우, 554년 긴메이 천황(欽明天皇) 15년 백제로부터 역박사(曆博士)가 왔다는 기록이나, 602년 스이코 천황(推古天皇) 10년 백제로부터 학승(学僧) 관륵(觀勒)이 역법서와 천문지리서를 전했다는 문헌으로 보아 이미 6세기에 중국의 역법이 백제를 통해 수용된 것으로 보여진다. 당시 일본에는 백제의 역법인 원가력(元嘉曆)이 전래되었을 것으로 추정되며, 690년 지토 천황(持統天皇) 4년에는 원가력과 의봉력(儀鳳曆)이 사용되는 등, 아스카 시대(飛鳥時代) 이후 중국 왕조가 제정한 역법을 그대로 도입하여 사용하였다.

일본에 독자적인 천문역학이 만들어지게 된 것은 에도(江戸) 시대에 이르러서이다. 시부카와 슌카이(渋川春海: 1639~1715)는 당시 일본이 862년 당나라로부터 수용한 선명력(宣明曆)을 그대로 사용하고 있어 실제적인 일본의 시간과 오차가 많이 난다는 사실을 발견하고 1685년 중국 수시력(授時曆)를 토대로 일본의 경도차(経度差)를 계산하여 정형력(貞享曆)을 발표하였다. 이것이 일본 최초의 독자적인 역법으로 알려져 있다. 이후, 보역력(宝暦暦), 관정력(寬政暦), 천보력(天保暦) 등의 태양태음력의 역법이 사용되다가 1873년 메이지 정부로부터 태양력으로 바꾸는 훈령(太政官布告)이 반포된 후, 그레고리오력이 적용되고 있다.

이와 같이 고대 동아시아에서는 중국의 역법체계가 한국, 일본으로 전파되어 그대로 수용되었는데, 이후, 각국에서는 태양태음력이라는 틀 속에서 자국의 실정에 맞게 역학체계를 새로 정립하기에 이르른다. 즉, 동아시아에서는 근대에 태양력을 시행하기 전까지 태양태음력이라는 동일한 역법체계를 통해 유사한 시간성과 시간인식을 지니게 되었다고 할 수 있다. 더욱이 동아시아에서 태양태음력의 역법은 단순히 시간체계에 한정된 것이 아니었다. 이는 일진(日辰)이나 방위(方位)의 근간을 이루는 것으로서, 음양오행(陰陽五行), 십간(十干), 십이지(十二支), 점성학 등의 형태로 발전하여 인간의 사유, 행동, 종교, 생활과도 깊이 연관되어 왔다.

특히, 이러한 동아시아의 순환적인 시간성과 시간인식은 그 지역에서 살고 있는 인간들의 세시풍속에도 지대한 영향을 끼쳤다고 할 수 있다. 동일한 역법체계와 시간성 속에서 표출되고 양식화된 동아시아 각국의 세시풍속에 유사성이 많이 내재되어 있는 것은 어쩌면 당연한 현상이라 할 것이다. 다음 절에서 중국, 한국, 일본의 세시풍속의 비교를 통해 그 공통점과 상이점을 살펴보고자 한다.

(2) 한중일의 세시풍속 비교

세시풍속은 민족별, 국가별, 시대별, 계층별, 지역별, 직종별로 다양하게 존재한다. 예를 들어, 다양한 민족으로 구성되어 있는 중국의 경우, 한족(漢族)과 미아오족(苗族)의 세시풍속에는 차이가 있다. 한족의 세시풍속의 경우, 농업생산과 밀접한 관련을 맺고 있는 데 비해, 미아오족은 오락성이 강한 것이 특징이다. 매년 가을에 열리는 몽고족(蒙古族)의 '나다무(那達慕)'행사, 6월 6일에 열리는 후이족(回族)·둥샹족(東鄉族)의 '연화산(蓮花山) 꽃놀이', 역시 각 민족마다 행해지는 고유한 세시풍속이라 할 수 있다.

또한 시대별로 행해진 세시풍속을 보면, 고대 한반도에서는 5월 신라·가락국의 단오, 10월에 제천 행사(고구려의 동맹, 예의 무천, 마한의 제귀신), 12월 부여의 영고 등의 행사가 행해졌으나, 『고려사(高麗史)』를 보면, 설날, 대보름, 한식, 삼짇날, 단오, 추석, 중구, 동지, 팔관회를 9대 명절로 삼고 있다. 또한, 조선시대 『동국세시기(東國歲時記)』에는 설날, 한식, 단오, 추석을 4대 명절이라 하고 5대 명절로 동지를 추가하고 있다. 오늘날 각 국가가 지정한 국경일이나 공휴일도 역사적 변천에 따른 현대의 세시의례, 세시풍속이라 할 수 있다.

계층적으로 행해진 세시풍속의 예를 보면, 일본에서는 덴치(天智), 덴무(天武)천황 시기에 '궁중연중행사(宮廷年中行事)'의 기초가 형성되는데, 헤이안(平安)시대에 이르러, 『고닌시키(弘仁式)』 『엔기시키(延喜式)』등의 의례서가 편찬되어 '귀족연중행사(公家年中行事)'가 정립된다. 이어 무로마치(室町), 에도시대에는 막부(幕府)에 의해 '무가연중행사(武家年中行事)'가 새로이 발전하게 된다. 이와 같은 '궁중연중행사'와 '무가연중행사'는 지도 계층에 의한 정치적 의례(政事年中行事)로 볼 수 있는데, 이와는 성격을 달리하여 민간 계층에서는 농경생산을 중심으로 하여 '민속연중행사(民俗年中行事)'가 행해져 왔다.

이와 같이, 어떠한 관점과 기준에서 세시풍속을 바라보는가에 따라 다양한 세시풍속으로 분류된다고 할 수 있는데, 본서에서는 월령(月令)과 절기(節氣)라는 축을 중심으로 동아시아의 세시풍속을 살펴보고자 한다. 이는 월령과 24절기가 태양태음력에 사용된 시간개념으로 태양태음력을 사용한 동아시아에 공통적으로 존재하며, 이들 국가의 세시풍속 형성과 깊은 관련을 지니고 있기 때문이다.

먼저, 월령이란 달과 해의 위치가 같은 음력 초하루(朔)부터 헤아리는 날짜를 말하는데, 달의 주기를 중시하던 동아시아 문화권에서는 초하루(朔)와 보름(望), 삭망(朔望)을 중요하게 생각해 왔다. 따라서 주로 1일과 15일날 세시풍속이 행해졌다. 특히, 삭망 중에서도 1월 15일, 7월 15일, 10월 15일의 경우, 중국 도교에서 상원(上元), 중원(中元), 하원(下元)이라 하여 신을 모시고 세시의례를 행하는 날로 삼았는데, 한국과 일본에서도 이날 세시풍속을 행하였다. 1월 15일 한국에서는 정월대보름이, 일본에서는 쇼쇼가쓰(小正月)가 행해졌으며, 7월 15일에는 한국과 일본에서 중원(中元)이 행해졌다. 또한, 일본의 대표적인 명절인 오본(お盆)의 경우, 예전에는 음력 7월 15일에 행해졌으나, 태양력을 사용하는 지금은 양력으로 8월 15일에 행해지고 있다. 또한, 양수(陽數)인 홀수가 겹치는 숫자를 음양철학(陰陽哲學)상 양의 기운이 넘치는 길조(吉兆)로 생각하여, 이날 각종 세시풍속이 행해졌다. 3월 3일 상사절(上巳節)[한국:삼짇날, 일본:히나마쓰리(雛祭り)]을 비롯하여, 5월 5일 단오(端午), 7월 7일 칠석(七夕), 9월 9일 중양절(重陽節)과 같이, 동일한 날, 동일한 명칭의 세시풍속이 동아시아에서 행해져 왔다. 이와 같이 월령에 따른 동아시아 삼국의 대표적 세시풍속을 정리해보면 다음과 같다.

	중국	한국	일본
1월 1일	춘절(春節)	설날	설날(お正月,元旦)
1월 15일	원소절(原宵節)	정월대보름	쇼쇼가쓰(小正月)
2월 1일	태양생일(太陽生日)	영등날(靈登日), 머슴날	
3월 3일	상사절(上巳節)	삼짇날	히나마쓰리(雛祭り)
4월 8일	욕불절(浴佛節)	초파일(初八日)	관불회(灌仏会)
5월 5일	단오절(端午節)	단오절(端午節)	단오절(端午の節句)
6월 15일		유두(流頭)	치노와(茅の輪)
7월 7일	칠석(七夕) = 걸교절(乞巧節)	칠석(七夕)	칠석(七夕)
7월 15일	우란분회(盂蘭盆會), 중원(中元)	중원(中元), 백중날(百中日)	중원(中元), 오본(お盆)
8월 15일	중추절(中秋節)	추석(秋夕) = 중추절	십오야(十五夜), 피안회(彼岸会)
9월 9일	중양절(重陽節)	중구절(重九節) = 중양절	중양절(重陽節)

	중국	한국	일본
10월 1일	송한의(送寒衣)		
10월 15일	하원절(下元節)		
11월 15일			시치고산(七五三)
12월 8일	납팔죽		
12월 30일	제석(除夕)	섣달 그믐 =제석(除夕)	섣달 그믐(晦日)

근대 이후 중국, 한국, 일본의 경우, 태양태음력에서 글레고리오역(태양력)으로 바뀌었지만, 오랫동안 전통적으로 사용되어온 태양태음력의 체계는 세시풍속을 통해 여전히 사람들의 생활에 녹아져 있다고 할 수 있다. 현재 중국에서는 양력 1월 1일을 원단(元旦)으로 삼고, 음력(태양태음력) 1월 1일에 춘절(春節)을 맞이하고 있다. 한국도 양력 1월 1일을 신정으로, 음력 1월 1일을 설날로 정하고 있다. 다만, 일본의 경우 신년(新年)을 비롯하여 모든 명절을 양력으로 바꾸어 사용하고 있다.

물론 이들 세시풍속은 동일한 날짜나 명칭으로 행해진다 하더라도 각 나라마다 고유한 형태로 발전해 나갔다.

동아시아에서는 5월 5일 단오날, 6세기경 중국 풍속을 기록한 『형초세시기(荊楚歲時記)』에 나와 있듯이, 삼국 모두 창포와 쑥을 이용하여 액막이를 하는 풍속을 이어가고 있다. 하지만, 이 날 각국에서 행해지는 놀이에 차이가 있었는데, 중국에서는 단오의 기원으로 알려진 초나라 시인 굴원(屈原)의 고사(故事)에 연유한 용선경주(龍船競舟)를 하거나, 웅황주(雄黃酒)를 마셨으며, 한국에서는 봄농사를 마치고 씨름과 택견, 그네뛰기 등의 놀이를 하며 풍요를 기원하였다. 일본의 경우에는 3월 3일 여자아이의 건강과 행복을 기원하기 위해 히나인형(雛人形)을 장식하는 것과는 대조적으로, 단오날에는 무사인형(武者人形)을 장식하고 장대에 잉어모양의 고이노보리(鯉登り)를 걸어 남자아이의 입신출세를 기원하였는데, 이는 무가의 풍습이 서민들 사이에 변형되어 전해진 것이다.

또한 음력 2월 1일의 경우, 중국의 태양생일(太陽生日)과는 달리, 한국에서는 영등할머니(계절풍을 인격화한 신)가 내려온다는 고유 명절로서, 이 영등날에는 이월밥을 해먹고 영등굿과 같은 행사를 했다. 또한 일본에서는 11월 15일 시치고산(七五三)이라는 행사를 하는데, 이는 3살, 5살, 7살된 어린이들의 성장을 축하하기 위한 명절로, 이는 에도시대에 시작된 일본의 고유한 풍습이다.

이와 같이, 동아시아 세시풍속은 명칭이나 유래가 같다 하더라도 각국의 풍속에 맞게 전승되거나, 월령에 따른 동일한 날짜에 행하더라도 그 나라 고유한 명절로 양식화된 경우가 많았다.

다음으로, 달의 운행을 기준으로 한 월령과 더불어, 24절기 또한 각종 세시풍속이 행해진 세시의 중요한 매듭이라 할 수 있다. 24절기는 지구가 태양을 일주(一周)하는 일수(日數)를 24등분, 약 15일씩으로 나누어 절기와 중기(中氣)를 배치한 것으로, 일 년의 첫 절기인 입춘(立春)을 기준으로 하여 각 날짜에 명칭을 붙였는데, 이는 다음과 같다.

월	1월	2월	3월	4월	5월	6월	7월	8월	9월	10월	11월	12월
절기 節氣	입춘 立春	경칩 驚蟄	청명 清明	입하 立夏	망종 芒種	소서 小暑	입추 立秋	백로 白露	한로 寒露	입동 立冬	대설 大雪	소한 小寒
중기 中氣	우수 雨水	춘분 春分	곡우 穀雨	소만 小満	하지 夏至	대서 大暑	처서 処暑	추분 秋分	상강 霜降	소설 小雪	동지 冬至	대한 大寒

동아시아에서는 일반 백성들이 농업을 위주로 하는 생활을 하였기에, 계절의 변화를 중시하고 날짜보다 절기를 더 중요시하였다. 예로부터 이 절기를 기준으로 하여 세시풍습이 주로 행해졌는데, 태양력을 사용하는 지금도 이들 절기는 달력에 표시되어 있어 생활 속에 계절감과 더불어 세시풍속의 존재를 알려주고 있다.

현재 중국에서는 절기를 사용하여 청명절(淸明節: 양력 4월 4,5일), 동지와 같

은 세시풍속이 여전히 행해지고 있는데, 청명절의 경우, 현재 국경일로 지정되어 있다. 한국의 경우, 절기가 국경일로 지정되어 있지는 않지만, 입춘, 한식, 망종, 삼복, 동지와 같은 절기를 사용한 세시풍속이 현재에도 여전히 남아 있다. 일본은 모든 명절을 양력으로 쇠고 있지만, 현재에도 춘분(春分の日: 양력 3월 20, 또는 21일), 추분(秋分の日: 양력 9월 22, 또는 23일)을 양력으로 계산하여 국경일로 정해놓고 있다.

이러한 동아시아의 세시풍속은 시간적 순환성 속에 의례, 놀이, 민속 등을 보여주는 문화의 총체라 할 수 있다. 이들은 농경 생활을 통한 순환성 속에 리듬감을 주는 휴식의 기능, 가족과 혈연, 집단사회의 결속을 다지는 사교적 기능, 자연과 조상에 대한 종교적 의례의 기능, 놀이와 예능이 결합되어 있는 오락적 기능 등 그 사회 속에서 다양한 기능을 지니며 후대에 전승되고 학습되어 오고 있다.

오늘날 우리가 달력에서 '입춘'이라는 글자를 발견한다거나, 동짓날 팥죽을 먹는 등의 행위는 오랜 세월 동안 축적되어 온 민속문화와 접촉하는 순간이며, 우리는 그 현장 속에서 숨쉬며 이를 계승해나가고 있는 것이다.

3. 동아시아 회화예술

(1) 동양예술의 특성과 문화의 전파

흔히 서양 회화와 비교하여 동양 회화의 특징을 언급한다. 서양 회화가 색과 명암에 중시하여 사물을 사실적으로 묘사하는 데 비해, 동양 회화는 필선(筆線)을 중시하며 그 속에 신운(神韻: 운치와 이미지)과 뜻을 담아내고자 하였다. "형상을 통해 정신을 그려낸다(以形寫神)"는 고개지(顧愷之: 345?-406?)의 말은 이러한 동양 회화의 특성을 잘 대변해 주고 있다. 또한 꽉찬 구도의 서양화에 비해, 동양화는 여백(餘白)을 중시하며, 그림 속에 시(詩), 서(書), 인(印)이 함께 어울어져 있기도 하다. 이러한 동양화의 도구 및 재료로는 주로 붓, 먹, 종이, 비단 등이 사용되었는데, 붓과 먹은 선을 중시하고 농담(濃淡)으로 사물을 표현하는 수묵산수화나 문인화에 유용한 도구였다. 또한, 종이, 비단 등에 그려진 그림은 병풍, 두루마기, 족자 등의 다양한 형태로 만들어져 생활화되었다.

이와 같이 열거한 많은 동양화의 공통된 특징을 '회화'라고 하는 매체의 특성과 연관시켜 살펴볼 필요가 있다. '세시풍속'이 일정한 지역의 사람들의 생활과 심성이 녹아 있는 현장성(現場性)이 중시된 민속문화라 한다면, '회화'는 당시 인간의 삶이나 정신을 담아내는 지속성(持續性)을 지닌 문화예술이라 할 것이다. 회화는 당시 사람이나 자연의 모습을 구체적으로 담아

보관할 수 있기 때문에 통시적인 계승이 가능하며, 또한 휴대하여 이동할 수 있으므로, 지역 간 전파가 보다 쉽게 이루어져 왔다. 조선시대 안평대군(安平大君:1418-1453)은 그 당시 지역적으로 떨어져 있던 중국 송원(宋元)시대의 대표적 화가 곽희(郭熙:1023-1085?)의 그림을 17점이나 소장하고 있었으며, 조선 초기 안견(安堅:15세기)의 대표작 〈몽유도원도(夢遊桃源圖)〉는 현재 일본 덴리대학(天理大學)에 소장되어 있다. 또한 오늘날 우리는 5세기 무용총(舞踊塚)의 수렵도(狩獵圖)를 통해 당시 고구려인의 생활을 엿볼 수도 있고, 초상화를 통해 조선시대 인물인 윤두서(尹斗緖: 1668-1715)와 만날 수도 있다. 이는 다른 시간과 공간속에서 지속될 수 있는 회화라는 매체의 특성에 크게 기인한 것으로, 이러한 특성으로 인해 동아시아 회화예술은 서로 동질성, 유사성을 지니며 생성, 발전해 왔다고 할 수 있다.

【그림1】 안견(安堅) 의 〈몽유도원도(夢遊桃源圖)〉 부분도

또한 인적 교류가 동아시아 회화에 미친 영향 또한 간과할 수 없다. 역사상 일어났던 수많은 왕래 가운데 일례를 들면, 588년 일본 스슌 천황(崇峻天皇) 때 아스카절(飛鳥寺)을 건립하기 위해 백제의 화공(畫工)이 파견되었으며, 9세기초 구카이(空海: 774~835)나 사이쵸(最澄: 767~822)와 같은 일본 승려들이 당에서 유학을 마치고 귀국하면서 밀교(密敎) 미술품을 가지고 돌아와, 이를 토대로 일본에서 직접 밀교화를 제작하였다. 또한 북송(北宋) 때 고려와

회화 교류가 활발해져 고려 측에서 화원(畫員)을 중국에 파견하기도 하였고, 고려 문종(文宗) 때에는 김양감(金良鑑)을 사신으로 파견하여 중국의 그림을 구입하기도 하였다.

이와 같이 동아시아 회화예술은 작품의 이동이나 인적 교류와 같은 문화 전파를 통해, 각 국가 간에 유사한 그림의 틀과 양식을 형성하며 발전하게 되었다고 할 수 있다. 동아시아 회화에는 다양한 분야가 존재하지만, 여기서는 이와 같이 동아시아 회화 속에 존재하는 공통된 틀을 인물화(人物畵), 산수화(山水畵), 문인화(文人畵)라는 장르를 중심으로 살펴보도록 하겠다.

(2) 인물화(人物畵), 산수화(山水畵), 문인화(文人畵)

1) 인물화

인물화는 초상화를 포함하여 배경보다 인물을 중심으로 그린 그림으로, 동양회화에서 주요한 위치를 차지하고 있다. 동아시아에서 인물화의 초기 형태는 분묘미술품에서 찾아볼 수 있다. 기원전 3세기 백화(帛畫:비단에 그린 그림)에 그려진 〈용봉사녀도(龍鳳仕女圖)〉는 중국에서 가장 오래된 회화작품으로 알려져 있다. 이후 남북조시대(南北朝時代) 궁녀들을 섬세한 필치로 그려낸 고개지의 〈여사잠도(女史箴圖)〉를 시작으로, 인물화는 유교의 현실주의와 교화주의를 기본으로 하여 발전하게 된다. 남북조 이래의 제왕들의 모습을 그린 염립본(閻立本: 600?~673)의 〈제왕도권(帝王圖卷)〉, 당대(唐代) 궁녀들의 모습을 그린 주방(周昉: 730?~800?)의 〈잠화사녀도(簪花仕女圖)〉가 유명하다. 이후, 당대에 번성하던 인물화는 송대(宋代) 수묵산수화의 성행으로 퇴조하게 된다.

한반도 삼국시대 인물화는 주로 고분벽화에서 발견할 수 있는데, 357년 고구려 고분벽화에 묘주인의 초상을 그린 〈묘주인도(墓主人圖)〉가 그 대표적인 예이다. 4세기 중국풍을 보이던 고분벽화는 5세기 전반에 들어와 무용총

【그림2】염립본(閻立本)의 〈제왕도권(帝王圖卷)〉부분도

(舞踊塚)의 벽화와 같이 고구려적인 특색이 두드러지게 나타나게 된다. 이후 고려시대에 이르러 왕의 초상인 어진(御眞)을 제도적으로 그리는 진전제도(眞殿制度)가 이루어졌고, 이는 조선시대에도 계승되어 갔다. 그 밖에, 공신(功臣)이나 양반, 스님들의 초상이 주로 인물화의 소재로 그려졌으며 조선 후기 미인도(美人圖)가 많이 제작되어 한국적인 화풍을 형성해 나갔다.

【그림3】〈토리게류조 병풍(鳥毛立女屛風)〉의 〈수하미인도(樹下美人圖)〉 부분도

일본의 인물화로는 7세기 말 대륙(고구려나 당나라초) 회화의 영향을 받은 다카마쓰총 고분벽화(高松塚古墳壁画) 〈서벽여자군상(西壁女子群像)〉이 가장 오래된 작품으로 알려져 있다. 나라(奈良)시대 작품으로는 당나라 주방의 영향을 받은 토리게류조 병풍(鳥毛立女屛風)의 〈수하미인도(樹下美人圖)〉와, 백제 아좌태자(阿佐太子)의 작품으로 알려진 〈성덕태자초상화(聖德太子像)〉가 유명하

다. 이후 가마쿠라(鎌倉)시대로 들어서면, 〈고토바 천황상(後鳥羽天皇像)〉과 같이, 천황, 귀족들이 자신들의 주체성을 재정립하고자 만든 '니세에'(似絵)라 불리는 일본풍의 초상화가 유행하게 된다. 이후 남북조(南北朝)시대 〈고다이고천황상(後醍醐天皇像)〉과 같이 중국풍의 초상화나, 〈미나모토 요리토모상(源頼朝像)〉과 같은 섬세한 인물화가 나타나는 등 천황, 귀족, 장군들의 초상이나 친소(頂相)라 불리는 스님들의 초상화가 다수 제작되게 되었다.

2) 산수화

화폭에 산과 강과 같은 자연을 담아내는 산수화는 동양회화에서 중요한 분야를 차지해 왔다. 동아시아에서 산수표현은 일찍이 벽화고분 등에서도 발견할 수 있지만, 산수화의 탄생은 자연을 관상(觀賞)의 대상으로 보며, 노장사상(老莊思想)에 바탕을 둔 자연관 형성과 밀접한 관련이 있다.

중국에서 현존하는 가장 오래된 산수화는 수(隋)나라 전자건(展子虔: 6세기 중반)의 〈유춘도(遊春圖)〉로 알려져 있다. 이후 당대 이사훈(李思訓: 651-716), 왕유(王維: 699-759)가 등장, 청록산수화가 발전하게 되는데, 이를 바탕으로 송대 수묵산수화가 크게 성행하게 된다. 송대 산수화는 화북산수화(華北山水畵)와 강남산수화(江南山水畵)로 나누어 발전하는데, 형호(荊浩: 855?-915)가 창립한 화북산수화는 험준한 산의 기세를 그려 장대한 느낌을 주며, 동원(董源: ?-962)이 창시한 강남산수화는 중국 남부 지방의 부드러운 산세와 고요한 정경을 표현하였다. 또한 송대에는 중국 산수화의 주요 기법인 곽희의 삼원법(三遠法)과 준법(산이나 암석의 주름진 곳을 표현하는 방법)이 정립되는 등 기법면에서도 크게 발전하게 된다. 이 두 기법은 이후 동아시아 회화에 널리 파급되어 영향을 끼쳤다.

한국에서 본격적인 산수화는 고려시대 11세기 제작된 〈어제비장전변상도(御製祕藏詮變相)〉에서 찾아볼 수 있는데, 이 그림에는 삼원법과 같은 중국 산수화의 영향을 엿볼 수 있다. 조선시대에 들어와서도 중국 화단의 영향은

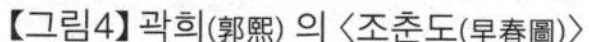

【그림4】 곽희(郭熙) 의 〈조춘도(早春圖)〉

【그림5】 정선(鄭敾) 의 〈금강전도(金剛全圖)〉

계속되었는데, 그 중에서도 북송 이곽파(李郭派)의 화풍이 지배적이었다. 삼원법을 사용하면서 독창적인 화법을 보인 안견(安堅)의 〈몽유도원도(夢遊桃園圖)〉는 이 시기 대표작이라 할 수 있다. 이후 16세기는 유교적 체제와 제도가 정립된 시기로 회화에서도 조선적 특색이 부각되었는데, 〈소상팔경도(瀟湘八景圖)〉에는 한국화 경향이 현저히 보이게 된다. 16세기에는 명대 절파(浙派), 18세기에는 남종화 등 중국 화풍이 전해지는 가운데, 18세기 한국 산천을 소재로 한 진경산수화(眞景山水畵)의 탄생이 주목된다. 대표작으로 정선(鄭敾: 1676-1759)의 〈금강전도(金剛全圖)〉 〈인왕제색도(仁王霽色圖)〉가 있으며 이로써 한국적인 화풍이 정립되었다.

일본은 9세기 초 격렬한 선묘와 입체감이 강한 당나라풍의 산수표현에서, 10세기 말에서 11세기 초 일본풍의 산수가 그려지기 시작한다. 13세기 말 송나라의 수묵기법이 일본에 전래되면서, 본격적인 수묵산수화가 발달하게 된다. 슈분(周文: 15세기)은 송·원의 산수표현을 일본적으로 재구성하

【그림6】 셋슈(雪舟) 의 〈천교입도(天橋立圖)〉

여 슈분 양식(周文樣式)이라는 일본적인 화풍을 확립하였다. 이러한 일본 산수화는 셋슈(雪舟: 1420~1506)에 의해 완성되는데, 셋슈는 명나라 여행을 통해 자연에서 받은 정취와 감동을 독특한 일본 산수화 양식으로 발전시켰다. 대표작으로 〈천교입도(天橋立圖)〉 〈사계산수도(四季山水圖)〉등이 있다.

3) 문인화

문인화는 선비계층이 취미나 수양, 혹은 여가의 방편으로 그린 그림을 말하며, 동양 회화의 심미적 이론을 형성하는 데 중요한 역할을 하였다. 선비의 지조를 표현하는 매란국죽(梅蘭菊竹), 사군자(四君子)는 문인화의 주요 소재로, 중국, 한국, 일본의 문인화에 공통적으로 등장하고 있다.

중국에서 문인화는 당대 왕유가 문인(文人)의 정취를 담은 수묵화를 그리는 데서 출발하여, 송대 문인이던 소동파(蘇東坡: 1037~1101), 미불(米芾: 1051~1107)에 이르러 본격적으로 그려지기 시작한다. 이때 소동파는 문인화를 '사대부화(士大夫畵)'라 명명하게 된다. 원대에 이르러 몽골족에 억압받던

【그림7】 황공망(黃公望) 〈계산우의도(溪山雨意圖)〉

【그림8】 김정희(金正喜)의 〈세한도(歲寒圖)〉부분도

문인들은 탈속을 중시한 그림을 그렸고, 이는 문인화의 중요한 토대가 되었다. 조맹부(趙孟頫: 1254~1322), 황공망(黃公望: 1269~1374)이 그 대표적인 문인화 화가이다. 명대에 이르러 문인화는 중국 화단의 주도적인 위치를 차지하는데, 이는 동기창(董其昌: 1555~1636)의 업적이라 할 수 있다. 그는 '문인화'(文人之畵)라는 용어를 사용하며 문인화를 하나의 장르로 독립시키며 문인들의 남종화(南宗畵)를 성행시켰다

한국에서는 조선시대 사대부를 지배계층으로 하여 유교를 이념으로 삼았기에 사대부, 문인 취향의 회화가 발달하였다. 문인화가로는 조선초 강희안(姜希顔: 1419~1464), 조선 중기 포도와 초충도(草蟲圖)를 그린 신사임당(申師任堂: 1504~1551), 묵죽도(墨竹圖)의 이정(李霆: 1541~?) 등이 유명하다. 조선 후기에 이르면 18세기 중국 문인화풍의 남종화가 전래되어 19세기까지 문인화가 성행하게 된다. 〈설송도(雪松圖)〉를 그린 이인상(李麟祥: 1710~1760)은 조선 문인화의 독특한 경지를 연 화가이며, 강세황(姜世晃: 1713~1791)은 매란국죽을 사군자 형식으로 정립하였다. 또한, 추사 김정희(金正喜: 1786~1856)는 실학

과 금석학(金石學)에 정통한 학자이자 서예가로, 문인화를 토착화시킨 대표적 인물이다. 그의 대표작 〈세한도(歲寒圖)〉는 간략하고 절제된 묘사로 문인의 정취를 잘 표현하고 있다.

한편, 일본에서는 18세기 중국 남종화의 유입으로 일본 문인과 화가들에게 문인화가 유입되었는데, 일본에서는 이를 남화(南画)라 부른다. 문인화가로 초기에는 유학자인 기온 난카이(祇園南海: 1676~1751)가 활동하였으며, 이케노 다이가(池大雅: 1723~1776), 요사 부손(与謝蕪村: 1716~1783)에 의해 완성되었다. 이후, 다니 분초(谷文晁: 1763~1841)는 북종화와 남종화를 융합시켜 다채로운 표현을 선보였으며, 와타나베 가잔(渡辺崋山: 1793~1841)은 청의 화법에 서양 화풍을 가미시켜 참신한 초상화를 남겼다. 20세기 초 작품으로는 일본 마지막 문인이라 불리는 도미오카 뎃사이(富岡鉄斎: 1836~1924)의 문인화가 남아 있다.

(3) 한중일 회화의 보편성과 특수성

앞서 살펴본 바와 같이, 동아시아 회화는 중국의 회화의 영향하에 동양예술로서의 보편성, 동질성을 지니면서도, 한국, 일본은 자국 특성에 맞게 중국 회화를 수용, 발전시켜 나갔다고 할 수 있다. 이러한 보편성과 특수성의 문제는 동아시아 회화를 논하는 데 중요한 문제라 할 수 있다.

먼저, 동아시아 회화예술에서 공통적으로 나타나는 보편적인 특성은, 동양예술의 사상적 측면에서 그 근원을 찾아볼 수 있다. 한자문화권의 예술이론에는 '기'(氣)라는 기본적인 관념이 근저에 자리잡고 있으며, 예술은 도를 추구하는 수단이었다. 공자의 예술 이념인 '회사후소론'(繪事後素論)이나 노장사상의 심미관은 인물화나 산수화 등의 동양 회화에 커다란 영향을 미쳤다. 이러한 사상적 토대는 중국에서 출발하였는데, 일찍이 중국에서는 많은 회화 이론서가 등장하게 된다.

중국의 대표적인 화론서로는 남북조시대 사혁(謝赫: 490~530?)의 『고화품록(古畫品錄)』을 들 수 있다. 그는 여기서 기운생동(氣運生動: 화면의 생동감), 골법용필(骨法用筆: 붓의 사용과 윤곽처리) 등과 같은 육법(六法)을 제시하였는데, 이는 후대 창작과 비평의 기준이 되었다. 또한, 종병(宗炳: 375~443)은 『화산수서(畫山水序)』를 통해 산수화에 대한 기본적인 관념을 기술하였는데, 특히 그는 산수의 풍경을 보며 정신의 여행을 떠나는 '와유'(臥遊)를 중시하였다. 이와 같이 사실적인 경관 묘사보다 정신의 예술적 표현를 중시한 태도는 이후 동양 산수화가 추구하는 이상이 되었다. 송대에 이르러, 곽희가 저술한 화론서 『임천고치(林泉高致)』는 삼원이론으로 유명하다. 여기서 삼원(三遠)이란 고원(高遠: 산 아래서 정상을 올려다보는 시점), 심원(深源: 산앞에서 뒤편을 넘겨 그리는 시점), 평원(平遠: 가까운 산에서 먼산을 바라다보는 시점)을 말하며, 이는 동양 산수화의 기본적인 원근법이라 할 수 있다. 송대 이후, 화론은 품평보다 문인들의 취향을 반영하는 심미관을 중시하는 비평으로 전환하게 되는데, 대표적인 이가 명대 동기창이다. 그는 중국회화사를 정리하여 문인화의 계보를 정립하였는데, 직업화가의 기교적인 북종화(北宗畫)보다 문인들의 서정적이고 사의적인 남종화가 더 동양 미학의 본질에 가깝다는 '남종화 우위론'을 주장하였다. 이는 이후 문인화의 창작지침으로 동아시아 문인화에 폭넓게 수용되었다.

이와 같이, 중국에서는 왕성한 회화의 제작활동뿐 아니라, 회화의 기법, 비평, 체계와 예술이념을 정리한 각종 이론서가 나오는데, 이러한 회화론은 중국화의 독창성을 나타냄과 동시에, 동아시아 각국에 널리 전파되어, 동양회화가 지니는 보편성의 토양이 되었다고 할 수 있다.

한편, 한국, 일본은 외래의 중국 회화를 받아들여 자국의 자연풍토와 민족의 심성에 맞는 독자적인 화풍을 확립시켜 나갔다.

18세기 조선 산하를 그린 '진경산수화'에는 자연에 대한 한국인의 자긍심이 드러나 있다. 특히, 〈금강산도〉와 같이, 많은 화가들이 오랜 시간동안 동일한 소재를 가지고 각자의 화법으로 그린 예는 한국 화단만의 실험정신이 돋보이는 부분이라 할 수 있다. 이와 같이 반복적으로 그려진 산수화를 통해, 당시 화가들이 통시적으로 어떻게 자연을 바라보고 표현하고자 했는지 그 시대의 화풍과 예술정신을 파악할 수 있다.

한편, 고대 일본에서는 가라에(唐絵)라 불리던 중국 주제의 그림에서 출발하여 점차 일본 고유의 풍경이나 풍속을 그린 야마토에(大和絵)로 발전하게 된다. 이와 같은 자국화의 경향은 무로마치(室町)시대부터 에도 말기까지 일본 화단의 중심이 되어 왔던 가노파(狩野派), 도사파(土佐派)의 화풍에서도 엿볼 수 있다. 가노파는 중국 수묵화풍의 그림에 일본적인 기법을 도입시켜 융합·발전시켜 나갔고, 도사파는 일본 야마토에 기법을 수립하고 일본의 전통적인 회화양식을 계승하였다.

이와 같이, 한국, 일본의 회화에서 자국의 화풍을 정립시키려는 움직임은 다양한 방면에서 찾아볼 수 있는데, 특히, 근세 서민들의 생활에서 소재를 취한 풍속화(風俗畵)에 현저히 드러난다 할 수 있다.

【그림9】 김홍도(金弘道) 의 〈씨름〉

한국적인 풍속화는 조선후기 실학사상(實學思想)의 발달과 더불어 민족적 자아의식이 고취되면서 성행하게 된다. 윤두서(尹斗緖), 이인상(李麟祥: 1710-1760) 등과 같은 문인화가에 의해 한국적 풍속화의 기초가 만들어지게 되며, 김홍도(金弘道: 1745~1816?), 김득신(金得臣: 1754~1822), 신윤복(申潤福: 1758~?)에 의해 정점에 이르게 되었다.

특히, 이들은 서민들의 모습을 생

【그림10】가쓰시카 호쿠사이(葛飾北斎) 의 〈부악삼십육경(富嶽三十六景)〉

생하게 화폭에 담아냈는데, 김홍도는 〈서당도〉 〈씨름〉 〈대장간〉과 같이, 농민, 수공업자, 마을 사람들 등 다양한 서민들의 생업과 생활상을 소재로 삼아 해학과 정감이 넘치는 그림을 남겼다. 또한, 김득신의 대표작 〈파적도(破寂圖)〉는 일상 생활 속에서 해학적 순간을 포착하여 그려낸 작품으로, 그림에 스토리가 묻어 있는 걸작이다. 한편 김홍도와 다른 화풍을 선보인 신윤복은 조선 화단으로는 드물게 대담한 소재를 채택하여, 한량, 기녀, 무속인, 주막 여인네와 같은 당시 서민 사회의 독특한 풍경을 농염하게 그려내고 있다. 〈단오풍정(端午風情)〉 〈월하정인(月下情人)〉등의 대표작을 남겼다.

이와 같이, 근세 한국적인 풍속화의 성행과 거의 동시대에, 일본에서도 에도 시대 쵸닌(町人)이라 불리는 도시 상공업자들이 문화의 주역으로 새로이 등장, 서민의 취향과 정서를 반영한 풍속화가 성행하게 된다. 이러한 일본적인 풍속화를 '우키요에'(浮世絵)라 부른다. 우케요에는 시대에 따라 기녀, 가부키 배우(歌舞伎役者), 스모(相撲)선수, 화조(花鳥), 풍경, 명소 등 다양한 소재를 사용하며 크게 유행하게 된다.

우키요에의 초기 화가로는 미인화를 즐겨 그린 히시카와 모로노부(菱川師宣: 1618~1698)를 들 수 있는데, 당시에는 손으로 직접 그리는 육필화(肉筆画)가 주가 되었다. 17세기 후반 스즈키 하루노부(鈴木春信: 1725~1770)가 '니시키에'(錦絵)라 불리는 다색 판화를 제작하게 되면서, 우키요에는 당시 출판인 쇄술, 판화기술과 결합하여 대량생산으로 비약적 발전을 이루게 된다. 에도 후기에는 풍경을 소재로 한 우키요에가 유행하는데, 대표적인 화가로는 후지산을 그린 『부악삼십육경(富嶽三十六景)』의 가쓰시카 호쿠사이(葛飾北斎: 1760~1849), 일본 풍경을 시리즈물로 그린 우타가와 히로시게(歌川広重: 1797~1858)가 유명하다. 이들 우키요에의 구도와 구성, 원근표현은 유럽에까지 전해져 인상파 화가인 고흐나 마네에게 영향을 끼쳤다.

이와 같이, 광대한 범위의 동아시아 회화예술을 간략하게나마 살펴봄으로써, 국가, 민족, 그리고 지역과 시대의 차를 넘어 교류하며 상호 보편성을 키워가는 모습을 확인하고, 또한 그 속에서 민족의 고유한 심성, 독자적인 소리와 소통할 수 있었다. 회화예술은 인류의 더불어 발전해 왔다. 회화예술은 사진(寫眞)이 없었던 그 시대에 인간들의 삶과 생활을 알 수 있는 소중한 시각적인 기록이며, 당시 사람들의 감성과 사상, 이념 등을 파악할 수 있는 유용한 자료이기도 하다. 촌각(寸刻)이나마 이러한 동양 회화를 통해 동아시아 지역에서 살아온 사람들의 발자취와 그 정신세계의 발현을 느껴보는 시간을 가졌으면 한다.

VI

동아시아 역사

한정선

고려대 국제학부 교수

1. 머리말

이 장에서는 동아시아의 역사를 19세기 이후부터 현재에 한정지어 고찰하는 것을 목적으로 한다. '동아시아'는 일본, 중국, 한국을 포괄적으로 지칭하는 용어로 정의하며, 19세기에서 20세기에 이르는 시대를 제국, 국가, 전쟁, 개발을 핵심개념으로 재구성하고자 한다. 동아시아와 국제관계 그리고 동아시아 지역 내 3국의 관계 속에서 중국 제국주의와 서구 제국주의의 충돌, 근대민족국가의 탄생과 시련, 제국과 국가의 패권주의와 전쟁, 그리고 경제성장개발주의와 체제의 형태와 특징을 분석하고자 한다. 마지막 장에서는 탈냉전과 포스트-개발주의라는 시대적 조건 속에서 동아시아 공공의 역사서술 또는 기억문화의 가능성을 고찰하고자 한다.

2. 제국의 충돌, 왕국의 경쟁

19세기 동아시아의 역사 전개는 동양과 서양의 만남, 보다 구체적으로는 중국 중심의 제국질서와 영국 중심의 제국질서의 충돌, 대립, 그리고 경쟁의 형태를 띠면서 진행되었다. 중국 중심의 제국질서는 '조공체제(朝貢體制, tributary system)'라고도 알려져 있다. 중국 황제와 조공국의 국왕이 군신관계라는 계층적인 질서 속에서 유교의 덕치(德治)와 예치(禮治)이념을 근간으로 유지된 체제이다. 조공국은 중국 황제에게 복종의 의미로 특산물을 공물로 바치면, 황제는 조공국의 수장을 국왕으로 책봉하고, 이들 왕국은 중국의 선진문물을 받아들이면서도 동시에 독자적인 문화를 발전시켜 나갔다. 조공체제가 최대로 확장되는 청제국(1644~1912) 초기에는 조선, 일본, 베트남, 티벳 등을 포함하여 조공국이 40여 개에 이르렀다.

이와 같은 조공체제는 19세기 중반에 충돌하게 되는 영국 중심의 제국질서와 비교하면, 다음의 세 가지 특성을 보여 준다. 첫째, 근대 독립국가 간의 대등한 관계라는 개념이 결여된 군신관계, 즉 상하관계를 기본으로 상정하고 있는 계층적인 질서이다. 둘째, 조공체제의 작동방식은 도덕에 기반 한 예(禮)를 매체로 작동되었다. 이는 서구의 국제관계가 국제법을 매체로 이루어진 것과는 대조를 이룬다. 셋째, 조공국이 조공의 예를 갖추기만 하면, 중국은 조공국의 내치와 외교에는 거의 간섭하지 않았다. 이처럼 조공체제는 한편으로는 매우 계층적이면서 또 다른 한편으로는 독자성 형성이 가능한 질서였다.

중국 중심의 제국질서가 도전을 받으면서 근본적인 변화가 개시되는 것은 영국이 근대적 제국주의 질서를 아시아로 확장하는 19세기 중반부터이다. 서구 제국주의의 아시아로의 확대의 동기는 무엇인가? 그것은 이윤 추구였다. 이윤의 극대화는 어떻게 이룰 수 있는가? 처음에는 무역을 독점하고 특정 시장을 식민지로 만들어, '공식적 제국'(formal empire)으로 이윤의 극대화를 시도했다. 이러한 독점적인 무역, 시장의 형성 및 유지는 통치 경비가 너무 많이 들뿐만 아니라, 또 열강 세력들 간의 전쟁을 유발하게 되었다. 즉 서구 열강은 이러한 독점적이 세력권 형성은 그 경비가 이윤을 초과하게 된다는 것을 인식하였다. 이러한 인식을 기반으로 19세기 초에 이미 강한 제국주의 세력으로 성장한 영국이 '자유무역 제국주의'(free-trade imperialism) 라고도 할 수 있는 제도를 고안하여 동아시아에서도 실행하였다. 서구 제국주의 시대에는 급속히 정치와 경제가 융합되었고, 국제적 정치경쟁은 경제성장 및 경제경쟁의 양상을 따르게 되었다.

종종 '비공식 제국'(informal empire)이라고 불리는 이 제도는 서구 열강이 군사적, 경제적으로 약소국의 몇몇 항구를 무력으로 열게 하고, 일련의 불평등조약을 체결하는 '개항장 제도'(treaty-port system)로 구체화되었다. 이 제도는 동아시아에서는 중국과 영국이 행한 아편전쟁(1839~42)의 결과로 체결된 난징조약(1842)으로 작동하게 된다. 불평등조약의 작동은 협정관세율, 영사재판권, 최혜국조항, 그리고 문명주의를 통해서이다. 첫째, 협정관세율은 현지 국가의 주도적 설정 권한이 없는 상황에서 낮게 책정되었다.(3~5%) 이는 자유무역주의라는 이름으로 정당화되었다. 둘째, 영사재판권은 외국인과 현지인 사이에서 분쟁이 발생할 때, 외국인이 현지의 법에 따르는 것이 아니고, 자국의 법 적용을 받고 영사 재판소의 관할을 받는 것을 의미한다. 셋째, 최혜국조항은 체약국(A)이 제3국에 부여하는 통상 혜택은 상대국(B) 에게도 부여하도록 하는 조항이다. 이는 불평등 조약에서 오는 혜택이 특정

국가에 치중되지 않고, 열강 골고루 나누어지도록 고안된 것으로, 열강 제국 간의 과열 경쟁을 예방하는 역할을 하였다. 넷째, 이와 같은 제도는 당시의 서구 사회의 많은 규범을 보편화시킨 '국제법', 그리고 보다 일반적으로는 '문명'(civilization) 담론에 의해 체계화되고 정당화되었다.

물론 난징조약의 체결이 영국식 근대적 제국주의 질서가 동아시아에서 바로 작동된 것을 뜻하는 것은 아니다. 중국 청제국은 1911년까지 전통 질서의 명맥을 유지하였다. 근대적 제국주의 체제가 동아시아에서 실현된 것은 중국과 일본이 동아시아에 재편되는 국제질서의 주도권을 잡기 위해서 조선을 두고 경쟁하면서부터라고 할 수 있다.

중국에서 아편전쟁이 전개되는 시기, 일본은 도쿠가와 막부의 통치 하에 있었고, 당시의 국제정세를 주시하고 있었다. 일본이 이전까지 유지해 온 쇄국정책에서 개국정책으로 전환하게 되는 것은 당시 동아시아로의 확장을 기획하던 미국과 1858년에 체결한 조약(미일우호통상조약)으로 이루어졌다. 이 조약은 전형적인 불평등조약으로서, 개항, 저관세, 영사재판권, 그리고 최혜국조항을 모두 갖추고 있었다. 이 조약을 체결함으로써 일본은 역사상 처음으로 국권에 상당한 제한이 가해지고, 영토를 서구 제국주의 국가에 할양하지는 않았지만, 반식민지 지위로 전락하게 되었다. 국내적으로 이 조약은 도쿠가와 막부의 외부 세력에 대한 무력함을 드러내고, 막부의 권위를 떨어뜨렸다. 이는 10년 뒤 왕정복고의 기치하에 일어난 메이지유신(1868)과 근대국가 수립으로 귀결되는 정치 변동의 촉매제가 되었다. 이후 메이지 국가는 조약개정을 통한 독립국가 수립을 최우선과제로 설정하고, 전쟁을 통해 동아시아에서 근대제국으로 변모하게 된다.

일본은 조선을 식민지로 만들면서 서구 제국주의 질서를 동아시아에 이식하는데 일조를 하며, 근대제국으로 변신한다. 그 첫발이 불평등조약을 조선에게 강요하는 1876년 조일수호조규를 체결하는 것이다. 일명 강화도조약이라고도 불리는 이 조약은 일본의 주도로 동아시아 국제관계가 재편되는 신호탄이 되었다. 국가 간의 대등한 관계에 기반한 국제질서를 수립한다는 명분으로 일본은 조선이 '자주국'임을 명시하는 조약을 체결하였다. 이 조약에서 '자주'는 『만국공법(independent)』의 번역 한어였다. 일본의 경우 '독립'이라는 번역어도 사용하고 있어 자주와 독립은 동일시되었다. 그러나 당시 청제국과 조선의 경우 꼭 동일시되지는 않았다. 조공체제 내에서는 속국의 경우라도 내정과 외교는 '자주'였다. 또한 '속국'의 의미와 내용 역시 조선과 청제국이 일치한 것은 아니다.[1] 이처럼 조공체제 내의 다중성과 일본의 주도로 이식되는 서구의 근대제국주의의 충돌은 동아시아 지역 내 평화를 무너뜨리면서, 폭력을 동반한 근대화의 자장을 동아시아에 제공하였다.

---

1. 『다시 보는 동아시아 근대사』, 251쪽.

3. 근대국가로 가는 길

일련의 불평등조약으로 구체화된 '강제된' 자유무역 제국주의는 동아시아에서 1차적으로는 일본의 주도로 비교적 급속하게 수용되었다. 일본은 1868년 메이지유신을 통해 새로운 정부를 수립하고 중앙집권적 근대국가를 만들어가면서 동시에 근대적 제국을 도모하였다. 일본의 근대제국주의는 중국을 상대로는 '비공식적 제국'을 추구하면서 한국에 대해서는 '공식적 제국'을 도모하였다. 이 과정에서 근대적 독립 국가 수립이 한국은 1948년으로, 중국은 1949년으로 미루어졌다.

일본의 신정부는 불평등조약 개정을 최우선적 과제로 설정하고, 이를 위해서는 '부국강병'을 통해 '문명국'의 일원이 되고자 하였다. 신정부의 핵심세력은 사츠마번과 죠슈번의 무사계급이었다. 이들은 봉건적인 분할 상태를 바꾸지 않으면 군사, 교육, 경제의 본질적인 개혁이 불가능할 뿐 아니라 서구 제국주의 세력에 의해 잠식되어 갈 것이 거의 확실시 되었던 동아시아에서 독립국으로 살아남기 힘들다는 인식에는 일치하였으나, 신정부 체제의 세부 내용이 결정되기까지는 20여 년의 시간이 걸렸으며 유혈적인 권력투쟁도 동반하였다.

신정부가 시도한 일련의 개혁은 행정의 일원화를 통한 지방 통제를 강화하고(廢藩置縣), 국민개병에 의한 징병제를 실시하여 폭력을 독점했다. 이 과정에서 과거 지배계층인 무사계급은 존재 이유를 상실하게 되었고, 신분제도 철폐 개혁이 급속히 진행되었다. 메이지유신의 특이한 점은 바로 권력에 오른 사무라이들이 자신들을 특권 엘리트로 만들어 준 사회적 토대를 스스로 해체한 것이다. 중앙집권적 체제를 구축하기 위해서는 안정적인 재정 기반의 확보가 가장 시급한 문제 중의 하나로 부상되었고, 신정부는 세제개정을 단행하였다(1873). 정치적 통일과 경제 성장의 기반을 구축하기 위해 전국적인 교통, 전신망 정비하기 시작하였고, 화폐제도의 통일과 은행업 개혁을 하면서 경제개발을 통한 '부국' 만들기의 기반을 닦았다.

이러한 일련의 개혁과 근대화는 한편으로는 쿠데타로 권력을 획득한 소수의 사무라이들이 자신의 권력기반을 견고히 하고자 했던 정치적 동기를 부정할 수 없지만, 동시에 부국강병한 나라를 만들어 밀려오는 외세에 대항해 독립된 근대국가를 수립하려는 의지에도 그 기반을 둔 것이었다. 그러나 일본의 산업화가 본격적으로 진행되는 것은 청일전쟁(1894-1895) 이후이다. 특히 청일전쟁에서 승리하면서 획득한 배상금이 중요한 산업화 자금이 되었다. 청일전쟁은 한반도를 전장으로 하였고, 성격은 중국 중심의 제국주의 질서에 도전하는 신흥국 일본과의 충돌이었고, 계기는 조선에서의 정치적 혼란이었다.

청일전쟁을 전후 한 시기의 조선 정치는 밀려오는 외세에 대한 대처 방안을 놓고 쇄국, 개혁, 그리고 개항정책으로 분열된 상태였다. 일본에 의한 개항(1876) 이후에도 조선은 근대 국가를 만들기 위해 다양한 시도를 모색하고 있었다. 그러나 대내적으로 소수 특권 가문들의 정치권력 독점이 왕권의 쇄락과 맞물리면서 심화되었고, 권력의 사유화가 고착되었다. 독점화된 권력구조로부터 소외된 계층과 계급의 불만과 불안은 사회 전반에서 누적되었다. 왕권의 재확립을 명분으로 한 개혁의 시도도 있었으나 실패하였다. 분열과 불만과 개혁의 실패 속에서 발생한 동학농민운동은 민중의 지지를 받으면서 빠르게 확산되었다(1894). 조선 정부는 아래로부터의 개혁 세력을 진압하는 데 한계를 느끼고, 청국에게 원조를 요청하였다. 조선에 대한 지배권을 확보하기 위해 일본 역시 군대를 조선에 파병하고, 결국 양국의 군대는 조선에서 충돌하였다.

메이지유신 후 출현한 근대 일본은 의외로 강했고, 청일전쟁에서 승리하였다. 이 전쟁의 국제사적 의의는 청국의 허약함을 만천하에 드러낸 것이다. 이후 일본을 포함한 서구 열강은 중국에 대한 비공식 제국주의 정책을 강화했고, 중국은 여러 조차지로 나누어진 반식민지 상태로 변했다. 그러나 황실이 통치하는 청조의 체제는 지속되었다. 아편전쟁에서 패한 후 청조는 서구 제국주의의 침투와 구체제에 대한 아래로부터 변혁에 대응하면서 개혁을 시도하였다. 청조는 만주족이 세운 이민족 왕조였는데, 청조 수립 이래 반청 (한)민족-종족주의에 기반 한 저항운동은 다양한 형태로 지속되었다. 1850년부터 1864년 간 지속 된 '태평천국의 반란'은 반청 민족주의와 반외세 민족주의가 맞물리면서 구체제를 타도하기 위해 발생한 혁명이었고, 청조를 거의 무너뜨린 동란이었다.

이와 같은 외세와 내란에 청조는 1860년대부터 '자강운동'을 전개하였다. 양무운동(洋務運動)이라고도 불리는 이 시도는 서양을 모델로 한 군사산업의 양성을 통한 강한 국가를 재건하려는 노력이었다. 그러나 구체체를 대체할 정치, 경제, 사회, 문화 전반에 걸친 보다 철저한 개혁 시도는 나타나지 않았다. 결국 이 시도는 1890년대 일본과의 청일전쟁에서 청국이 패배하면서 한계성이 여실히 드러났다. 이후 정치체제 개혁을 동반하는 변혁을 시도하는 움직임이 지속적으로 전개되었고, 쑨원(孫文, 1866~1925)을 중심으로 한 청조타도 운동은 1911년 신해혁명(辛亥革命)을 통해 공화정체를 수립하면서 결실을 맺었다. 이로써 왕조정체가 중국에서 막을 내리고, 이후 대내적으로는 중앙집권적 근대 국가 수립과 대외적으로는 불평등조약의 폐지를 위한 다양한 모색이 전개되었다.

청일전쟁에서의 승리는 한반도에서 일본의 우위를 가져왔다. 그러나 일본의 우위는 제정 러시아에 의해 잠시 도전을 받았고, 결국 러일전쟁

(1905~1905)에서 승리하면서 일본은 동아시아에서 패권국가로 부상하였다. 한반도에서 강화되는 제국주의 영향력에 대한 조선의 저항을 무력화하면서 신흥 제국 일본은 "동양의 평화를 유진한다"는 명분으로 한반도를 식민지로 만들었다(1910). 식민지 조선은 일본의 무단통치, 문화통치 지배하에서 반제국주의의 성격을 가지는 민족주의를 배양하고, 때로는 사회주의와 경쟁하면서 때로는 협력하면서 독립국가의 길을 모색하였다. 그러나 1930년대 일본이 만주침략을 시작으로 중국대륙에의 침략 그리고 태평양에서 전쟁의 길로 들어서면서 식민지 조선은 일본 총력전의 소모품으로 동원되었다. 탈식민지 한 근대국가의 수립은 1940년대 후반으로 미루어졌다.

4. 세계대전, 총력전, 아시아-태평양전쟁

제1차 세계대전과 제2차 세계대전 사이의 국제정치를 살펴보고, 그 속에서 일본 제국의 팽창 과정을 고찰하고, 그 귀결점인 아시아-태평양전쟁을 분석해 보자.

일본 제국주의는 조선을 식민지로 만들면서 한반도에는 공식적 제국을 만들어 가지만, 중국 대륙에는 경제적 이권을 확장해 나가는 비공식 제국주의 노선을 택하였다. 이는 중국 대륙에는 이미 서구 제국이 선발주자로 '자유무역 제국주의'를 작동시키고 있었기 때문에, 후발 제국인 일본의 경우 비공식 제국주의의 규범을 따라야 했기 때문이다. 일본 제국주의의 중국 진출은 초기에는 주로 만주에 집중되었는데 점차 중국 본토, 예를 들면 상하이 등지에도 일본 조차지를 설정하는 등 적극적으로 진출하기 시작하였다. 그러나 이 시기 일본은 또한 강화되는 중국의 민족주의와도 직면하게 되었다.

1911년 쑨원이 이끄는 민족주의자들에 의해 중국에서는 청조가 멸망하고, 수천 년이 넘게 이어져 온 왕조정치가 종말을 고하였다. 그러나 신생 공화정부는 곧 시련을 겪게 되고, 중국 대륙의 남쪽에는 민족주의자들의 국민당 정권과 북쪽에는 여러 군벌이 할거하는, 중앙정부가 부재하는 정치적으로 혼란스러운 상태가 되었다.

이 상황에서 일본 정부 역시 대중국 정책에 혼란을 겪는데, 크게 두 노선으로 나뉘어져 경쟁하였다. 한편으로는 국민당 또는 특정 군벌을 지지하면서 중국 국내 문제에 간섭하여 궁극적으로는 만주를 중국으로부터 분리시켜 일본의 식민지로 만들려는 움직임과, 또 다른 한편으로는 서구 열강과 보조를 맞추며 중국 국내 문제에 불간섭하면서 경제적 침투에 집중하여 이윤의 극대화에 초점을 맞추는 노선이 경합을 벌이게 되었다. 두 노선의 경합은 제1차 세계대전과 제2차 세계대전 사이(전간기)에 전자로 전환되었다. 제1차 세계대전은 서구 열강이 유럽 전쟁 참전에 따라 동아시아에서 경제적, 군사적 공백을 초래하였다. 이 기회를 틈타 일본은 노골적으로 중국 침략을 시도하였고, 자유무역 제국주의 질서 붕괴의 단초를 마련하였다.

이러한 일본의 움직임은 특히 자유무역 제국주의를 주창하는 미국과의 관계를 소원하게 만들었다. 미국은 영국과 함께 제1차 세계대전에서 승전국이 되었고, 동아시아에서의 국제질서 수립에 간여하게 되었다. 유럽의 경우 전후 국제질서 수립을 위해 베르사유 조약 체제가 성립되는데(1919), 동아시아에서는 워싱턴 조약 체제가 들어섰다(1922). 이 두 조약 체제는 양자간 동맹 체제(bilateral alliance)에 기반한 제국주의 질서를 지양하고, 민족자결주의에 기반한 다자국 관계(multilateral relations)를 지향하는 새로운 국제질서 수립을 도모했다.

동아시아에서는 미국과 영국의 주도하에 중국 영토 보존주의와 자유무역주의를 재창하는 것이었고, 이것은 동시에 일본의 독자적인 대륙 침투 및 침략을 저지하겠다는 의지의 표명이기도 했다. 또한 제국주의 질서의 형식적 전환은 당시 조선, 중국에서의 민족주의 앙양과도 연관이 있다. 중국의 경우, 민족주의는 중국 정치의 주요 세력이었으며, 어떤 외국 정부도 중국과의 교섭에서 이 사실을 무시할 수 없게 되었다. 식민지 조선에서도 1910년 이래 한반도 내외에서 일본으로부터의 독립을 추구하는 민족주의 운동이 전개되었다. 민족주의 운동은 1919년 3.1 운동을 거쳐, 중국 상하이에서 임시정부를 수립하였다. 중국 대륙과 한반도에서 전개된 반제국주의, 반식민지 운동은 사회주의 또는 공산주의 세력과 때로는 경쟁하면서, 때로는 협력하면서 전개되었다는 것이 중요한 특징 중의 하나였다.

이처럼 전간기 일본 제국은 동아시아 안팎에서 도전을 받았다. 내부적으로는 분출하는 반제국주의 민족주의 열기에 직면해야 했고, 외부적으로는 영미를 중심으로 한 자유무역주의 질서 강화를 통한 일본제국주의 견제에 직면했다. 특히 군부는 자유무역주의에 기반한 국제평화주의에 동조하는 일본 정부의 외교정책을 '연약외교'로 비판하면서 독자적인 대륙정책을 고수하였다. 동시에 군부는 '총력적 사상'(total-war thinking)에 큰 영향을 받았다. 제1차 세계대전에서 독일의 패배 과정 추이를 지켜본 국제 정세에 밝은 일본 젊은 장교는 현대전에서는 전장에서의 우세함만으로는 승리할 수 없다고 판단했다. 즉 현대전은 과거와는 비교도 할 수 없는 양의 자원과 재원을 필요로 하는 대량전 또는 물량전(Materialschlacht)이라고 보았다. 따라서 대량생산이 가능한 안정적이고 독자적 산업기지와 자급자족이 가능한 경제영역(autarky)의 확보가 필수라는 인식이 확산되었다. 이러한 인식은 곧 만주를 일본의 영향력 아래에 두어야 한다는 신념으로 구체화되었다.

1929년 세계 경제가 미국발 대공황으로 어려움을 겪게 되면서, 서구 열강은 보호무역주의 정책을 폈고, 유럽은 독일의 폴란드 침공(1939)으로 전화에 휘말리게 되었다. 동아시아의 경우 1931년 일본의 만주침략으로 정세가 급속히 불안정해졌다. 동아시아의 전장은 중국 대륙으로 확산되었다. 1940년 독일 및 이탈리아와 삼국동맹을 체결한 일본은 동남아시아를 침략하고, 1941년 하와이 공습을 기점으로 미국과 총력전을 치르게 되었다.

대량 물량전인 총력전은 자국의 노동력을 총동원해야 가능했다. 이는 곧 비전투원이더라도 국민 한명 한명은 적국의 공격 대상이 되었다. 총력전의 시대에는 전투원과 비전투원의 구분이 모호해지고, 많은 정부들은 "자국민의 생명을 구하기 위해서 적국 시민들의 생명은 마음대로 희생시킬 수 있는 것으로 다루려는 유혹을 뿌리치지 못했다."[2] 총력전은 곧 '인민의 전쟁'이었다. 제1차 세계대전의 사망자 중 민간인은 5%에 불과했으나, 제2차 세계대전의 경우 66%에 이르렀다.[3]

동아시아에서의 전쟁은 1945년 미국이 떨어뜨린 두 개의 원자폭탄과 소련의 참전에 의해서 일본 제국이 패망하면서 끝났다. 일본은 인류 역사상 최초로 원자폭탄의 희생물이 되면서 수십만 명의 민간인이 사라졌고, 그 충격이 가져다준 물리적 및 심리적 상처가 몇 세대에 걸쳐 어두운 유산으로 남게 되었다. 또한 전쟁 중에 아시아 각 지역에서 저지른 만행으로 아시아 여러 민족에게도 엄청난 고통을 초래하는 역사적 과오를 저지르게 되었다.

---

2. 에릭 홉스봄, 『극단의 시대: 20세기의 역사(상)』, 45쪽.

3. 에릭 홉스봄, 『폭력의 시대』, 23쪽.

5. 내전, 냉전, 그리고 개발

1945년 일본제국의 패망은 곧바로 동아시아에서 평화의 시대로 이어지지 않았다. 일본이 물러난 중국 대륙과 한반도에서는 일본 및 서구 제국주의 세력에 의해 지체된 국민국가 수립을 위한 노력이 가속화되었는데, 이는 내전의 형태를 띠었다. 중국(1945~1949)과 한반도(1950~1953)에서의 내전은 동시에 미국과 소련이 대치한 냉전(1945~1989)과 상호작용하면서 전개되었다. 냉전은 토마스 홉스의 말을 빌리면, "실제 전투만이 아니라 전투로 감행할 의지가 충분히 고지된 시기"로 정의할 수 있는데,[4] 이 시기는 사회주의와 자본주의 이념 대치로 전쟁 의지가 고양된 시기였다.

제2차 세계대전 후 미국은 '전체주의'에 맞서 '자유주의'를 수호한다는 대의명분과 막강한 경제력을 기반으로 새로운 세력 균형을 구축하고, 지배적 우위를 점유하려고 하였다. 이미 전쟁 말기에 미국은 동아시아에서 소련의 세력이 아무런 견제 없이 커질 것에 대한 깊은 우려를 가지기 시작했다. 이에 미국은 중국의 장제스가 이끄는 국민당 정권에 의한 통일을 지원하여, 소련 공산주의 세력의 확산을 저지함으로써 동아시아에서의 이권을 지키고자 하였다. 그러나 마오쩌뚱이 이끄는 중국 공산당이 내전에서 승리하면서 중화인민공화국이 수립되었고(1949) 미국의 전략은 실패하였다. 국민당

---

4. 에릭 홉스봄, 위의 책, 22쪽 재인용.

정권은 대륙에서 붕괴된 후 타이완에 중화민국을 수립하였다(1949).

한반도에서도 이미 전쟁 말기부터 냉전의 그림자가 드리워지고 있었다. 1943년 미국 국무부의 한 보고서는 소련의 패권이 한반도에 미칠 것을 우려하여, 한반도에 서구열강의 신탁통치를 제안하였다. 일본의 패망 직후 한반도는 38도선을 중심으로 남쪽에는 미군정, 북쪽에는 소련군이 진주하였고, 1945년 10월 미국과 소련은 모스크바에서 다국적 신탁통치에 동의하였다. 그러나 신탁통치는 실현되지 않았다. 한반도에는 미군과 소련군이 진주하기 전에, 이미 새로운 사회와 국가를 건설하고자 하는 세력과 일제하 형성된 구질서를 복원하고자 하는 세력이 좌우 대립의 형태를 띠고 경쟁하고 있었다. 결국 1948년 말에 한반도에는 두 개의 정부가 들어서게 되었다. 북쪽에는 소련과 연합한 좌파 성향의 정부가 김일성을 중심으로, 남쪽에는 미국과 연합한 우파 성향의 이승만 정부였다. 두 정부 모두 각자의 통치권하에서 한반도를 통일하고자 했다. 한국전쟁의 발발은 북한의 남침에 의해 1950년 6월에 개시되었고, 3년 후 정전협정이 체결되었고, 현재까지 분단되어 있다. 한국전쟁은 지리적으로 한반도에 국한되어 있으나 그 영향은 세계적이었고, 여러 면에서 "제3차 세계대전의 대체전이었다"는 평가도 있다.[5]

동아시아에서 냉전은 이처럼 중국대륙과 한반도에서는 '열전'의 형태를 띠었으나, 일본에게는 평화를 가져다주었다. 일본은 당시 미국의 점령통치를 받고 있었다(1945~1952). 비군사화와 민주화라는 기치하에 만들어진 일본의 전후 헌법은 일본의 군사력 보유를 억제하는 제9조에 의해 군대 보유를 금지했다(1946). 군대를 가지고 있지 않던 일본은 한국전쟁이 발발했을 때 참전하지 않았으나 미국과 UN연합군의 군수기지로 기능하였다. 이 과정에서 전쟁특수를 누리고, 이는 전후 일본의 경제 재건의 기초를 다졌다. 이후 일본의 경제는 1955년에 창당한 보수주의 정당인 자유민주당(자민당)이 반세기가 넘는 장기집권을 하면서 급성장하였다. 자민당이 관료와 재벌과 밀착하면서 전후 일본 경제는 향후 15년간 연평균 10%대의 실질 성장률을 유지하는 고도성장을 이루었다.

일본 고도성장의 국내 동력으로는 기술혁신, 민간설비 투자 급증, 양질의 노동력이 있었으며, 국제적으로는 자유주의 시장경제의 재건 속에서 국제무역이 총체적으로 증가한 것을 들 수 있다. 동시에 일본 정부의 역할을 빼놓을 수 없다. 엘리트 관료를 중심으로 구성된 '경제참모본부'는 합리적, 시장친화적, 생산적, 전략적 '산업정책'을 세우고, 개발중점산업부문에 대해서는 저금리 자금의 공급, 보조금 지급, 특별분할상환 혜택, 주요 특수 설비의 면세 수입, 기술도입허가, 공공투자에 의한 민간기업용 산업단지 및 수송시설 제공으로 적극 지원하여 국제시장에서 일본 상품의 경쟁력을 강화시켰다. 전후 일본의 고도성장은 국가가 시장에 적극적으로 개입하는 '발전지향형 국가'(developmentalist state)를 통해 심화되었다.[6]

국가 주도의 수출 중심 경제 개발은 한국전쟁 이후의 남한에서도 발견된다. 한국전쟁을 통해 냉전의 반공 이데올로기를 내재화한 대한민국은 '권위주의적 발전동원체제' 형태로 급속한 경제개발을 추진하였다. 일본의 발전지향형 국가처럼 한국 정부는 경제성장을 최고의 가치로 설정하고, 집중전략산업 선정 및 지원, 국내산업 및 시장보호 등의 정책을 통해 급속한 경제성장을 달성하였다. 한국의 개발 과정은 "비록 위로부터의 국가주의적 동원화가 이루어지기는 하지만 그것이 아래로부터의 민중의 발전을 향한 자발성과 일정하게 결합하였다"는 점이 중요한 특징이다.[7] 그러나 이 과정에서 노동문제는 국가주의적으로 개입되었고, 복지 등과 같은 사회문제는 부차적인 것으로 등한시 되었다.

1949년 신생 국가 중국이 대면한 중요한 과제 중의 하나 역시 경제재건이

---

5. 윌리엄 스툭, 『한국전쟁의 국제사』, 12~13쪽.

6. 차머즈 존슨, 『일본의 기적』 참조.

7. 조희연, <동아시아의 자본주의 발전과 국가변화: 분석을 위한 이론적 모형 구성>, 106쪽.

었다. 전쟁과 내전으로 피폐해진 경제생활 정비를 위해 중국공산당에게는 농업과 공업 생산량 회복이 급선무였다. 이를 위해 토지개혁과 농업의 집단화를 추진하였고, 소련의 공업화를 모델로 사회주의적 계획경제에 기반 한 경제개발을 추진하였다. 중국의 경제개발 역시 사회주의 국가 건설이라는 목표를 위해 끊임없이 대중 동원을 조직한 산업화를 통해 진행되었다. 마오쩌둥이 통치하는 중국의 초기 10년 동안에는 비약적인 경제성장을 이루어 냈다. 그러나 중국과 소련의 공산권 연합전선이 급속히 악화되는 1950년대 말부터는 대외적으로 도전을 받게 되었다. 내부적으로는 경제정책에 대한 의견대립이 권력투쟁의 형태로 분출되는데, 이러한 대내외적 도전은 1960년대 후반부터 문화혁명이라는 또 다른 대중동원의 격변을 유발하였다. 10년에 걸친 혼란은 중국을 분열의 위기로 몰아갔는데, 마오쩌둥의 사망과 함께 문화혁명을 추진한 급진파가 몰락하고, 덩샤오핑을 중심으로 한 실용주의파가 권력을 장악하면서 새로운 질서를 세우기 위한 노력이 시도되었다.

마오쩌둥 이후의 중국을 이끌어 나간 덩샤오핑은 경제성장의 가속화와 정치 안정화를 목표로 실용주의 노선을 채택하였다. 농업생산성 향상을 위해 기존의 집단제를 '책임제'로 전환시켜 잉여 농산물에 대해서는 각 농가가 자유롭게 활용할 수 있게 함으로써 물질적 유인책을 제공하였다. 공업생산성 증진을 위해서도 일종의 공업책임제를 도입하여 잉여 이윤의 시장주의적 활용을 도모하는 정책을 폈다. 기존의 관료주의적 경제정책을 포기하고, '지도적 계획'하에 시장친화적 경제정책의 시도는 1980년대에 들어서면서 고무적인 성과를 보이기 시작했다. 1978년부터 1986년 사이에 농공업 생산총액은 매년 10% 속도로 증가했고, 국민소득 역시 매년 8.7% 증가하였다.[8] 한편 대외적으로는 기존의 마오쩌둥의 고립주의 노선을 탈피하는 개방주의 노선을 택하였다. 1972년 당시 미국 대통령 닉슨의 중국 방문을 계기로 미국과의 제한적인 무역이 시작되었는데, 덩샤오핑은 해외의 자본과 기술에 중국 시장을 개방하는 정책을 취했다. 초기 개방 시기에는 중국은 원자재, 농산물, 합성섬유 등이 주요 수입품이었는데, 이후 주로 공업기계, 공산 완제품, 기술, 서비스 시설 등으로 대체되었다.

중국의 최대 무역 상대국은 일본, 미국, 서독 등이었다. 특히 지리적 근접과 문화적 유사성으로 일본은 중국의 중요한 무역동반자로서 현대화 공장 설비 및 재정지원과 기술 원조의 최대 제공자가 되었다. 물론 중일관계는 상호보완적인 것으로서, 일본 역시 중국의 수출 발전을 원조하여 중국 시장에 적극 진출하였다. 이처럼 중국의 개혁개방은 일당독재체제를 확고히 하면서 '사회주의 시장경제' 수립을 추진하여 경제개발을 도모하였고, 중국이 국제사회와 동아시아 지역사회에 중요한 행위자로 부상하는 데 기여하였다.

이처럼 내전과 냉전의 자장 속에서 동아시아 3국인 일본, 한국, 중국은 순차적으로 급속한 경제개발을 이루어냈다. 일본과 한국은 미국의 군사적, 경제적, 그리고 문화적 영향력 속에서 발전지향적 국가가 적극적으로 시장에 개입하는 방식으로 경제개발을 이끌어 냈다. 일본은 자민당의 장기집권을 통해 정계, 관계, 재계가 유기적으로 협력하면서 고도성장을 이루어 냈고, 냉전의 최전방에서 북한과 대치하는 상황 속에서 한국은 안보를 담보로 하는 권위주의 정권 속에서 급속한 경제개발을 달성하였다. 중국 역시 공산당 일당독재 체제라는 틀 속에서 국가가 주도하는 경제개발을 하였다. 그러나 동아시아 3국의 경제개발이 단순히 위로부터의 동원 속에서만 진행된 산업화라고만은 할 수 없다. 오랜 기간 동란, 내란, 그리고 전쟁을 겪으면서 빈곤과 낙후로 피폐해진 인민들은 안정되고 부유한 생활을 열망하게 되었고, 이들이 국가주도의 개발주의에 자발적으로 참여함으로써 달성된, 아래로부터의 동의가 일정 정도 결합된 산업화이기도 하였다.

---

8. 『근-현대 중국사: 제국의 영광과 해체 (하)』, 1042쪽.

6. 제국주의, 전쟁, 개발의 굴절된 기억을 넘어서 동아시아 공공의 미래유산 만들기

19세기 서양이라는 문화적으로나 인종적으로나 매우 이질적인 외세와의 충돌로 촉발된 동아시아의 근대화는 때로는 침략적 제국주의에의 저항, 때로는 민족주의적 국민국가 수립 운동, 때로는 총력전, 그리고 때로는 발전 지향의 산업화 형태를 띠면서 인민이 한편으로는 침탈과 동원의 대상으로 그리고 또 다른 한편으로는 저항과 참여의 주체로 구성되는 과정이었다. 특히 20세기는 내전, 세계대전, 그리고 냉전으로 점철되어 전 세계가 유례없는 대규모 인명 살상을 경험한 한편, 동시에 인민이 물질적으로도 유례없는 눈부신 발전을 이루어낸 시기라는 측면에서 '인류 역사상 가장 특이한 시대'라고 평가되고 있다.[9] 동아시아의 근현대사는 이러한 '인류 역사상 가장 특이한 시대'를 극명하게 보여 준다.

19세기에서 20세기로 진행되면서, 내전과 국제전의 구별, 전쟁과 평화의 구별이 모호해지면서 이념적 대치가 극렬해지는 총력전과 '보이지 않는 총력적'인 냉전의 시대를 겪으면서 전투원과 비전투원의 구별 역시 흐릿해졌다. 냉전이라는 총력전 시기에는 동아시아에서 국가와 사회는 경제개발을 지배와 통제의 담론으로 내재화했다. 경제성장지상주의는 일본 및 한국과 같은 자본주의체제와 중국과 같은 사회주의체제에서 모두 지배적인 담론으로 정착되었고, 국가가 전경제적 차원에서 적극적으로 시장에 개입하는 특징을 공유하였다.

일본의 경우는 발전지향형 국가, 한국의 경우는 권위주의적 발전동원 체제, 그리고 중국의 경우는 사회주의 시장경제 체제의 형성을 통해 냉전이라는 보이지 않는 총력전을 치루었다. 이 과정에서 정도의 차이는 있으나 복지 등과 같은 사회정책은 부차적인 가치가 되었고, 지속적인 노동력의 재생산과 동원을 민족주의 활성화를 통해 관리했다. 그러나 냉전이 종식되면서 수출주도 성장주의가 가능했던 외적 조건이 변화하였다. 자유주의와 전체주의라는 이념의 대립이기도 했던 냉전은 경제를 정치에 종속시키고 시장을 일정 정도 통제하였다. 그러나 소련의 붕괴로 냉전이 종식되면서 자본과 시장이 국가의 통제를 급속히 벗어나는 신자유주의를 지향하는 조건이 지구적으로 형성되었다. 이러한 조건 속에서 일본, 한국, 중국은 국가에 의해 보호된 시장을 개방할 것을 지속적으로 요청받고 있다.

동시에 경제개발과 경제성장을 통한 산업화와 근대화를 지배담론으로 한 국가의 사회 통합이 이완되기 시작했다. 개발주의는 더 이상 유일한 가치가 아니게 되었다. 1980년대 한국에서 진행된 민주화운동이 그 한 예이다. 산업화 과정을 거치면서 나타난 조직화된 노동, 성장한 중산층, 활성화된 시민사회가 국가주의적 시장경제 개입과 사회 통제에 대한 개혁을 요구한 것이다. 한국의 민주화운동은 권위주의적인 군부정권을 종식시켰고, 문민정부를 수립하였다. 중국에서 1980년대 나타난 정치민주화를 요구하는 대규모 시위운동 역시 그 한 예로 볼 수 있다. 이 운동은 덩샤오핑에 의해 무력으로 진압되었으나, 이와 같은 사회적 요구를 어떻게 통합할 것인가는 사회주의 시장경제 체제의 과제이기도 하다. 일본 역시 1980년대 이후 고도성장은 마이너스성장을 겪은 후 정체되었고, 발전지향형 국가에 대한 개혁의 요구가 나타나고 있다. 이러한 요구는 반세기가 넘게 권력을 독점한 자민당 체제가 붕괴되고 1990년대와 2000년대 정치적 불안정으로 나타났다.

---

9. 에릭 홉스봄, 『폭력의 시대』, 7쪽.

국제관계의 변화와 개발성장주의의 내적 조건의 변화에서 기인한 동아시아 3국 각국의 국내 정치경제체제의 불안정성은 3국 간의 관계의 불안정성과 중첩되어 동아시아 지역 내 평화와 안정을 도모하기 위한 과제로 부상하고 있다. 일본, 중국, 한국 3국 간의 관계는 정치경제적 요인도 있지만, 19세기와 20세기 경험에 대한 기억의 상이성에서도 기인한다. 과거는 '있었던 그대로' 기억되는 것이 아니다. 기억에 관한 많은 연구들이 이미 밝히고 있는 것처럼, 과거는 현재의 권력관계와 이해관계 속에서 그리고 다양한 매체에 의해 '쇄신(innovation)' 또는 '창조(invent)'되어 기억되어진다. 특히 과거에 대한 기억의 쇄신은 사회적으로, 정치경제적으로 급격한 변화가 일어나는 전환기에 빠르게 진행된다. 왜냐하면, 과거와의 단절을 심하게 느낄수록 모든 개인과 사회는 정체성의 혼란을 경험하게 되고, 이를 극복하기 위해 정체성의 재확립을 필요로 하면서 과거를 재창조하게 되기 때문이다.

이는 탈냉전 속에서 정치경제의 구조적 전환을 맞고 있는 아시아 각 사회가 냉전 국제질서의 원점에 위치한 아시아-태평양전쟁에 대한 기억, 그리고 아시아-태평양전쟁의 원인인 일본제국주의에 대한 기억을 다시 기억하는 과정 속에서도 나타나고 있다. 냉전의 역사 속에서 일본제국주의 및 아시아-태평양전쟁에 대한 총체적, 총괄적 평가가 단절되었고, '태평양전쟁'만 기억되고 '아시아전쟁'은 망각되어지는 경향이 발생하였다. 이 과정에서 일본에서는 '가해자'로서의 기억이 굴절되고, 원폭과 전쟁 '피해자'로서의 기억이 주류가 되는 경향이 강하게 나타났다. 반면에 중국과 한국에서는 공산주의적 또는 권위주의적 발전동원체제 속에서 성장개발을 지상과제로 설정하면서, 근현대사 전반에 대한 면밀한 고찰과 반성이 지연되었다. 이 과정에서 '위안부' 그리고 '강제동원'의 중국과 한국의 피해자 당사자들의 경험과 기억이 억눌려졌다.

'인류 역사상 가장 특이한 시대'를 격렬하게 체험한 동아시아는 '특이한 시대'에 대한 공유할 수 있는 공공의 기억문화가 결여된 채 현재를 만들어

가고 있다. 특이한 시대에 대한 각국의 굴절된 기억의 파편들은 탈냉전과 포스트-성장주의라는 시대가 던지는 과제를 3국이 협력하면서 풀어 나가는 것을 방해하는 장애물로 작동하고 있다. 특이한 시대에 대한 3국이 합의할 수 있는 기억문화 만들기는 동시에 탈냉전 이후의 미국과의 관계를 3국이 어떻게 만들어 갈까하는 문제와도 연계되어 있다. 제국주의의 충돌 이래 동아시아와 밀접한 관계를 가진 미국은 아시아-태평양전쟁 이후 동아시아에서 패권국가로 냉전을 기획하고, 참여하였다. 이 과정에서 군사적, 경제적 개입뿐만 아니라 대량소비문화의 전파를 통한 동아시아 각국의 개발성장주의의 내재화를 가속시켰다. 이는 동아시아에서 기억과 망각의 정치의 문화적 기틀을 제공하기도 한 것이다.

19세기와 20세기 동아시아는 근대 제국주의와 냉전 패권주의를 거쳐 눈부신 경제성장을 이루어냈다. 21세기 동아시아는 급속한 성장에서 야기되는 경제적, 정치적, 사회적, 그리고 문화적 불균형에서 오는 불안정을 조절해야하는 공통된 과제를 안고 있다. 그리고 이와 같은 공통의 과제는 '가해자'로서의 기억문화와 '피해자'로서의 기억문화의 조정과 교차를 통해 다양한 기억들이 공존하며 상호 경쟁하고 보완하는 건강한 기억문화, 미래유산으로서 동아시아 공공의 역사 서술과 실천의 형성 위에서만 가능할 것이다.

VII

동아시아 국제정치

이용욱

고려대 정치외교학과 교수

1. 머리말

21세기는 동아시아의 시대가 될 것이라는 예측처럼 한국, 중국, 일본이 속한 동아시아는 국제정치의 장에서 중심으로 부상하고 있다. '동아시아의 21세기'라는 말은 19세기 말 이래 진행되어 온 서구 주도의 국제정치 질서가 동아시아로 이동하고 있고, 이는 구체적으로 동아시아가 세계질서 재편의 핵심이 될 것이라는 것을 의미한다. 동아시아에 대한 이러한 평가는 한국, 중국, 일본이 군사, 안보, 경제, 문화 등의 영역에서 차지하고 있는 전 지구적 비중을 반영하고 있을 뿐만 아니라, 동아시아 3개국이 안정적인 협력을 지속할 것이라는 것을 전제로 하고 있다. 그러나 현실의 동아시아 국제정치는 다양한 요인과 층위에서 갈등과 협력이 공존하는 복합성을 띠고 있다. 동아시아의 미래는 갈등과 협력의 복합성을 한-중-일이 어떻게 풀어낼 것인가에 달려 있는데 이러한 과정에서 미국의 대동아시아 정책과의 상호작용이 핵심이 될 전망이다.

이러한 맥락에서 본고는 동아시아 국제정치를 동아시아 안보와 지역협력으로 나누어 논의한다. 2장인 동아시아 안보에서는 동아시아 안보환경 검토를 시작으로 동아시아 안보질서의 핵심 변수들인 중국의 부상과 일본이 재무장, 북핵문제, 영토분쟁 등을 다룬다. 3장에서는 동아시아 지역협력을 논의한다. 동아시아 지역협력의 구체적인 내용으로는 안보협력, 경제협력, 환경과 기타 부분 협력을 검토하고 조망한다. 마지막으로 결론은 상기 내용을 간단하게 정리하고, 향후 동아시아 국제정치 연구의 관점을 제공하며 마무리한다.

2. 동아시아 안보

(1) 동아시아 안보환경

중국의 경제발전과 함께 동아시아는 국제정치의 주요한 관심지역이 되었다. 중국의 부상은 동아시아의 안보상황을 결정할 요인 중 첫 번째이다. 현실주의 국제정치 이론에 따르면, 중국의 발전 및 이에 따른 힘의 전이가 지역 권력 구조의 재편을 둘러싼 패권 정치로 이어질 것이라고 한다. 한편, 자유민주주의 및 다자안보협의체의 전통이 존재하지 않기 때문에, 동아시아의 다극화가 오히려 평화적인 권력의 균형 상태를 유지하기 어렵게 만든다는 주장도 있다.

두 번째 요인은 동아시아의 과거사 문제이다. 동아시아 국가들 간에는 청산되지 않은 과거의 경험을 둘러싸고 근본적인 불신이 존재한다. 19세기와 20세기 초 일본의 중국 침략과 한국 식민지배는 가해자인 일본과 피해자인 한국, 중국이 서로 간의 협력적 관계를 구성하는 데 큰 장애물이다. 특히 과거사 문제를 회피하려 하거나 피해보상에 대하여 소극적 모습을 견지하는 일본의 태도는 제2차 세계대전에 대한 독일의 그것과 대비되며, 동아시아 주변국들의 불만을 가중시킨 바 있다. 중국과 한국 등 과거의 피해국들에게 일본은 자신들의 과오를 반성하고 인정하기보다는 잘못을 축소하고 왜곡시켜 미화하고자 하는 태도를 보이고 있다. 이와 더불어 역사교과서 출판이나 야스쿠니 신사 참배, 독도 영유권 주장 등은 과거 청산을 요구하는 한국과 중국의 오해와 불신을 불러일으키며 지속적인 외교 분쟁의 원인이 되고 있다.

셋째, 동아시아에서 민족주의의 발흥이다. 민족주의는 외교 및 안보 정책에까지 영향을 미치면서 동아시아 지역의 과거사 문제를 합리적으로 해결하려는 노력을 매우 어렵게 만들고 있는 실정이다. 이와 함께, 최근 중국에서 일어나고 있는 애국운동 및 중화사상 등은 새로운 외교 갈등을 촉발하는 원인이 되고 있다. 중국의 동북공정을 둘러싸고 벌어진 한-중 갈등과 남지나해의 무인도와 관련된 중-일 갈등이 그 대표적인 사례이다. 민족주의는 비단 과거사 문제에 대한 대응뿐 아니라, 영토 분쟁 등 외교 현안 해결에서도 감정적 반응을 불러일으키기 때문에, 불안한 외교관계를 한층 악화시키는 요인이 된다.

마지막 요인은 미국이다. 동아시아에서 미국의 존재와 그 역할은 역내 패권구도를 더욱 복잡하게 만든다. 중국의 부상은 미국으로 하여금 잠재적 도전자를 심각하게 인식하도록 만들었다. 중국은 이러한 기대에 부흥하려는 듯, 경제성장을 발판으로 군 현대화에 집중하는 한편 소련, 인도, 중앙아시아 등과의 전략적 협력관계를 강화하고 있다. 이러한 미-중의 전략적 경쟁 상황은 동아시아 국가들에게 선택을 요구하고 있다. 일본은 중국의 역내 패권에 가장 민감하게 반응하며 가장 적극적으로 미국과의 협력관계를 강화하고 있다. 한국은 전통의 우방인 미국과 최대 교역국 중국 모두를 만족시킬 수 있는 방안을 강구하고 있다.[1]

오바마 정부가 출범하며 미국은 아시아 중시정책(Pivot to Asia)를 펴기 시작했다. 이는 부시 정부의 중동 중심 외교전략에서 벗어나, 아시아의 중요성을 인식하고 그에 따른 외교전략을 수립하겠다는 의도이다. 오바마 정

---

1. 강상규 외, 『변환의 세계정치』, 252~253쪽.

부의 대 동아시아 전략 목표는 크게 세 가지로 요약할 수 있다. 첫째, 미일 동맹의 안정적 지속, 둘째, 부시 행정부가 정의한 '책임있는 이해상관자(responsible stakeholder)'로서의 중국에 대한 '깊숙한 관여(deep engagement)', 셋째, 북한과의 고위급 약자 접촉 또는 대화이다. 미국의 동아시아 전략은 기존 동맹의 강화, 새로운 파트너십의 건설, 중국에 대한 관여 강화, 지역 제도들에의 참여를 통한 관여 등을 종합적으로 고려하고 있다.[2]

(2) 중국의 부상과 일본의 재무장

동아시아는 정치, 경제, 문화 등 다양한 분야에서 국제정치의 중심지로서 자리잡아가고 있다. 그리고 그 중심에 중국이 있다. 중국의 경제개혁은 1970년대에 시작되어 눈부신 성과를 이루었다. 중국은 명실상부한 세계 경제의 주요 원동력으로 평가받으며, 머지않아 미국을 능가하는 경제대국으로 성장할 것이라고 많은 전문가들이 예측하고 있다. 중국의 급속한 부상은 미국의 견제로 이어졌기 때문에, 중국은 이러한 맥락에서 당분간 지속적인 경제발전에 집중하는 국가 전략을 수립했다. 중국은 현재 스스로를 명실상부한 패권국이라 생각하지 않고 있다. 따라서 주변국의 견제와 우려를 완화시키고 자국 발전에 유리하도록 최대한 안정적인 주변 환경을 조성하는 것이 가장 중요하다고 판단했던 것이다. 중국이 내세운 화평굴기론과 조화세계론은 역시 이러한 전략의 발현으로 평가할 수 있다. 중국은 군사적 패권국이 될 의사가 없음을 만방에 천명하여 외부로부터의 견제를 완화하고, 동시에 내부적 체제 결속 및 체질 강화에 중점을 두었다.[3]

물론 이 과정에서도 중국은 지속적인 군 현대화를 통하여 장기적인 부상을 준비하고 있다. 스톡홀름평화연구소(SIPRI: Stockholm International Peace Research Institute)의 자료에 따르면 중국의 군비 지출은 세계 2위로 1190억 달러에 이르며, 이는 세계 6위인 일본 군비 지출액의 2배에 달한다. 그리고 미국방부 보고서에 의하면 중국의 군비 지출은 2000~2010년의 약 세 배 증가하였다.[4] 중국은 기존 300만의 지상군 규모를 100만 정도 줄이면서 군의 현대화 및 첨단 정보화에 총력을 기울이고 있다. 이 과정에서 기존에 개발한 전략 핵무기 체계를 한층 발전시킴과 동시에 최신예 전투기, 장단거리 탄도 미사일 및 크루즈미사일 개발, 연안해군에서 대양해군으로의 발전을 위한 첨단 구축함 및 잠수함, 항공 모함의 건조 등을 추진하고 있다.[5]

일본은 헌법에 의해 분쟁해결 수단으로서의 무력 사용을 포기하며 자국의 방위를 위한 최소한의 군사력인 자위대만을 유지해 왔다. 일본국헌법은 평화헌법이라는 별칭으로도 널리 알려져 있는데, 제9조에 전쟁포기, 전력 불보유, 그리고 교전권 부인을 제 9조에 명시하고 있기 때문이다. 그러나 일본이 경제적으로 성장하면서, 일본 또한 보통의 다른 주권 국가들처럼 국가 목적을 위하여 경제력에 걸맞는 적절한 군사력을 보유해야 한다는 주장이 등장하였다.[6] 이러한 보통국가론은 일본의 안보정책이 냉전기 미일동맹에 기초한 전수방위에서 명시적인 정치 군사적 역할을 추구하는 적극 방위로 전환됨을 의미한다.[7] 물론 보통국가화가 곧바로 군국주의의 부활을 의미하는 것은 아니다. 하지만 아직 일본과 청산되지 않은 과거사 문제를 가지고 있는 동아시아의 주변국들은 강한 의혹을 제기하고 있다. 그리고 실제로 일본은 여러 가지 조치를 통해 이러한 의도를 드러내고 있으며, 이러한 일본의 움직임은 동아시아의 안보를 경직시키고 있다.[8]

일본의 우경화 및 군사력 증강은 고이즈미 내각 출범 이후 더욱 가속화

---

2. 유현석, 『국제정세의 이해』, 235~236쪽.

3. 강상규 외, 앞의 책, 253쪽.

4. 위의 책, 254쪽.

5. 위의 책, 255~256쪽.

6. 유현석, 앞의 책, 220쪽.

7. 강상규 외, 앞의 책, 290쪽.

8. 유현석, 앞의 책, 220쪽.

되고 있다. 일본의 해상자위대는 중장기 방위정비계획에 따라 2002-3년 이지스 호위함 두 척에 고도의 전역미사일방어(TMD) 기능을 구축했다. 자민당은 유사시 자위대 권한을 강화하는 유사법제정비법안을 제출했는데, 이는 일본이 무력공격에 노출될 경우 자위대와 미군이 원활하게 작전을 수행할 수 있도록 도로교통법, 해안법 등 관련 법규를 수정한 것이다. 2001년 일본의 자위대는 9 · 11 테러 이후 아프간에서의 대테러 전쟁을 지원하기 위해 테러대책특별조처법을 만들어 인도양에 해상자위대를 파견했다. 하마나 파견은 일본이 유엔 안정보장이사회 결의에 따른 평화유지활동이 아닌 '타국과의 전쟁'에서 태평양 전쟁 후 처음으로 자위대를 파견한 사례이며, 곧 일본의 전통적 전수방위원칙이 무너졌음을 의미한다.[9]

2010년대 일본의 우경화 움직임은 일본의 국내정치와 밀접한 연관이 있다. 장기불황과 2011년 후쿠시마 원전 폭발 등으로 정치사회적 위기가 계속되자, 정치인들은 우경화된 정책과 발언 등을 통해 유권자들의 지지를 얻으려고 한 것이다. 이러한 맥락에서 일본이 집단적 자위권을 보유해야 한다는 주장이 계속 등장하고 있다. 2012년 7월 일본 총리 직속 정부위원회는 일본이 집단적 자위권을 행사해야 한다는 주장을 담은 보고서를 출간했다.[10] 2012년 자민당 아베 총리가 재집권한 이후 2014년 헌법해석 변경을 통하여 집단적 자위권을 인정하는 각의결정의 내려졌고, 2015년 안보법제가 통과되었다. 각의 결정에 따르면, 일본이 집단적 자위권을 행사하기 위해서는 3가지 요건을 충족해야 한다. 즉, 1) 일본과 밀접한 관계가 있는 타국이 무력공격을 받아 일본의 존립이 위협받는 등 국민의 생명이 뿌리부터 전복될 명백한 위험이 있고, 2) 이를 배제하기 위해서는 무력 외의 다른 적절한 수단이 없을 경우, 3) 목적 달성을 위한 최소한의 무력 행사를 용인한다는 것이다. 집단적 안보권을 포함하는 안보법제 변화는 2016년 마무리될 예정이다. 나아가 아베 내각은 헌법 9조(전쟁포기조항)의 개정을 포함하는 개헌 또한 추진 중이다.

(3) 북핵문제

북핵문제는 동아시아 안보 비관론을 부추기는 요소이다. 비관론은 근대 국제 정치의 환경 속에서 동아시아 지역이 오랫동안 지역 국가들의 세력경쟁의 장이 되어 왔고, 또한 이렇게 불안정한 긴장관계가 향후에도 지속될 것이라는 주장이다.[11] 또한 북핵문제는 동아시아 지역의 다자안보협력체 논의에서 가장 커다란 장애요인이기도 하다. 북한 핵위기와 체제 위기 등 북한이 근본적으로 변하지 않는 이상 동아시아의 안보질서는 늘 불안정한 상태를 유지하게 될 것이며, 동아시아의 어떠한 다자안보 노력도 한계를 지닐 수밖에 없다. 동아시아 지역에서 다자안보협력의 노력이 결실을 거두기 위해서는 북한을 다자 안보의 틀 속으로 끌어들이는 노력이 필수적이다.[12]

6자회담의 과정에서 한국, 중국, 일본 등 주변 지역국들의 행보는 동아시아 다자안보협력체의 가능성을 신중하게 탐색하는 과정이기도 하였다. 비록 6자 회담이 북한의 핵 완전 포기를 이끌어내지는 못했지만, 남북 혹은 미국과 북한의 군사적 대결을 막고 관계를 원활히 관리하는 기능을 해 온 것은 사실이다. 그리고 이러한 과정에서 중국과 일본 등 주변국의 역할 또한 매우 중요한 요소로 작용하였다. 제 1차 북핵 위기 발생 후 맺어진 미-북 양자 합의가 무산되고 2차 북핵 위기가 발생하자, 중국은 미국의 다자적 접근 시도를 가장 적극적으로 주도하였다. 6자 회담은 동아시아의 가장 첨예한 안보 이슈를 해결하기 위해 주요 당사자와 주변국이 협력하여 일정한 성과를 거둔 중요한 사례가 되었다. 만일 6자 회담을 통해 북핵문제가 안정적으로 관리되고, 나아가 해결책까지 제시하여 한반도 평화체제가 수립된다면,

---

9. 위의 책, 222쪽.

10. 위의 책, 222쪽.

11. 강상규 외, 앞의 책, 288쪽.

12. 위의 책, 292쪽.

향후 동아시아의 안보문제를 협의할 다자안보기구의 제도화를 위한 중요한 시금석이 될 전망이다.[13]

(4) 기타 분쟁

중국와 일본은 동중국해 천연가스전을 둘러싸고 갈등을 벌이고 있다. 동중국해 가스전 분쟁은 세계 5개 자원 분쟁지 중 하나로, 이 지역을 둘러싼 두 나라의 충돌은 오랜 세월에 걸쳐 진행 중이다. 분쟁지역에는 4개의 가스전이 있는데, 약 72억 톤의 석유가스가 매장되어 있는 것으로 추산하고 있다. 이는 중국에 매장된 석유의 절반에 해당하는 양이다. 동중국해 가스전의 존재는 1968년 UN의 조사보고서를 통해 처음으로 알려졌고, 2003년 중국이 춘샤오 가스전 개발에 착수하면서 양국 간의 마찰이 표면화되었다. 2005년 7월 일본은 동중국해의 천연가스전 시굴권을 자국업체에 부여함으로써 중국의 극렬한 반발을 불러일으켰다. 일본과 중국은 서로 순시선을 보내 동중국해의 긴장을 고조시킨 바 있다. 2007년 정상회담에서 중국과 일본은 동중국해를 '평화, 협력, 우호의 바다'로 선언하면서, 양국 관계가 호전되었으나 2011년 국유기업인 중국해양석유총공사가 동중국해 가스전에서 원유생산 작업을 하는 것이 밝혀져 다시 갈등관계로 돌아섰다. 이러한 자원분쟁은 기존의 센카쿠열도(혹은 댜오위다오)를 둘러싼 영토분쟁이 확대되는 성격을 가지고 있다.

이처럼 최근 중-일 갈등의 핵심은 영토분쟁이다. 대표적인 것이 센카쿠열도/댜오위다오 분쟁이다. 센카쿠 분쟁은 인근 해역의 석유매장 가능성, 배타적 경제수역 및 대륙붕 경계선 미확정, 중동과 동북아를 잇는 해상교통로 및 전략요충지 등의 쟁점을 가지고 있다. 센카쿠열도를 둘러싼 분쟁은 점차 격화되어 중-일 간의 경제관계에까지 영향을 미치고 군사 분쟁의 가능성도 커지고 있다. 중국은 일본과 센카쿠를 놓고 대립하기 이전에도 남중국해 및 동중국해의 영유권 문제에 대하여 '핵심이익'을 내세워 미국을 비롯한 주변의 동남아시아 각국과 마찰을 일으킨 바 있다. 중국이 자국의 '핵심이익'을 점차로 확대해서 해석하면서 다양한 영토분쟁을 일으키고 있는 상황이다.[14]

2010년 9월 센카쿠 주변의 구바지마 인근 해상에서 일본의 해상보안청 순시선과 중국 어선이 충돌한 사건은 센카쿠열도 분쟁의 새로운 국면을 야기했다. 일본은 중국어선을 나포하고 선장을 체포한 후 구금하여, 이를 외교문제화 하였으며 중국과 영토분쟁을 겪고 있는 동남아시아 국가들과 '영토분쟁 연합을 구성하려는 움직임을 보이기도 하였다. 이에 대해 중국은 희토류의 대일 수출을 금지하는 등 외교적, 경제적 수단을 포함한 전방위적 압박을 가했다. 일본은 16일 만에 중국 선장을 석방함으로써 사태가 종료되었다. 그러나 이후 양국이 취한 조치들은 계속 사태를 악화시켰다. 2012년 일본 정부는 센카쿠 열도의 섬(우오쓰리지마, 기타코지마, 미나미코지마)을 사들이겠다고 계약했으며, 중국은 디아오위다오 및 부속 도서를 중국 영해의 기점으로 설정한는 영해기선을 전격 선포했다. 또 영해 기선을 근거로 해양 감시선 2척을 급파하는 등 사실상의 무력 시위에 나섰다.[15] 2013년 4월 중국은 처음으로 댜오위다오가 자국의 핵심 이익임을 공표하였다. 아베 정권은 센카쿠열도를 포함하는 남서 제도의 방위를 강화하고, 동 지역에 있어서의 군사력 사용에 대해서도 검토하는 단계이다.

이러한 영토갈등은 중, 일 양국의 국내정치의 영향도 받고 있다. 중국 정부는 반일시위에 대하여 별다른 조치를 취하지 않았으며, 오히려 영토분쟁 상황을 자국 국내 통합을 위해 이용하는 모습을 보인다. 일본 역시 불안한 국내정치가 정치인들의 과격한 발언과 행동을 부추기는 원인이 되고 있다.

---

13. 위의 책, 292쪽.

14. 유현석, 앞의 책, 223쪽.

15. 위의 책, 224쪽.

자민당의 지도자 아베 신조가 2012년 12월 선거에서 정권을 차지한 배경에는 극우적 공약을 내세워 일본인들의 민족주의를 자극했던 전략이 있었다. 집권 이후에도 아베 정권은 일본을 스스로의 힘으로 수호하고 힘에 의한 현상 변경 시도를 용납하지 않을 것임을 수차례에 걸쳐 밝힌 바 있다. 또한 동아시아 세력 판도의 변화 역시 중요한 역할을 수행하고 있다. 중국의 부상과 일본의 쇠퇴 그리고 미국의 상대적 쇠퇴가 영토분쟁에 배경을 제공하는 것이다.[16]

영토분쟁 외에도, 냉전 이후 미국을 포함한 동아시아 주요 국가들 간에는 대결과 갈등의 위기가 수차례 있었다. 1990년대 중반 대만 해협에서 중국의 미사일 발사와 군사훈련으로 인한 미-중 갈등, 1-2차 북핵위기, 1999년과 2002년 남북 간의 서해교전과 2010년 북한의 천안함/연평도 도발, 2001년 미국 정찰기와 중국 전투기의 충돌 등은 모두 첨예한 군사적 긴장을 가져왔다. 그러나 이들 모두 실제 전쟁으로 발전하기는 않았다. 가설의 수준으로 접근하자면, 동아시아에서 안정적으로 기능하는 다자안보협의체가 부재 혹은 저발전 상황이라고 할지라도, 역내의 갈등이 무력 분쟁으로 비화하지 않도록 초보적인 수준으로 관리하는 체제가 존재한다는 주장도 가능하다. 한 예로, 서해교전은 남북한 간의 직접 군사대결을 초래하여 인명 피해까지 발생했던 사건이나, 남북 양측과 주변국들의 신중하게 접근한 결과 전면전으로 이어지지는 않았다. 오히려 서해교전 이후 남북한은 정상회담 등을 통해 교류를 확대하였고, 경제협력 및 정치적 화해 움직임이 뒤따랐다. 2010년 북한의 연평도 군사도발도 미-중의 신중한 중재 노력 속에 무력 충돌을 막기 위한 남북 대화의 필요성이 제기되는 계기가 되었다.[17]

---

16. 위의 책, 224쪽.

17. 강상규 외, 앞의 책, 258쪽.

3. 동아시아 지역협력

(1) 안보부문

일반적으로 다자안보협력이란 셋 이상의 국가가 정책의 조정을 통해 안전을 보장하기 위해 협력하는 것을 말한다. 이러한 다자안보협력은 한 국가가 다른 국가에 대해 일방적으로 안보적 편의를 제공하는 일방주의(unilateralism)나 군사동맹과 같은 쌍무적 양자주의(bilateralism)와 구별되는 개념이다. 안보에서 다자주의적 협력체는 불가분성, 비차별성, 확산된 상호주의 등 세 가지 원칙을 기본으로 한다. 불가분성은 다자간 협력체제 내의 한 국가에 대한 공격을 모든 참여국에 대한 공격으로 간주한다는 것이고, 비차별성은 모든 참여국을 동등하게 대우한다는 의미이다. 마지막으로 확산된 상호주의는 일대일의 쌍무적 관계를 다수의 국가와 체결하는 것과 같은 효과를 갖게 하여 장기적 균형 보장을 추구한다는 뜻이다.[18]

동아시아에서는 지역적 갈등의 존재, 미국의 안보 공약에 대한 불신, 중국에 대한 두려움, 경쟁적 군비 증강, 대량살상무기의 확산 방지와 같이 다자적 협력이 필요한 쟁점이 나타나고 있다. 이러한 필요성 증대와 함께 동아시아에서는 경제적인 지역협력이 강화되면서 역내 다자간 안보협력의

---

18. 유현석, 앞의 책, 239쪽.

초석이 마련되는 실정이다.[19] 하지만 동아시아에서의 다자간 안보협력에 대한 학자들의 전망은 상당히 비관적이다. 그 근거로 가장 강력하게 주장되는 것이 지역의 특수성이다. 역내 국가 간의 문화적 이질성이 강하고 국가 간 국력 차이도 크다는 것이다. 또한 가까운 과거에 전쟁을 치른 경험이 있기 때문에 다자안보협력이 성공하기 어렵다는 분석도 있다.[20]

한편, 다자주의적 안보체제의 형성과 관련된 긍정적 전망을 제시하는 전문가들도 있다. 이들이 주장하는 낙관론의 근거는 다음과 같다. 동아시아 국가들은 경제발전을 이룩하면서 경제통상 이익이라는 역내 국가들의 공통 이익에 대한 관심을 형성했다. 즉, 동아시아 국가들은 경제발전에 유리한 안정적인 안보환경 조성이라는 공감대를 향유하고 있다는 점이다. 그동안 다자주의적 안보체제를 반대해 왔지만 현재는 경제발전을 목적으로 안정된 안보환경을 위해 아세안지역안보포럼(ARF)에 참여하고 있는 중국이 그 적절한 예가 된다. 또한 타 지역에서의 지역블록의 형성은 다자간 협력체에 비판적인 이 지역 국가들의 인식에 변화를 가져왔으며, 더불어 타 지역과의 경쟁에서 뒤처질 수 있다는 위기감도 조성하였다.[21]

동아시아에서 다자안보협력이 성공하기 위한 전제조건으로서 크게 세 가지를 들 수 있다. 첫째, 다자안보협력은 동아시아 국가들이 유지하고 있는 기존의 쌍무적 동맹관계를 보완하는 개념으로서 추진되어야 한다. 다자안보협력이 기존 동맹의 보완이 아닌 대체로 인식될 경우, 쌍무적 동맹관계에 대하여 강한 집착을 보이는 동아시아 국가들이 참여할 유인이 감소할 것이다. 둘째, 다자간 안보협력은 냉전 이후 형성된 기존 질서의 바탕 위에서 진행되어야 한다. 이때 기존의 질서란 기존 정치 및 군사 동맹의 유지와 외교적으로 인정되는 국경선의 유지에 대한 합의를 의미한다. 마지막 조건은 미국의 역할을 인정해야 한다는 점이다.[22]

1990년대 이후 동아시아 지역에는 다자안보협력체에 대한 다양한 논의가 진행되어 왔다. 이러한 논의는 정부차원의 공식적 논의와 민간 차원의 비정부 간 논의로 이원화되어 진행되었으며, 대표적인 것으로 아세안지역포럼(ARF: ASEAN Regional Forum), 아태안보협력이사회(CSCAP: Council for Security Cooperation in the Asia Pacific) 및 동북아협력대화(NEACD: Northeast Asia Cooperation Dialogue) 등을 들 수 있다. 아태안보협력이사회와 동북아협력대화는 민간 중심의 대화기구로서 구성국들의 국가 이익이 첨예하게 대립하는 역내 안보 현안을 해결하기에는 역부족이었다. 1994년 설립된 아세안지역포럼는 아시아태평양지역에서 최초로 설립된 정부차원의 다자안보협력체였으며 역내 대부분의 국가를 포괄하고 있다는 점에서 그 의의가 컸다. 아세안지역포럼은 안전보장에 대한 정보와 의견교환이 주요 목적이며, 국방백서의 간행, 군인의 상호교류 및 NPT 등 국제기구로의 참여 독려 등의 역할을 수행한다. 1994년 고위관리회의에서 동북아다자안보대화(NEASED: Northeast Asia Security Dialogue)를 제의하였는데, 이는 남, 북한과 미국, 일본, 중국, 러시아 등 동북아지역 6개국의 참여를 상정하고 있다. 하지만 현재 북한이 동북아시아 지역 내에서의 다자간 안보 대화에 반대의사를 보이고 있어 아직 출범하지 못하고 있는 실정이다. 이처럼 아세안지역포럼은 신뢰 양성에서 예방외교, 분쟁해결로의 발전을 목표로 하고 있으나, 지역 내 안보 현안 논의 및 분쟁의 평화적 해결 등에 실질적인 역할을 하고 있지 못하다는 점에서 그 한계를 노정한 바 있다.[23]

---

19. 위의 책, 240쪽.

20. 강상규 외, 앞의 책, 288쪽.

21. 유현석, 앞의 책, 241쪽.

22. 위의 책, 242쪽.

23. 강상규 외, 앞의 책, 291쪽.

(2) 경제부문

금융협력은 동아시아의 지역주의가 가장 활성화된 분야이다.[24] 1990년대 초반 유럽환율제도 위기가 유럽 지역의 금융 협력을 강화하는 계기로 작용했듯이, 동아시아 지역에서 지역주의의 필요성이 본격적으로 제기된 계기는 1997년 발생한 동아시아 금융 위기이다.[25] 치앙마이이니셔티브(CMI: Chiang Mai Initiative)는 동아시아 금융 위기 발생 후 역내 국가들이 단기적인 외환유동성의 문제를 해결하기 위해 고안한 방법이었다. 동아시아는 자체적으로 해결책을 모색할 유인을 가지고 있었는데, 그 상세한 내용은 외부 금융자본에 대한 취약성, 불충분한 기존 제도, 그리고 IMF 융자조건의 부적절성과 과도한 엄정성 등이었다. 이에 APT정상회의와 APT재무장관 회의 등이 동아시아의 협력을 추진할 제도적 장치로서 마련되었다. 이러한 협력의 노력은 중국과 일본 등 역내 유력국들이 경쟁적으로 협력하면서 한층 실효성을 거두게 되었다.[26]

치앙마이이니셔티브는 아세안과 한국, 중국, 일본이 2000년 5월 치앙마이에서 열린 ADB 회의에서 출범시킨 통화스와프 네트워크이다. 치앙마이이니셔티브는 참가국의 명칭을 따서 'ASEAN+3'로 불리기도 한다. 통화 스와프(currency swap)란 특정 통화를 미리 약정된 환율에 따라 일정한 시점에 상호교환하는 외환거래이다. 치앙마이이니셔티브는 기존의 동남아 국가들 사이의 통화스와프 제도를 확대한 것으로, 참가국들의 양자 간 협정 형식을 취한 것이 특징이다. 이 제도는 한 걸음 더 나아가, 단순히 위기 상황에서 자금을 지원하는 것 뿐만이 아니라 지역적 차원의 공동 감시 체제를 구축하거나 채권 시장을 확대하기 위한 노력을 경시하는 등 역내 국가 간 포괄적인 정책 협의체로 발전하고 있다.[27]

치앙마이이니셔티브는 동아시아 국가들이 금융협력부문에서 달성한 최초의 성과이며 지역협력의 새로운 기원으로서의 의미를 가진다. 하지만 양자 간 스왑협정의 형태에 한정되었고, 스와프 액수가 적어 실효성을 거두기 어려우며 20% 이상의 자금집행 시 IMF의 합의가 필요하다는 등 여러 가지 한계를 가지고 있었다. 즉, 위기 극복 방안으로서는 기대할 수 있는 효과가 적었다. 실제로 유동성 위기 상황에 봉착한 참여국이 이 제도를 사용한 사례가 없었다는 것이 이를 반증한다. 2008년 싱가포르와 한국은 유동성 위기를 겪었으나, 치앙마이이니셔티브를 확용하는 대신 미국과의 양자 간 스왑협정을 택했다.[28]

2008년 글로벌 금융 위기 이후, 치앙마이이니셔티브는 CMIM(Chiang Mai Initiative Multilateral)이란 다자적 제도로 확대 및 개편된다. 그 핵심 내용은 자금규모 및 참여국의 확충이다. 우선 자금이 1,200억 달러 규모로 늘어나 제도의 실효성이 제고되었고, 이전에 브루나이, 라오스, 캄보디아, 베트남 등이 새롭게 참여하게 된 것이다. 또한 제도적 측면에서는 양자 간 협상이 아닌 명실상부한 다자적 제도란 형태를 갖추게 되었다. 하지만 이러한 변화가 충분한 것은 아니다. 발생 가능한 금융 위기의 규모를 고려했을 때 1,200억 달러는 충분한 금액이 아니며, 제도 자체가 어디까지나 사후 위기 극복을 위한 것이라는 한계를 보인다. IMF와의 연계성 역시 아직 강하여, 쿼터의 20% 이상을 인출하면 반드시 IMF와 합의가 필요하다. 또한 제도의 목적이 위기 상황에서 단기적 유동성 제공이라는 표면적인 처방에 머물러 있으며, 실질적인 지역경제통합과는 관계가 적다는 점도 지적할 수 있다.[29]

한편 동아시아 지역 금융통화 협력의 가능성에 대한 회의적인 전망도 존

---

24. 백창제 편, 『20세기의 유산, 21세기의 진로』, 388쪽.
25. 강상규 외, 앞의 책, 342쪽.
26. 백창제 편, 앞의 책, 388쪽.
27. 강상규 외, 앞의 책, 343쪽.
28. 백창제 편, 앞의 책, 388쪽.
29. 위의 책, 389쪽.

재한다. 글로벌 금융 위기의 영향력이 동아시아 지역 협력에 미칠 만큼 강하지 않다는 것이다. 상술하였듯, 2008년 유동성 부족으로 통화위기에 직면한 동아시아 국가들에게 직접적인 도움을 주었던 것은 치앙마이이니셔티브가 아니라 미국 중앙은행인 연방준비제도의 통화스와프였다. 또한 미국을 배제한 채 금융 및 통화 협력을 지속시킬 수 있을 것인가의 문제가 있다. 미국은 중국이 주도권을 가지고 추진하는 동아시아 금융 질서의 출현을 경계하고 있다. 아시아 인프라 투자은행(AIIB: Asian Infrastructure Investment Bank)의 출범을 둘러싸고 벌어진 미국과 중국의 갈등상황은 이를 극명하게 보여준 바 있다. 이러한 맥락을 고려하였을 때, 미국의 영향에서 자유로운 동아시아 금융 협력의 정치적 가능성이 의문시되는 것이다.[30]

금융협력과 비교하였을 때, 통상부문에서의 협력은 상대적으로 정체된 상태라고 평가할 수 있다. 동아시아 통상협력 양상에서 나타나는 주요한 특징 중 하나는 단일한 지역협력체를 중심으로 일관성있게 경제통합을 추진하는 것이 아니라, 양자 간 FTA가 무질서하게 확산되고 있다는 점이다. 더구나 그 중 대다수는 타 지역 국가와의 FTA이다. 역내 FTA는 ASEAN 및 개별 회원국과 한, 중, 일 사이의 양자 간 협정이 주류를 이루고 있지만, 시장통합보다는 FTA 체결 자체에 더 의미를 두는 양상을 보인다. 발전 수준의 격차나 자유화에 대한 강한 거부감으로 인해 민감한 항복은 대거 배제되고, 자유화기간은 장기화되는 성향이 있다.[31]

동아시아에서 현재 진행 중인 대표적인 통상협력 노력으로는 RCEP(Regional Comprehensive Economic Partnership, 역내 포괄적 경제동반자 협정) 이 있다. RCEP은 중국이 제안한 동아시아 FTA(East Asia FTA: EAFTA)와 일본이 제안한 동아시아 경제동반자협정(Comprehensive Economic Partnership of East Asia: CEPEA)이 서로 경합하는 가운데 ASEAN이 주도하여 출범시킨 아시아판 역내 자유무역협정 추진체이다. 당초 중국이 ASEAN 10개국에 우리나라와 중국, 일본 등 3개국을 추가해 소위 ASEAN+3 형태의 EAFTA를 추진하였으나 일본과 ASEAN 일부 국가가 동아시아지역에서 중국의 영향력 확대를 우려하여 ASEAN+3에 호주와 뉴질랜드, 인도 등을 추가한 ASEAN+6 형태의 CEPEA를 추진하면서 EAFTA와 CEPEA는 경합관계가 되었다. 이 사이 ASEAN은 역내에서 자기들의 기득권을 지키고자 ASEAN 중심주의를 내세우며 2012년 11월 RCEP을 출범시켰다. 2013년 5월 제 1차 공식협상 개최를 시작으로 꾸준히 공식협상을 개최하여 2015월 2월에 제7차 공식협상을 개최했다.

RCEP의 목적은 가입국 간 상품, 서비스, 투자, 경제기술협력, 지적재산권, 경쟁, 분쟁 및 기타이슈를 포함하는 포괄적이며 높은 수준의 상호호혜적인 FTA 체결이다. 이를 위해 상품 분야에서 RCEP 참여국간 기존 자유화 수준에 기초하여 품목수와 교역액을 기준으로 높은 수준의 자유화를 추진하고 서비스 분야에서는 참여 국간 GATS 및 ASEAN+1 FTA에 기초하여 추가적인 자유화를 추진한다. 또한 가입국 간 투자진흥, 보호, 원활화, 자율화를 지향하며, 지적 재산권 분야에서는 무역투자 장벽 완화를 목적으로 한다. 현재 한중일과 ASEAN 10개국 등 16개국이 가입하여 협상에 참여하고 있다.

중국은 RCEP을 TPP의 중국배제정책에 대항하는 협력체로 상정하고 적극적으로 주도하려는 의지를 보이고 있다. ASEAN에 대한 일본의 막후 영향력 행사의 가능성과 중국 주도 EAFTA의 좌절에도 불구하고 중국이 RCEP 출범에 협조한 것은 미국 주도의 TPP가 급속히 아시아지역으로 참여국을 확대하고 있어 이를 견제할 장치가 필요했기 때문이다. RCEP이 완전한중국의 구상은 아니지만 미국이 배제되어 있어 TPP를 견제할 수 있으며, RCEP 출범에 협력함으로써 중국의 영향력 확대를 우려한 일부 ASEAN

---

30. 강상규 외, 앞의 책, 344쪽.

31. 백창제 편, 앞의 책, 389쪽.

국가의 우려를 잠식시킬 수도 있었다. 언제라도 자국 중심의 지역 내 무역 협정으로 바꿀 수 있다는 자신감도 중국을 RCEP 출범에 협력하도록 만들었을 것이라고 평가된다. 일본은 중국 주도의 RCEP보다는 TPP에 적극적으로 참여하려는 모습을 보였다. 하지만 2017년 트럼프 정부가 TPP 탈퇴를 선언하면서, RCEP 타결가 탄력을 받을 것이라는 예측이 등장하고 있다.

(3) 환경 및 기타 부문

동아시아 지역의 대표적인 환경 쟁점 중 하나가 황사문제이다. 황사란 바람에 의하여 하늘 높이 불어 올라간 미세한 모래먼지가 대기 중에 퍼져서 하늘을 덮었다가 서서히 떨어지는 현상이다. 한국의 황사 및 미세먼지는 중국 및 몽골의 경제성장으로 인한 사막화 현상이 그 원인인데, 1990년대 이후 주요한 지역 환경문제로 대두되었다. 최근 황사로 인한 몽골과 중국 서부의 생태계 변화가 다시 사막화를 가속화시키는 악순환이 진행되고 있다. 중국에서 발생한 20㎛ 이하의 모래먼지가 강한 바람에 의해 날아올라 편서풍을 타고 한국으로 이동하며, 그 양은 연간 약 2000만 톤에 이른다. 황사는 발생 기간이 길어지고 오염물질이 포함되는 등, 매년 심해지는 추세인데, 이는 호흡기 질환, 안질 등 건강 문제를 일으킬 뿐 아니라 농업 등 산업에도 부정적인 영향을 미친다. 이러한 황사문제를 해결하기 위한 노력으로는 동북아 환경협력계획(NEASPEC: North East Asian Subregional Programme for Environmental Cooperation), 한중일 3국 환경장관회의(TEMM: Tripartite Environmental Ministers Meeting) 등이 활용되고 있다.[32]

동북아환경협력계획은 1993년 2월 한국이 유엔환경개발회의(UNCED: United Nations Conference on Environment and Development)와 공동으로 개최한 회의가 정례화되면서 한국, 일본, 중국, 러시아, 몽골, 북한의 총 6개국이 참여하는 정부 간 회의체로 발전하여, 동북아시아 환경협력체로 자리잡았다. 동북아환경협력계획은 연례회의를 통해 지역의 에너지 및 대기오염 문제 해결, 생태계관리, 환경 대응 역량 강화 등의 목표들을 추구해 왔다. 초기의 관심은 화력발전으로 인한 대기오염이었으나, 황사문제에 대한 지속적 논의를 이어 왔다. 2008년부터는 몽골 정부의 제안으로 "발원지에서의 황사모니터링 및 발원지 특성 평가를 위한 시범사업"을 추진하여 하여 황사방지를 위한 역내 국가들 간의 협력체제를 강화하였다.[33]

황사 문제 해결을 위한 또 다른 환경 협력으로는 동북아 한중일 3국 환경장관회의를 들 수 있다. 동북아 한중일 3국 환경장관회의는 1998년 UN지속가능위원회 6차 회의를 통해 발족하였다. 동북아 한중일 3국 환경장관회의는 동북아환경협력계획, 북서태평양보전실전계획(NOWPAP: Northwest Pacific Action Plan) 등 다양한 지역 환경 협력 채널을 고위급 회담으로 일원화하여 효율성을 높이기 위해 결성되었다. 3국 간 구체적인 협력사업은 대기, 생물다양성, 기후변화 등 9대 우선협력분야 별로 선정하며, 9대 우선협력 분야는 2014년 제16차 환경장관회의에서 선정된 바 있다. 9대 우선협력분야의 구체적 내용은 다음과 같다. ① 대기질 개선, ②생물다양성, ③화학물질관리/환경재난 대응, ④자원의 순환이용과 관리(3R)/전기전자폐기물(E-waste), ⑤기후변화 대응, ⑥물·해양환경 보전, ⑦환경교육·대중인식 개선 및 기업의 사회적 책임, ⑧농촌환경 관리, ⑨녹색경제로의 전환. 2015년 17차 회의에서는 점차 심해지고 있는 황사문제에 대응하기 위해 황사 예보 정확도를 높이고 중국 황사 발원지의 생태계 복원방안을 마련하기 위한 연구방향도 설정되었다.[34]

산성비, 혹은 장거리 이동 대기오염 물질 문제 역시 동아시아의 주요 환

---

32. 강상규 외, 앞의 책, 428쪽.

33. 위의 책, 429쪽.

34. 위의 책, 429쪽.

경 쟁점이다. 산성비는 화석 연료의 연소과정에서 발생하는 황산화물과 질소산화물로 인해 발생한다. 동아시아 지역의 산성비는 중국의 화석 연료 소비와 밀접하게 관련되어 있다. 산성비 문제는 황사와 마찬가지로 동북아환경협력계획에서 주요하게 다루어졌다. 앞서 설명하였듯, 한중일 3국 환경장관회의에서도 9개 사업 내 중요의제로도 선정되었다. 그 밖의 공조노력으로는 일본 주도로 추진된 아태 환경장관회의(ECO-ASIA), 동아시아 산성비모니터링 네트워크(EANET) 등이 있다.[34]

환경 문제 해결을 위한 공동의 노력이 다각도로 진행되고 있으나, 동아시아의 다자간 환경 협력은 여전히 초기 단계에 머물러 있는 것으로 평가할 수 있다. 향후 국가들의 환경 협력이 제도화되고 구속력 있는 레짐 형태로 발전될 필요가 있다. 즉, 분산된 활동들이 좀 더 고위급 차원에서 일원화되고 효율화된 사업으로 조율되어야 할 것이다. 이를 위해 먼저 환경 데이터의 공유 및 공동 연구를 통해 환경협력의 객관화와 과학화를 추구하고, 이를 통한 해결 노력이 수반되어야 할 것으로 보인다.[35]

---

35. 위의 책, 430쪽.

36. 위의 책, 431쪽.

4. 맺음말

동아시아의 국제정치는 기로에 서 있다. 앞서 살펴본 것처럼 역내 국가 간에 안보, 경제, 환경 등의 다양한 이슈에서 첨예한 갈등과 협력이 공존하고 있고, 이를 한국, 중국, 일본이 어떻게 풀어나가는냐에 따라 동아시아뿐만 아니라 국제정치 전반에 큰 반향을 일으킬 수 있기 때문이다. 21세기가 동아시아의 세기가 될지, 아니면 동아시아가 국제정치의 폭력과 갈등의 진원지로 규정될지 위기와 기회의 창 모두 현재 열려있다. 한국, 중국, 일본은 어떠한 동아시아 국제정치의 역사를 함께 만들어 갈 것인가?

국제정치질서의 근간은 권력, 이익, 아이디어를 매개로 한 국가 간의 경쟁과 협력의 활동성에 있다. 다시 말해, 지난 19세기 말 이래 150년에 걸친 국제정치질서는 변화와 지속의 역사였으며, 동아시아 역시 이러한 큰 역사적 흐름 속에서 많은 변화를 겪어 왔다. 국제정치에서 변화와 지속은 국가 간의 상호성을 바탕으로 글로벌, 지역, 국가 차원의 갈등과 협력의 제도화를 통해 나타난다. 이러한 긴 역사적 관점에서 동아시아의 국제정치의 과거, 현재, 미래를 한국, 중국, 일본의 갈등과 협력의 제도적 메커니즘의 변화와 지속이라는 관점을 통해 탐구해 보기를 제안한다.

동아시아 경제

아시아·태평양지역의 중층적 경제협력 구도와 일본의 경제적 리스크 관리

김영근

고려대 글로벌일본연구원 교수

1. 머리말

제2차 세계대전 이후 GATT 체제는 1995년 WTO(World Trade Organization: 세계무역기구) 설립을 통해 엄격한 법제화(legalization)라는 상호 의존을 심화해 왔다. 이후 지역주의의 확대로 제도화의 진화에 난항을 겪고 있는 WTO 중심의 자유주의 질서가 붕괴되는 것은 아닌가라는 염려마저 대두되고 있다. 또한 전후 70년을 맞은 일본 경제는 '전후 패러다임'의 연속과 단절의 두 측면을 동시에 보이고 있다. 전후 일본 경제정책의 핵심이라고 할 수 있는 '지속 가능한 성장' 및 '균형 재분배'를 새로이 강조하며, 새로운 성장 동력을 모색하려는 '아베노믹스'라는 새로운 '경제정책'이자 '패러다임'이 진행 중이다.

이 글은 아시아·태평양지역의 중층적 경제협력 구도하에서 과연 일본이 선택한 대외 전략은 어떻게 변화해 왔는가에 대한 분석이다. 특히 2006년 전후세대로는 처음으로 총리가 된 아베 신조(安倍晋三) 제2차 내각(2012년 12월)의 출범과 더불어, 전전(戰前)세대와는 달리 2000년대에 들어서 정치권의 전면에 본격 등장하고 정책적 선호(preference)를 표출하는 전후세대와 소통(협력)하거나 대립(마찰)하며, 일본의 경제·통상 정책은 변용하고 있다. 이를 확인하기 위해서는 환태평양경제동반자협정(TPP: Trans-Pacific Partnership) 교섭 과정 등 사례연구를 중심으로 일본의 국제정치·경제적 협력 프로세스 및 메커니즘 분석을 통해, 일본 정치경제의 연속과 단절의 측면을 고찰할 필요가 있다. 이때 일본 정치·경제의 연속성 측면에서는 전후 성장경제(요인)를 지속하려는 움직임과,[1] 이와 대비되는 성장저해 요인과 단절하려는 움직임 속에서 행정, 금융, 세제, 노동, 경영시스템 등을 포함한 구조개혁의 추진과정으로 구별된다. 전후 패러다임이 강력하게 잔존하고 있는 현재 일본의 경제적 특징을 개관하며, '전후 레짐(체제)'로 불리는 '전후의 정치·경제 패러다임'이 어떻게 변화하였으며, 변화의 결과는 무엇인지를 분석하고자 한다. 본 논문의 목적(유용성)은 이러한 변화 및 결과가 아시아·태평양지역의 중층적 경제협력 구도와는 어떻게 관련되어 있는지, 또한 그 메커니즘은 무엇인지를 이론적으로 규명하는 데 있다.

전후 세계적인 무역관련 국제기구로는 1947년 제네바에서 23개국이 관세 철폐와 무역 증대를 위하여 조인한 '관세 및 무역에 관한 일반협정(GATT: General Agreement on Tariffs and Trade)'을 들 수 있다. 1995년 세계무역기구(WTO)로 대체되기 전까지 128개국이 가입하였으며, 일본은 1955년에 정회원국이 된 이후 GATT 중심의 통상정책을 전개해 왔다. WTO가 설립된 이후에도 주지하다시피 일본은 1990년대 후반까지 지역주의적 무역질서보다는 국제무역체제(WTO) 중심의 다자주의적 통상(무역)정책을 중시하는 스탠스를 유지하고 있었다. 2000년에 들어서 '잃어버린 10년'의 굴레에서 벗어나려는 구조개혁의 프로세스에서 지역주의에도 관심을 표명하는 '투트랙' 혹은 '멀티트랙' 정책으로 전환되었다. 그 배경으로는 1995년 WTO가 설립된 지 20년이 훌쩍 지났음에도 불구하고 한 번의 다자간무역협상(라운드)도 성공시키지 못했다는 WTO의 정체를 들 수 있다. 이러한 글로벌 경제환경의 변화 속에서 양자 간 무역교섭(FTA: Free Trade Agreement, 자유무역협정)이나 환태평양경제동반자협정(TPP: Trans-Pacific Partnership) 혹은 EU(European

---

1. 예를 들어, 최근 일본의 국가채무가 거의 한계상황에 달한 가운데, 과연 일본 재정은 지속가능한(sustainable) 것인지, 만약 불가능할 경우 어떻게 극복(단절)할 것인지에 관해 분석할 필요가 있다. 일본 재정의 지속가능성에 대한 검증 방법론이나 결과에 대한 서베이는 김규판 외(2013), 48~55쪽을 참조할 것.

표 1_ [제2차 세계대전 종전 후 경제·안보 블록화(지역주의)]

	글로벌 환경	경제·안보 블록화(지역주의)	일본
1944년	브레튼우즈 협정 체결		
1945년	유엔(UN) 창설		전후복구 및 국제무역체제로의 복귀
1946년	국제무역기구(ITO) 설립 논의		
1947년	GATT(관세 및 무역에 관한 일반협정) 창립		
1949년		북대서양조약기구(NATO) 창설	
1951년		유럽석탄철강공동체(ECSC) 창설	
1952년			IMF와 세계은행 가입
1955년		바르샤바조약기구(WTO) 창설	GATT 가맹(cf.한국:1967년)
1957년		유럽경제공동체(EEC) 창설	
1960년		석유수출기구(OPEC) 창설	
1961년	경제개발협력기구(OECD) 창설		OECD 가입
1964년			도쿄올림픽/ 외환규제거래금지법
1965년			한일국교정상화*
1967년	케네디라운드(~1972년)	• 유럽경제공동체(EEC) —유럽공동체(EC)로 확대 • 동남아시아국가연합(ASEAN) 설립	자본자유화
1971년	브레튼우즈체제 붕괴/닉슨쇼크(8월)		
1973년	제1차석유위기/제2차(1979년)		
1978년	GATT 도쿄라운드		
1981년		걸프협력회의(GCC) 결성	
1982년		미일원자력협정 개시	미일대립: 과거사 및 안보, 경제이슈

Union) 등 여러 '소(小)다자주의(mini-multilateralism)'가 전개되고 있다. 이러한 글로벌 무역 환경(레짐)이기에 더더욱 양자 간 경제협력과 대립관계에 관심이 증대되고 있다. 특히 2국 간 경제협력(經協)의 대표적 사례라 할 수 있는 미국은 물론 주된 대상국인 일본(미일경제관계)에 주목할 필요가 있다. 미일 간 경제관계가 가장 대립(마찰)적으로 전개되었던 1980년대 중반과 WTO

	글로벌 환경	경제·안보 블록화(지역주의)	일본
1985년	플라자합의		엔화 평가절상(円高) 압력
1986년	GATT 우루과이라운드		농산물 개방 vs.국내보호산업
1989년	탈냉전의 시대	아시아·태평양 경제협력체(APEC) 창설	
1990년		독일 통일	
1991년		소련붕괴/바르샤바조약기구 와해	
1992년		• 유럽연합(EU) 출범 • 북미자유무역협정(NAFTA) 체력	'일본 잃어버린 10년'의 서막
1995년	WTO(세계무역기구) 출범 > 지역경제협정(제24조) 조항		한신아와지대지진(1. 17)
1997년		아시아의 금융위기	AMF(아시아통화기금) 구상
1998년		21세기를 향한 새로운 한일파트너쉽	
1999년		유로화(Euro) 도입	
2002년	태평양3국(뉴질랜드-싱가포르-칠레)경제협력체제: TPP 개시		
2003년		집단안보조약기구(CSTO) 창설	
2005년		동아시아정상회의(EAS)	
2007년	서브프라임 금융위기		'일본 잃어버린 20년'의 인식
2008년	글로벌 금융위기← 리먼쇼크/미국-호주-페루 TPP 참가선언		
2011년			3.11동일본대지진
2012년	역내포괄적경제동반자협정(RCEP) 협상 개시(12월)		• TPP 협상개시(2013.7) • 아베노믹스:신성장 동력의 확보(구조개혁)
2015년	환태평양경제동반자협정(TPP) 설립: 타결(2015. 10. 5)		
2016년	글로벌 보호무역주의	• 아시아인트라투자은행(AIIB) 설립 • 영국, EU 탈퇴 국민투표 통과	지방개혁과·부흥창생(蒼生)

* 1965년 6월 22일 한일 기본조약 및 부속 협정 서명, 12월 한일기본조약 및 협정 발효

출처_ 필자작성

설립을 전후로 한 1990년대, '잃어버린 일본경제 20년'의 터널에 진입한 2000년대 초반, 이후 2007년 서브프라임 금융위기 및 2008년 리먼쇼크에 이은 글로벌 경제불황이 낳은 현재까지를 유형화하고 분석함으로써, 미일 경제협력의 현황을 점검하고 향후 글로벌 정세 변화 속의 일본의 선택을 전망하고자 한다. 아울러 미일 간 경제협력(經協)의 경로를 개관하고, 양국 간의

대표적인 협력 분야는 어떻게 변해 왔으며 심화(혹은 약화)되어 왔는지에 관해서도 고찰한 결과를 바탕으로 한국이 나아가야 할 전략에 관해 알아보자. 최근 미일 경제관계의 변화에 관한 가늠자 역할을 해 온 것은, TPP(환태평양경제동반자협정) 교섭과 미일동맹(관계 복원)의 강화 교섭, 상대국의 구조개혁을 통한 공정한 경쟁정책의 실현을 들 수 있다.

1995년 WTO 설립 이후 형성된 아시아·태평양의 지역주의는 미국의 주도적 개입 의지 혹은 패권주의적 질서에 대응하는 일본의 몇 가지 유형의 협력과 대립 메커니즘이 중층적으로 결합되어 있는 구조라 할 수 있다. 무엇보다 미일 간 동맹관계에 영향을 미치는 법제도화의 정도, 국내 시스템(권력구조 및 선호)의 변화 등은 이 협력 틀의 성격을 규정한다고 가정한다.

이상의 문제의식을 바탕으로 한 본 논문의 구성은 다음과 같다. 제II절에서는 아시아·태평양지역의 제도화에 관한 기존 논의들에 관한 유형적 개념화를 시도한다. 제III절에서는 본 논문의 분석 틀을 제시하고, 〈국가 간 상호작용과 다자주의〉의 구도를 고찰한다. 제IV절에서는, 일본의 대미(美國) TPP 교섭과 한국의 대응에 관한 사례분석을 행한다. 우선 상호주의를 중심으로 미국의 TPP 정책과 일본의 대응과정에 주목하고,[2] 일본의 TPP 교섭이 한국에 주는 시사점을 점검한다. 미일 무역마찰의 경로를 살펴봄으로써, 일본의 TPP 교섭 참가에 있어서 전후 미국 통상정책의 기저로 작동해 온 상호주의의 전개를 고찰한다. 아울러 일본의 외교통상 정책적 대응이 어떻게 유지(연속성)되고 단절되어 왔는지 분석한다. 마지막으로, 결론에서 아시아·태평양 지역의 갈등을 넘어 협력을 위한 방안을 제시한다.

---

2. 이 글의 상호주의는 영어 'Reci-procity'의 번역어이다. 실제 번역될 때 '호혜주의' '호혜의 원칙' '상호성' '상호주의' '상호주의의 원칙' 등으로 표현된다. 高瀬(다카세)는 호혜주의를 'GATT(관세 및 무역에 관한 일반협정) 협상처럼 서로의 이익을 증가시키는 긍정적인 정책'으로, 상호주의를 '상대국이 일방적인 혹은 형평에 어긋난 이익을 얻고 있거나 얻으려고 하는 경우에는 이에 대항하여 상대국의 이익이 되는 조치를 철회할 수도 있는 부정적인 정책'으로 구분하여 사용하고 있다. 그러나 이 글에서는 미국의 'Reciprocity'가 GATT/WTO (World Trade Organization : 세계무역기구)와 어떻게 연관되어 왔는지를 고찰하는 데 있어서 호혜주의와 상호주의의 구별은 적당하지 않다고 보며 양쪽 모두를 상호주의라고 부르기로 한다.

2. 아시아·태평양지역의 중층적 제도화

(1) 글로벌시대, 국가간 상호작용과 다자주의

2000년 이후 아시아 지역에서의 자유무역협정(FTA) 체결 및 발효가 가속되고 있다. 이미 30개 정도의 FTA가 발효된 상태이다. 아세안을 축(허브)으로 하는 아세안(ASEAN)+1이 2010년에 거의 완성(2003년 중-아세안[3] 및 2008년 한-아세안[4], 2008년 일-아세안[5]) 되었고, 한중일 FTA와 함께 역내포괄적경제동반자협정(RCEP: Regional Comprehensive Economic Partnership), 아세안+3, 아세안+6 등 아시아 지역에 있어서 여러 FTA 교섭이 중층적으로 전개되고 있다([그림 1] 참조).

아시아·태평양지역의 경제협력 구도는 어떠하며(현상 이해), 또한 어떻게 변화했는지(프로세스 및 메커니즘)에 관해서, 기존 연구에서는 이하의 4가지 관점에서 주장되어 왔다. i) 국제시스템론(패권 안정론, 제도를 중시하는 시

---

3. 2002년 11월에 [중국-ASEAN포괄적경제협력에 관한 기본협정] 서명 후 2003년 11월 발효, 2007년 1월 15일에 서비스무역협정 서명 같은 해 7월 발효되었다. 이후 2009년 8월에 투자협정에 서명하고 2010년 1월에 [중-ASEAN자유무역지역(ACFTA)]이 성립되었다.

4. 2007년 6월 1일에 기본협정 및 상품무역협정 발효 후, 2009년 5월 1일에 서비스무역협정이 발효되었다. 이후 2009년 6월 2일에 투자협정에 서명하고 2010년 시점에 싱가폴, 태국, 베트남, 미얀마 국가와의 발효로 이어졌다.

5. 일본-아세안 간의 무역협정은 FTA(EPA)라는 용어선택 대신에 2008년 12월 일본-아세안 CEP(포괄적경제제휴) 협정이 체결되었다. 이는 FTA후진국이라 불리우는 일본측 입장에서 볼 때, 최초의 다국(다자)간 경제제휴협정으로, 2013년 3월 현재 아세안 10개 가맹국 중 인도네시아를 제외한 9개국과 일본간의 협정이 발효되고 있다.

그림 1_ [아시아·태평양 지역의 중층적 경제협력 관계]

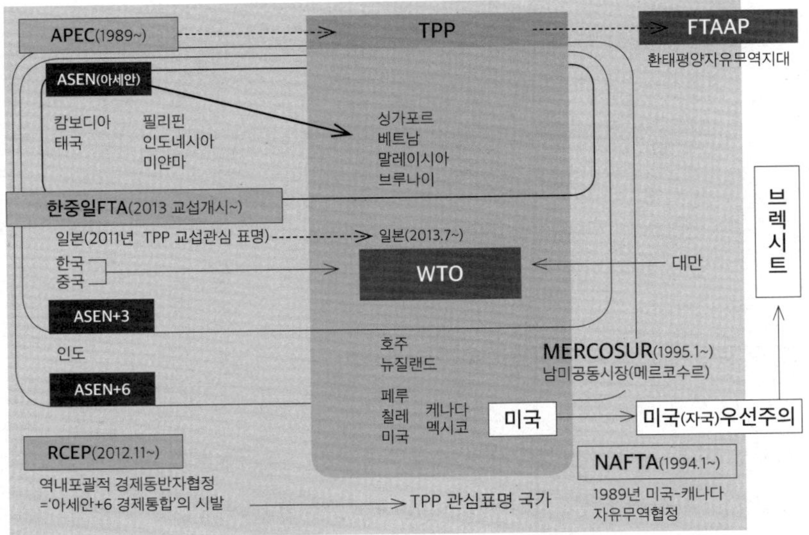

출처_ 필자작성, 김영근(2012: 130)

점에서는, WTO/TPP 등 국제제도가 가지는 규범의 영향력의 변화에 주목하는 국제제도론), ii) 이익집단, 일본 국회, 일본 정부를 둘러싼 국내정치 과정을 중시하고 있는 제2 이미지론(국내 정치 결정론), iii) 역(逆) 제2 이미지론(국제 시스템의 요인의 국내 정치에 미친 영향), iv) 국가 간 상호작용론(예를 들어 미일 간의 통상마찰 혹은 경제협력 등), 이라는 네 개의 분석 틀을 바탕으로 설명하고 있다. 본 논문의 분석 시각이자 결론은 '역(逆) 제2 이미지론'에 근거한 것이다([그림 2] 참조).

본 연구에서는 선행연구의 상호작용이라는 관점에서 출발하고, 특히 일본의 외교통상정책에 있어서 다자간 제도를 둘러싼 전략구상 및 정책결정의 주요 행위자에 주목하여 국내 정책조정이 어떻게 이뤄진 것인지 그 프로세스 및 변화 메커니즘을 규명하고자 한다.

아시아·태평양지역의 제도화 과정을 이해하기 위한 분석 틀로 국제적 상

그림 2_ [이 글의 분석 시각: '역(逆) 제2 이미지론']

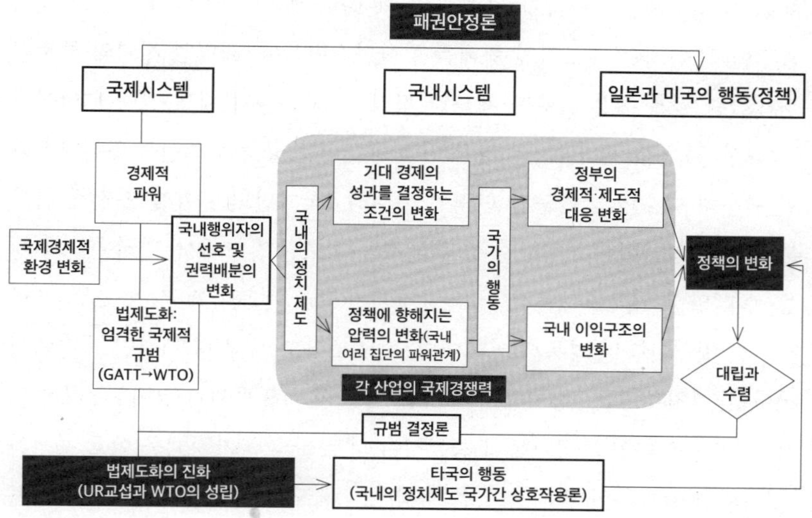

출처_ 필자작성, 김영근(2007) 박사학위 논문의 분석틀을 수정·보완

호 의존을 유용하게 설명하는 호혜적 〈상호주의〉 모델을 바탕으로, 국가 간 외교통상 정책의 대립과 협력 구조를 이해하고자 한다. 각 유형별로 미국(혹은 국제제도)과 관련한 한 국가의 통상정책이 어떻게 귀결되는지 즉 미일 간 정책 대립과 협력과 정책(제도) 선택이 어떠한 경로를 취하는지 살펴보고자 한다. 여기서는 미일 간 외교통상 정책을 전개하는 데 있어서 중요한 〈상호주의〉 모델과 밀접하게 관련된 '다자주의(multilateralism)'적 분석 틀을 바탕으로 하고자 한다.

국제적 정책 조율 및 국가 간 관계를 설명하는 이론 중의 하나인 '다자주의'는 아시아·태평양지역의의 중층적 경제협력 구도를 이해하는 데 있어서도 중요하다. '다자주의'는 "특정한 이슈(문제)에 대해 상호 협의 또는 공동행동을 취하도록 권유하거나 규율하는 공식(명시적) 또는 비공식(암묵)적인 원리, 원칙 등의 약속과 협정(분쟁 해결 절차 포함)의 총체"를 의미한다. 아울러 다자적 활동을 증진시키기 위하여 고안된 이데올로기로서,[6] 일반화된 행위 원칙(generalized principles of conduct)에 따라 셋 이상의 국가들이 그 관계를 조정해 나가는 제도적인 형태를 말한다.[7] 아시아·태평양 지역의 중층적 경제협력 관계 혹은 중층적 제도란 지역 내 국가들의 제도 선택에 있어서 '가외성(加外性, Redundancy)의 원칙'이 작동한다는 긍정적 측면을 뜻한다.[8] 다만 단순히 다수의 국가들간 협력이 아니라 "국가간의 관계를 조정해 나가는 방식의 하나이며, 3개국 이상의 국가들이 모인 집단에서 그 국가들의 행동이나 '일반화된 행위원칙(generalized principles of conduct)'을 상호 조정·조화시키는 것"[9]이라는 명목적 의미이다. 무엇보다도 실체(내용)적인 측면에서 본다면, 다자주의는 "정치체제나 이념, 국가적 이해관계가 상이한 3개국 또는 그 이상의 다양한 국가들이 참여하여 서로 간의 국가정책을 상호 조정하고 어떠한 원칙과 규범의 형성을 바탕으로 제도적 국제질서를 추구하려는 일련의 과정까지도 포함한다.

코헤인과 마틴(Martin)에 의하면, "'다자주의'를 기반으로 하는 제도는 정보를 제공하고 거래비용을 줄이며, 신뢰를 증진시키고 조정의 접점을 제공하여 전반적으로 상호성(reciprocity)의 작용을 촉진한다." 〈다층적 거버넌스의 수준별 유형〉에 관해서는 '글로벌 거버넌스' '소다자주의' '지역주의'로 나뉜다([표 3] 참조).

주지하다시피 미국과 일본 주도하에 타결(합의)된 TPP의 진로 역시 영국의 브렉시트 및 미국의 신고립주의(보호무역주의)적 움직임이 가속화될 경우, 신(新)지역주의 시대에 접어들 가능성도 배제하기 어렵게 되었다. 자칫하면 글로벌 경제전쟁으로 치닫게 될 수 있다는 점이다. 다만 글로벌 경제는 지금까지 국제적 제도(GATT, WTO 등)의 혜택을 경험한 대부분의 국가들이 다자주의 이익구조에서 벗어나 비상호적(non-reciprocity) 행위를 선호하기에는 적지 않은 비용을 감수해야 한다. 말하자면 각국들은 글로벌 시대의 정책선택에 있어서 국제제도 혹은 레짐(원리, 원칙, 룰, 분쟁해결 절차 등)이 제

표 2_ [다층적 거버넌스의 수준별 유형 및 특징]

수준	정책	환경	유형 특징	사례
global	globalism	global governance	전 세계적 수준의 국가간 협력과 초국가적 행위자들간의 협력과 상호작용에 의한 문제 해결을 지향하는 거버넌스	WTO, IMF, OECD, UN(UNDP)
global	mini-globalism (multilateralism)	mini-globalism governance	**소(小)다자주의:탈지정학적 지역공동체간 협력과 상호작용에 의한 문제 해결을 지향하는 거버넌스**	TPP, ASEM, (EU)
regional	regionalism	regional governance	인접국가간 지역공동체를 중심으로 또는 그러한 지정학적 한계를 초월하여 현안 문제들을 해결하고자 하는 거버넌스	NAFTA, APEC, ASEAN

출처_ 김진호·고경민(2005), "제주국제자유도시의 안보와 평화, 그리고 다층적 평화 거버넌스: 시론적 접근", 『지방정부연구』 제9권 제1호(한국지방정부학회), p.115 재인용하여 수정·보완

공(효용)하거나 구속(수용)하는 지속적이고 안정적인 기대를 다자주의적 틀 속에서 공유하는 국가 간의 긍정적인 상호작용이야말로 중층적인 협력관계를 강화시킬 가능성이 높다는 점이다.

(2) 제도변화의 유형과 거버넌스의 변화

'다자주의' 논의에 더하여 전후 일본이 처한 국내외 환경적 '취약성(vulne-

---

6. James A. Caporaso, "Inter-national Relations Theory and Multilateralism: The Search forFoundat ions," in John G. Ruggie(ed.), Multilateralism Matters: The Theory and Praxis of an Institutional Form (New York: Columbia University Press, 1993), p.55.

7. John G. Ruggie, "Multilaterali-sm: The Anatomy of an Insti-tution," in John G. Ruggie(ed.), Multilateralism Matters: The Theory and Praxis of an Institu-tional Form (New York: Columbia University Press, 1993), pp.6~11.

8. 가외성이 조직운영에 있어서 신뢰성과 안정성을 높여주는 순기능(順機能)도 하기 때문에 오히려 가외성을 필요로 한다는 주장이 제기되고 있는데 대표적인 학자가 '란다우(Landau)'이다. Martin Landau에서 비롯된다. Martin Landau(1969), "Redundancy, Rationality, and the problem of duplication and Overlap," Public Administration Review, Vol.29, No.4, pp.346-358

9. John G. Ruggie, Multilateralism Matters: The Theory and Praxis of An Institutional Form (New York: Columbia University Press, 1993), p.571.; John G. Ruggie, Winning the Peace: America and the World Order in the New Era, (New York: Columbia University Press, 1996), p.568.

rability)'과 '민감성(sensitivity)'이라는 관점을 도입하여 '제도(전후레짐)에 대한 '취약성'의 정도'와 '정책수용의 지향(단절과 연속성)'이라는 두 가지 요소를 조합한 위에서 언급한 4가지 제도변화 분석 틀을 바탕으로 외교통상 및 경제협력에 관한 일본 거버넌스의 변용을 고찰한다. 이는 무엇보다도 새로운 분석 틀([표 3] 참조)을 통해 실제 일본 거버넌스의 변용과 지속이라는 부분을 조명해 본다는 점에서 매우 독창적이며 유용하다 하겠다.

여기서 '취약성'이란 이전 체제와 단절(혹은 제한)했을 때 입는 손해(damage)를 의미하는데, 어떤 주체의 취약성이란 "해당 주체가 외생적 변화에 의해 받는 영향이나 비용(즉, 민감성에 기초한 영향이나 비용)을 기존의 정책이나 제도적 틀(체제)의 전제(前提)를 바꾸는 행동을 취함으로써 비교적 단기에 또는 저비용으로 경감하거나 해결할 수 있는가, 어떠한가의 정도를 가리킨다."[10] 만일 전후의 재해 부흥 과정에서 일본(해당 주체)이 경제협력 거버넌스 혹은 경제정책의 변화 등의 다양한 행동을 취하더라도 그 영향을 벗어날 수 없다면 그 주체는 그 변화에 대해 취약하다. 만일 기존 체제에서 벗어나 제도 치환(D)이 가능하다면 그 주체는 취약성이 낮다(혹은 '비취약'하다)고 할 수 있다.[11] 일본 거버넌스의 변화 및 제도(체제)의 선택에 관해서

표 3_ [제도변화의 유형과 거버넌스의 변화]

정책에서의 현상유지 지향 \ 제도 자체의 개혁(변화)에 대한 저항	강	약
강 (연속)	A 제도 표류(drift)	B 제도 전용 (conversion)
약 (단절)	C 제도 중층화(layering)	D 제도 치환(displacement)

출처_ 기타야마(2011) 도표(p.54)를 수정·보완한 마쓰오카 슌지(2011: 54)의 <제도변화 유형도>를 재인용, 수정·보완

는 [표 2]를 바탕으로 분석하고자 한다.

주지하다시피, 제2차 세계대전 이후 GATT 체제는 상호 의존이 심화된 과정과 맞물려 1995년 WTO 설립으로 이어졌다. 이를 통해 진화하고 엄격해진 '법제화(legalization)'의 성과가 있었음에도 불구하고, 제도 자체의 취약성 때문에 지역주의가 확대되어 결과적으로는 새로운 라운드의 성공을 거쳐 (법)제도화를 더욱더 진화(진전)하게 하려는 목표는 용이하지 않았다. 설립 후 20여 년이 지난 지금까지 난항을 겪고 있는 WTO 중심의 자유주의 질서가 붕괴되는 것은 아닌가라는 염려마저 대두되고 있다. 이때 '제도의 표류(A)' 혹은 '제도의 치환(D)'이라는 정책적 대립이 발생할 수 있다. 실제로 전후 70년을 맞은 일본 경제는 '전후 패러다임'의 연속(A)과 단절(D 혹은 B)의 두 측면을 동시에 보이고 있다. 전후 일본 경제정책의 핵심이라고 할 수 있는 '지속 가능한 성장' 및 '균형 재분배'를 새로이 강조하며, 새로운 성장 동력을 모색하려는 '아베노믹스'라는 '새로운 경제정책(D)' 혹은 '패러다임의 재편(B)'이 진행 중이다.

특히, '제도의 중층화(B)'는 '가외성(Redundancy)'과 밀접하게 연계된다. 즉 국내정치적 신뢰성을 확보하기 위해 중첩적 또는 이중적으로 제도를 선택하여 운용하는 행위를 말한다. 주로 다자주의 원칙에 따라 설립된 국제제도 혹은 '대(大)지역제도'에 복수로 가입(가맹)하는 목적과 부합된다.[12]

---

10. 야마모토 저/김영근 옮김(2014), 『국제적 상호의존』, 논형, 22쪽, 121~123쪽; 『21세기 정치학대사전』, 〈취약성(vulnerability, 脆弱性)〉, 한편 '민감성(sensitivity, 敏感性)'이란, 어떤 행위자의 민감성이란 "해당 주체(행위가)가 외부(외생)적 변화, 즉 상정외의 사건이나 다른 주체의 행동에 의해 기존의 정책이나 제도의 틀 자체를 바꿀 수 없는 단기간 내에 받게 되는 영향이나 자극의 정도"를 의미한다.

11. "주체의 취약성·비취약성은 해당 주체의 구조적 파워(파워 능력이나 파워 자원의 유무)에 의해 결정된다. 왜냐하면 파워 능력이나 파워 자원을 풍부하게 가지고 있는 주체는 다양한 상황에서 보다 많은 선택 폭을 가지고 있으며 기존의 정책이나 제도적 틀 등을 재평가할 수 있기 때문이다."(『21세기 정치학대사전』, 〈취약성(vulnerability, 脆弱性)〉)

12. 행정학에서는 '가외성, 합리성 그리고 중복의 문제' 분석을 통해 신뢰성을 확보하기 위해 중첩적 또는 이중적으로 일을 하거나 조직을 만드는 것이 중요하다는 논의가 활발하다. 다음 논문을 참조할 것. Martin Landau(1969), "Redundancy, Rationality, and the problem of duplication and Overlap," Public Administration Review, Vol.29, No.4, pp.346~358

3. 미일 vs. 글로벌경제 협력과 마찰: 일본의 경제적 리스크 관리

일본의 경제정책이 과연 연속과 변화 속에서 어떻게 변화했는지를 점검할 필요가 있다. 이를 위해서는 "일본이 지속적인 경제성장을 어떻게 성취하였는가?" "통산산업성의 정책의 특수성은 어떤 것인가?" "어떠한 경제제도와 산업구조를 구축 정비하여 경제발전을 이룩하였나?" "일본이 미국과 어떤 과정을 통하여 경제성장(지속) 혹은 '잃어버린 일본 경제'로 이어졌는지를 분석하는 것이 주요 목적이다.

(1) 일본의 전후부흥과 구조개혁(변용)

전후 선진국의 통상정책의 주된 목표는 무역자유화였으며, 이를 뒷받침하기 위한 국제기구로는 '브레튼우즈 협정' '세계은행' '국제통화기금(IMF)', GATT(관세 및 무역에 관한 일반협정) 등을 들 수 있다. 1944년 설립된 IMF를 중심으로 한 제2차 세계대전 후의 국제통화체제(=IMF 체제)는 활동 개시 이후 1971년 8월 15일 소위 「닉슨쇼크」까지 금본위제도하에서 '금태환 (1온스=35달러, 공정가격)' 기조였다. 반면, 무역분야는 GATT(關稅貿易一般協定: General Agreement on Tariffs and Trade) 체제로 세계경제와 일본의 무역성장은 맞물려 전개되었다. 이러한 국제적 경제환경의 변화 속에서 일본의 1950년대는 '개혁과 부흥의 시기'로, 전후(1945) 10여 년간에 걸쳐 경제적 기반이 마련되었다. 일본은 1955년부터 1970년까지 15년간, 일본 경제는 연평균 성장률 9.6%에 이르러 1960년대, '고도경제성장의 시기'로 진입하였다. 1970년대의 '석유위기와 경제구조 전환의 시기'에 이은 1980년대에 들어서 1985년 일본의 대외순자산이 미국을 능가하며 '경제대국화의 시기'에 이르기까지 전후체제가 연속성을 띠었다고 평가할 수 있다.

냉전의 종식(1985~1991) 과정에서 일본경제는 전후체제에서 벗어나 생활중시, 환경보전형, 안정성장지향을 경제 목표로 삼았고, 주된 성장요인은 수출주도형에서 내수주도형으로 전환하였다. 주력 산업은 중형장대산업에서 경박단소형(전자·기계 등) 고부가가치 산업으로 바뀌었고, 노동력 부족, 고령화 사회, 다양화, 다원화, 정권교체시대, 작은 정부, 지방 분산 등의 특징이 두드러지게 되었다. 국가목표는 구미 지향 및 추월에서 기술 혁신을 통한 개방된 과학기술국가의 구축에 주안을 두고 있다([표 4] 참조).

다만 국제무역이 재화의 생산 공급과 소비의 증대를 통하여 무역 참여국의 사회후생복리를 향상시키려는 목적이라면, 각국은 이와 부합된 혹은 대립된 형태의 산업·통상 정책을 실시하였다. 예를 들어, 미국은 일본의 주요 수출제품인 자동차, 철강, 전자제품 등에 대하여 '수입제한조치(세이프가드)'를 취하면서 자국산업의 보호 및 육성을 도모하고자 하였다. 일본 자체만으로는 전후의 경제성장이라는 목표가 지속되는 프로세스로 이해할 수 있으나, 무역상대국인 미국의 대일 수정 요구(단절)로 대비된다. 그러나 일본식 경영과 경영체제에 관한 여러 리스크 요인들이 두드러진 결과로 초래된 '1990년대 '거품경제 붕괴'는 곧 '잃어버린 10년(lost decade)'의 시대로 지속된다. 일본은 구조개혁과 글로벌 경쟁력을 회복하려는 노력을 통해, '부활의 10년'으로 방향 전환하려는 다양한 경제적 리스크 관리하려고 노력했다.

여기서 주목해야 할 것은 1980년대까지 일본경제가 성공한 배경, 1990년대에 성공이 실패로 전화해 가는 과정, 이후 2000년대 중반 일본경제가 10여 년의 장기불황을 벗어나는 과정, 2011년 3.11 동일본대지진을 계기로 다

표 4_ [일본의 전후 경제부흥 vs. 탈냉전 후 경제적 리스크 관리]

	전후(냉전시대) 일본경제	냉전 후 일본 경제	**글로벌시대의 일본 경제**
경제목표	생산중시, 양적확대형, 고도성장지향	생활중시, 환경보전형, **질적우선형**, 안정성장지향	**지속가능성장지향, 리질리언스**
성장요인	수출주도형	내수주도형	**지역사회소비형**
세계의 정치·경제체제	냉전, 미소지배, 자본주의 대 사회주의	탈냉전, 미·일·유럽3국경제권(+중국), 자본주의 대 자본주의	**소다자주의 및 메가FTA, 트랜스 자본주의**
국제공헌	소극적, 세계 GDP의 10% 이하	적극적, 세계 GDP의 15%	**적극적, GDP의 10% 전후**
정치·정부의 성격	자민당 단독집권시대, 큰 정부, 중앙집권	정권교체 시대, 작은 정부, 지방분산	**자민당2.0시대, 지방의 몰락 글로벌 시빌리언 파워 중시**
국가목표	구미 지향 및 추월	개방된 과학기술국가의 구축: **기술혁신**	**글로벌 과학기술의 선도 및 협력기반 구축**
가치관	동질화	다양화, 다원화	**융합화**
생산기술의 성격	에너지 혁신·집적형, 에너지·자원다소비형	정보혁신·분산형, 에너지 및 자원절약형	**지식융합형·인공지능(AI)**
주력산업	중형장대산업	**고부가가치 산업:** 경박단소형(전자·기계 등)	**제4차산업 및 제6차산업**
조세 및 금융제도	직접세 중시, 규제금리, 간접금융(은행대출)	간접세 중시, 자유금리 직접금융(채권발행)	**글로벌 금융제도의 수용**
노동력, 연구구성	노동력 풍부, 청장년 사회	노동력 부족, 고령화 사회	**초고령화 사회: 인구절벽**

출처_ 필자작성, 김연석·정용승(2002)『일본경제론』 문음사, p.18의 <표1-5> 수정·보완

시금 20여 년의 장기불황('잃어버린 20년')에 빠지는 과정으로 대별된다. 특히 일본의 경제적 리스크 요인에 관해서는 다양하다([표 5] 참조). 일본적 기업시스템의 특성에 관해 한정하자면 환율, 재정, 금리, 투자, 디플레이션, 생산성 등 거시경제의 관점이 중요하다. 또한 일본이 경제성장하는 과정에서 산업정책 및 기업의 역할에 주목하자면, '발전 지향적 국가' '계획된 합리성' '관료에 의한 경제운영'을 당연시함으로써 발생하는 상충되는 결과가 나타나기도 한다. 산업정책을 통한 국내 보호와 수출입 관련 직접규제 등 보호무역주의에 의한 산업정책은 결과적으로 일본경제에 리스크(폐해)를

표 5_ [일본경제가 직면하고 있는 대내외 리스크]

	국내적 리스크 요인	국제적 리스크 요인
전후레짐 :경재부흥	• 전후(戰後)개혁과 경제부흥의 제약: 전후 인플레이션 • 전후 특수(국제적 군수산업)의 소멸 • 노동개혁	• GATT(관세 및 무역에 관한 일반협정) 체제의 취약성 • 지역주의(보호무역 블럭화)
재간(災間)레짐 :경제대국	• 일본의 고도경제성장 • 일본형 고용 및 기업경영의 개혁 • 기술혁신, 산업구조의 변화 • 행재정 개혁(재정적자, 우정민영화 등)의 추진 • 사회보장(연금, 의료 등)의 개혁 • 경기침체(잃어버린 20년)로부터의 탈피 :실업문제의 해결, 불량채권의 처리	• 석유가격상승의 영향 • 미국 쌍둥이 적자와 세계경제 • 중국의 경제 성장과 글로벌 차이나리스크 • 세계적인 빈곤 추방(박멸) • WTO 도하개발라운드(DDA) 및 그린라운드의 정체 • 중국의 국제무역제도 수용 및 인민화 정책대응 • 일본형 메가FTA의 추진
재후(災後)레짐 :포스트3.11	• 인구감소, 초고령 사회에 관한 대응 • 지속가능성장지향, 리질리언스 • 아베노믹스 경기(景氣)의 향방	• 글로벌 금융위기 및 글로벌 경제전쟁 • 지구온난화 대응 • TPP 비준과 제도의 수용 • 동아시아경제공동체의 형성

출처_ 필자작성, 고미네(2010)『일본경제의 기초지식』 일본경제신문사, p.18의 [표]를 일부인용하여 대폭 수정·보완.

초래한 바 있다.[13]

(2) 일본경제 잃어버린 20년과 아베노믹스

'미일무역(통상) 마찰' '잃어버린 10년' '잃어버린 20년' 등 경제적 리스크(위기)가 닥쳤을 경우, 일본이 과연 당시 국내적으로 안고 있던 여러 시스템의 문제점을 지적하고 극복(관리)하려고 어떠한 노력을 경주했는가를 검토

13. 미와 료이치(三輪) 교수는 철강산업에 있어 불황카르텔보다는 공개판매제를 통한 가격조정 정책이 보다 효과적이라고 주장하고, 철강산업의 설비투자 조정과 석유정제업의 생산조정 사례에서 산업정책의 효과에 관한 의문을 제기한다.

하는 것은 매우 중요하다. 예를 들어, AMF(아시아통화기금)와 같은 새로운 국제금융체제를 구축하려는 일본의 정치 과정도 주목할 만하다.

일본 아베 신조(安倍晋三) 수상이 2012년 12월 취임 이후 추진해 온 '아베노믹스'는 '집중적 양적 완화' 및 '재정 지출 확대 전략' '구조개혁을 통한 신성장동력(新成長動力)의 확보'로 요약될 수 있다. 특히 '아베노믹스'의 배경에는 '잃어버린 일본경제 20년' 시기와 맞물려 있다. 말하자면 전후체제의 '연속성'을 위해 경제적 리스크를 관리(단절)하려는 노력이다. 아베노믹스가 추진(확보)하는 '신성장 동력' 자체는 그야말로 하나의 산업개혁, 나아가 구조개혁 부분에 중점을 두고 있다. 일본은 이른바 국제 정치와 국내 정치의 상호작용에 주안을 둔 '연계정치(Linkage Politics)'를 기조로 하여 구조개혁을 시도하고 있으며, 국제제도의 효율성을 그 설득 재료로 활용하고 있는 것으로 해석된다. 특히 이와 관련하여 "국제제도(WTO 체제)의 규범이나 패권, 법제도화(legalization) 정도 등 '탈(脫)지정학' 혹은 '탈(脫)지경학'적 요소가 양자 간 정치과정에 비해 우위를 점하고 있다"는 점에 정책선택에 주안을 두고 있다. 그 배경에는 다자간 자유무역협정(Mega FTA)이 가져다주는 경제적 효용 및 정치적 네트워크의 기대치가 작용하고 있다는 점이다([표 6] 참조).[14] 바꾸어 말하면, 다자간 협력으로 '죄수의 딜레마(prisoner's dilemma)'를 해결하려는 시도로 해석된다.

한편으로는 국가 주도의 구조개혁에서 벗어나 국제적 환경 변화에 따른 중소기업 등 국내의 비정부행위자가 정책에 영향을 미칠 수 있는 여지가 확대되고 있으며, 국제제도를 선호하고 지지하는 메커니즘이 반영되는 구조이다. 즉 '역(逆)이미지'의 프로세스에 주목할 필요가 있다.

특히 '역(逆)이미지'가 주목받는 배경으로는 일본 '아베노믹스'가 시행된 지 5년이 지난 현재까지도 정책 실효성에 대한 논란은 끊이질 않고 있다는 점이다. 아베노믹스의 경제성장 전략은 일본의 산업개혁, 나아가 구조개혁에 중점을 두고 있으나 적지 않은 경제적 리스크(저해요인)을 안고 있는 국

표 6_ [다자간 자유무역협정(Mega FTA) 추진 현황]

구분	경제규모(GDP)	인구	참여국가
환태평양경제동반자협정(TPP)	27조 7,000억	8억명	미국, 일본, 캐나다, 호주, 칠레 등 12개국
역내포괄적경제동반자협정(RCEP)	21조 6,000억	34억명	중국, 한국, 일본, 아세안(ASEAN) 등 16개국
아시아·태평양자유무역지대(FTAAP)	42조 5,200억	28억명	미국, 중국, 한국, 일본, 러시아 등 21개국
범대서양무역투자동반자협정(TTIP)	35조 9,100억	8억명	미국, 유럽연합(EU) 등 29개국
한·중·일자유무역협정(FTA)	16조 4,100억	15억명	중국, 한국, 일본 3개국
아세안경제공동체(AEC)	2조 4,000억	6억명	아세안(ASEAN) 10개국

출처_ 세계은행(World Bank), 국제통화기금(IMF)15

내 정치 과정과 밀접하다. "주지하다시피 3·11 동일본대지진(2011년) 이후 경제부흥(內政)에 힘을 쏟아야 할 일본 자민당의 정치적 리더십은 지금까지 대외통상 과정에서 걸림돌이 되어 왔던 농업 보호, 규제 완화, 외국인 투자 촉진, 노동력 이동 증대, 유연한 이민 규제, 인적 교류 등 다양한 리스크 요인들을 극복해야 할 과제를 안고 있다(김영근 2013)." TPP 교섭 혹은 한중일 FTA, 한일 FTA 교섭 추진, 미일 FTA, 일중 FTA, EU일 FTA 등 국제정치경제(外政) 프로세스에서 지금까지 국가 주도에서 벗어나 비정부 행위자까지 포함한 국내적 선호가 반영되고 있다. 이는 농업 분야 등 전통적인 국내산업 보호 문제를 안고 있는 일본이 TPP에 관한 정책 스탠스를 국내적으로 타협(수용)시키는 과정에서 다자주의의 효용에 관해 국민 스스로 인정하고 선택하는 프로세스가 작동하고 있기 때문인 것으로 해석된다.

---

14. 일본 정부가 제시하는 TPP가 일본에 미치는 경제효과에 관한 분석에 의하면, TPP 협상 참여가 이루어질 경우(100% 자유화 전제), 그것이 수출증가 및 일본 국내 투자 증가와 고용확보 등으로 연결되어 향후 10년간 일본의 실질 국내 총생산(GDP)이 2조 4000억 엔에서 3조 2000억(0.48%에서 0.54% 전후)으로 증가할 것으로 전망하고 있다. 내각부경제사회총합연구소(内閣府経済社会総合研究所), 경제산업성, 농림수산성(農林水産省)이 각각 독자적인 입장에서 시뮬레이션분석을 행한 자료를 바탕으로 내각관방이 정리한 내용(내각관방 [2011.10.18.])을 참조. 최관·서승원편(2012) 132쪽에서 재인용.

15. 삼정KPMG경제연구원(2016), 『리질리언스(Resilience): 기업의 미래를 결정하는 유전자』, 올림, 57쪽 [표]에서 재인용.

4. 사례분석: 일본의 TPP 교섭과 제도의 선택

(1) 일본의 구조개혁과 미일 통상 교섭

전후 미일 통상 마찰의 프로세스에서 항상 관건이 되어 왔으며 일본이 안고 있었던 구조개혁 문제는 일본의 '경제적 리스크 관리'의 문제와 '전후 패러다임'의 연속과 단절이라는 일본 경제의 변용 및 아시아·태평양지역의 중층적인 구도하의 제도의 선택을 통찰(분석)하는 데 있어서도 중요한 이슈 혹은 아젠다라고 할 수 있다. 아베노믹스의 구조개혁을 보다 잘 이해하기 위해서 미일 통상교섭 과정에서의 일본의 구조개혁 논의를 살펴볼 필요가 있다. 일본 구조개혁의 기원과 전개에 관한 사례분석을 통해 정책의 변용과 지속에 관해 살펴보자([표 7] 참조).

특히 일본(아베 정권)이 신성장전략으로 삼겠다는 세 번째 화살(=구조개혁)의 배경을 살펴보면, 과연 일본이 어떠한 요소를 신성장동력의 기점으로 삼고 있는지, 혹은 3.11 동일본대지진 이후의 일본이 처한 경기회복·재생, 지방창생, 농산물보호 철폐 등 경제적 리스크 요인과 밀접하게 관련되어 있다. 아베노믹스의 주된 수단인 TPP 논의는 일본의 잃어버린 20년의 지속 혹은 30년의 터널 진입이라는 상황으로 빠지지 않기 위한 탈출구 혹은 수단으로 간주된다.

일본은 엔화의 약세 또는 시장 금융의 완화라는 정책을 통한 경기부양(회

표 7_ [본의 구조개혁과 미일 통상 교섭]

	SII미일구조협의 (1989~1991년)	미일포괄경제협의 (1993~1996년)	아베노믹스의 구조개혁 (2012년 12월~)	TPP 교섭
일본의 시스템	버블경제 체제	잃어버린10년 체제	재후(災後)부흥 체제	
글로벌 환경변화	GATT 체제	• WTO 설립(1995.10) • WTO 교섭의 정체	• 세계금융위기 이후 경기침체 • WTO의 침체와 FTA의 확산	보호무역주의적 글로벌 경제의 부활 (미국의 정권교체, EU의 브렉시트)
일본의 대미정책	일본의 대미협조	국제제도 우선정책	미국의 대일협조	미국의 대일협조: 정책조율과 확산
일본의 경제구조	• 경제대국 • '버블경제'	• 거품 경제의 붕괴 • '잃어버린 10년'	'잃어버린 20년'의 연속 vs. 탈피(산업공동화의 가속화)	
일본경제 정책의 변화	전략적 무역정책	디플레이션 가시화	• 아베노믹스:일본의 구조개혁 • TPP교섭참가·협상개시(2013.7) • 디플레이션 탈출과 중장기적 경제재정 운영	• TPP 협상 타결 (2015.10) • TPP 비준지지 (2016.11)
미일마찰의 형태 및 분야	GATT체제하의 미일 2국간 교섭: 정부조달 부문 등에서의 유통 장벽, 계열 문제	WTO체제하의 국제 (다국간) 제도(DSU) 활용: 후지 코닥 필름 분쟁	소(小)다자주의(TPP) 체제하의 미일교섭: 농산물	소(小)다자주의(TPP) 체제의 한계:미국 이외의 TPP 발효 움직임과 미국의 대응
일본의 구조개혁	대장성 주도의 국가 자원 배분→정부 주도의 산업정책 변화	일본의 유통구조(리베이트 등)→*하시모토 내각:금융개혁, 행정개혁, 재정개혁→대장성 해체(2001년)	• 신성장 전략 • 일본 기업의 규제 완화:경영환경 개선	• 농산물보호 철폐 • 지방창색

출처_ 필자 작성, 김영근(2015) 재인용하여 수정·보완

복) 정책만으로는 성과를 담보하기 어려워, 동시에 TPP, 한중일 FTA, RCEP 등 국제무역제도의 선택에 관해서도 전략적인 정책을 전개한 바 있다.

미국의 자국우선주의, EU의 브렉시트 등 보호무역주의적 글로벌 경제의 움직임이 대두되고 있는 가운데, 정책조율을 통한 미국의 대일협조 정책은 관건이다. 또한 미국 이외의 TPP 발효 움직임속에 미국의 TPP 폐기라는 대응이 초래할 소(小)다자주의(TPP) 체제의 한계도 화두가 되고 있다.

일본 경제가 풀어야 할 경기회복의 선순환 구조, 투자심리 회복, 소비심

리의 회복, 새로운 일자리 창출 등 리스크 요인들이 어떻게 관리될 것인가를 예견하지는 쉽지않다. 다만 TPP(=아베노믹스) 반대파의 주장을 미국 혹은 국제제도 요인으로 해결해야 한다는 점에는 이견이 없다. 여기서 "'아베노믹스'의 가장 중요한 목표라 할 수 있는 일본의 구조개혁이 자발적 위기관리가 아니라 미국 요구에 대응하는 수동적 개혁에 그칠 경우, 일본의 성장을 가져올 것인지는 미지수이다(김영근 2016)." 무엇보다도 일본의 수출입 무역상대국의 위상이 높은 미국의 역할 및 아시아·태평양지역의 경제협력의 제반 상황을 고려해 볼 때, 일본으로서는 미국 주도의 TPP 교섭 및 국제무역제도의 효용성을 포기할 만한 대안의 선택지 찾기는 쉽지 않다고 할 수 있다.

일본 경제의 침체 상황에서 벗어나기 위한 출구 전략의 하나로 아베 정권이 전략적으로 추진하고 있는 정책 중의 하나가 '엔저에 따른 수출의 확대 전략'으로 이는 곧 '다자주의의 효용'과 관련된다. 각국의 TPP 비준 과정을 앞둔 현재, 미국의 대통령 당선자의 보호무역주의 기반의 선거공약대로라면 조속한 TPP 발효는 어려울 것으로 예상된다. 만약 TPP 교섭 참가국 총 GDP의 80%를 차지하는 미국과 일본에서 비준에 실패할 경우, 중국이 적극적으로 구상하고 있는 '역내포괄적경제동반자협정(RCEP)' 교섭 등에 주도권을 넘겨주는 예상 밖의 타격을 일본과 미국이 우려하여 극단적인 선택, 즉 '제도 표류(A)'는 쉽지 않은 상황이다. 결국은 TPP를 반대하는 공약과는 달리 오바마 정부의 통상정책을 유지하여 보완하는 형태로 미일 간 경제협력이 진행될 것으로 기대된다. 일본 민주당이 적극적으로 추진해 왔던 TPP에 관해서, 결과적으로는 아베 자민당으로의 정권교체 이후에 불분명한 통상정책 스탠스에서 벗어나 전후 자유무역 기조를 강조하며 지속적인 통상기조를 유지하여 TPP 교섭이 개시된 바 있다. 이러한 상황에서, 일본으로서는 미국과 협조하여 WTO 등 국제무역체제의 활용 방안을 제시하고 나아가 지역주의(혹은 보호무역주의) 추진 과정에서 여러 걸림돌을 제거해 나가려는 노력이 우선될 것으로 전망된다.

(2) 미국의 TPP 정책과 일본: 상호주의를 중심으로

아시아·태평양지역의 중층적인 경제 구조하에서 과연 일본의 선택을 어떻게 이해할 것인가. 미일 무역 마찰의 경로를 살펴보고, 특히 일본의 TPP 교섭 참가에 있어서 전후 미국 통상정책의 기저로 작동해 온 상호주의를 중심으로 일본의 정책적 대응이 어떻게 유지(연속성)되고 단절되어 왔는지 고찰해 보자([표 8] 참조).

1995년 WTO 설립 이후, 일본은 '잃어버린 10년'의 시작으로 국내적으로 안고 있었던 경제적 리스크 요인들을 구조개혁(단절)을 통해 극복하려는 정책 전환이 두드러진 시기이다. 특히, 고이즈미 구조개혁(2001~2006년) 및 민주당 정권의 개혁(2009~2012년), 아베노믹스 구조개혁(2012년 12월~현재)으로 구별된다. 일본 정부·관료의 위기관리능력 미숙과 불안한 정치구조로 인해 초래된 '일본경제 잃어버린 20년' 프로세스로 연장되었다.

표 8_ [TPP(환태평양경제동반자협정) 협상의 미일간 쟁점 부문]

쟁점부문	찬성		반대	비고
자동차 및 부품관세 철폐	일본	미국	미국기업이 소공을 남발할 우려	정책 대립
쌀 및 소맥 관세 철폐	미국, 호주, 뉴질랜드, 캐나다	일본	값싼 외국농산루로부터 자국시장 보호	정책대립
자국 기업의 글로벌 경쟁환경 개선	미국, 일본	베트남	미국 주도(중심)의 글로벌 통상규범에 반발(대립): 국영기업 우대조치	정책협조

↓

일본의 TPP 참여 배경 → 미일사전 협의 과정

i) 자국 산업 및 기업의 글로벌 경쟁력 및 환경 개선
ii) 한·중 견제/ 미국 중심의 글로벌 통상 규범에 편승
iii) 미국의 셰일가스 수출 승인을 획득
 - TPP 교섭 과정을 활용한 농업보호(리스크) 정책의 관리

출처_ 필자작성

이와는 반대로 미국은 1990년대 중반 이후 경제회복 기조에 들어서, 대일 정책의 기조는 WTO레짐에 부흥하는 호혜적 상호주의로 전환된 시기이다. 당시에는 일본의 장기 경제불황이라는 환경을 감안하여 미국의 대일전략은 유연한 상호주의였다. 하지만 2007년 서브프라임 금융위기 및 2008년 리먼쇼크를 경험한 미국은 정책전환을 시도하였으며, 이후 일본의 강력한 경제구조개혁에 관한 노력이 부족(부재)하다는 점을 지적하고 미일간 경제회의를 통해서 개선하려하고 있다. 이러한 일련의 미일 간의 경제협력은 TPP 협상을 통해 전개되었다.

일본은 3.11 동일본대지진(2011) 이후 재해복구 및 부흥 전략을 우선하여 TPP 교섭 참가에 신중한 정책 스탠스를 표명한 바 있다. 이는 국내 피해 상황의 심각성을 고려한 결정이었으나, 역으로 국내적 리스크를 관리하고 경제회생의 돌파구를 마련하려는 계기로 TPP 교섭을 개시(2013년 7월)했다.

TPP(환태평양경제동반자협정) 협상의 미일 간 쟁점 부문을 관리하기 위해서는 양국의 상호주의적 정책이 관건이다. 예를 들어 일본의 농산물 자유화 문제에 관해 어떻게 국내적 설득 과정을 거쳐 조율하느냐에 달려 있다. 일본이 선호하는 아베노믹스의 정책 중 하나인 '엔저' 및 '자동차 및 부품관세 철폐' 정책, 미국이 찬성하는 '쌀 및 소맥 관세 철폐' 양국의 정치와 정책영역이 균형점(trade-off)을 이끌어내는 과정이다. 특히 미국은 일본 경기 회복의 대책 혹은 일환으로 엔저 용인의 대안으로 일본의 구조개혁을 요구해 왔으나, 미국은 물론 글로벌 경제의 선호와 일치하지 않을 경우, 정책의 연속성을 보장해 줄 가능성은 매우 낮다는 점이다.

주지하다시피 현재 아시아·태평양지역은 새로운 전환의 국면에서 협력과 경쟁의 새로운 시대를 맞이하고 있다. 따라서 미국과 일본의 TPP 교섭 구상이 지역의 정치·경제적 우위를 확고히 하려는 움직임으로 평가되거나, 아시아·태평양지역에 있어서 리더십을 확보하려는 의지로 상대국들에게 해석되는 경우를 지양해야 할 것이다.

5. 맺음말

이 글에서는 TPP를 둘러싼 아시아·태평양지역의 중층적 경제협력의 프로세스 및 메커니즘을 분석하였다. 일본이 동아시아 경제협력 구조 틀 속에서 구상하는 중층적인 지역협력 구도하에서 일본의 정책 방향성은 중요하다고 할 수 있다. 이 글의 결론은 '일본의 TPP 비준'이야말로 정책 변용(단절)으로 '제도 치환(D)'이라는 제도(체제)의 선택이다. 향후 지역주의 혹은 소(小)다자주의가 진행하는 방향성을 가늠하는 역할이 기대되는 곧 제2의 WTO 설립과 맞먹는 영향력으로 해석된다. 과연 일본의 외교통상 정책이 주는 구체적인 교훈 및 시사점은 무엇인가. 전후 일본의 경제정책 및 거버넌스의 변용 및 제도(체제) 선택에 관한 분석 결과를 이 글의 분석 틀을 바탕으로 요약하면 다음과 같다([표 9] 참조).

첫째, 아시아·태평양지역에서 일본의 거버넌스는 1947년 GATT 설립과 WTO 성립을 계기로 정책 변용(단절)에 성공함으로써 '제도 치환(D)'이라는 선택으로 요약된다. 특히 WTO 성립과 수용의 배경으로는 일본이 새로이 도입한 체제에 원활한 대응에 실패(A)가 작용했다고 할 수 있다. 또한 WTO 체제하의 2000년대에 들어서 구조개혁을 추진하는 배경에는 '제도 표류(A)'가 작동한 결과이다. "1995년 WTO 성립 이후 일본의 통상정책이 과거 미국 통상법 301조를 바탕으로 한 양국 간 교섭에 응하는 수동적인 대응에서 벗어나, 능동적이고 적극적으로 WTO 체제를 이용하려는 방향으로

표 9_ [일본 거버넌스의 변화와 아시아·태평양지역, 그리고 제도(체제)의 선택]

제도 자체의 개혁(변화)에 대한 저항

정책에서의 현상유지 지향		강	약
	강 (연속)	A 제도 표류(drift) 환경변화에 대한 미대응으로 기존(旣定) 정책의 비효율적 대응 ☞체제변화 및 거버넌스 미흡	B 제도 전용 (conversion) 기존 정책의 전략적 재(再)정의 혹은 전용 예:유치산업에 관한 정부역할의재편→비정부행위자 주도의 산업경쟁력 확보전략, 원자력 이용의 재논의 및 보완대체 방안 강구
	약 (단절)	C 제도 중층화(layering) 기존 정책을 유지하며 새로운 정책의 수립 예:다각적 지역주의 정책 전개, 해외 원전 사업의 수주, 전후 미국 주도의 자유무역체제 구축, TPP 타결, RCEP교섭	D 제도 치환(displacement) 새로운 제도의 도입. 체제전환이 용이하여 새로운 체제 도입 및 대응 원활 예: 전후 일본의 국제무역제도의 선택(GATT→WTO→MultiFTA), 아베노믹스의 재정완화 정책, 글로컬 시대의 지방 창생 정책, 브렉시트

출처_ 필자작성, [표 2]의 재사용

정책 전환이 이루어졌다(김영근 2007).” 그러나 WTO의 정체는 곧 ‘제도 표류(A)’형에서 탈피하고자 결국 각 국가들의 선호 및 이익을 반영한 자유무역협정(FTA)에 큰 관심을 표명하며 제도를 복수(중층적)로 선택(C)으로 이어졌으며, 일본 역시 ‘잃어버린 20년’을 보내는 과정에서 다시 ‘제도 치환(D)’[16] 혹은 ‘제도 중층화(C)’를 우선하는 정책수용의 단절이 우위를 차지하고 있다.

법제도화의 진전 혹은 정도가 낮은 GATT 체제하의 1980년대에는 미일마찰이 격렬한 상황으로, 미국의 대일 요구사항이 곧 일본이 개선해 나가야 할 ‘경제적 리스크’로 작동하기도 한다. 결과적으로는 ‘제도 치환’(D)이 어려웠으며 효율적인 거버넌스의 제시가 제대로 이루어지지 못하는 경우(A)이다. 또한 일본은 1990년대 초반 버블경제가 붕괴되어 ‘잃어버린 10년’이라는 리스크와 맞물려 경제회생(부활·재생) 정책이 효율적으로 시행되지 못했다는 점도 동시에 작용하였다. 반면에 WTO 설립 직후 혹은 새로운 국제

제도의 도입이나 비준(발효)이 기대되는 시기에는 체제 내의 변화에 따른 일본의 제도적 협력 거버넌스 및 경제정책 추진(변용)에 있어서 가장 중요한 상관변수라 할 수 있는 '취약성의 정도'가 그 원인이다. 즉 1990년대 '잃어버린 10년' 시기에 비해 취약성이 낮은 일본으로서는 새로운 정책(제도)의 제시(displacement), 즉 '제도 치환(D)'이 용이한 환경이었다.

둘째, 일본은 '잃어버린 20년'을 극복하려는 경제정책에 있어서, 버블경제의 환경이 초래한 파행적 구조 및 리스크 요인들이 구조개혁 및 다양한 정책 실시에도 불구하고 지속적으로 영향을 미치는 '정책(환경)의 연속성'이 저해 요인으로 작용하였다. 게다가 경제적 리스크 요인을 극복하려는 '단절'이라는 정책이 존재했다 하더라도 실행 메커니즘이 효율적이지 못할 경우, 정책 수용이 지속(A)될 가능성이 낮다는 점이다. 또한 일본은 정책추진의 메커니즘의 부재 혹은 비효율적인 작동으로 인해 기존 정책을 전략적으로 새롭게 정의하고 혹은 변화(conversion)시키려는 '제도 전용(B)'의 정책을 실행하는 데 실패한 것으로 분석된다. 혹은 일본이 TPP 교섭에 참가하여 효율적인 '제도 중층화(C) 정책을 제시하였으나, 실행이 용이하지 않은 국제환경적 요인이 작동하고 있다. 만약 TPP가 발효하지 못할 경우, 결과적으로는 '제도 치환(D)'으로 귀결될 것으로 보인다.

만약 미국의 외교·통상정책의 기조가 정권교체 후 보호무역주의로 변화할 경우, 이러한 움직임과 맞물린 미일경제협력(경협)은 가장 격렬했던 1980년대 중반과 유사한 마찰 프로세스를 경험할 가능성이 매우 높다. 하지만, 전후 선진국 중심으로 글로벌 통상 규범을 확립하려는 미국의 패권주의적 의도(의지)가 쉽게 꺾일 가능성은 낮으며, 한편으로는 "미일 무역마찰의 경로에서 제시하는 교훈을 살펴보자면, 일본의 TPP 교섭 참가에 있어서 보

---

16. 일본 정부가 TPP 교섭 참가에 관심을 표명하는 배경(이유)은 향후 FTAAP(환태평양자유무역지구)의 구축이라는 목표와 맞물려 있다. APEC정상회담, 2011 자료, 최관·서승원편(2012) p.139에서 재인용.

여 준 호혜적 상호주의에 기반한 협조적 국제무역질서가 유지될 여지도 크다. 바꾸어 말하면, 전후 미국 통상정책의 기저로 작동해 온 상호주의를 중심으로 일본의 정책적 대응이 유지(연속성)되고 단절되어 왔던 WTO 설립 이전과는 달리, 역으로 미국의 대일경제협력에 관한 정책적 대응이 관건이 되고 있다(김영근 2016)."

셋째, 현재의 일본의 경제정책을 한마디로 요약하면, 국제제도 및 다자주의에 대한 '취약성'이 크지 않고, '정책수용의 지향'에 관해서는 단절이 우선되는 상황에서, 즉 경제적 리스크를 관리하려는 체제를 선호하여, 새로운 제도의 도입이라는 유형 D(제도 치환)의 수요(요구)가 강한 상황이다. 예를 들어, 전후 '제도 전용(B)' '제도 중층화(C)' 정책을 통해 일본 정부(옛 통상산업성/현재 경제산업성이 주도)가 '경사생산방식' 등 적극적이고 효율적인 산업정책의 추진으로 정책 실행으로 경제대국의 발판을 마련하게 된 과정은 주목할 만하다. 다만 '1980년 중반 이후 일본과 미국과의 외교통상 마찰 사례에서 살펴보았듯이, 양국 간의 이해관계가 앞으로도 재충돌할 수 있는 상황하에서 제도 표류(A)'형 정책 기조로 리스크를 관리하기는 어려운 국제적 요인 또한 작동하고 있는 형국이다. 향후 일본과 미국 쌍방의 이익을 위해서는 '제도 치환(D)' 기조하에 중장기적으로 전략을 바탕으로 추진할 과제를 고려하면서 경제협력의 저해 요인을 제거해 나가야 할 것이다. 물론 '제도 중층화(C)' 전략도 아시아·태평양지역의 협력 거버넌스를 주도할 가능성도 높다는 점에 유의할 필요가 있다.

IX

동북아와 국제경영

한국 기업의 대중국 투자 진입전략

김익수

고려대 경영학과 교수

1. 머리말

트럼프 대통령 취임(2017. 1. 20), 중국의 사드 배치 철회 압력 강화, 일본과의 위안부 합의 갈등, 북한의 핵무기 도발, 박근혜 대통령의 탄핵 피소와 직무 정지 등 한반도를 둘러싼 동북아 정세가 급변하고 있다. 이 같은 동북아 정세의 변화는 기업의 글로벌화 전략에 대해서도 지대한 영향을 미칠 수밖에 없다. 한국기업의 경우 중국이 미국 다음으로 가장 큰 투자 대상지여서, 중국을 포함한 동북아 정세 변화의 파장에 대해 관심이 클 수밖에 없다.

중국은 1992년 수교 이후 2010년까지 한국기업의 제1위 투자대상국가였고, 그 후에도 미국에 이은 제2국 투자대상국 지위를 해오고 있다. 2015년과 2016년 1~9월에도 한국기업은 대외직접투자(ODI: outward direct investment) 총액의 10.5%, 9.2%가량을 중국에 투자, 매우 적극적인 생산기지의 해외 이전 즉 '오프쇼어링(offshoring)' 전략을 추구하고 있다.

그러나 미(美)·중(中) 간의 갈등을 둘러싼 국제정치적 환경은 물론, 중국 내부의 투자환경이 급변하고 있어 중국 시장 진입을 계획하고 있거나 이미 진입한 한국 기업은 적지 않은 전략적 고민을 하고 있다.

이 같은 배경하에서, 본 장은 중국의 투자 환경을 정치, 사회·문화, 경제·법제도적 측면에서 다각도로 분석한 다음(제II절), 1993~2016년의 한국수출입은행 해외직접투자 통계 데이터베이스에 기초하여 한국기업의 투자 실태를 국제경영 이론 중 진입전략(entry strategy) 관점에서 다각도로 분석해 보기로 한다(제III절). 제IV절에서는 중국 시장에 진입한 한국기업의 경영성과 결정요인과 애로사항을 선행연구와 대한상공회의소 등의 설문조사 결과에 기초하여 검토해 보고, 마지막 제V절에서는 앞의 분석과 논의에 기초해 중국에 진입해 있거나 향후 중국 내수시장을 공략하려는 기업들에게 도움을 주는 전략적 시사점을 제공하려고 한다.

2. 중국의 투자환경 분석

(1) 정치·이념적 환경

국제경영 전략에서 자주 사용하는 투자환경 분석의 틀 중 하나가 'PEST 환경(Political, Economic, Social & Technological Environment)' 분석이다. 본 장에서는 기술적 환경을 제외하고, 정치·이념적 환경, 사회문화적 환경, 경제 및 투자 법제적 환경 3가지를 중심으로 소개키로 한다.

중국의 정치·이념적 환경은 특수성(idiosyncrasies)이 강해 서방 선진국 투자시와 달리 가장 주의를 요하는 환경이다. 여기에는 ▲중국 내부의 정치환경과 관련된 리스크, ▲한-중 관계, 미-중 관계 갈등에서 파생되는 정치적 리스크의 두 가지 차원이 있다.

우선, 중국 내부 정치환경과 관련된 리스크는 '사회주의 시장경제' 체제와 관련이 깊다. '사회주의'란 곧 '공산당 1당 독재'를 뜻하는데, 개혁·개방 전에는 '마르크스·레닌주의-마우쩌둥(毛澤東) 사상'이 강조되기도 했으나, 개혁·개방 이후에는 덩샤오핑-장쩌민-후진타오 지도부를 거치면서 이데올로기적 색채는 옅어진 느낌이다.

'공산당 1당 독재' 원칙은 말 그대로 공산당이 '국가 운영의 방향과 틀을 주도적으로 결정한다'는 것을 의미한다. 실제로 중국 공산당은 군(軍), 우리나라의 행정부에 해당하는 국무원(國務院), 국회에 해당하는 전국인민대표대회(全人大)보다 우위에 있다. 물론 중국에는 공산당 이외에도 농공당, 국민당혁명위원회, 민주동맹, 민주건국회, 민주촉진회, 농공촉진회, 농공민주당, 치공당(致公黨), 구삼학사(九三學社), 대만민주자치동맹 등 7개 소수당파가 있긴 하다. 그러나 이들은 퇴임한 당·정·군 퇴임 간부나 지역유지나 산업을 대표하는 원로들이 주축이 되고, 매년 3월 초 개최되는 정치협상회의에서 공산당에 정책을 건의하거나 자문하는 주변부 세력이라 할 수 있다.

외자기업의 관점에서 볼 때 중국 내부의 정치·이념적 환경은 다음 세 가지의 의미를 갖는다.

첫째는 현지 경영활동상의 신중함, 언행상의 제약을 강요한다는 점이다. 외자기업의 CEO나 파견직 임원이 중국에서 체제 도전적인 언행을 하거나 포교 등 법적으로 금지된 활동을 할 경우 관련 법규상의 제재를 받거나 최악의 경우 추방될 수도 있다. 실제로 신원, E-Land 같은 기독교계 기업들이 현지 종업원들을 중국법인장의 자택에 모아놓고 예배를 보다가 문제된 적이 있었다. 이외에도, 고고도미사일방어체제(THAAD), 텐안먼 사태, 홍콩시위, 동북공정 등 중국의 안보, 역사 같은 민감한 이슈를 잘못 건드려 각종 공사 입찰에서 배제되거나(예: 홍콩 자딘 메치슨 부회장), 세무조사·소방안전점검·공사중단을 당하는 경우도 있다(예: 롯데그룹).

둘째, 시진핑(習近平) 주석 겸 당서기가 이끄는 5세대 지도부는 '1인 지배체제'의 성격이 강하다는 점이다. 덩샤오핑, 장쩌민, 후진타오로 이어지는 4세대까지의 지도부는 당·정·군 원로들의 제언, 지도, 견제를 받는 일종의 '민주집중제'하에 있었다. 그러나 현 지도부의 경우 시 주석이 당·정·군의 핵심적 지위에 있다. 그는 2012년 말 집권 이후 강력한 '반부패 운동'을 펼쳐 보시라이, 쉬차이허우, 저우융캉 등 주요 정적들을 제거하고, 장쩌민, 후진타오 전 주석의 잔존 세력까지 거의 정리하였다. 이 같은 강력한 '1인 지배체제는 비록 7인으로 구성된 중앙정치국 상무위원회에 있긴 하지만, 시진핑 1인의 생각과 입장에 의해 국가 외교통상정책과 거시경제정책의 결정이 좌우됨을 의미한다. 따라서 정책에 순응하지 않거나 법규를 위반한 외자기업은 곧바로 세무조사, 반독점법 관련 제재를 받거나 관련된 보복위협을 받을 수 있다. 1인 지배체제의 위험성은 곧바로 집권 후기(2017~2022) 들어서 주석의 정국 장악력이 약해지거나, 반부패 과정에서 희생된 기득권 세력이 결집해 반발할 위험성도 내포하고 있기 때문에 중장기적으로는 예상치 못하는 체제 불안요인이 될 수 있는 잠재적 리스크이기도 하다.

중국의 '1당독재-1인지배' 체제가 외자기업에게 주는 또 하나의 중요한 시사점은 주요 통상·무역·투자 협상사안에 관해 궁극적으로 소통하고 결정을 내릴 수 있는 창구(window)가 하나라는 사실이다. 물론 통상협상(관세 및 비관세 장벽의 설치), 대규모 M&A 관련 딜의 인허가, 대형 투자인허가, 기술표준 인증, 위생·안전·환경보호 인증 등에 외견상으로는 중앙정부 주관부서(예: 국가발전개혁위원회, 상무부 등)나 지방 정부가 개입하지만, 정치적으로 민감하거나 액수가 큰 중요한 핵심사안은 반드시 중앙 당을 거치게 되어있다.

문제는 중국공산당이 기업 입장에서 보면, '보이지도 않을 뿐만 아니라 피할 수 없는 통제주체'라는 점이다. 실제로 지금까지 중국에서 공산당의 규제를 넘어선 외국 초다국적 기업은 없었다. 마이크로소프트(MS)는 지적재산권 침해에 불만을 표시했지만, 장쩌민 서기는 중국내 관공서에 리눅스 등 오픈소스 OS보급을 명령해고, 나중에는 일부 응용소프트웨어의 소스코드까지 공개했다. 중국의 인터넷 방침을 어긴 구글은 서버를 홍콩으로 옮겼고, 반독점법을 위반한 퀄컴은 천문학적 규모의 과징금을 부과받았으며, 우버(Uber)도 공유경제 관련 규제가 강행되자 디디추싱(滴滴出行)에 지분을 넘기고 철수했다.

'하나의 협상-통제 창구'의 위력은 한국처럼 중국시장 의존도가 높은 중규모 개방경제(medium-size open economy)에겐 치명적이다. 이는 사드(THAAD) 사태 이후 요우커 방문 20% 감축, 복수비자 발급 제한, 전기차 배터리 인증대상 제외, 디지털 문화 '한류' 콘텐츠에 대한 '한한령(限韓令)' 혹은 '금한령(禁韓令)' 등의 사례에서 입증되었다. 문제는 이 같은 당의 통제가 국무원 산하의 부서를 통해 공식문건으로 이루어지는 것이 아니고, 단체·협회를 통해 내부지침, 메모, 전화 등으로 보이지 않게 비공식적으로 하달되므로 WTO에 제소를 하기 위한 증거를 찾기도 어렵다. 드라마·영화·공연·웹툰·게임·음원 등 문화상품의 경우, 중국광전총국(中國廣播廣電總局), 신문출판국(新聞出版署) 등이 사전 검열을 하고 허가를 내주지만, 그 뒤에는 당 선전부가 있다고 보면 된다. 더 심각한 것은 당과 군 해커부대가 필요할 경우 '우마오당(五毛黨)'이라 불리우는 알바생을 이용하여 SNS와 사이버 공간에서 한국 기업에게 불리한 여론을 조성해 외국계 공장·매장 습격과 불매운동을 유도하기도 한다는 것이다.

지방의 당 간부들은 관할 소재지 외자기업의 현지경영에도 자주 개입한다. 지역별로 상황이 다르긴 하지만, 일정규모 이상의 외자기업에는 지방당 위원회가 존재하며, 한국의 '노동조합'에 해당하지만 사실상 공산당의 병렬조직인 '공회(工會)'는 필요시 이사회에 참여해 의견을 개진할 수 있도록 되어 있고(工會法) 당위원회 위원은 노사분규, 인권침해, 전력공급 부족 등의 사태가 발생할 경우, 총경리(總經理: 한국의 대표이사), 부총경리(한국의 부사장), 공장장이 해결하지 못할 경우, 소재지 지방 당·정 당국과 협의해 조용히 문제를 해결하기도 한다.

동북아 정세를 볼 때, 한-중 간 혹은 미-중간의 관계에서 파생되는 정치적 리스크도 주목해야 한다. 미군이 주둔해있고 북한과 대치상태에 있는 한국은 미-일 동맹 진영으로 분류돼 있어, 미·일 대 중·러 사이의 진영싸움이 전개될 경우 '국제정치관계 리스크(international political risks)'를 피할 수 없다.

개혁·개방 방침을 도입할 때만 해도 덩샤오핑은 '빛을 감추고 그믐밤의 어둠 속에서 힘을 기른다'는 '도광양회(韜光養晦)' 원칙을 강조하면서 후임 지도자들에게 조용히 힘을 기르라고 조언하였다. 그러나 2016년 말 현재 중국은 우주·항공, 국방분야의 굴지의 강대국이 되었고, 경제적으로도 세계 2

위의 GDP(10조 2천억 달러), 세계 2위의 수출, 세계 1위의 외환보유고(2017년 1월말 현재 2조 9980억 달러)를 가진 강대국이 되었다. 이와 같은 상황에서 시 주석은 미국과 G2 '신형(新型) 대국 외교' 정책을 펼칠 것을 공언하면서 "따질 것은 따지고 필요 시에는 주도적으로 개입하고 행동한다"는 '유소주동적작위(有所主動的作爲)'의 원칙을 견지하고 있다.

문제는 중국 지도부가 국방에 관해서는 미국의 핵우산 보호를 받으면서 경제적으로는 중국 시장에 의존하고 있는 한국에 불만을 갖기 시작했으며, 어떻게 해서든지 한국을 미-일-한의 3각 동맹관계에서 떼어놓고자 한다는 점이다. 따라서 사드(THAAD: 고고도미사일방어망) 배치 발표와 한-일 간 군사정보보호협정체결(2016. 11. 14), 중국 어선의 불법 조업 행위에 대한 공용화기 사용 허용(2016. 10. 11), 대북 경제 제재에 대한 중국의 이중적 대응 등 한국이 직접 당사자가 된 문제뿐만 아니라, 남중국해(南沙群島, 西沙群島), 댜오위다오(釣魚島), 대만 문제 등 미-중 간 혹은 일-중 간의 영토분쟁도 악화되면 한-중 관계에 악영향을 줄 것이다.

설상가상으로 2017년 1월 20일 공식 취임한 도널드 트럼프 미국 대통령은 'America First' 주의 아래 환율조작국 지정을 예고하고 보호무역주의적 통상무역정책을 실시하는 등의 강경한 對中 압박전략을 구사하고 있다. 미국 편에 설 수밖에 없는 태생적 한계를 지닌 한국으로선 중국에 대한 의존도를 줄이지 않을 경우 對中 수출이나 진입기업의 현지 경영에 타격을 받지 않을 수 없다.

이미 사드(THAAD) 배치 선포를 구실로 중국인 단체관광객(遊客)의 방문 축소, 드라마 방영, 공연 등에 걸쳐 제재를 가하고 있고, 양변기, 비데, 화장품, 음식료품 등에 걸쳐 행정규제, 안전과 위생허가 기준 강화 등의 비관세장벽(NTB: non-tariff barriers)을 강화하고 있다. 롯데제과, 롯데쇼핑 등 롯데그룹 계열사들의 경우, 사드 포대 부지를 제공했다는 이유로 중국 관련 당국으로부터 강도 높은 소방안전 점검과 세무조사를 받은 바 있으며, 삼성SDI

시안(西安) 공장이나 LG화학 난징(南京) 공장도 NCM (니켈, 코발트, 망간) 삼원계 전기차 배터리 인증을 받지 못해 중국내 조업에 곤란을 겪고 있다.

중국산 수입품에 대한 미국 정부의 반덤핑 관세, 상계관세 등도 중국 내에서 가공한 후 수출하는 한국기업에게는 정치적 리스크라 하지 않을 수 없다. 실제로 트럼프 대통령 취임 직후인 2017년 1월 23일 미 상무부는 보조금을 받은 중국산 트럭과 버스용 타이어에 대해 각각 38.61%와 65.56%의 상계관세율(countervailing duty)을 결정하는 한편, 공정가격(fair price)보다 터무니없이 싸게 수입되는 트럭, 타이어에 대해서도 각각 9%와 22.57%의 반덤핑관세율(anti-dumping duty)를 부과하기로 한 바 있다. WTO 협정의 '원산지(country of origin)' 규정에 따르면, 한국산 원료를 쓰더라도 중국 내 조립·가공으로 창출된 부가가치가 전체의 70% 이상일 경우에는 미국 수입 통관 시 중국산(made in China)으로 분류되어 불이익을 받을 수밖에 없다.

이상에서 언급한 대내외적인 정치적 리스크를 감안할 때, 반도체, 자동차, 석유화학, 건설 등의 장치산업 분야에서 중국에 대규모 투자 프로젝트를 계획하고 있거나 자원개발, 인프라건설 분야에 신규로 투자·진입하려는 업체들은 경제적 타당성과 함께 반드시 정치적 리스크를 면밀히 점검해봐야 한다. 영화, 드라마, 웹툰, 음원 등 문화 콘텐츠를 중국 측과 공동제작하거나, 중국 내 위성방송사(예: 후난, 저장 등의 위성TV), 인터넷 포털(예: 바이두 등), 동영상 유통업체(예: 요우쿠-투더우, 아이치이 등)등을 통해 방영·유통하려는 업체들도 '한한령(限恨令)', 혹은 '금한령(禁韓令)'에 의한 피해 가능성을 염두에 두고 동남아, 서남아, 중동 등지로 시장을 다변화해야 한다.

(2) 사회문화적 환경

사회문화적 환경은 논자의 관점, 기준에 따라 다양하게 정의될 수 있다. 비교문화론적 관점에서 보면, 국가수준의 문화를 비교한 학자로는 홀

(E.T. Hall)과 홉스테드(G.Hofstede)가 대표적이다. 인류학자인 홀은 Beyond Culture(1976)에서, 의사소통 시 계약·문서와 구두합의 중 어느 것을 더 중시하느냐에 따라 구두합의를 중시하는 '고배경 문화(high-context culture)'와 계약·문서를 통한 명시적인 의사전달을 선호하는 '저배경 문화(low-context culture)'로 구분했다. 홀의 기준에 의하면 서방은 계약·문서를 존중하는 저배경 문화, 중국은 구두합의를 중시하는 고배경 문화에 속한다. 따라서 중국에서 협상을 진행할 때에는 언어 자체의 뜻과 함께, 상대방의 표정과 분위기에 함축된 정보를 종합적으로 이해해야 하며, 수출입, 투자계약이 체결되었다고 해서 안심해서는 안 되며 집행과정에서의 위반 여부를 지속적으로 사후 관리하는 것이 중요하다.

한편, 異문화 간 의사소통(cross-cultural communication) 연구자인 홉스테드(Hofstede; 2001, 2009)는 한 사회의 문화가 구성원의 가치관, 행동에 미치는 영

표 1_ [비교문화론적 관점에서 본 중국인, 한국인, 일본인]

	중국인	한국인	일본인
개인주의/ 집단주의	집단주의→개인주의	개인·집단주의 혼재	집단주의적
권력거리 (Power distance)	大	大	大
Orientation (Time Horizon) 의 장기성	• 자신, 자사 일에는 장기적 • 對외국인, 외부인 비즈니스는 단기적	단기적 성향이나 장기성향 강조	장기적 '가이젠(改善)' 문화
위험에 대한 태도	위험감수형 (당·정 관료 제외)	위험감수형	위험회피형
자유분방함 vs. 절제	절제 (90후 세대 예외)	자유분방함이 절제의 미덕을 추월	사회적으로 절제의 미덕 칭송됨
신뢰·충성에 대한 태도	• 내부인: 신뢰 중시 • 외부인: 단기적 관점에서이용; 배신에 관한 경계심 강함	• 인간관계상의 신뢰와 일관성 중시 • 불투명성 높음	조직의 이념·철학에 대한 충성 중시
외부인에 대한 개방성	외부인은 경계, 불신	비교적 개방적이며 마음을 쉽게 줌	외부인에게 친절하나 본심은 숨김
준법정신	매우 취약	비교적 미약함	강함

향을 요인분석(factor analysis)하는 과정에서 국가 간에 어떠한 문화적 차이가 있는 지를 분석하였다. 홉스테드는, 1967~1973년 사이에 전 세계 IBM 지사에서 근무하는 현지 임직원을 대상으로 국가 문화 간에 ① 권력거리(power distance)의 대-소, ②개인주의 對 집단주의(individualism vs. collectivism), ③ 불확실성 회피심리(uncertainty avoidance), ④ 남성성 對 여성성(masculinity vs. femininity) 등 '4가지 문화 차원(cultural dimensions)에 있어 체계적 차이(systematic differences)가 있는지를 실증 분석했다.

다른 연구자와의 후속연구에서는 요인믹스에 ▲ 장기 대(對) 단기지향성(long-term vs. short-term orientation), ▲ 탐닉성향(indulgence) 대(對) 절제성향(restraint)의 두 가지를 추가하였다. 장기지향성은 '먼 앞을 내다보는 상황변화에 대한 유연한 적응과 혁신을 통한 실용적 문제 해결을 중시하는 문화(pragmatic problem-solving as a necessity)'를 말하며, 단기 지향성(short-term orientation)은 전통을 중시하고 변함없는 일관된 태도·자세(steadfastness)를 중시하는 문화를 말한다. 한편 '관대한 사회(indulgent societies)란 사회구성원이 원하는대로 자신의 감정과 생활을 독자적으로 표출하고 통제할 수 있는 자유분방한 사회를 말하며, '절제형 사회(restrained societies)'란 사회적 속박과 절제의 강요 때문에 생활·감정의 독자적 표출 및 통제가 어려운 사회를 말한다.

〈표 1〉은 비교문화론적 관점에서 중국인, 한국인, 일본인의 문화 차원을 정리해 놓은 것이다. 중국의 경우 세대별·지역별로 차이가 있긴 하지만, 집단주의에서 개인주의로 이행하고 있으며, 중국 조직문화의 특성상 구성원 간 권력 거리가 멀고, 장기 성향도 내부자(insiders)와의 비즈니스 거래에서만 표출된다. 반면, 위험에 관해서는 '위험감수 성향(risk-takers)'이 강하고 감정의 절제를 강요받는 문화에 있다고 할 수 있다(80후, 90후 세대는 예외).

국제경영분야에서는, 특정국가의 문화를 판단할 때 '준거 기반형 사회(rule-based society)'인가의 여부에 관심을 많이 갖는다. 중국의 '꽌시(關係) 문화'가 학계에서 주목을 받고 있다. 꽌시문화는 중국 비즈니스에 혈연, 지연, 학연, 직장 등 인맥관계(personal connection)의 긴밀성(closeness)과 질(quality)이 중요한 역할을 한다는 것인데, 다른 조건이 동일하다면, 인맥관계를 잘 관리하는 기업·사람이 그렇지 않은 기업·사람보다 중국 비즈니스에 유리하다는 것을 뜻한다.

중국 꽌시문화는 춘추전국 이래로 매우 인본주의적이어서 마을사람, 친척, 친구끼리 친분·우정을 교환하고 상부상조하는 데 그 목표가 있었다. 이 같은 인본주의적 꽌시문화는 명-청-국민당 시대까지 이어져 내려 왔으나 사회주의 대개조(1949~53), 대약진(1956~58), 문화혁명(1956~1966), 사인방 사건(1976~1978) 등 정치적 격변의 과정을 거치면서 꽌시구축의 목적이 자신과 가족의 안전을 담보하는 일종의 '정치적 안전망(political safety net)' 역할로 전환되기도 했다.

그러나 80년대 중반 이후 시장지향형 개혁·개방이 심화·확대되고, 물질주의가 사회에 범람하면서 중국의 꽌시문화는 경제적 실리와 편의를 교환하는 문화로 왜곡·변질되기 시작했다. 물론 긍정적인 기능도 수행했다. 정책-법규의 진화과정에서 꽌시는 일종의 '관계 자본(relational capital)'으로서 법규해석상의 모호성을 보완하고, 법규 집행상의 융통성을 확보해줌으로써 사회주의 시장경제 체제의 미비점을 보완하면서 자원배분을 도와주는 윤활유와 같은 역할을 수행하기도 했다. 기업, 관공서 등 단위 조직 내 미시적 차원에서도 꽌시문화는 순기능이 있었다. 조직구성원 상호간에 높은 수준의 신뢰를 교환하게 해주고 구성원 간의 일체감(oneness)을 높여 줌으로써 조직을 안정화시키고(stability), 조직몰입도(organizational commitment)를 높이는데 기여하고 있기 때문이다.

그러나 인본주의적 꽌시문화가 '경제적 실리를 교환하는' 전략적 관계로 변질되고 세속화되면서, 부패 등의 부작용도 속출하게 되었다. 서방 관찰자들에게 중국 경제는 '흥정경제(bargaining economy)' 혹은 '선물경제(gift economy)'라고 불리는데, 시장 진입 전 투자허가, 정보 획득과 관련하여 식사·술과 골프, 연회 접대, 선물 교환 등과 같은 거래비용(transaction costs)을 지불해야 하기 때문이다. 진입 이후에도 위생·안전·환경보호·내수판매인증(CCC)의 획득, 통관 등에는 당·정 관료와의 우호적 관계가 필수적인 경우가 많다. 소매유통, 요식, 호텔, 골프 업계와 외국기업은 이 같은 관계 중시문화를 선물용품, 주류, 사치품, catering서비스 등의 판매 증대에 활용하기도 한다.

다만 꽌시문화가 기업조직에 미치는 폐해도 많다. 경쟁력, 지식·기술·경험, 성과 등 기본적 요인보다도 인맥관계의 친소성, 긴밀성이 비즈니스 거래의 성패, 조직구성원의 성공에 영향을 미칠 경우 이 같은 관계주의 성향(relationalism) 때문에 유능한 사람이 배척당하게 되고, 의사결정 과정에서의 이익충돌, 인사관리상의 왜곡으로 인해 내집단 구성원 간의 화합이 저해하는 등의 '부정적 외부효과'(negative externalities)가 초래되게 된다.

꽌시문화의 폐해는 거시경제, 사회 전체적으로 보면 더 명확해진다. 특히, 인맥관계가 넓은 '꽌시후(關係戶)'가 정부정책에 관한 정보를 독점할 경우, 정보열 위에 있는 외부자, 특히 외자기업들은 非경쟁력 요인으로 시장경쟁에서 배제되거나 도태된다. 이와 같은 불공정 경쟁을 우회 돌파하기 위해 당·정 관료에게 리베이트를 바치거나 뇌물을 줄 경우 불건전하고 부패한 상거래 문화가 고착화될 것이다.

물론 꽌시문화 자체가 부패 문화는 아니다. 그러나 인허가 과정, 법 집행 과정에서 기업구성원이 파워엘리트들과 유착하고, '갑'의 위치에 있는 계약당사자들이 이를 남용할 경우, '법의 지배(rule of law)'는 퇴색하고, '경제적 거래관계'는 '사회적 거래관계'로 바뀌게 된다. 즉 꽌시문화는 비즈니스의 융통성, 유연성이란 이점을 수반하지만, 법치주의와 사회적 규율을 약화시켜 불공정 경쟁 문제를 야기시킨다. 결국 법 위에 '인맥관계'가 군림하는 소위 '人治주의' 사회가 고착화됨은 물론, 꽌시 집단 내에 들어 있는 파워엘리트 관료들이 고급정보와 권한을 이용해 사적 이익을 추구하는 소위 '지대추구 행태(rent-seeking behavior)'가 사회에 범람하게 된다.

중국 시장에 진입하려는 외국인, 외자기업들에게 이 같은 '연고 사회주의(crony socialism)'는 일종의 '차별적 문화 진입장벽(discriminatory cultural entry barriers)'이다. 골프장의 회원권 같은 Club재'인 꽌시문화에 익숙하지 않을 경우, 외부자(outsider)로서 시장접근권(market access right)을 제약당하게 되고 이를 극복하기 위한 접대비 등 거래비용(transaction costs)을 추가로 지출해야 한다.

2012년 말 권력을 잡은 시진핑 주석이 '의법치국(依法治國)'의 기치 아래 반부패 등 관련 법규 집행을 강화해 꽌시문화의 폐해를 극복하고 '준칙기반형 사회'로 전환하려는 노력을 하고 있지만 부패 퇴치 성과가 지속될 수 있을지는 더 두고 볼 일이다.

(3) 경제 및 투자 법제적 환경

외국기업의 입장에서, 중국의 경제 및 투자법제적 환경은 ▲ 내수시장으로서의 중국, ▲ 거시경제적 환경, ▲ 인건비 상승과 법제도의 급변 등의 세 가지 측면에서 살펴볼 수 있다.

1) 내수시장으로서의 중국

우선, 지리적으로 가까운 거대 신흥시장으로서의 중국의 특징은 ▲미국 다음가는 전 세계 2위의 GDP 규모, ▲ 8,261달러에 달하는 1인당 GDP수준(세계 75위; IMF, 2016), ▲ 6.5%~6.7% 대의 상대적으로 높은 실질GDP 성장률, ▲ 한국과의 FTA협정 발효(2016.12) 등에서 잘 나타난다.

첫째, 중국은 미국(2015년 전 세계 GDP의 24%)에 이어 10조 8,700억 달러(2015년 기준)의 GDP로 전세계 GDP의 16%를 점하고 있다. 1979년 개혁·개방 이후 2010년까지의 31여년 동안 중국은 연평균 9.5% 대의 높은 GDP성장률을 유지해왔다. 비록 2007년(11.4% 성장)을 정점으로 2011~2013년간에는 7.7%, 2014년에는 7.3%, 2015년에는 6.9%, 2016년 6.7%(잠정 발표치)로 낮아지고는 있지만([그림 1] 참조), 6.7%의 경제성장률은 국제적으로 봐도 매우 높은 성장률이다.

방대한 시장규모와 확대잠재력을 차치하고라도, 중국 시장의 전략적 중요성은 26%(2015년)에 달하는 한국기업의 대중 수출의존도, 제1위의 무역흑자 기여국이라는 사실에 의해 입증된다. 중국 시장에서 점하는 한국산의 점유율은 10.1%(2015년)로 제1위이고, 2015년엔 903억 달러, 2016년 1~10월에는 708억 달러의 무역흑자를 창출해 주고 있다. 중국의 입장에서도 한국은 홍콩을 제외할 경우, 미국, 일본에 이은 제3위 교역대상국이며, 5대 교역 대상국 중 FTA를 체결한 유일한 국가이기도 하다.

그림 1_ [최근 5년간 중국 실질GDP성장률 둔화 추이(2011~2016년)]

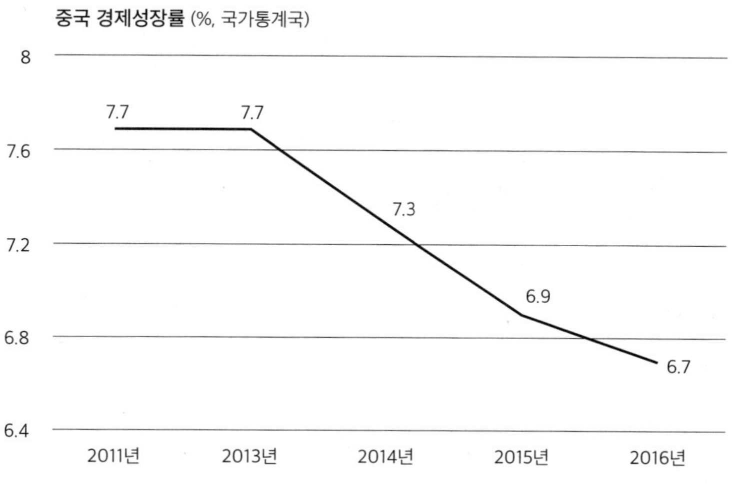

자료_ 중국국가통계국 데이터베이스(http://www.stats.gov.cn/tjsj/ndsj/) 및 중국 언론 발표

그림 1_ [한·중간 무역의존도와 무역보완도]

〈한·중 양국간 무역의존도〉

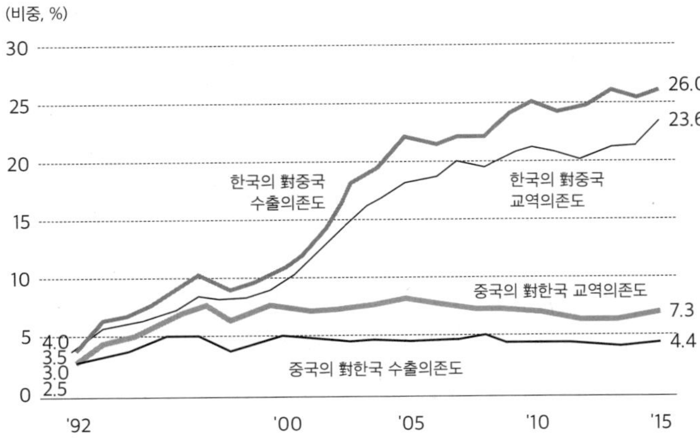

자료_ 한국무역협회. UN Comtrade 자료로 HRI 구성

〈한·중 무역보완도지수 (8대산업)〉

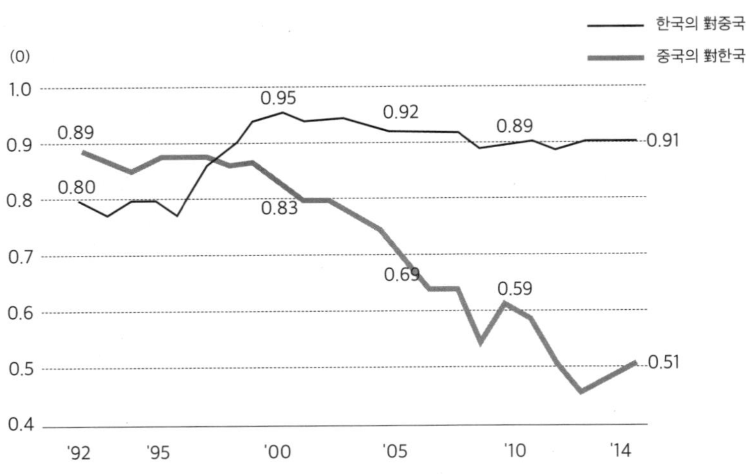

주_8대 산업은 석유·석탄, 철강, 철강제품, 기계, IT, 자동차, 조선, 정밀기기임.
자료_ UN Comtrade 자료로 HRI 계산

다만, 한·중 자유무역협정(FTA)의 발효(2016. 12)에도 불구하고, 사드(THAAD) 배치 발표 이후 화장품, 음식료품, 소형가전(예: 공기청정기), 주택용품(예: 비데), 전기차배터리, 문화콘텐츠(예: 드라마, 공연) 등에 걸쳐 중국 측의 비관세 장벽(NTB: non-tariff barriers)이 두터워지고 있는데다가, '차이나인사이드(China Inside)' 정책으로 인해 소재·부품 현지 조달비율이 높아지고 있어 양국 간의 교역증가율은 급속도로 둔화되고 있다. 실제로 2016년 1~11월간의 한-중 간의 교역 감소폭(달러기준)은 전년 동기 대비 9.4%로 중국의 전체 수출입 감소폭(-6.9%)은 물론, 미국(-7.5%), 대만(-4.9%), 독일(-3.3%), 일본(-1.7%)의 감소폭을 상회하고 있다.

중국 내수시장의 경쟁강도가 높아지고 있는 점도 한국기업에게는 부담이다. 2001년 말 WTO 가입 이후 글로벌 다국적 브랜드의 진입이 증가하고 로컬 기업의 경쟁력이 높아지면서 브랜드 경쟁이 격화되고 있으며, 철강, 시멘트, 석탄, 가전, 자동차, 휴대폰 등 '과잉설비' 또는 '공급우위' 업종의 경우 가격경쟁이 치열하다. 이 외에도 생산재(산업재), 인터넷·통신·문화콘텐츠·금융·의료서비스 부문에 대한 정부의 간섭과 통제가 비교적 심하다는 점도 중국 내수시장 평가 시 할인요인이다.

2) '뉴노멀(新常態)' 중국 경제

중국 거시 경제의 상황도 중요하다. 이와 관련해 가장 중요한 것은 중국경제가 소위 '뉴노멀(新常態; New Normal)' 상태에 있다는 사실인데, 〈표 2〉는 '뉴노멀 중국 경제'의 정책방향을 주요 분야별로 요약해 놓은 것이다. 과거와 다른 점은 6~6.5%대의 중속성장(실질 GDP 기준)이 정상적인 것으로 간주되고, 양적 팽창보다는 생산성 향상, 혁신 등 질적 성장이 중시된다는 점이다. 특히 '공급 측면(supply side)'의 구조조정을 강조하고 있는데 철강, 시멘트, 조선, 석탄화학, 가전제품, 태양광 등 과잉설비(over-capacity)에 시달리고 있는 중후장대형 전통산업을 상시적으로 구조조정하고, 국유기업 통폐합을 통한 한계기업의 대외매각과 퇴출을 서두를 뿐만 아니라, 2008년 글로벌 금융위기 극복 과정에서 풀린 과잉유동성으로 야기된 부동산 부문의 거품을 각종 금융·세제조치를 통해 점차 걷어내겠다는 것이다.

한편, 사물인터넷(IoT), 클라우딩, 빅데이터, 모바일 상거래, 인공지능(AI) 로봇, 드론 등 4차산업, 반도체, OLED, 신소재, 바이오 등 소재·부품과 5G 이동통신, 바이오 산업은 집중 육성·지원할 예정이다. 이와 관련, 중국 정부는 제조업과 인터넷, 4차 혁명산업 간의 융복합을 강조하는 '인터넷 플러스(Internet Plus)' 전략, 제조업의 핵심 원부자재·부품 현지조달비율을 2025년까지 80% 수준으로 높이려는 '차이나 인사이드(China Inside)' 전략, 2020년까지 영국과 한국, 2025년까지 독일과 일본, 2035년까지 미국을 따라잡겠다는 '중국제조 2025' 전략, '만인에 의한 창업과 혁신(大衆創業, 萬人創新)' 정책 등을 전개하고 있다.

금융·외환·자본시장의 단계적 개방과 국제화도 중점 추진 과제이다. 중국정부는 상하이 등 전국의 7개 지역에 자유경제무역구(free economy & trade zone)를 설치, 예대금리 자유화 등에 관한 금융시스템 개혁을 실험하고 있으며, 위안화 국제화에도 박차를 가해 위안화가 IMF SDR 구성통화로 편입된 바 있다. (2016.12) 다만, 위안화는 아직도 관리변동환율제(managed floating system) 하에 있어 인민은행의 시장 개입이 심한 편이며 2016년 이후에는 위안화 가치 방어를 위한 역외 시장 개입이 자주 일어나고 있다. 2012년 이후에는 상하이, 선전 증권거래소로 대표되는 자본시장도, QFII(Qualified Financial Institutional Investors), RQFII (Renminbi Financial Institutional Investors)의 도입, 후강퉁 시행(2014. 11. 17), 선강퉁 개시(2016. 12. 5) 등에 따라 대외개방 폭이 단계적으로 확대되고 있으며, 중국 은행·증권·보험사의 해외진출도 가속화되고 있다.

표 2_ ['뉴노멀' 중국 경제의 주요 정책방향]

성장	• 질적 성장(혁신, 생산성 향상) 중시 • 6~6.5%대 내외의 중속성장 (실질 GDP 기준) • 창업과 혁신(大衆創業, 萬人創新) 분위기 확산
산업·기업구조 조정	• 중후장대형 구 산업의 상시 구조조정 및 부동산 거품의 점진적 해소 • 디지털시대에 맞는 소재·부품산업 '뉴트렌드' 전략산업, 4차 혁명산업 육성·지원을 통한 산업기술구조의 고도화 • 국유기업 통폐합, 한계기업 퇴출의 동시진행 • '중국제조 2025' '차이나인사이드' '인터넷 플러스'
외환·금융	• 위안화 국제화와 가치 안정화 • 금융 및 자본시장의 단계적 개방과 현대화
통상	• RCEP 등 지역통합체 및 쌍무적 FTA 추진
인프라	• '일대일로(一帶一路)' 전략과 연계된 국제 수송인프라의 확충 • 친환경 스마트 도시 중심의 도시화(都市化) 추진 • 금융통합전산망, 인터넷 - 방송 - 통신 융합의 완료

3) 인건비 상승 및 투자관련 법제적 환경의 변화

외자기업에게 거시경제적 환경 못지 않게 중요한 것이 인건비, 투자관련 법제도 환경이다. 우선, 중국 내 조립·가공을 통해 생산비를 절감하려는 기업들에게 인건비 급상승은 가장 큰 걸림돌 중 하나이다. 실제로 월평균 최저임금으로 본 중국의 인건비 수준은 90년대 이후 7~8%씩 꾸준히 올랐고, 2008년 〈신노동계약법(新勞動合同法)〉 발효 이후에는 동부 연해지역의 경우 매년 12~15%씩 상승하였다. 2014년 이후에는 그동안 임금수준이 상대적으로 저렴했던 중서부 내륙 지방마저 최저임금과 보험 복리비가 빠른 속도로 올라가고 있다. 그 결과, 중국 전체의 평균 최저임금은 2010년의 877원(한화 16만원)에서 2015년에는 1,564원(한화 28만원)으로 두 배 가까이 증가하였으며, 상하이의 경우, 2010년 평균 1,120위안(한화 20만원)하던 최저임금이 연평균

그림 3_ [중국의 인건비 인상 추이]

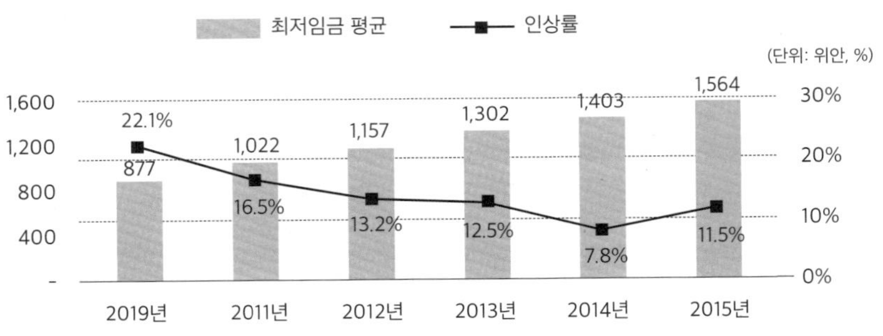

자료_ 중국신문망(中国新闻网) 등 중국 각 언론사 자료 취합 정리

14.6%씩 올라(6년간 누적 상승률 67.7%) 2016년에는 2,190위안(한화 40만원)으로 2배 가까이 상승하였다.

2000년대 들어서는 경제법제도의 준수도 강조되고 있다. 90년대 말까지만 하더라도 중국 내 외자기업들은 경쟁력 제고나 법규 준수보다는 인맥관계 동원을 통해 현지 규제를 우회 돌파하려는 소위 '꽌시(關係)문화 편승형' 행태가 강했다. 그러나 2000년대 들어 외자기업에 대한 이전가격, 탈누세 처벌과 세무조사가 강화되고, 2014년 10월에 개최된 18기 4중전회에서 시진핑 주석이 '의법치국'(依法治國-법에 따른 국가통치) 원칙을 공표하면서, 반독점법, 반부패 관련 법규(형법 포함) 등의 집행이 엄격해지고 있다.

그 좋은 예가 가격담합(price fixing), 덤핑, 끼워팔기, 시장지배력 남용 등의 불공정 행위로 반독점법(反壟斷法)을 위반한 GM, VM, 퀄컴 등 다국적기업들에 대한 천문학적 액수의 과징금 부과이다. 상하이시 물가국에 따르면(2016.12.23), 중외합자기업인 상하이GM은 캐딜락SRX와 뷰익 판매시 중국 내 딜러(代理商)에게 최저판매가격을 강요하고 이를 어긴 딜러에 대해서는 인기 모델차량의 공급을 일시 중단한 것으로 조사되었다. 결국 상하이GM

은 몰가국으로부터 위법행위의 즉각적 중단, 관련된 모델 연간 판매액의 4%에 해당하는 2억100만 위안(약 341억 7000만 원)의 벌금을 부과받았다.

반부패법도 강도 높게 집행되고 있다. 2012년말 출범한 시진핑 정부는 "부패만연으로 인해 체제가 붕괴될 수도 있다"는 인식하에 반부패 캠페인을 강도 높게 전개하였다. 2013년부터 저우용캉(前 정법위원회 서기), 보시라이(전 충칭시 서기), 쉬차이허우, 궈보슝(이상 2명 중앙군사위원회 부주석) 등 거물급 부패호랑이들을 사법처리하였으며, 2014년 6월에는 반부패 사회적 분위기를 조성하기 위해 관료주의, 형식주의, 향락주의, 사치풍조 등의 '사풍(四風)'을 배격하는 운동을 직장단위로 전개하였다. 그리고 2015년 하반기부터는 반부패 조사활동의 전선(front)을 당·정 지도부의 고위 공직자와 국유기업 간부 위주에서 대학, 언론, 민간기업, 외자기업으로까지 확장하였다. 이 같은 반부패 캠페인은 젊은이들에게 시 주석이 '시따따'(習大大: 시 아저씨)로 불릴 만큼 국민들의 적극적 지지를 받았고, 시 주석은 정적 제거를 통해 '1인 지배체제'를 공고히 할 수 있었다. 이외에도, 반(反)테러법, 반간첩법 등을 제·개정하여 외국인 혹은 외자기업이 테러, 해킹, 국가기밀 누설 등 국가안전을 위협하는 행위를 할 경우, 강력히 처벌할 수 있는 법적 근거를 마련하였다.

이제 준법경영(compliance management)은 외자기업에게 기업시민(corporate citizen)으로서 사회적 책임을 다하는 CSR(corporate social responsibility) 이행의 초석으로 인식되기 시작했다. 중국에서 이윤극대화만을 추구하고 반독점법, 반부패법, 형법, 반테러법, 반간첩법 등 관련 제반 법규와 기업윤리를 지키지 않을 경우, 벌금, 과징금으로 인한 경제적 타격도 입겠지만, 신뢰 약화, 브랜드 이미지 추락 등으로 인해 2차 피해를 입고, 최악의 경우 중국에서 퇴출될 수도 있다. '준법리스크 관리'의 성패가 기업의 생존과 발전을 좌우하는 시대가 도래한 것이다.

3. 한국기업의 대중(對中) 투자진입 실태

(1) 대중(對中) 투자 진입방식

기업이 글로벌화를 추진하는 방식에는 크게 수출, 계약(프랜차이징, 라이센싱, 경영관리 등), 직접투자(FDI: Foreign Direct Investment)의 세 가지 방식이 있다. 이 중 가장 위험이 큰 진입방식(entry mode)인 FDI는 수출이나 라이센싱 혹은 경영관리 계약과는 달리, 투자대상국에 자본, 기술, 인적자원을 투입해야 한다. 그러나 FDI는 무역장벽 극복, 비용 절감(cost seekers), 시장 개척(market seekers), 자원개발(resource seekers), 전략적 자산 획득(strategic asset seekers) 등의 목표를 수행하는 데 효과적이어서 수출 혹은 라이센싱 방식으로 시작한 기업도 궁극적으로는 FDI로 진입방식을 고도화하는 경우가 많다. 물론 투자유치국 혹은 투자대상국(본 장에선 'host country'인 중국)이 아닌 투자를 하는 국가('home country'인 한국)의 입장에서 보면, FDI(해외직접투자)란 용어는 'ODI(outward direct investment; 대외직접투자)'로 다르게 표현될 수 있다.

그런데 직접투자 진입방식에는 100% 외국 측이 단독투자하는 소위 '독자투자(WFOE: Wholly-Foreign Owned Enterprise)' 방식과 진출 대상국(host country)의 현지 파트너와 자본투입, 손익, 리스크를 분담하는 'JV(Joint Venture)' 방식이 있다. JV는 한국에서는 합작투자라고 부르는데, 중국에서는 '중외합자기업'(equity joint venture; 이후 'EJV' 혹은 '합자기업'), '중외합작기업

(contractual joint venture; 이후 'CJV' 혹은 '합작기업')의 두 가지로 나뉜다. 관련 근거법이 다르기 때문이다.

EJV의 근거법은 〈중외합자경영기업법〉이다. 이에 따르면 외국 측과 중국 측은 출자지분율에 따라 손익과 이사 수를 분담한다. 다만, 등록자본 규정이 있어 모든 투자 상당액(현금, 토지, 건물, 지적재산권 등)은 반드시 자본화해야 하고 법인 형태로만 기업설립이 가능하다. EJV의 외국 측 최소 지분율은 25%이므로 그 미만은 전략적 투자자로 분류된다. 중국 정부는 〈외국인투자업종별지도목록〉을 통해 업종의 특성, 중국 측의 경쟁력, 외자 유치 목적, 보안민감도 등을 고려하여 외국 측이 50%를 초과하는 다수지분을 갖지 못하도록 출자지분 한도를 설정하는 경우가 많다.

한편, CJV의 경우, 등록자본금 관련 규정이 없기 때문에, 비법인 즉 프로젝트 방식으로도 투자가 가능하다. 근거법인 〈중외합작경영기업법〉에 따르면, CJV는 지분율과는 관계없이 계약서 내용에 따라 경영주도권, 손익책임을 분담하게 돼 있다. 이 방식은 중국에만 있는 방식으로 주로 토지 등 부동산을 많이 필요로 하는 호텔, 자원 채굴, 에너지 산업 등에서 주로 많이 쓰인다. 중국에 진입하는 한국기업의 대부분은 EJV 방식을 취하고 있다.

EJV이든 CJV이든 현지(여기서는 '중국') 파트너와 손익과 리스크를 분담한다는 점은 동일하며, 인허가, 기술인증, 통관 등 대관(對官) 업무, 현지 파트너의 유통망, 인맥관계, 정보이용, 현지 금융 등에 관해 현지 파트너를 받을 수 있다는 '기대 혜택(expected benefit)'도 동일하다. 중요한 것은 외국 측에 맞는 '좋은 현지 파트너'를 선택하는 것인데, 일반적으로는 전략적 합성(strategic fit), 조직적 합성(organizational fit), 문화적 합성(cultural fit), 재무 적합성(financial fit)이 뛰어나고, 자원 측면의 상호 보완성을 뜻하는 자원적 합성(resource fit)까지 갖추면 이상적이다.

JV방식의 진입은 중국 정부가 법 혹은 정책적 수요에 따라 요구하는 경우, 그리고 이 같은 법제도적 요구가 없더라도 모기업이 '전략적 필요

(strategic needs)'에 따라 JV 방식을 선택하는 두 가지 경우가 있다. 외국 다국적기업이나 한국 그룹 계열사 대기업의 경우 기업규모, 경영자원, 기술력, 정보력, 브랜드 파워, 재무 건전성, 등의 면에서 경쟁우위가 있지만, 중국 내수시장 개척에 현지 파트너의 도움이 필요하기 때문에 EJV 방식의 진입을 사용한다.

단독투자라 할 수 있는 'WFOE' 방식은 중국 내 독자적 자율 경영이 중요할 때, 생산기지를 중국으로 옮겨 인건비, 재료비 등 원가를 절감할 목적으로 진입한 중소기업이나 개인기업이 선호한다. 주로 일용잡화, 기타 소비재 분야에 진입하여 중국 내 조립 ·가공 후 미국, 동남아 등 제3국에 수출할 목적으로 들어간 기업들이 대부분이다. 다만 이 방식은 금융, 통신, 인터넷서비스 등의 기간 서비스산업이나 중국 기업의 경쟁력이 약해 기술 습득이 필요한 첨단 산업분야 특히 자동차, 신소재, ICT, 4차 산업(IoT, 클라우드 컴퓨팅, 빅데이터, 인공지능, 로봇 등) 등 지식·기술 집약적인 산업의 경우 중국의 법규, 정책 목적에 따라 허용되지 않는다.

(2) 투자진입 실태 분석

1) 대중(對中) ODI 총액의 연도별 추이

그러면 한국기업은 1993년 이후 2016년 1~9월까지의 기간 동안 중국에 매년 얼마나 많은 금액을 투자하였으며, 전 세계에 대한 대외직접투자(ODI)금액에서 점하는 한국의 비중은 어떻게 변하였을까? 그리고 한국기업의 대중 ODI는, ① 투자동기, ② 투자지분율, ③ 투자업종(서비스업, 제조업), ④ 투자진입 지역 등의 진입 전략 측면에서 어떻게 전개되었을까?

첫번째 질문에 대한 답은 한국기업 대중 ODI 총액의 연도별 추이, 대 전세계 ODI에서 점하는 연도별 비중 추이를 한꺼번에 보여 주는 [그림 4]에서 찾을 수 있다. 중국은 2010년까지만 해도 한국기업 ODI의 제1위 투자대

그림 4_

[한국기업 대중(對中) ODI 금액의 대(對) 전세계 비중 변화: 미국과의 비교 (1993 ~ 2016.1-9)]

〈對중국, 對미국 해외직접투자 금액〉

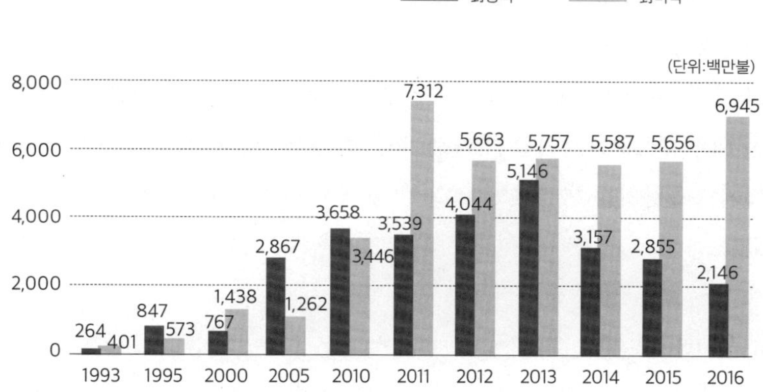

〈對중국, 對미국 해외직접투자 금액〉

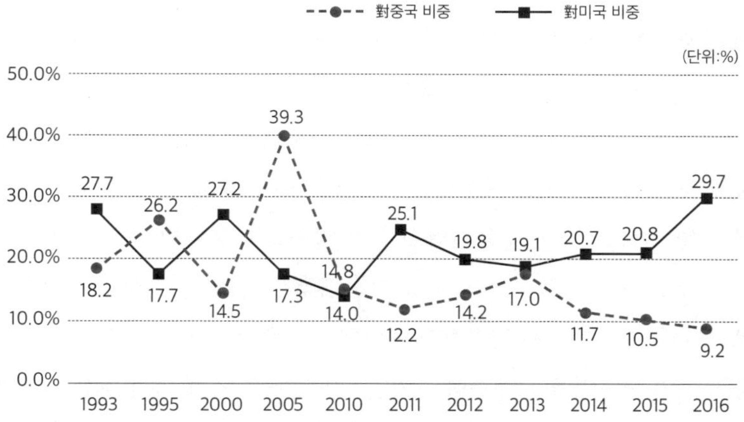

자료_ 한국수출입은행 데이터베이스, 투자금액 기준

상지였으나, 글로벌 금융위기 이후 중국의 성장률이 하락하고 투자환경이 나빠지면서 2013년(51억 4,600만 달러) 이후 지속적으로 하락해 2015년에는 28억 5,500만 달러(미국은 56억 5,600만달러), 2016년 1~9월엔 21억 4,600만 달러(미국은 69억 4,500만 달러)로 줄어들었다. 특히 2014년 이후에는 뒤에 상술하겠지만 인건비 상승, 투자법제 강화 등 중국 내 투자환경 악화로 인해 ODI 절대액수마저 감소하였다.

그 결과, 전 세계 ODI에서 점하는 중국의 비중은 2005년 39.3%로 정점을 찍은 이후, 2013년 대기업 투자로 잠깐 반등하기도 하였으나 다시 하락해 2016년 1~9월에는 대미(對美) ODI 비중의 1/3도 안 되는 9.2% 수준까지 떨어졌다.

2) 투자동기별 분포

일반적으로, 대외직접투자(ODI) 동기는 ▲ 현지시장 진출 ▲ 제3국 진출 ▲ 선진기술 도입 ▲ 수출 촉진 ▲ 자원개발 ▲ 저임 활용 등 여섯 가지로 나눌 수 있는데, 〈표 3〉은 한국기업의 대중 투자 동기가 미국, 일본 등 선진국 시장에 투자 진입할 때와 어떻게 다른지를 수출입은행 해외투자통계 데이터베이스에 기초하여 연도별, 대상국(host country)별 실제투자액을 기준으로 매 5년마다 그 비중의 변화 추이를 잘 보여 주고 있다. 여기서 알 수 있는 바와 같이, 對中 투자 한국 기업들의 경우 2005년까지만 해도 수출 촉진이나 저임 활용 동기가 미국, 일본보다 상대적으로 높았으나, 2010년 이후부터는 현지시장 진출(즉 내수시장 개척) 동기의 비중이 급속도로 높아져 2015년의 경우, 미국, 일본보다 높은 87%의 비중을 시현하였다. 본국(home country)인 한국으로의 수출 촉진 동기는 일본보다는 약했으나 중국보다는 강했다.

중국 저임 노동력을 활용하려는 기업은 2000년엔 전체 조사 대상 기업 투자액의 18%를 점했으나, 2005년에 정점(27%)을 찍고, 2015년, 2016년 1~9월에는 3%대로 하락했다. 일본, 미국의 경우, 연도와 관계없이 '저임활용

표 3_ [한국의 對中, 對日, 對美 투자동기의 비교(실제투자액 중 % 비중 기준)]

(단위:% 비중)

		2000	2005	2010	2015	2016(1~9)
현지시장진출	중국	10%	25%	59%	87%	79%
	일본	15%	53%	74%	52%	65%
	미국	23%	30%	63%	66%	73%
제3국진출	중국		0%	1%	1%	1%
	일본			0%	1%	1%
	미국		0%	7%	14%	15%
선진기술도입	중국					
	일본	2%	1%	14%	45%	2%
	미국	26%	6%	13%	14%	9%
수출촉진	중국	49%	26%	22%	6%	14%
	일본	37%	15%	12%	3%	30%
	미국	30%	34%	13%	5%	2%
자원개발	중국	1%	1%	9%	2%	0%
	일본					
	미국	5%	1%	4%	1%	1%
저임활용	중국	18%	27%	16%	3%	3%
	일본	1%	0%	0%	0%	0%
	미국	0%	1%	0%	0%	0%

주_공란은 해당연도에 데이터 부족으로 인한 것임

자료_ 한국수출입은행 데이터베이스 (2000~2016). 단, 2016년은 1-9월 데이터만 포함됨

그림 5_ [한국의 對中 투자 동기별 비중변화(투자금액기준)]

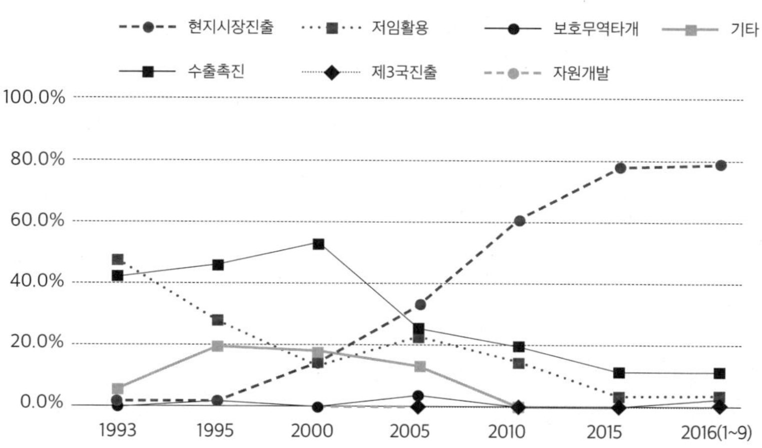

동기'는 0~1%의 미미한 비중만 보이고 있다. 2005년 이후에는 중국 현지 시장 개척 동기가 저임 활용 동기보다 강해지고는 있으나, 선진기술 습득을 위한 지식기술추구형 투자(knowledge seekers)의 경우 '법의 지배(rule of law)'의 미비, 취약한 지적재산권 보호 등의 문제 때문에 대일(전체의 45%), 대미(14%) 직접투자에 비해서는 매우 낮다.

한국기업 대중(對中) 투자의 동기구조(motivation structure)에 있어 가장 눈에 띄는 변화는 저임활동형, 수출촉진형에서 점차 현지 시장 개척형으로 바뀌고 있다는 점이다. 이 같은 변화에는 ▲ WTO 가입 시 중국 측이 양허한 서비스 시장 개방 일정에 따른 단계적 개방, ▲ 산업기술구조 고도화 지향형 중국 외자유치정책 기본방향과 한국 ICT 산업의 경쟁우위, ▲중국 정부의 민간소비 주도형 성장전략에 순응하면서 내수시장의 한계를 극복하려는 동기가 복합적으로 작용한 것으로 해석된다. 현지 시장 개척형 투자동기는 [그림 5]에서 알 수 있듯이 1993년에는 2.7%에 불과했으나, 2005년에는 전체 투자금액의 33.5%를 점하게 되었고, 2015~2016년에는 78%대로 높아졌다. 실제로 삼성그룹(반도체, LCD, 휴대폰, 가전제품 등), 현대차 그룹과 계열사(승용차, 상용차 및 동 부품), SK(반도체, 에너지, 석유화학 등), 롯데 그룹(음식료, 화학, 소매유통 등), CJ그룹(음식료, 바이오, 홈쇼핑, 문화콘텐츠, 요식업 등) 등의 핵심 기업과 계열사들은 2000년대 이후 '시장개척형 투자'(market-seeking FDI)를 적극적으로 확대했다.

섬유 의류, 봉제가공, 조립금속 등 노동집약적 경공업 부분에 종사하고 있는 중소기업들도 '원가절감 혹은 효율추구형 투자자'(cost-or efficiency-seekers)였지만 유사한 트렌드를 보이고 있다. '수출촉진-저임활용-제3국진출-보호무역 극복' 동기는 1993년만 해도 전체 대중 직접투자 금액의 89%를 점했으나, 중국 시장의 개화로 2005년에는 52.3%, 2015년(19.2%), 2016년 1~9월 기간(20.4%)에는 20%대 전후로 그 비중이 하락하였다.

3) 투자지분율과 평균투자 규모

한편, 대중(對中) 투자진입 한국기업의 중국 시장에 대한 몰입도(commitment) 혹은 위험감수(risk-taking) 정도를 알려면 한국 측의 소유권(투자지분율) 전략을 분석해 봐야 한다. 지분율이 100%이거나 이에 가까울수록 리스크를 감수하면서 보다 많은 자금을 출자하는 것이므로 중국 사업에 대한 몰입도와 통제 의지가 강하다고 할 수 있다.

지분율로 본 소유권 전략은 ▲ 단독투자(한국측 100% 지분; WFOE), ▲ 다수지분(50%초과 100% 미만), ▲ 동등지분(양측 50% 지분), ▲ 소수지분으로 나뉘는데, 중외합자기업이 요구하는 최저 지분인 25% 미만의 투자는 재무적 투자자 혹은 전략적 투자자로 정의된다.

〈표 4〉와 〈표 5〉는 1993~2006년 1~9월간 한국기업 대중 FDI 지분율 구조를 신규법인 숫자, 투자금액에서 점하는 각각 비중의 변화를 보여 주고 있다. 우선, 신규법인 숫자 비중을 보면 100% 단독투자는 수교 직후인 1993

표 4_ [한국의 對中 투자 신규법인수 지분전략별 % 비중 변화]

		1993	1995	2000	2005	2010	2011
신규법인수	소수지분투자	17.3%	17.3%	12.2%	12.5%	8.0%	9.7%
	동등지분투자	11.3%	11.6%	5.0%	3.4%	2.7%	2.8%
	다수지분투자	23.4%	22.8%	9.4%	7.0%	5.0%	4.6%
	단독투자	48.0%	48.3%	77.1%	77.1%	84.3%	82.8%
	합계	381	750	784	2254	893	822

		2012	2013	2014	2015	2016(1~9)
신규법인수	소수지분투자	9.6%	8.3%	10.9%	10.7%	10.2%
	동등지분투자	2.9%	1.8%	4.0%	3.7%	4.7%
	다수지분투자	5.3%	5.3%	5.9%	7.4%	7.1%
	단독투자	82.2%	84.6%	79.2%	78.2%	78.0%
	합계	719	817	698	701	509

주_10% 미만 투자는 제외됨

자료_ 한국수출입은행 데이터베이스(1993 ~ 2016)

표 5_ [한국의 對中 투자금액 지분전략별 % 비중 변화(1993~2016)]

		1993	1995	2000	2005	2010	2011
투자금액	소수지분투자	9.4%	8.3%	9.8%	5.8%	4.7%	7.0%
	동등지분투자	6.0%	6.3%	4.0%	4.9%	1.8%	5.0%
	다수지분투자	32.1%	33.3%	23.1%	15.3%	28.8%	15.4%
	단독투자	52.5%	52.2%	63.1%	74.0%	64.7%	72.7%
	합계	265	848	767	2864	3656	3523

		2012	2013	2014	2015	2016(1~9)
투자금액	소수지분투자	9.5%	5.3%	18.4%	10.0%	9.7%
	동등지분투자	7.9%	3.2%	0.4%	10.8%	13.9%
	다수지분투자	18.9%	21.0%	20.4%	23.4%	19.4%
	단독투자	63.8%	70.5%	60.8%	55.9%	57.0%
	합계	4040	5139	3046	2854	2146

주_10% 미만 투자는 제외됨
자료_ 한국수출입은행 데이터베이스(1993 ~ 2016)

그림 6_ [제조업 신규법인당 평균 투자규모]

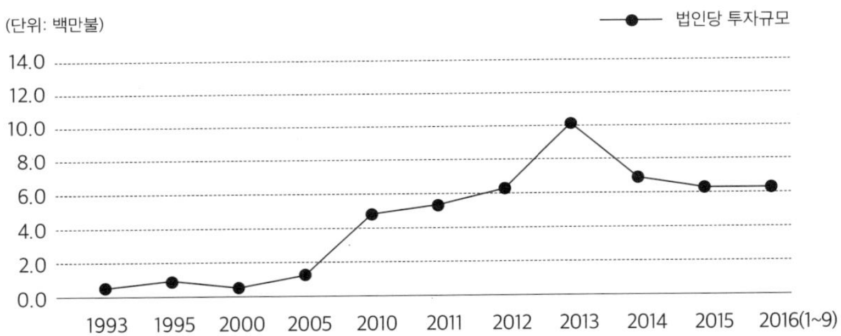

년만 해도 전체의 48%에 불과했으나 2013년에는 84.6%까지 높아졌다가, 2014년~2016년 기간에는 78~79.2%의 수준에서 움직이고 있다. 50%를 넘는 다수지분 투자 법인의 비중 역시 2010년~2014년 동안 4.5~5.9%였으나 2015년 이후에는 7%대 이상으로 높아졌다.

대중 투자금액을 기준으로 지분율 구조를 분석해 봐도 결과는 유사하다.

단독투자(WFOE)는 1993년에는 전체 대중 투자액의 52.5%에서 2011년에 72.7%까지 높아졌다가 2014년 이후에는 55.9~60.8% 수준에서 변동하고 있다.

기계, 조립 금속 등 일부 제조업종과 유통·물류·호텔관광, 기타 저부가 가치 서비스 분야 진입 시 합자·합작투자 형태로만 진입하고 출자 지분한도도 있었는데 2000년 이후 WTO 양허 일정에 따라 이와 같은 투자규제가 점진적으로 완화되었기 때문이다.

2014년 이후 신규법인수, 투자액수 면에서 WFOE 비중이 낮아진 것은 중국정부의 외자유치 정책의 중점이 2013년 이후 자동차, ICT 등 신기술 분야 위주로 고도화되고 이들 업종에 대해서는 일반 업종 종사 외자기업(25%)보다 낮은 15%의 법인세율을 적용하는 대신, 소수지분의 합자·합작투자형태의 진입 요건을 부과하였기 때문이다.

한편, 한국기업의 중국 제조업 부문에 대한 평균투자 규모는 [그림 6]에서 보는 바와 같이 수교 1년 뒤인 1993년에는 70만 달러에 불과했으나, 2005년에는 150만 달러로 커졌고, 2010~2013년 기간에는 자동차, 반도체 등 장치 산업에 대한 한국 대기업들의 대규모 투자가 이뤄지면서 평균 투자규모가 최소 560만~최대 1160만 달러로 확대되었다. 그러나 2014~2016년 기간에는 700~800만 불 수준에서 움직이고 있다. 2015년의 경우, 319개의 법인이 22억 6,420만 달러를 신규로 투자해 평균 투자규모가 720만 달러였고, 2016년 1~9월에도 723만 달러 수준이다.

4) 서비스 업종에 대한 투자증가

한국기업 직접투자의 업종별 분포는 [그림 7]과 〈표 6〉에 나타나 있다.

여기에서 알 수 있는 첫번째 특징은 2013년(투자금액) 혹은 2014년(신규법인수) 제조업의 비중은 낮아지고 있는 반면, 서비스업 비중은 모두 높아지고 있다는 것이다. 중국 서비스 업종에 대한 한국 신규 법인 숫자는 1993년에

그림 7_ [對中 제조업 및 서비스업 신규법인수 비중]

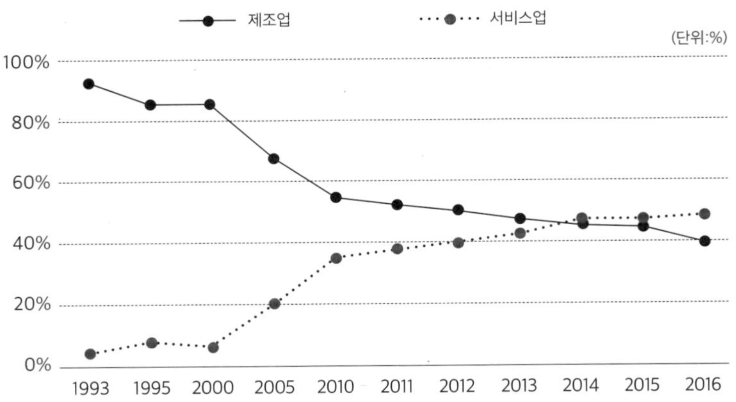

주_2016년은 2016년 1~9월까지임.
자료_ 한국수출입은행 데이터베이스 (1993 ~ 2016).

는 전체의 4%에 불과했으나, 2013년에는 42%, 2016년 1~9월에는 49%로 늘어났다([그림 7]). 대중 투자액에서 점하는 서비스업의 비중 역시 1993~2016년 기간에 2%에서 14%로 높아진 반면, 제조업 비중은 95%에서 68%로 눈에 띄게 하락했다.

서비스업종 내에서는 2010년 이후 거의 모든 연도에 걸쳐, 도소매업에 가장 많은 한국기업 투자가 이루어졌으며, 전문 컨설팅 및 과학기술 서비스, 숙박 및 요식업, 영상 정보 서비스업이 그 뒤를 따르고 있다. (〈표 6〉 참조) 이 같은 서비스업 부문에 대한 투자 증가는 WTO 가입 양허 일정에 따라 2005년부터 소매 유통, 호텔, 관광 부문에 대한 진입 장벽(entry barriers)이 획기적으로 완화된 것에 이어, 2008년부터는 상하이자유무역지대(上海自由經濟貿易區; Shanghai Free Economy & Trade Zone) 등을 중심으로 의료, 금융, 문화 콘텐츠 서비스 등에 대한 진입 장벽이 크게 낮아진 것에 기인한다. 특히 2010년부터 진행된 ▲ 위안화 국제화 노력의 가속화, ▲ 부동산 관리, 은행, 보험, 펀드 매니지먼트, 자산운용 등 서비스 시장 개방 폭의 확대, ▲ 광둥, 푸젠, 톈진,

표 6_ [주요 업종별 투자금액 현황]

(단위: 백만달러)

	1993	1995	2000	2005	2010	2011
A. 연도별 전체 업종 총계	264.1	847.4	769.9	2,866.8	3,657.8	3,538.8
B. 제조업	250.9 (95%)	714.2 (84%)	586.6 (76%)	2306.1 (80%)	2751.1 (75%)	2666.9 (75%)
C. 농림수산업	2.6	4.2	1.2	8.2	5.8	4.8
D. 서비스업	4.2 (2%)	32.6 (4%)	122.6 (16%)	242 (8%)	407 (11%)	575.4 (16%)
• 도매 및 소매업	2.3	16.0	59.3	193.4	223.5	225.5
• 숙박 및 음식점업	1.0	14.7	57.8	27.0	47.0	8.0
• 출판, 영상 및 정보서비스업	0.0	0.3	5,2	7.8	8.8	23.0
• 전문, 과학 및 기술 서비스업	0.9	1.6	0.3	13.8	127.7	318.9

	2012	2013	2014	2015	2016
A. 연도별 전체 업종 총계	4,043.5	5,145.6	3,156.9	2,854.9	2,146.2
B. 제조업	2681.2 (66%)	4463.5 (87%)	2542.3 (81%)	2264.2 79%)	1462.2 (68%)
C. 농림수산업	2.8	6.7	1.0	0.6	0.9
D. 서비스업	298.8 (7%)	341.8 (7%)	323.2 (10%)	373.4 (13%)	298.9 (14%)
• 도매 및 소매업	173.3	246.1	250.9	242.4	151.8
• 숙박 및 음식점업	37.2	40.0	19.3	18.8	11.8
• 출판, 영상 및 정보서비스업	38.8	18.6	15.9	37.7	15.1
• 전문, 과학 및 기술 서비스업	49.5	37.1	37.1	74.5	120.2

주_2016년은 2016년 1~9월까지임.
자료_ 한국수출입은행 데이터베이스 (1993 ~ 2016)

산둥 등 4개 자유무역지대(FETZ) 추가 등의 정책이 대중(對中) 서비스업 투자 증가에 긍정적 영향을 미친 것으로 판단된다.

5) 제조업 주요 업종별 투자 분포

중국 제조업 내의 업종별 한국 투자의 분포에도 변화가 많았다. 〈표 7〉 및 〈표 8〉에서 보는 바와 같이, 1993~2014년 기간 동안 한국기업의 對中 제조

표 7_ [주요 제조업종별 투자금액 현황]

(단위: 백만달러)

	1993	1995	2000	2005	2010	2011
연도별 제조업종 전체 합계	250.9	714.2	586.6	2306.1	2751.1	2666.9
화학물질 및 화학제품 제조업	9.8	46.6	39.4	100.5	176.7	194.6
ICT 제조업	41.9	122.5	132.2	497.7	1351.8	791.4
의료, 정밀, 광학기기 및 시계 제조업	5.1	4.3	7.5	33.7	23.2	22.1
기타 기계 및 장비 제조업	4.6	49.0	34.3	112.9	163.6	220.9
자동차 및 트레일러 제조업	10.2	48.5	4.3	359.1	201.2	483.2

	2012	2013	2014	2015	2016
연도별 제조업종 전체 합계	2771.9	4372.5	2542.3	2264.2	1462.2
화학물질 및 화학제품 제조업	131.0	203.3	522.3	130.6	74.4
ICT 제조업	785.7	3149.5	884.2	536.4	312.9
의료, 정밀, 광학기기 및 시계 제조업	11.0	19.1	15.2	32.8	21.5
기타 기계 및 장비 제조업	142.6	94.8	91.1	163.5	37.4
자동차 및 트레일러 제조업	753.9	476.7	307.2	665.9	390.5

주_ICT 제조업은 전자부품, 컴퓨터, 영상, 음향 및 통신장비 제조업을 지칭한다.

업 부문의 투자액은 ICT (반도체, 디스플레이, 휴대폰, 가전, 전기-전자부품 등)에 의해 선도되었고, 2015년 이후에야 자동차 및 트레일러 산업에 의해 추월당했다. 이후에 비교적 투자액이 많은 업종은 화학물질과 화학제품, 기타 기계 및 장비제조 업종이다.

연도별로는, 2010년, 2013년에는 ICT 업종, 2005년, 2012, 2015~2016년에는 자동차업종에 대한 투자액이 상대적으로 많았다. 특히 2013년도의 경우 중국 ICT 부문 투자액(총 31억 4,950만 달러)이 전체 제조업 투자액수의 72%를 점할 정도로 높았는데 이는 2012년 9월 삼성전자가 시안(西安) 하이테크 파크(高 · 新技術開發區)에 10나노급 낸드플래시(V낸드) 공장을 착공하였고, 2014년 5월 완공할 때까지 20개월 동안 총 70억 달러 투자액 중 마무리 공정 관련 투자 대부분을 주로 2013년도에 집중했기 때문이다. 이외에도, 삼성SDI,

표 8_ [연도별 對中 상위 5개 제조업종 총 투자금액 및 비중]

(단위: 백만달러)

	2005	2010	2011	2012
총투자액	2306.1	2751.1	2666.9	2771.9
1	전자부품 제조업(22%)	전자부품 제조업(49%)	전자부품 제조업(30%)	전자부품 제조업(28%)
2	자동차 제조업(16%)	자동차 제조업(7%)	자동차 제조업(18%)	자동차 제조업(27%)
3	1차 금속 제조업(12%)	화학제품 제조업(6%)	기타 기계 제조업(7%)	1차 금속 제조업(7%)
4	의복 제조업(6%)	기타 기계 제조업(6%)	식료품 제조업(7%)	기타 기계 제조업(5%)
5	섬유제품 제조업(5%)	1차 금속 제조업(5%)	화학제품 제조업(7%)	화학제품 제조업(5%)

	2013	2014	2015	2016
총투자액	4372.5	2542.3	2264.1	1462.2
1	전자부품 제조업(72%)	전자부품 제조업(35%)	자동차 제조업(29%)	자동차 제조업(27%)
2	자동차 제조업(11%)	화학제품 제조업(21%)	전자부품 제조업(24%)	전자부품 제조업(21%)
3	화학제품 제조업(5%)	고무제품 제조업(12%)	전기장비 제조업(10%)	1차 금속 제조업(12%)
4	기타 기계 제조업(2%)	자동차 제조업(12%)	1차 금속 제조업(8%)	식료품 제조업(8%)
5	전기장비 제조업(2%)	전기장비 제조업(4%)	기타 기계 제조업(7%)	전기장비 제조업(7%)

주_자동차 제조업: 자동차 및 트레일러 제조업 | 전자부품 제조업: 전자부품, 컴퓨터, 영상, 음향 및 통신장비 제조업
화학제품 제조업: 화학물질 및 화학제품 제조업; 의약품 제외
고무제품 제조업: 고무제품 및 플라스틱제품 제조업 | 의복 제조업: 의복, 의복액세서리 및 모피제품 제조업
* 2016년은 2016년 1~9월까지임.
자료_한국수출입은행 데이터베이스 (2005 ~ 2016).

삼성전기의 전기차 배터리, 전자부품 공장 건설, 시안 팹(fab)의 정상 가동에 따른 60여 개 국내 부품 협력사들의 후속 진입도 ICT 부문 투자 증가에 영향을 미쳤다.

그러나, 제조업 부문에 진입한 신규 법인 숫자만을 보면 2005~2007년이 정점이었고, 2008년 미국 금융위기 이후에는 감소하고 있다. 실제로 2005년에 1,538개에 달했던 신규법인 숫자가 2010년에는 492개로, 2012~2015년에는 314~376개 수준으로 줄었다. 신규법인 1개 업체당 투자규모는 한국 대기업 집단에 의한 자본집약적 장치산업 투자(예: 현대차의 베이징 승용차 공장증설, 쓰촨 상용차 공장 신설 및 고기술 집약적인 ICT 부문 투자(예: 삼성전자 반도체, 삼성SDI,

LG화학의 전기차 배터리 투자)에 힘입어 2005년의 업체당 평균 150만 달러에서 2010년에는 평균 559만 달러, 그리고 2015년에는 평균 710만 달러로 점차 대형화되고 있다.

가장 최근인 2015~2016년으로 범위를 좁혀 보면, 현대기아차 그룹의 충칭 승용차 공장, 창저우 공장 신설로 대표되는 자동차 업종이 전체 제조업 투자의 27~29%를 점했고, 전자부품(반도체, LCD 등)이 21~24%, 1차금속이 10~12%, 식료품이 8%대의 비중을 점했다. 다만 10년 전에 4~5위였던 의복, 섬유제품 업종은 2015~2016년 5개 주도 업종 목록에서 사라졌다.

6) 지역별(省級) 투자 분포

2000년 이후 한국기업 對中 직접투자의 지역별 분포를 상위 10개 성급(省) 투자금액 중심으로 살펴보면 〈표 9〉과 같다. 수교 직후인 1993년만 해도 산둥(총 투자액의 33%), 랴오닝(17%), 헤이룽장(11%), 텐진(9%), 지린(5%), 베이징(5%) 등 환발해, 화북 및 동북지역이 전체의 80%가량을 차지했다. 특히 산둥성은 한국과 지리적·문화적으로 가까운데다가 한국공단을 조성하는 등 한국 투자유치에 적극적이어서 수교 후부터 2004년까지 비교적 많은 한국 투자를 중견 및 중소 기업 중심으로 유치할 수 있었다.

그러나 2005년 이후 중국 정부 외자유치 정책의 중점이 자본·기술집약적인 뉴테크·하이테크 제조업 쪽으로 옮겨지면서 ICT 및 친환경산업, 고부가가치 서비스업에 비교우위(comparative advantage)를 갖고 있는 장쑤(江蘇), 베이징, 상하이, 광둥(廣東) 등지로 한국기업의 투자가 몰리기 시작했다([그림 8]). 특히 2013년 이후 최근 3년간을 보면 31개 성급 정부(성·시·자치구)중 장쑤가 가장 많은 한국 투자를 유치했다. 장쑤성에는 쑤저우(蘇州), 난징, 우시(無錫), 난통(南通), 창저우(常州) 등지에 반도체, LCD, 휴대폰 클러스터와 공급망 사슬(supply chain)이 형성되어 있어 한국 ICT 기업의 투자집중도가 높아졌기 때문이다. 90년대 말까지만 해도 대만, 일본 업체에 비해 한

표 9_ [상위 10개省 투자금액, 신규법인수 및 신규법인당 평균 투자금액]

(단위: 백만달러; 개)

	1993	2000	2005	2010	2011
총 투자금액	264.1	766.9	2866.8	3657.8	3538.8
상위 10개성 투자금액	251.8	696.9	2706	3442.6	3348.3
상위 10개성 투자금액 비중	95%	91%	94%	94%	95%
총 신규법인수	382	784	2263	895	825
상위 10개성 신규법인수	364	750	2164	828	778
상위 10개성 신규법인수 비중	95%	96%	96%	93%	94%
신규법인당 평균 투자금액	0.7	1.0	1.3	4.1	4.3
투자금액 기준 상위 10개 성 1	산동성(33%)	산동성(36%)	산동성(25%)	강소성(33%)	강소성(21%)
2	요녕성(17%)	강소성(13%)	강소성(22%)	산동성(20%)	산동성(17%)
3	흑룡강성(11%)	북경시(11%)	북경시(16%)	길림성(9%)	요녕성(14%)
4	천진시(9%)	천진시(9%)	천진시(8%)	요녕성(8%)	광동성(12%)
5	강소성(7%)	요녕성(8%)	요녕성(7%)	천진시(7%)	상해시(9%)
6	길림성(5%)	절강성(4%)	상해시(6%)	상해시(6%)	천진시(8%)
7	북경시(5%)	상해시(3%)	절강성(4%)	광동성(5%)	북경시(7%)
8	광동성(4%)	길림성(2%)	광동성(3%)	북경시(4%)	절강성(4%)
9	상해시(2%)	광동성(2%)	하북성(2%)	절강성(3%)	길림성(3%)
10	하북성(2%)	흑룡강성(1%)	길림성(1%)	하북성(1%)	하북성(0%)

	2012	2013	2014	2015	2016
총 투자금액	4043.5	5145.6	3157	2854.9	2146.2
상위 10개성 투자금액	3535.7	4783.5	2336.5	2331.7	1888.4
상위 10개성 투자금액 비중	87%	93%	74%	82%	88%
총 신규법인수	721	818	700	702	509
상위 10개성 신규법인수	658	739	637	619	443
상위 10개성 신규법인수 비중	91%	90%	91%	88%	87%
신규법인당 평균 투자금액	5.6	6.3	4.5	4.1	4.2
투자금액 기준 상위 10개 성 1	북경시(30%)	섬서성(39%)	강소성(17%)	강소성(23%)	강소성(26%)
2	강소성(18%)	강소성(18%)	광동성(12%)	산동성(13%)	북경시(23%)
3	산동성(14%)	광동성(10%)	북경시(10%)	북경시(12%)	상해시(12%)
4	상해시(7%)	북경시(7%)	산동성(9%)	상해시(11%)	산동성(8%)
5	광동성(6%)	산동성(6%)	상해시(8%)	광동성(8%)	광동성(4%)
6	요녕성(3%)	상해시(3%)	천진시(5%)	천진시(6%)	사천성(4%)
7	천진시(3%)	천진시(3%)	섬서성(5%)	절강성(5%)	절강성(4%)
8	절강성(3%)	요녕성(3%)	절강성(3%)	사천성(3%)	길림성(3%)
9	사천성(2%)	절강성(2%)	사천성(2%)	요녕성(1%)	천진시(2%)
10	길림성(1%)	길림성(2%)	요녕성(1%)	섬서성(1%)	요녕성(1%)

주_2016년은 2016년 1~9월까지임. 자료_한국수출입은행 데이터베이스 (1993 ~ 2016)

그림 8_ [省별 연도별 투자금액 변화]

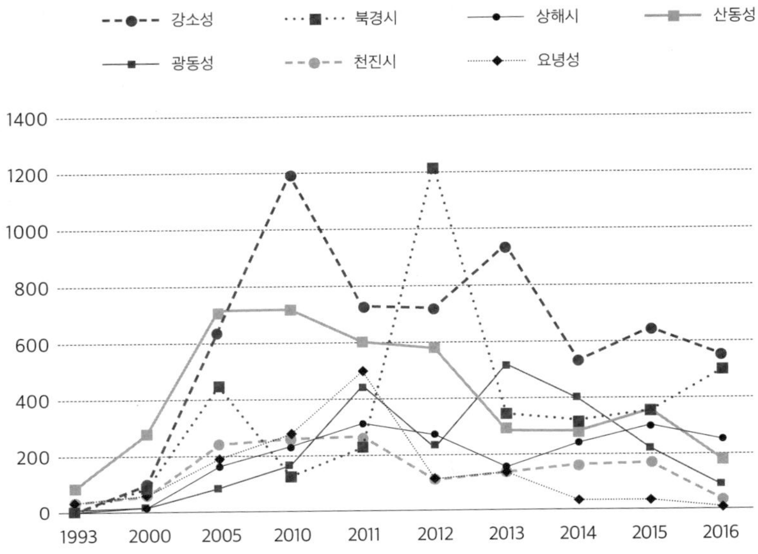

국기업의 투자 집중도가 낮았던 광둥성의 경우, 선전, 동관(東莞), 훼이저우(惠州) 역시 자동차, IT, 5G이동통신 및 관련 부품·장비산업이 발달하면서 1993~2005년 기간의 8~9위권에서 2010~2016년 기간에는 2~5위권으로 투자유치 순위가 올라갔으나, 수도 베이징의 경우, 현대차 그룹의 본사가 있고 한국계 자동차 부품 협력사의 후속 투자가 진행되면서 투자비중이 높아졌고, 상하이의 경우, 석유화학, 타이어, 금융, 무역 부문에 종사하는 한국기업집단의 투자가 2005년 이후 꾸준히 늘고 있는 상황이다.

4. 현지법인 경영성과 결정요인 및 애로사항

(1) 진입 후 中경영환경 변화와 진입전략의 재점검

이상에서 살펴본 바와 같이 한국기업의 대중(對中) 직접투자는 건수 면에서는 90년도 말까지 폭발적인 성장세를 멈춘 상태에서 투자액이 연도별로 소폭 부침하는 '고원현상(plateau phenomenon)'을 시현하다가 2000년대 들어서는 감소세로 전환하고 있다. 수교 이후 초창기 對中 한국기업의 투자가 저렴한 인건비를 이용해 동북3성, 산둥성 등지에서 조립·가공한 다음 노동집약적 제품을 제3국에 수출하려는 중소기업에 의해 주도되었기 때문이다.

그러나 2000년대 들어 중국의 투자환경이 ▲ 민간소비 위주의 성장정책으로의 전환, ▲ 新근로계약법(新劳動合同法; 2008.1) 도입과 최저임금, 보험·복지비 등 인건비의 급상승, ▲ 중국 산업·기술구조 고도화 정책 가속화, ▲ 토종기업의 가격·비가격 경쟁력 향상 등의 면에서 급변하면서 '세계의 공장' 내지는 '저임 생산기지'로서의 중국의 매력이 크게 감소하였다. 반면, 베트남, 미얀마, 등지의 경우 경제성장률이 높아지고 저렴한 비숙련 노동력이 상대적으로 풍부한 이들 동남아 지역에 대한 한국 투자가 늘어나기 시작했다. 국제노동기구(ILO)에 따르면, 2014년 기준 중국의 월평균 임금은 613달러이지만, 필리핀(215달러), 베트남(197달러), 인도네시아(183달러)의 경우, 인건비 상승에도 불구하고 중국 월평균임금의 절반 이하 수준이다. 따라서 중국에 신규로 진입하려는 한국기업은 인건비·물류비 등 비용요인, 1인당 GDP, GDP 성장률 등 시장요인, 관련 소재·부품산업의 발달에 관한 공급사슬요인, 투자유치 관련 정부정책요인, 정치·사회문화적 요인들을 동남아 지역 주요국 환경과 종합적으로 비교 평가해 對中 투자의 유인이 충분한지 면밀히 점검할 필요가 있다.

진입 이후에도 환경이 매우 역동적으로 변하는 중국의 경우 진입 전략의 재점검은 필수사항이다. 우선 중국국가발전개혁위원회가 2년에 한 번씩 발표하는 〈업종별 외상투자목록〉(按行業外商投資指導目錄)을 수시로 재검토해 중국 정부의 외자유치 및 산업정책 변화 방향을 숙지해야 한다.

보다 구체적으로는, 원가절감(혹은 생산지향형) 동기 혹은 내수시장 개척(혹은 시장지향형) 등 투자동기구조가 변화된 중국의 외부 경영환경에 부합되는지 재점검하고 중국 내 법인 존속의 정당성과 경제성을 자문해 봐야 한다. 중국 내 존속과 지속경영의 정당성이 담보될 경우에도 경영환경 변화를 고려해 현지 경영관리 시스템과 경영전략을 바꿔야 한다. 한국기업 對中 투자동기 포트폴리오(motivation portfolio) 비중조절의 효과성에 관한 연구는 강태구·김태석(2005)의 연구가 대표적인데, 이들 실증분석에 의하면, 표본 기업의 약 15% 정도가 중국 시장진입 이후 투자 동기를 바꾸는데, 한 가지 투자 목적에 집중하는 경우가, 두 가지 동기를 동시에 추구하는 경우보다 경영성과가 나은 것으로 나타났다. 또한 어느 투자동기를 택하느냐는 진입기업의 현지경영성과에 직접적인 영향을 미치지 않으나, 원가절감형 기업이 내수시장개척형 기업보다 투자동기의 명확성과 경영 성과 간 상관관계의 유의도가 높다는 것을 밝혔다.

투자동기의 변화는 진입 업종, 투자 형태(예: WFOE, EJV, CJV), 진입 지역의 변화를 수반한다. 2005년 이후 중서부 내륙지역 개방 폭이 확대되고 소매유통, 물류, 관광 분야의 투자형태규제가 단계적으로 완화되면서, 요식, 소매유통, 금융, 헬스케어 등 서비스업종에 대한 한국 기업의 투자가 증가하였다. 이에 따라 투자 형태(예: WFOE 투자증대), 진입 지역(예: 중서부 내륙 투자증가) 등도 자연스럽게 바뀌게 되었다. 또한 중국 현지에 생산법인, 판매법인 숫자가 늘어나고 현지금융 및 대정부 PR 수요가 커지면서 한국 기업집단 소속 대기업들은 중국 현지에 多공장경영(multi-plant operation)을 통합 관리할 수 있는 지역본부(regional headquarters) 혹은 지주회사(holding companies)를 설립하게 되었고, 이는 서비스업종 투자 증가로 투자 형태에 관해서는 중외합자기업(EJV), 중외합작기업(CJV) 형태의 중국시장 진입이 준 실망감도 100% 단독투자(WFOE) 성향 강화에 기여하였다. 90년대까지만 해도 중국 정부의 법적 허가요건 때문에 외국기업은 EJV나 CJV 형태로 진입할 수밖에 없었다. 그러나 협력 시너지를 창출할 것이라는 기대와는 달리, EJV, CJV 형태의 진입은 ▲ 현지시장 개척에 관한 중국 파트너의 비협조, ▲ 기술탈취 및 영업비밀 유출 시도, ▲ 경영주도권 분쟁 등으로 인해 오히려 WFOE보다 경영성과가 나쁜 경우가 많았다. 그 좋은 예가 롯데 백화점이다. 롯데쇼핑은 1998년 11월 저장성(浙江省) 1위의 백화점 그룹인 인타이점(銀泰百貨)과 50: 50의 동등지분으로 공동출자하여 베이징 번화가인 왕푸징(王府井)에 EJV 형태로 합자백화점을 설립하였다. 그러나 잘못 설계된 합자계약조건(예; 3년간 중국측이 경영주도권 보유)로 인한 경영주도권 부재, 중국측의 의사결정 지연과 경영간섭 등으로 인해 역량을 제대로 발휘해 보지도 못한 채 막대한 손실을 보고 2015년에 철수결정을 내릴 수밖에 없었다. 그후 롯데쇼핑은 텐진(2개 매장), 산둥성 웨이하이(威海), 쓰촨성 청두(成都) 등지에 4개 백화점을 새로 출점할 때 모두 독자투자(WFOE) 방식을 채택하였다.

제조업의 경우에도, 유사한 폐해는 많다. 음식료, 섬유의류, 조립금속 등 업종의 경우 중국측과의 리스크 분담(risk-sharing), 현지 시장 개척 협력 등을 기대하고 합자·합작 방식으로 진입한 한국기업 중 상당수가 2005년 이후부터 WFOE로 투자 형태를 전환하였다. 장세진(2013)에 의하면, EJV, CJV에서 WFOE로 전환한 기업이 전환 후 3년을 경영성과를 기준으로 할 때 전환

시도를 하지 않은 기업보다 채산성(영업이익률 기준)이 높은 것으로 밝혀졌다. 다만, 반도체, LCD, OLED 등 IT 업종이나 자동차 및 부품, 전기차 배터리 업종의 경우, 중국 정부가 EJV 형태의 진입, 그것도 소수 지분 진입 제한을 강요하고 있어 삼성전자, 현대차 등 모기업의 '독점적 경쟁우위(monopolistic competitive advantage)'가 강한 기업의 경우 아직까지 이 같은 독자기업 형태로의 전환은 검토할 수 있는 대안은 아니다.

투자입지(location) 변경에 관해서는 본사 글로벌 전략의 변화, 납품 협력 관계유지 필요성, 중국정부 정책 변화가 주요 전략 변수이다. 쑤저우(주로 LCD), 우시(반도체), 선전 (전자부품), 동관, 텐진(가전) 등에 진입해 있는 삼성전자 납품 협력 업체들은 삼성전자가 베트남 북부 하노이 근처의 박닌성에 대규모 휴대폰 단지를 건설하자, 바이어를 따라 베트남으로 생산기지를 옮기고 있다. 중국 정부가 중서부 내륙지역 개발 사업과 '일대일로(一帶一路)' 사업을 개시하자 충칭(重慶), 청두, 우한(武漢), 시안(西安) 등에 대한 투자도 늘고 있다. 특히 삼성전자(시안), 현대차(충칭)가 이들 내륙도시에 투자를 확대하자, 납품업체들도 공급체인(supply chain)을 따라 이들 지역으로 투자를 확대하고 있다.

한편, 중국 내 인건비 상승, 첨단 공장관리 방식의 도입, 본국 지방정부의 U턴 우대정책도 적지 않은 수의 한국기업 U턴을 촉진하고 있다. 실제로 섬유·봉재, 신발생산, 귀금속 가공에 종사하던 산둥성, 저장성, 랴오닝성 소재 한국기업들의 일부가 국내로 복귀하였는데 귀금속 가공업체들의 경우 전라북도 익산 귀금속 산단으로 U턴하는 경우가 늘어나고 있다. 앞으로 사물인터넷(IoT), 클라우딩, 빅데이터, 로봇자동화, 3D 프린팅 등 4차 산업혁명의 생산관리 방식이 '스마트 팩토리' 전환을 촉진할 경우 본국으로의 '리쇼어링(reshoring)'이 촉진될 전망이다.

(2) 현지 경영전략과 경영성과

진입 이후의 현지 경영전략도 진입전략 못지 않게 현지 경영성과에 지대한 영향을 미친다.

우선, 생산비 절감을 추구하는 기업(cost-seekers)의 경우, 제조원가, 생산성, 조업률에 영향을 미치는 인적자원관리 전략, 원부자재 조달(sourcing), 재고관리 전략을 최적화하는 것이 중요하다. 시장개척형 투자자(market seekers)의 경우, 해당 기업(company)의 경영자원, 경쟁자(competitors), 고객(customers) 등 소위 '3C'를 어떻게 관리하느냐가 중요하다. 특히 중국의 경우 '경쟁자' 요인이 중요한데, 외국 다국적 브랜드는 물론 로컬기업조차 가격-非가격 경쟁력이 일취월장하고 있기 때문이다. 캐주얼 의류업체 이랜드(E-Land), 밀폐용기업체 락앤락, LG전자(스마트폰 사업부) 등이 진입 초기에 성공사례로 칭송되다가 최근에는 부진을 면치 못하거나 실패자로 전락한 것도 경쟁자의 도전에 효과적으로 대응하지 못했기 때문이다.

중국처럼 브랜드 경쟁이 치열한 시장의 경우, '세분화-표적화-위치화'(segmentation, targeting, positioning)의 소위 'STP 전략'을 통해 공략대상 표적시장을 명확히 하고, 시장의 고객 속성에 맞는 브랜드 포지셔닝 전략을 실행하는 것도 중요하지만, 경쟁자의 제품력, 브랜드파워, 현지 유통망 등을 감안한 모기업, 자회사 차원의 지속적인 혁신(innovation) 역량 강화가 무엇보다 중요하다. 대기업의 경우, 본사 R&D분야, 중국 현지 R&D센터의 개발분야를 구분 획정하는 것이 중요하다. 중소기업의 경우, 5년 정도 경쟁력 유지가 가능한 업종에 진입하고 중국 틈새시장을 지속적으로 발굴할 필요가 있다.

중국 현지 시장 개척과 영업에 관해서는 '5P+R'의 마케팅 믹스 전략의 효과적 수행이 중요하다. '5P'란 제품(product), 가격(price), 유통(place of distribution), 촉진(promotion), 인적자원(people)을 말하며, 'R'은 對소비자, 對정부, 對지역사회, 對납품업체 관계 등을 아우르는 넓은 의미의 '고객관계관리(CRM: customer relationship management)'을 말한다. 또한 중국상황에 부합되는 '5P 마케팅 믹스전략'을 수립하기 위해서는 ▲ 중국 경제가 중속성장 국면의 불경기하에 있다는 점, ▲ 과잉공급 상황하에서 진입기업이 지속적으로 늘어나 기업간 가격 및 브랜드 경쟁이 격화되고 있다는 점, ▲ 중국 정부의 기술인증표준과 위생·안전·환경보호가 갈수록 까다로워지고 있다는 점을 고려해 5P 요소를 현지화하고(adaptation), 차별화해야(differentiation) 한다.

'R' 요인은 철강, 비철금속, 시멘트, 석유화학, 자동차 및 전자부품 거래 등 생산재나 산업재 비즈니스에 특히 중요하다. 중국내 B2B 비즈니스의 경우, 개인간의 P2P 신뢰 교환 관계를 어떻게 기업간 B2B 관계로 확장·고도화시킬 것인지에 관한 다각적인 전략적 고려가 필요하다. 금융통합전산망, 통신망, 고속도로망 등 중국의 인프라를 사용하고, 정부의 인허가를 받아야 하는 금융, 인터넷, 디지털 콘텐츠, 이동통신, 온라인전자상거래, 물류서비스 산업군에 속하는 업체들의 경우, B2B관계 못지 않게 B2G(대정부) 관계의 관리, 중앙·지방정부, 지역사회, 소비자가 인식하는 외자기업의 이미지 관리에 보다 많은 신경을 써야 한다. 지멘스(Siemens) 등 중국에서 성공한 다국적기업들은 중국 정부 정책방향을 민첩하게 파악해 제품라인업을 지속적으로 혁신하면서도 중국인의 후생 향상, 중국 지역사회의 발전을 위해 양질의 제품·서비스를 합리적인 가격에 제공한다. 또한 이윤극대화만을 추구하지 않고 납세, 환경보호, 법규준수 등의 사회공헌책임(CSR: corporate social responsibility)을 다하는 '착한 기업(nice enterprise)' 이미지'를 구축해서 관리해 나가고 있다.

그러나 중국 내 경영성과에 관한 책임은 현지 경영전략을 집행하는 현지 법인장에게 있다. 삼성전자, 현대차, SK종합화학, 농심, 오리온 등 중국에 진출한 대기업들의 경영성과가 중소기업보다 좋은 이유도, 대기업이 지식·기술집약산업에 종사하고 있어 인건비 상승에 따른 수익률 악화 영향이 적다는 측면도 있지만, 중국 시장환경 변화에 즉응하여 경영전략과 조직, 시스템 전략을 지속적으로 혁신하기 때문이다. 반면, 중소기업의 경우, 노동집약적 산업에 종사하고 있어 인건비 상승에 노출돼 있는데다가 현지 CEO의 리더십, 정보력, 적응력이 부족해 중국 투자환경 변화의 감지속도가 늦고 관련 전략과 시스템을 민활하고 유연하게 조정하지 못하는 경우가 많다.

(3) 한국기업들의 주요 애로사항

중국시장에 들어간 기업들이 모두 성공하는 것은 아니다. 앞에서도 얘기했듯이 중국에 들어간 한국기업들과 다국적 기업들이 2010년 이후 생산기지를 제3국으로 이전하거나 본국으로 U턴하고 있다. 글로벌화 트렌드 속에서 중국 등 해외로 생산기지를 이전하는 것을 '오프쇼어링(offshoring)'이라 한다면, 본국 U턴은 '리쇼어링(reshoring)이라고 부른다. 트럼프 대통령 취임 후의 미국은 중국 등 해외에 나가있는 제조업체의 U턴을 적극 장려하고 있으며, U턴기업들에 대해 투자 및 세제상의 혜택을 주고 있다.

한국기업도 예외가 아니다. 베트남, 미얀마 등 동남아로 생산기지를 옮기거나 국내로 U턴하는 기업이 늘어나고 있으며, 철수하지 않은 기업도 현지에서 인력을 감축하거나 생산라인 축소하고 있다. 여기에는 중국 내 인건비 상승, 현지 수요 부진, 경쟁 심화 등의 요인이 복합적으로 작용하고 있다. [그림 9]는 산업연구원이 대한상공회의소 북경사무소, 중국한국상회 등과 함께 중국 내 한국기업들이 느끼는 경영 애로 사항을 설문 조사한 결과를 요약해 놓은 것이다. 여기서 알 수 있는 바와 같이, 2015년 1분기 기준으로 진입 기업들의 최대 경영 애로 사항은 중국 성장률 둔화에 따른 현지 수요 부진(28.4%)이고, 그 다음이 시장경쟁 심화(27.5%), 인력난과 인건비 상승(17.1%)이었다. 이외에도, 선진국 경기 부진으로 인한 수출 부진(9%), 자금 부족(7.1%), 현지 정부 규제(4.3%) 원자재 조달난 및 원가상승(2.8%)도 진입기업

그림 9_ [중국 진출 한국기업들의 경영 애로사항 (2015. 1분기 현황에 대한 조사결과)]

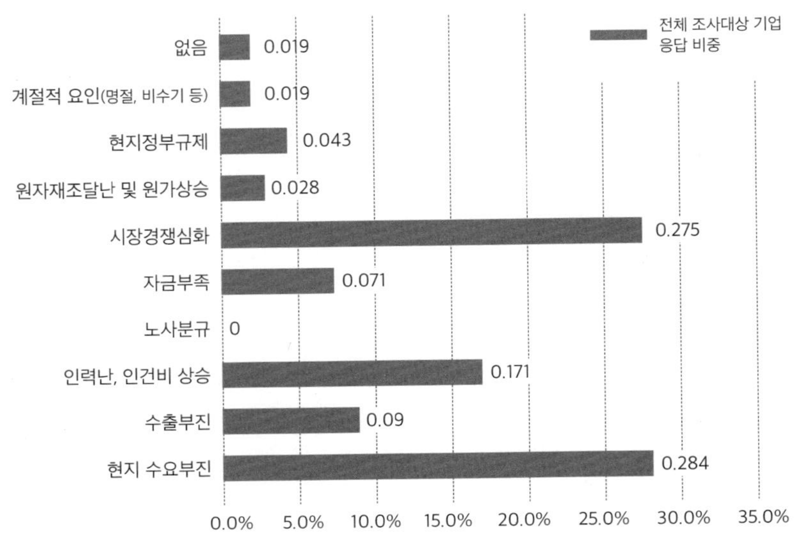

자료_ 산업연구원, 대한상의 북경사무소, 중국한국상회 (2015a; 2015b)「중국진출 한국기업들의 경기실태 조사결과」 9쪽.

을 괴롭히고 있는 것으로 나타났다.

기업규모 별로 보면(〈표 10〉 참조), 대기업은 주로 현지 수요 부진, 수출 부진(제3국으로부터의), 원부자재 조달난에 시달리는 반면, 중소기업은 중국 시장내 경쟁 심화로 인한 퇴출 압박, 중국내 인력난과 인건비 상승에 더 많은 애로를 겪고 있는 것으로 조사되었다. 업종별로는, 2015년 1분기 제조업의 경우 자동차 산업이 GDP성장률 하락과 6.6~6.7%대의 저성장 기조로 인한 현지 수요 부진(조사대상 기업의 64.5%)에 가장 많이 시달리고 있으며, 화학(31%), 전기전자(30.3%) 업종 종사업체도 현지 수요부진 항목에 비교적 높은 응답율을 보였다. (〈표 10〉 참조) 서비스업종의 경우, 소매유통 업체의 36.7%가 시장경쟁 심화로 어려움을 겪고 있는 것으로 조사되었다. 반면 금속기계(50%), 화학(34.5%) 업체들은 경쟁심화를, 섬유의류(30.3%)와 기타 제조업

표 10_ [중국 진입업체들의 기업규모별 및 업종별 경영 애로사항 (2015. 1분기 현재)]

(단위: %)

		현지 수요 부진	수출 부진	인력난 /인건비 상승	노사 분규	자금 부족	경쟁 심화	원자재 조달난 /가격 상승	현지 정부 규제	계절적 요인	없음	총계
전체기업		28.4	9.0	17.1	0.0	7.1	27.5	2.8	4.3	1.9	1.9	100.0
	제조업	30.4	8.3	17.1	0.0	7.2	26.0	2.2	5.0	2.2	1.7	100.0
기업 규모별	대기업	29.3	17.1	17.1	0.0	7.3	9.8	4.9	2.4	4.9	7.3	100.0
	중소기업	28.2	7.1	17.1	0.0	7.1	31.8	2.4	4.7	1.2	0.6	100.0
업종별 제조업	전기전자	30.3	15.2	24.2	0.0	3.0	24.2	0.0	3.0	0.0	0.0	100.0
	자동차	64.5	3.2	0.0	0.0	6.5	22.6	0.0	0.0	0.0	3.2	100.0
	금속기계	26.7	0.0	6.7	0.0	10.0	50.0	0.0	6.7	0.0	3.4	100.0
	화학	31.0	0.0	10.3	0.0	3.4	34.5	3.4	13.8	0.0	3.4	100.0
	섬유의류	15.2	18.2	30.3	0.0	18.2	6.1	6.1	0.0	6.1	0.0	100.0
	기타제조	12.0	12.0	32.0	0.0	0.0	20.0	4.0	8.0	8.0	4.0	100.0
업종별	유통업	16.7	13.3	16.7	0.0	6.7	36.7	6.7	0.0	0.0	3.3	100.0

주_음영은 각 업종별로 가장 많이 응답한 비중을 의미.
자료_ 산업연구원, 대한상공회의소 북경사무소·중국한국상회(2015b), 9쪽

(32%) 종사업체들은 인건비 상승을 가장 큰 애로 사항으로 꼽았다. 2분기 들어서도 상황은 악화되고 있는데, 인건비 상승 압력은 전분기보다 거의 전 제조업종과 소매유통업에 걸쳐 약화되었으며 자동차를 필두로 화학, 전기전자, 대부분의 업종이 현지 수요 부진에 시달리고 있으나 불경기로 인해 노사분규 문제는 다소 개선된 것으로 나타났다.

한편 대한상의 기업정책팀의 '중국경제 변화와 중소기업의 대응과제' 보고서(2015. 10)도 중국 경제 성장률의 둔화, 가공무역 억제, 중간재의 국산화 노력 확대, 한·중 간의 산업 및 수출구조 유사화, 로컬기업의 기술경쟁력 강화 등의 요인으로 인해 중국 내 한국 중소기업의 설 자리가 갈수록 좁아지고 있다고 발표하였다. 특히 중국 정부는 2015년 5월에 미국(Remaking America), 독일(Industry 4.0), 일본(산업재흥플랜) 등 선진국의 제조업 고도화 정

책을 벤치마킹한 뒤 '중국제조 2025' 계획을 발표하였고, '제조대국에서 제조강국으로의 업그레이드'를 지향하고 있다. 이에 따라 중국 내 한국 중소기업들의 생존공간이 급속도로 축소되고 있다. 삼성전자, 현대기아차, SK종합화학이나 LG화학 등 대기업과는 달리, 산둥성, 장쑤성, 저장성 소재의 중소기업들은 대부분 의류, 자동차, 기계부품, 중간재 생산에 특화되어 있는데, 2015년까지 소재·부품의 현지조달비율을 80% 수준으로 높이려는 '차이나 인사이드(China Inside)' 정책으로 인해 조업률과 채산성이 급속도로 하락하고 있다.

대한상의(2015)가 2015년 9월에 중국내 중소기업 500개사(내수 250개사, 수출 250개사)를 대상으로 조사한 결과[중국경제 변화에 대한 중소기업 인식 조사], (2015.9.4~9.15)도 유사하다. 조사대상 중소기업의 53%가량은 "중국경제 환경 변화가 기업경영에 부정적"이라고 답해 "무영향"(44.8%), "긍정적 영향"(2.2%) 답변자보다 많았다. 특히, 부정적 영향에 대한 응답률은 내수기업(43.2%)보다 수출기업(62.8%)이 더 많았다.

경쟁력 우위 지속 전망에 대해서도 비관론이 우세하다. 대다수 중소기업은 "당장은 주력제품의 경쟁력이 중국보다 앞서 있지만 5년 후에는 상당수가 중국에 추월당할 것"으로 예상했다. 경쟁력 약화 우려는 주로 '중국의 가격 경쟁력'(57.3%)에서 집중되어 있지만, '중국의 품질·기술 경쟁력'(38.3%), '중국의 마케팅 경쟁력'(4.4%) 등 非가격 경쟁력도 점차 한국 기업을 빠른 속도로 추격하고 있는 것으로 조사되었다.

그러나 이와 같은 경쟁력 약화 우려 등에도 불구하고 대책은 미비했다. 대책 마련 여부를 묻는 질문에 조사대상 한국 중소기업들의 대부분은 '마련하지 못했다'(58.2%)고 응답했고, '계획 중이다'는 응답이 33.4%였고, '마련했다'는 응답은 8.4%에 불과했다.

5. 맺음말: 전략적 시사점

이상에서, 중국의 투자환경, 한국기업의 대중(對中) 직접투자의 연도별 ODI 액수와 투자동기-규모-지분율-업종별 분포, 진입 기업 현지법인의 현지 경영성과 결정요인과 애로 사항 등을 두루 살펴보았다. 한 가지 분명한 것은 갈수록 정치·이념적, 사회문화적 환경 변화 때문에 과거처럼 정경분리 패러다임에 의해 대중 경제교류를 하는 것이 어려워졌으며, 대중 직접투자 역시 경제 및 투자법제적 환경로 인해 가공후 제3국 수출지향형 중소기업에게 매우 불리하게 작용하고 있다는 점이다. 대기업의 경우, 자본집약적 산업 비중이 높아 중국 내 인건비 상승에 따른 부정적 영향은 크지 않으나, ▲ 사드(THAAD) 배치 결정으로 인한 중국 정부의 공식-비공식적 한국기업 압박과 차별, ▲ 트럼프 미국 대통령 취임 이후 중-미 간의 갈등 관계, ▲ 화웨이(華爲), Oppo, 지리(吉利), 창청(長城) 자동차, 징동팡(京東方: BOE), CSOT(이상 LCD), 칭화유니(반도체) 등 민간 대기업들의 도전 등으로 인해 기존의 중국시장 접근 전략과 현지경영전략을 대폭 수정해야 할 상황에 놓여 있다.

그러나 중국 시장을 포기하거나 체념하기는 이르다. 우리의 발상 전환과 전략적 대응 여하에 따라서는 중장기적으로 스마트하게 고부가가치 분야에서 더 큰 돈을 벌 수 있는 전화위복의 기회를 잡을 수도 있다. 이와 관련 해서는 다음과 같은 마인드셋(mind-set)의 함양과 경쟁전략 실행이 필요하다.

첫째, 사드 배치 결정의 악영향에 대해 과도한 우려를 할 필요가 없다는 점이다. 중국의 다양한 행정적 제재는 막상 사드가 실제로 배치되고 나면 그 위력과 모멘텀을 유지하기 힘들다. 사드 배치를 빌미로 강화된 비관세장벽(NTB: non-tariff barriers) 역시 전기차배터리, 화장품, 문화콘텐츠의 중국 시장접근성(market accessibility)을 일시적으로 축소·차단시킬 수는 있으나, 중장기적 안목에서, 동남아, 서남아, 중동, 중남미 등의 대안시장(alternative markets)을 염두에 두고 차분하게 연구·개발투자를 확대해 콘텐츠 경쟁력을 강화시키면 더 큰 시장기회를 가질 수 있게 될 것이다. 중장기적으로 보면, 한국영화, 드라마, 음원의 문화 콘텐츠의 경우, 경쟁우위가 있는 한, 오히려 희소성과 상품가치를 증대시켜 시장기회를 확대시켜 줄 것이다.

사실 우리 기업에게 사드보다 더 무서운 것은 각 분야별로 기술력을 키우고 있는 중국 'National Champions'들의 도전이다. NTB만 생각하고 중국기업들의 도전을 경시할 경우, OLED, 낸드플래시 메모리 등 '초격차(super gap)' 유지가 가능한 일부 분야를 제외하고는 한국 전통 제조업은 향후 중국시장에서는 물론 글로벌 시장에서 생존이 어려워질 수 있다. 미국 바텔연구소에 따르면, 2013년 중국의 대(對) GDP R&D 비중은 2.2%로 한국(4.2%)보다는 낮지만, 세계 총 R&D 투자액에서 점하는 비중은 16.5%로 미국 다음으로 많고 2022년에는 세계 1위로 부상할 전망이다. 결국 본원적 기술경쟁역량을 갖춘 기업만이 중국 현지에서도 로컬기업의 가격파괴 전략을 이겨내고 제품차별화를 통해 중국시장에서 살아남을 수 있을 것이다. 중국 현지 법인의 생존·발전능력은 결국 한국본사의 기술역량과 강한 상관관계에 있으므로, 모기업도 자체 R&D 확대와 해외 핵심기업 M&A를 통한 4차 산업형 신성장 동력 산업 진입함으로써 기술 역량을 강화하고 자회사의 현지 R&D센터 건립·운영, 중국 내 지적재산권 보호 등을 도와줘야 할 것이다.

둘째, 5~10년 후 중국을 염두에 두고 인건비 상승압력에 노출된 단순 가공·조립 산업이나 경쟁열위에 있는 노동집약 산업은 동남아, 서남아 등지로 생산기지를 이전하거나 4차 산업형 첨단 공장 운영 시스템을 도입하여 '스마트 팩토리(smart factory)화'해 본국에 리쇼어링(reshoring)해야 할 것이다. 실제로 독일 아디다스(Addidas)는 중국 내 인건비, 재료비, 물류비가 급상승하자 2016년 5월부터 중국 공장을 단계적으로 폐쇄하고, 본사가 있는 독일 바이에른 주로 공장을 옮긴 다음 빅데이터, IoT, 3D프린팅 기술과 로봇 생산시스템을 융복합해 더 좋은 디자인의 고객화된(customized) 신발을 더 낮은 원가에 효율적으로 생산해 내고 있다. 철강, 화학, 조선, 가전 등 생산과잉 분야나 저부가가치 중간재 산업은 현지 조달 수요가 감소할 것으로 예상되는 만큼, 선제적으로 구조조정을 단행해 지분매각·철수를 검토해야 할 것이다. 또한 전기차 배터리처럼 기술력이 높음에도 중국의 기술인증 장벽에 가로 막혀 현지수요 개척, 조업률·채산성 개선이 어려운 산업은 중국만 고집하지 말고, 오히려 미국, 유럽 등 선진시장으로 눈을 돌리는 것이 현 상황에서는 합리적이라고 생각된다.

마지막으로, 중국에 잔류하는 기업도 원가절감형 소비재 업종의 경우 중국의 성장패러다임이 내수중심으로 바뀌고 있음을 감안하여 전체 생산량에서 점하는 수출물량을 줄이는 대신 내수시장용 물량 비중을 점차 늘리고 현지 온·오프라인 유통·물류 네트워크를 강화해 나가야 할 것이다. 실제로 2020년경이면 소비 여력을 가진 중국 중산층 인구가 6억 명을 상회할 것으로 예상된다. 지금까지의 'Made in China'에서 탈피, 'Made for China' 'Made with China' 전략을 펼치고, 80후, 90후 세대를 겨냥한 SUV, ICT제품, 화장품, 문화 콘텐츠, 헬스케어 서비스 등 전략상품이나 서비스를 개발해야 할 것이다.

X

동아시아학 교육의 현황과 전망

김준연

고려대 중어중문학과 교수

1. '아시아의 세기'와 동아시아학 교육

(1) 아시아의 세기에 대한 전망

19세기가 대영제국의 시대이고 20세기가 미국의 시대였다면 21세기는 아시아의 시대라고들 한다. 실제로 세계 경제 규모 순위(2016년 기준)를 보면 1위인 미국에 이어 2,3위를 아시아 국가인 중국, 일본이 차지하고 있다. 또 인도가 독일, 프랑스, 영국 등 유럽의 강대국들에 이어 7위에 자리를 잡고, 우리나라도 러시아와 호주를 밀어내고 11위로 올라선 것이 확인된다. 이런 추세라면 1980년대 말부터 아시아개발은행(ADB)을 중심으로 꾸준히 제기된 '아시아의 세기(Asian Century)'라는 말이 조만간 가시화되고 구체화될 것으로 전망된다.

지난 2011년 아시아개발은행은 〈2050년 아시아: 아시아의 세기에 대한

[2017년 국가별 명목 GDP 순위]

순위	국가	GDP(백만US$)
1	미국	19,417,144
2	중국	11,795,297
3	일본	4,841,211
4	독일	3,423,287
5	프랑스	2,574,857
6	영국	2,565,058
7	인도	2,439,040
8	브라질	2,140,940
9	이탈리아	1,807,425
10	캐나다	1,600,265
11	**대한민국**	**1,529,756**
12	러시아	1,469,374
13	호주	1,359,723
14	스페인	1,232,440
15	인도네시아	1,020,515

인식(2050 Asia: Realizing the Asian Century)〉이라는 보고서를 발간하면서 2050년에는 아시아 각국의 비약적인 성장을 발판으로 '아시아의 세기'가 펼쳐질 것으로 전망했다. 보고서 내용 가운데 일부를 읽어보자.

> 아시아 세기의 시나리오는 과거 아시아의 성공을 미래로 이끌어가 그것을 역사적 변화의 첨단에 둔다. 아시아 경제는 향후 40년 동안 계속 추진력을 유지하고 비교 우위를 지속적으로 재창조함으로써 변화하는 세계 경제 및 기술 환경에 적응할 수 있을 것으로 추정된다. 이 시나리오에서 아시아 국가의 GDP는 2010년 17조 달러에서 2050년에는 174조 달러로 전 세계 인구의 점유율과 비슷하게 전 세계 GDP의 절반 수준으로 증가한다.

18세기 중엽 영국에서 산업혁명이 일어나기 전까지만 해도 전 세계 GDP에서 아시아가 차지하는 비중이 60%에 육박했다. 그러던 것이 차츰 감소하기 시작해 1950년 전후로는 20%를 밑도는 수준에 머물렀다. 2050년이 되면 아시아의 비중이 다시 50% 이상으로 증가하면서 '아시아의 세기'가 도래한다고 아시아개발은행은 내다보고 있는 것이다.

또 2012년 호주 정부도 '아시아의 세기 속에서의 호주(Australia in The Asian Century)'라는 제목의 백서를 발표하면서, 우리나라를 비롯해 중국, 일본, 인도, 인도네시아 등을 전략적으로 중요한 주요 5개 국가로 선정했다. 줄리아 길러드(Julia Gillard) 호주 총리는 이 백서의 머리말에서 이렇게 말했다.

> 아시아 지역이 세계의 경제 강국으로 변모하는 것은 멈출 수 없을뿐만 아니라 속도를 더해가고 있습니다. 금세기에는 우리가 살고 있는 지역이 세계 대부분 중산층의 고향이 될 것입니다. 우리 지역은 세계 최대의 상품 및 서비스 생산국이자 그것의 가장 큰 소비자가 될 것입니다. 역사는 우리에게 경제적 무게가 바뀜에 따라 전략적 무게도 바뀐다는 것을 알려줍니다. 따라서 아시아 세기에서 번영하려

면 우리나라에는 경제적 기회를 포착할 명확한 계획이 요구되는 것입니다.

물론 이런 전망에 대해 아시아에는 서구의 유럽연합(EU)이나 북대서양조약기구(NATO)와 같은 통합적인 의사협력기구가 없고 혁신의 경험이 부족하다는 사실이 발목을 잡을 것이라는 비판적 견해도 없지 않다. 그러나 이는 노력 여하에 따라 충분히 극복할 수 있는 문제라 할 것이다.

'아시아의 세기'에 대한 관심은 2012년 미국 국가정보위원회(National Intelligence Council)의 '세계의 추세 2030(Global Trends 2030)' 보고서에서도 뚜렷이 관찰된다. 이 보고서는 2030년에는 '후기 서구 세계(post-western world)'라는 새로운 체제가 형성될 것으로 내다보고, 이와 관련된 여러 주제의 전망을 제시했다. 논의의 초점은 주로 중국과 인도에 맞추어져 있으나, 현재의 여러 가지 상황을 고려할 때 '아시아의 세기'를 선도하는 국가에 우리나라와 일본이 빠질 리 없다. 이런 각도에서 보면 20년 이내에 '아시아의 세기'가 도래할 수 있다는 생각은 동서양 모두 공유하고 있다고 할 것이다.

앞서 살펴본 바처럼 '아시아의 세기'의 선결 과제는 '통합'과 '혁신'으로 요약된다. 유럽에서는 1957년 유럽공동체(EC)를 결성한 이후 30여 년의 노력 끝에 1993년 유럽연합(EU)이라는 경제적 공동체를 일구어냈다. 이런 단계로 진입하기 위해서는 상호 간 대립과 갈등을 극복하고 평화롭게 공존하는 가운데 정치, 경제, 사회, 문화 등 모든 방면에서 인류의 번영에 이바지할 수 있는 결과를 내놓아야 한다. 따라서 이는 자유무역협정과 같은 몇몇 제도적인 장치에 의존해 쉽게 도달할 수 있는 목표가 아니다. 세계화(Globalization)와 지역화(Localization)를 이상적으로 결합시켜 아시아적 가치(Asian Value)를 확립하는 동시에 각국의 개성을 신장시키는 새로운 개념이 요구된다.

(2) 아시아 패러독스

아시아 패러독스(Asian Paradox)라는 말은 2012년 한중일 3국협력사무국(Trilateral Cooperation Secretariat, TCS)에서 개최한 국제 포럼에서 처음 제기된 말이다. 이 말의 의미는 한중일 동아시아 3국으로 대표되는 국가들 사이에 경제 의존도는 날로 심화되는 반면 정치, 외교, 군사적인 방면에서는 상당한 갈등과 진통을 겪는 모순적인 상황을 연출하고 있다는 것이다. 앞에서 살펴본 것처럼 중국의 급격한 경제성장과 함께 동아시아는 국제 질서의 중심축으로 부상했고, 한중일 3국이 전 세계 GDP와 무역의 20%를 차지하는 등 3국 간 경제 의존도가 최고 수준으로 높아졌다. 그러나 정치, 외교, 군사적 방면에서는 각각 역사 분쟁, 영토 분쟁, 군사적 충돌 등으로 첨예하게 대립하고 있다. 동아시아가 평화롭게 발전하고 번영하기 위해서는 이처럼 모순적인 상황을 유발하는 요인들을 명확히 인식해야 하므로 보다 자세히 살펴보기로 하자.

1) 역사 분쟁

동아시아 각국은 오랜 시간에 걸친 역사 속에서 부단히 상호작용을 해왔다. 이 과정에서 서로에게 깊은 영향을 미친 굵직한 사건도 매우 많았는데, 후대 사람들이 그것을 평가하고 기술하는 과정에 불가피하게 자국의 명예와 이익을 증대시키려는 주관적 견해가 가미될 수밖에 없다. 이러한 것들은 상대국의 입장에서 볼 때 일종의 왜곡으로 비칠 수 있기 때문에 이를 둘러싸고 역사 분쟁이 벌어지게 된다.

역사 분쟁의 사례로 먼저 중국의 동북공정(東北工程)을 들 수 있다. 동북공정은 동북변강역사여현상계열연구공정(東北邊疆歷史與現狀系列研究工程)의 줄임말로, 이를 우리말로 풀어보면 '동북 변경지역의 역사와 현상에 관한 체계적인 연구 과제'라는 뜻이다. 이는 중국의 국경 안에서 전개된 모든 역사를 중국의 역사로 편입하려는 연구 프로젝트로 요약된다. 중국이 동북공정을 통해 얻은 결론은 첫째, 중국의 현재 영토 안에서 일어난 과거의 역사는 모두 중국사라는 것과 둘째, 한족(漢族)이 역사의 주체로서 소수민족을 흡수해 중화민족을 형성한다는 것, 그리고 셋째, 지배자주체론과 피지배주체론을 편의에 따라 적용할 수 있다는 것 등이다.(송기호, 2007) 이러한 중국의 관점은 고구려사와 발해사를 바라보는 우리의 시각과 충돌이 일어날 수밖에 없다.

다음으로 여러 차례에 걸친 일본의 역사교과서 왜곡이 있다. 일본은 1982년 역사교과서 검정에서 중국에 대한 '침략'을 '진출'로 바꿔쓰고, 청일전쟁의 발발을 두고 "일본과 청나라 양국 함대의 해전이 인천 풍도만에서 일어났다"고 기술하는 등 사실을 왜곡함으로써 한국과 중국의 거센 반발을 불러 일으켰다. 또 2001년 역사교과서에는 "역사적으로 한국은 중국에 속한 비자주적 국가였던 데 비해 일본은 자주독립국가였으며, 역사적 능력 면에서 일본은 영민했던 반면 한국은 아둔했다"고 기술함으로써 노골적으로 우리를 비하했다. 이는 역사를 바라보는 시각의 차이 문제가 아니라 역사를 빌려 타국의 자존심을 짓밟으려는 무도한 처사이기에 이에 대한 단호한 대처가 요구된다.

2) 영토 분쟁

동아시아의 영토분쟁은 주로 독도, 이어도, 센카쿠열도, 남중국해 도서, 쿠릴열도 등 다섯 지역을 둘러싸고 벌어졌다.(국가안전보장문제연구소, 2014) 먼저 독도 분쟁은 우리 영토인 독도에 대하여 일본이 영유권을 주장함으로써 비롯된 양국 간의 분쟁이다. 일본은 고위 관료들이 독도가 일본의 영토임을 공식 주장하면서 외교적 공론화를 부추겨 분쟁지역화하려는 전략을 취하고 있고, 우리는 일본의 도발에 강경하게 대응하면서도 외교적 공론화는 자제하는 한편, 독도에 대한 실효적 지배를 강화하는 방향으로 나아가고 있다.

이어도는 제주의 마라도에서 서남쪽으로 149km 떨어진 수중 암초이다. 기준 수면보다 4.6m 아래에 위치해 높은 파도가 일 때 간혹 모습을 드러낸다. 문제는 이어도가 한중일 3국의 영토 중간 부분에 위치한 데다, 특히 우리나라와 중국이 주장하는 배타적 경제수역(EEZ)이 겹치는 지점에 있다는 것이다. 한중 양국은 1996년부터 해상경계 확정 협상을 벌이고 있지만 이어도를 둘러싸고 갈등이 계속되면서 경계선을 확정짓지 못하고 있는 상태다.

일본이 실효 지배하고 있는 동중국해상의 센카쿠열도(尖閣列島)는 일본 오키나와의 서남쪽 약 410km, 중국 대륙의 동쪽 약 330km, 대만의 북동쪽 약 170km 떨어진 곳에 위치한 8개의 무인도로 이루어져 있다. 중국에서는 댜오위다오(釣魚島)라고 부르고, 대만에서는 댜오위타이(釣魚臺)라고 부르며, 각각 영유권을 주장하고 있다. 이 지역은 인근 해역에 석유가 매장되었을 가능성이 높고 중동과 동북아를 잇는 해상교통의 요지에 자리잡고 있어 3국 간 치열한 분쟁이 끊이지 않고 있다. 우리의 경우 일본과 공동으로 개발 중인 제주도 남쪽의 제7광구가 센카쿠열도에 인접해 이 분쟁의 영향을 받을 가능성이 높다.

이밖에 우리가 분쟁의 직접 당사자는 아니라고 할 수 있는 동아시아 분쟁지역으로 남중국해 도서와 쿠릴 열도가 있다. 남중국해 도서는 주로 중국이 대만, 베트남, 필리핀 등의 동남아시아 국가와 다투고 있고, 쿠릴 열도는 일본이 러시아가 관할하고 있는 4개의 섬에 영유권을 주장하면서 분쟁이 계속되고 있다. 그러나 이들 지역도 각국 사이에 벌어지는 외교적 힘겨루기가 우리에게 영향을 미칠 수 있고, 안정적인 해상교통로 확보가 무역 의존도가 높은 우리 경제에 대단히 중요하다는 점에서 촉각을 곤두세울 수밖에 없는 실정이다.

3) 군사적 충돌

최근 동아시아의 군사 방면 이슈는 무엇보다 한미 양국의 한반도 고고도

미사일방어체계(THAAD-사드) 배치로 인한 중국과의 갈등이다. 사드 문제는 북한의 핵무기 위협에서 비롯된 것이다. 북한은 이미 핵무기를 실전에 배치했고, 우리를 핵무기로 공격하겠다고 수차례 공언했을 뿐만 아니라 미국 본토를 공격할 능력까지 갖추었다고 선전에 열을 올리고 있다. 이런 상황에서 한미 양국이 대응책으로 내놓은 것이 사드인데, 중국은 이것이 자국의 이익을 침해한다고 보고 여러 가지 이유를 들어 극력 반대 입장을 내놓았다. 이 과정에서 중국은 한국 연예인의 중국 방송 출연 금지, 중국 여행객의 방한 제한, 한국산 배터리와 화장품 규제 등 전방위적인 압박을 가했고, 전략폭격기 6대 등을 포함한 군용기 10여 대를 한국방공식별구역(KADIZ)에 기습적으로 진입시키는 등 무력시위도 불사하면서 대응 수위를 점점 높인 바 있다. 2017년 말 한중정상회담을 통해 사드 문제로 인한 갈등이 얼마간 누그러졌으나 아직 완전히 해결된 상태로 보기 어렵다.

중국과 일본 간에도 센카쿠 열도에서의 영토 분쟁을 시발점으로 한 군사적 충돌 가능성이 대두되고 있다. 중국 국가해양국이 발표한 '2013년 해양발전보고'를 보면 "일본은 미국의 영향력을 빌어 섬을 약탈하려 하고 미국은 아시아태평양지역에서 신전략을 추진하려 하는 까닭에 중일 간 군사 대치와 충돌 가능성이 커졌다"고 했다. 일본의 아베 총리도 스위스의 다보스에서 개최된 제44차 세계경제포럼(WEF) 연례총회에 참석한 자리에서 일본과 중국 사이의 긴장 관계를 제1차 세계대전 직전의 영국과 독일 관계에 빗대며 양국 간에 예상치 못한 무력 충돌이 발생할 수 있다고 밝힌 바 있다.

2016년 우리와 일본은 '한일 군사정보보호협정(GSOMIA: General Security of Military Information Agreement)'을 체결했다. 이 협정은 양국 간 군사정보의 보안 분류와 군사비밀정보 보호-표시 원칙, 정보접근 자격, 정보 전달-보관-파기-복제-번역 방법, 분실-훼손 시 대책 등을 정한 것이다. 한일 군사정보보호협정은 표면적으로 북한의 위협에 공동 대처하는 것처럼 보이지만, 일본의 집단적 자위권 행사에 따른 한반도 재침탈의 길을 트는 것이라는 우려도 없지 않다. 일본군은 최근 방위의 개념을 '동적 방위력'으로 바꾸어 집단적 자위권 행사를 선언하고 안보법을 개정함으로써 해외 침략의 발판을 마련하고 있다는 점에 유의해야 한다는 지적이다.

(3) 동아시아학 교육의 기본 방향

이렇게 동아시아를 중심으로 협력과 충돌이 공존하는 이중적 성격의 '아시아 패러독스'가 펼쳐지는 상황에서 우리에게 요구되는 교육의 새로운 과제는 '아시아의 세기'를 맞이할 통합적인 교육, 그리고 혁신적이고 선도적인 이슈와 방법론을 제공하는 일이다. 아직까지는 이런 역할을 이전 세기의 주축이었던 영국과 미국의 여러 대학이 떠맡고 있는 것으로 보인다. 옥스퍼드, 캠브리지, 하버드, 예일, 프린스턴 등 각 대학의 동아시아(언어문화)학과가 그러하다. 우리가 영국의 세계 대학 평가기관인 QS(Quacquarelli Symonds) 지표 10위권 이내의 이들 대학과 어깨를 나란히 하면서 '아시아의 세기'에 걸맞는 성과를 보여 주기 위해서는 다음과 같은 두 가지 핵심 요건이 충족되어야 할 것으로 보인다.

첫째는 통합적인 시스템의 구축이다. 지금과 같은 개별 학과 위주의 연구와 교육 시스템으로는 '아시아의 세기'가 요구하는 인력을 양성하는 데 큰 제약이 따를 것이 분명하기 때문이다. 그것은 마치 독일과 프랑스 양국이 모두 독립적인 국가이고 양국의 언어가 다르므로 현재의 유럽연합 체제와 상관없이 따로 다루어야 한다는 발상이나 다름이 없다. '아시아의 세기'를 선도하고자 한다면, 개별 국가나 언어를 뛰어넘는 거시적 안목과 시대에 부합하는 새로운 개념을 제시해야 할 것이다. 유럽연합 체제의 독일과 프랑스가 제2차 세계대전 당시의 양국이 아니듯이 '아시아의 세기'의 중국과 일본도 중일전쟁 당시의 양국은 아닐 것이 분명하다.

둘째는 교육 방면에서 선도적인 패러다임과 이슈를 제공하는 것이다. 동아시아 각국의 문화는 상호 영향 관계를 주고받는 가운데 어떤 부분은 공통성을 띠기도 하고 또 어떤 부분은 개별성이 두드러지기도 한다. 공통분모를 중심으로 '아시아적 가치'를 발견하는 한편 각국의 개성적 특징도 분명하게 확인한다는 면에서 이를 세밀히 분석하는 작업은 틀림없이 많은 성과를 끌어낼 수 있으리라 판단된다. 또 우리는 경쟁하는 서양의 여러 나라에 비해 중국이나 일본과 문화의 일부를 공유하는 비율이 훨씬 높으므로, 심도 있는 교육을 진행할 수 있는 여건이 마련되어 있다는 이점도 주목할 만하다. 따라서 지금까지 구축한 선진적 통합 교육 시스템을 바탕으로 새로운 교육과정을 적극적으로 개발한다면 국제적 경쟁력을 갖춘 인재를 양성하는 데 크게 이바지할 수 있을 것이다.

2. 세계 각국의 동아시아학 교육

한국연구재단에서 학술연구지원사업의 효율적 추진 및 관리 운영 등을 목적으로 활용하는 '학술연구분야분류표'에 따르면, 학술연구분야는 크게 인문학, 사회과학, 자연과학, 공학, 의약학, 농수해양학, 예술체육학, 복합학 등으로 나뉜다. 여기서 동아시아학은 한국, 북한, 중국, 일본, 대만, 몽골 등의 하위항목을 거느리고 지역학의 일종으로서 사회과학에 속해 있다. 이를 통해 우리나라에서의 동아시아학은 주로 사회과학적 개념이며, 특정 국가를 하나의 단위로 하는 지역 연구의 특성을 띠고 있음을 알게 된다. 그러면 서양에서의 동아시아학은 어떤 개념일까? 위키피디아(Wikipedia)에서 'East Asian Studies'를 검색해 아래의 결과를 얻었다.

> 동아시아 연구는 과거와 현재의 동아시아에 대한 폭넓은 인문학적 이해를 촉진하는 학술 탐구와 교육의 독특한 학제적 연구분야이다. 이 분야에는 지역 문화, 서면어, 역사, 그리고 정치제도에 대한 연구가 포함된다. 동아시아 연구는 지역 연구의 광범위한 분야에 위치하고 있으며 사회과학과 인문학의 요소를 통합한다는 특성면에서 학제적이다.

위의 설명을 보면 서양에서 규정하는 동아시아학의 개념이 우리와는 조금 달리 인문학과 사회과학이 통합된 지역학에 가깝고, 사회과학보다 인문학에 방점이 놓여져 있다고 여겨진다. 이처럼 동아시아학은 전 세계의 다양한 환경에서 얼마간 개념을 달리하며 저마다의 영역을 차지하고 있다. 세계 각국에서 동아시아학 교육이 어떻게 이루어지고 있는지 서양, 동양, 우리나라의 경우를 차례로 살펴보자.

(1) 서양의 동아시아학 교육

"동아시아라는 개념은 동아시아인들 자신이 창조한 것이 아니다"라는 쑨거(孫歌)의 지적(이정훈 외, 2010)처럼 동아시아에 대한 관심과 연구는 주로 서양에서 진행되었다. 심재훈(2014)에 의하면, 아시아 연구를 주도하는 아시아학회(Association for Asian Studies, AAS)에서 발행하는 온라인 문헌목록에 1971년 이후 출간된 아시아 관련 논저가 83만여 건이나 수록되어 있고, 1950년 이후 발간된 동아시아학 관련 단행본만 12만 권이 넘는다. 20세기 전반기까지 프랑스가 주도하던 동아시아학은 그 뒤로 영어의 강세와 학문적 개방성을 내세운 미국이 앞장섰다. 서양 주요 대학의 동아시아학 교육을 간략히 살펴보면 다음과 같다.

■ **미국 하버드대학**(Harvard University) **동아시아언어문명학과**

명실공히 서양을 대표하는 동아시아학 교육기관의 하나로서, 한중일 3국을 중심으로 언어, 문학, 종교, 철학, 역사, 대중문화 등을 두루 교육한다.

■ **미국 프린스턴대학**(Princeton University) **동아시아학과**

한중일 3국의 언어와 문화에 대한 심도 있는 지식을 제공한다. 교육과정 가운데 〈동아시아 인문학(East Asian Humanities)〉 과목은 동아시아에 대한 언어와 역사적 지식이 없는 1학년 학생들을 대상으로 한중일 3국의 역사, 문학, 문화를 가르친다.

■ **영국 캠브리지대학**(University of Cambridge) **동아시아학과**

중국학과 일본학 두 개의 프로그램을 갖추고 있으며, 해당 국가의 언어 구사능력과 함께 역사, 정치학, 문화, 철학, 문학 등을 통해 그 지역에 대한 심도 있는 이해를 제공하는 것을 목표로 한다.

■ **프랑스 파리7대학**(Université Paris Diderot) **동아시아언어문명학과**

한국, 중국, 일본, 베트남 등 4개 국가의 언어와 문명을 교육한다. 파리에서 유일하게 한국학 프로그램을 갖춘 대학으로 잘 알려져 있다.

■ **독일 튀빙겐대학**(University of Tübingen) **아시아동양학부**

한국학과 중국학, 일본학, 오리엔트와 이슬람학 등의 프로그램이 마련되어 있다.

이상에서 소개한 여러 대학의 동아시아학 관련 학과 가운데 하버드대 동아시아언어문명학과에서 제공하는 〈동아시아학 입문: 이슈와 방법(Introduction to the Study of East Asia: Issues and Methods)〉 과목에 주목할 필요가 있다. 이 과목의 강의계획서를 살펴보면, 주차별 교육내용으로 동아시아학 소개, 고대 동아시아의 철학과 종교, 초기 국가 형성, 불교, 고대 문학과 예술, 성과 현대화, 문화교차적 접촉, 민족주의와 문학, 20세기 동아시아, 정치경제학 등을 주제로 강의와 토론이 이루어지는 것으로 되어 있다. 서양의 동아시아학은 대체로 이러한 범주를 그 대상으로 삼고 있다고 하겠다.

(2) 동양의 동아시아학 교육

서양에서 동아시아 지역을 자신과 다른 타자로 분명하게 의식한 것과 달리 동양에서는 그에 대한 대응으로서 동아시아를 바라보았다. 이런 특징은 에

드워드 사이드가 제시한 오리엔탈리즘(Orientalism)을 통해 잘 드러나는데, 사이드는 오리엔탈리즘이 '동양과 서양이라는 인식론적인 구별에 근거한 사고방식'이자 '동양을 지배하고 재구성하며 억압하기 위한 서양의 제도 및 스타일'라고 했다. 이러한 인식의 바탕 위에서 동양의 언어, 문학, 역사, 지리, 문화를 연구해왔다는 것이다. 그래서 동양의 동아시아학은 서양의 동아시아학에 대한 대응으로서, 또 동아시아라는 지역의 일원으로 자신을 돌아보기 위한 수단으로서 연구되고 교육되었다. 우리나라의 동아시아학 교육은 다음 절에서 따로 다루기로 하고 여기서는 중국, 일본, 대만의 사례를 살펴보기로 하자.

■ **중국 베이징대학**(北京大學)

베이징대학에서 동아시아학을 전문적으로 교육하는 기구는 찾아볼 수 없다. 다만 외국어대학 내에 한국어과와 일본어과가 개설되어 있고, 국제관계대학의 교육과정에 〈동북아 정치경제와 외교〉, 〈동아시아 정치경제〉 등의 과목이 개설되어 있을 뿐이다. 이는 베이징대학뿐 아니라 중국 모든 대학에서 비슷하게 나타나는 현상인데, 그만큼 중국에 동아시아학이라는 개념이 자리를 잡고 있지 못하다는 얘기가 된다.

■ **일본 와세다대학**(早稻田大學) **아시아태평양연구과**

일본도 학부 과정에서 동아시아학을 교육하는 기구가 드물다. 와세다대학의 아시아태평양연구과도 대학원 과정으로 개설된 것이며, 지역연구, 국제관계, 국제협력과 정책연구의 세 전공분야를 갖추고 있다. 일본이 중화문화권에서 벗어나 독자적인 근대 민족국가를 형성하기 위해 한동안 동양 연구에 매진했던 것을 감안하면(스테판 다나카, 2004), 대학에서 제도화된 동아시아학 교육이 활성화되지 않은 것은 재미있는 현상이다.

■ **대만 대만국립사범대학**(臺灣國立師範大學) **동아시아학과**

중국과 일본의 동아시아학 교육 기구가 전무하다시피한 상황에서 2011년 대만국립사범대학에 동아시아학과가 창설된 것은 특기할 만하다. 대만국립사범대학 동아시아학과에서는 학생들이 '거시적 사유와 비판적 반성 능력', '포용을 존중하는 인문적 소양'과 '지역 산업-정치-경제의 지식'을 갖추고 더 나아가 "동아시아에 포석을 깔고 전세계를 경영"하기를 기대한다고 교육목표를 밝히고, 기본적인 프로그램으로 '한학-문화'와 '정치-경제' 두 개의 세부전공을 개설했다. 각 학년별로 〈동아시아 문화개론〉, 〈정치학〉, 〈동아시아 문화유산〉, 〈경제학원론〉(이상 1학년), 〈동아시아 문학 강독〉, 〈국제정치〉, 〈동아시아 유학과 현대의 도전〉, 〈거시경제학〉(이상 2학년), 〈동아시아 한학 개론〉, 〈중국의 정치경제 발전〉(이상 3학년) 등의 과목을 전공필수로 지정한 데서 이 학과의 교육 방향을 짐작할 수 있다.

(3) 우리나라의 동아시아학 교육

중국사회과학원의 쑨거(孫歌) 교수는 한국에서 '포스트 냉전 사고'의 일환으로서 동아시아 의식이 흥기했다고 진단한다.(이정훈 외, 2010) 제2차 세계대전 후 동아시아에 형성된 철의 장막이 서서히 걷히면서 한국이 자신의 정체성을 동아시아에서 찾을 것인가, 아니면 서양에서 찾을 것인가의 문제에 직면했다는 것이다. 최원식은 그 시점이 정확히 1993년이라고 짚었다. 그는 1991년에 소비에트가 해체되면서 우리 또한 한국인으로서, 동아시아인으로서 아시아의 전통적 지혜에 다시 눈을 돌리게 되었다고 분석했다.(최원식 외, 2009)

그러나 이후로 이른바 '동아시아 담론'이 활발하게 진행되었던 것과는 달리 동아시아학 교육 시스템의 구축은 이렇다 할 진전이 없었다. 가장 큰 이유로 동아시아를 구성하는 일원인 우리를 타자화하는 것이 대단히 어색하고, 오랜 시간 분과학문으로 존재해온 중국학과 일본학을 통합하는 것도 쉽지 않았기 때문일 것이다. 다만 최근 들어서는 '동아시아 공동체'에 대한 관심이 증폭되면서 이에 대한 학문적 탐색을 지원할 교육 시스템 구축이 필요하다는 인식이 부쩍 높아진 것이 사실이다. 우리나라에서 학부를 중심으로 동아시아학 교육이 어떻게 이루어지고 있는지 살펴보자.

1) 독립 학과(학부)

우리나라에는 아직 동아시아학을 교육하는 독립 학과(학부)가 많지 않다. 동아시아학이 독립적인 교육 기관을 갖추려면 학부제와 같은 모집단위 광역화를 통해 이루어진 '한 지붕 세 가족' 형태가 아니라 동아시아학을 중심으로 1학년부터 4학년까지 교육과정이 편성되어야 한다. 현재까지 이러한 조건을 충족하는 동아시아학과(학부)는 매우 드물다.

■ 한국해양대학교 동아시아학과

1996년 우리나라에서 최초로 동아시아학 교육을 표방하는 학과로 창설되었다. 동아시아 각국의 문화를 언어와 문학, 지역학, 역사학의 각도에서 조망하는 한편 학교 특성에 비추어 해양문화를 살펴보는 것이 특징이다.

■ 연세대학교 원주캠퍼스 동아시아국제학부

2008년 연세대학교 신촌캠퍼스의 언더우드 국제학부를 모델로 창설되었다. 동아시아의 정치, 경제, 사회, 경영 등을 주로 교육하며, 대다수의 국제학부와 마찬가지로 100% 영어로 강의가 진행되므로, 진정한 의미의 동아시아학이라고 보기는 어렵다.

■ **동서대학교 동아시아학과**

동서대학교 동아시아학과는 2012년도부터 4년간 동서대에서 실시한 'CAMPUS Asia 프로그램'을 바탕으로 2017년도에 신설된 학과이다. 동서대는 중국의 광동외어외무대, 일본의 리쓰메이칸대와 공동으로 각 대학 20명, 총 60명의 신입생을 선발하여, 2학년과 3학년 기간 동안 일본과 중국의 대학을 2년간 순회하는 교육과정을 통해 3국 언어의 수준 높은 구사능력과 심화된 인문학 지식을 바탕으로 동아시아 지역문제를 인문학적 관점에서 분석·해결하는 '동아시아 인문학 리더'를 양성한다는 목표를 내세웠다.

2) 연계(융합)전공

현실적으로 동아시아학이 학과(학부)로 독립하기 어려운 실정이므로, 이에 대한 대안으로 연계(융합)전공 형태로 동아시아학 교육을 제공하는 프로그램이 각 대학에 마련되고 있다. 주요 대학에 개설된 동아시아학 연계(융합)전공을 간략히 살펴보면 다음과 같다.

■ **고려대학교 GLEAC 융합전공**

동아시아 지역공동체가 형성되고 발전하기 위해서는 상호 이해와 존중의 바탕 위에서 현재의 경제적 협력체제를 강화해야 한다는 전제 하에 문화적 동질성과 이질성에 대한 인문학적 이해를 토대로 각국의 정치, 경제, 사회 분야를 다루는 것을 목표로 한다. 동아시아가 당면한 절실한 문제를 해결할 심화된 지식과 실천적 능력을 갖춘 융합형 인재를 배양하기 위해 '리더십'과 '인턴십' 등을 교육과정에 포함시킨 것이 특징이다. 〈동아시아학의 이해〉〈동아시아 시대의 리더십〉 등 자체개설 과목 외에 중문과, 국문과, 한문학과, 일문과, 한국사학과, 사학과, 경영학과, 정외과, 경제학과, 국제학부에서 제공하는 과목들로 교육과정을 편성했다.

■ **연세대학교 동아시아학 연계전공**

동아시아의 문화적-역사적 맥락에 대한 감수성을 갖추고 지역 언어로 소통할 수 있는 지역-문화전문가의 양성을 목표로 한다. 〈동아시아학 입문〉 〈동아시아 지역질서의 어제와 오늘〉 〈동아시아인의 상호인식〉 〈한국과 동아시아〉 〈동아시아의 공공성〉 등의 자체 개설과목과 함께 학부대학, 국문과, 중문과, 영문과, 사학과, 철학과, 정외과, 경제학과, 사회학과, 문화인류학과, 건축학과, 의류환경학과, 언더우드국제학부에서 제공하는 과목들로 교육과정을 편성했다.

■ **서강대학교 동아시아학 연계전공**

동아시아 지역을 깊이 있게 학습하고 다양한 동아시아 해외 프로그램을 통해 동아시아 지역에 특화된 글로벌 인재 양성을 목표로 한다. 동아시아 전문가 양성을 위해 소피아대, 홍콩시립대와의 협정을 통해 글로벌한 학습기회를 제공하는 것이 특징이다. 〈한국사 입문〉을 전공필수로 채택한 것이 이채로우며, 국제한국학과, 사회학과, 종교학과, 정치학과, 사학과, 철학과, 경제학과에서 제공하는 과목들로 교육과정을 편성했다.

■ **이화여자대학교 동아시아학 연계전공**

한국, 중국, 일본을 중심으로 하는 동아시아의 역사적 전개와 문화적 정체성, 그리고 현재의 정치, 경제적 상황에 이르기까지 포괄적인 이해를 통해 우리의 현재와 미래를 교육하는 것을 목표로 한다. 자체개설 과목이나 전공필수 과목은 없으며, 인문과학부, 중문과, 사학과, 철학과, 정외과, 경제학과, 사회학과에서 제공하는 과목들로 교육과정을 편성했다.

3) 동아시아학 교육의 해결과제

우리나라 4년제 대학에는 100개 이상의 중국 관련학과와 70개 이상의 일본 관련학과가 개설되어 있다. 따라서 동아시아의 일원인 중국과 일본을 개별적으로 연구하고 교육하는 인력은 매우 풍부한 편이다. 각 대학에서 중국 또는 일본에 대해 가르치는 전임교수는 아무리 적게 잡아도 천 명 이상일 것이다. 그러나 이런 교육 인력 가운데 자신의 학문분야가 동아시아학이라고 생각하는 사람은 극소수일 것으로 여겨진다. 다시 말해서 우리나라에 (한)국학, 중국학, 일본학은 있어도 동아시아학은 없다고 해도 과언이 아니라는 것이다.

물론 대학원에서의 상황은 학부와 얼마간 다른 부분이 있다. 예컨대 고려대 대학원 중일어문학과는 기존의 중문과와 일문과가 하나로 통합된 것이다. 통합과 더불어 원래 각 학과에 있었던 중국(일본) 어문학과 문화 등의 전공 외에 중일비교문화 전공이 추가되어 본격적으로 중국과 일본을 비교하는 연구가 가능하게 되었다. 또 BK21+ 사업의 아젠다로 "2030년 글로벌 동아시아학을 선도할 창의적 인재 양성"을 내세우면서 단순한 중국과 일본의 비교를 넘어 동아시아학 연구의 기치를 내걸었다. 또 다른 예로 성균관대학교 대학원 동아시아학과가 있다. 이 학과는 한국학 전공과 동아시아학 전공 두 가지 트랙을 두고, 동아시아학 전공은 다시 인문학 전공과 사회과학 전공을 나누어 동아시아학을 심도 있게 연구할 수 있게 했다.

그러나 고려대 대학원 중일어문학과나 성균관대 대학원 동아시아학과에도 동아시아학 전문가가 포진하고 있다고 보기는 어렵다. 교수진을 개개인별로 보면 여전히 한국학, 중국학, 일본학의 분과학문 영역에서 어느 한 나라를 연구하고 교육하는 데 머물러 동아시아학 교육 전문기관이라고 하기에는 부족한 감이 있다. 이런 점에서 보건대 우리나라 동아시아학 교육의 첫 번째 과제는 동아시아학 교육 전문인력을 확보하는 일이라 하겠다.

다음으로 대두되는 문제는 동아시아학을 교육할 적절한 교재가 없다는 것이다. 시중에 '동아시아학 개론'이나 '동아시아학 입문' 등의 이름으로 출간되어 독립 학과(학부)든 연계(융합)전공이든 소속 학생들에게 동아시아학의 기본 얼개를 교육할 만한 책이 전무하다시피 하다. 이와 달리 서양에서는 동아시아학 교육에 도움이 될 책이 제법 많이 나왔다. 예컨대 미국 사우스캐롤라이나 주에 위치한 퍼만 대학(Furman University) 아시아학과의 카우프(K.P.Kaup) 교수가 펴낸 "Understanding Contemporary Asia Pacific"은 우리나라에서 〈현대동아시아의 이해〉(민병오 외 역, 2008)라는 이름으로 번역 출간되었는데, 목차만 훑어보아도 알찬 내용으로 이루어져 있다는 것을 알 수 있다.

1. 서론 2. 동아시아의 지리적 소개 3. 역사적 맥락 4. 정치 5. 경제 6. 국제관계 7. 군사-안보 이슈 8. 환경 9. 인구와 도시화 10. 민족 11. 여성과 개발 12. 종교 13. 문학 14. 동향과 전망

카우프 교수의 책은 참고할 가치가 충분하지만 어디까지나 미국의 대학에서 아시아·태평양 지역을 공부하는 학생들을 위한 것이므로, 우리의 입장에서 얼마나 동아시아학 교육에 유효할지는 미지수다. 따라서 우리의 시각에서 동아시아학에서 다룰 주제와 내용을 꼼꼼히 선별한 교재를 마련할 필요가 있다고 하겠다.

마지막으로 지적할 부분은 우리의 동아시아학 교육이 결국 우리가 설정한 '동아시아'라는 개념의 영향을 많이 받는다는 것이다. 그러한 영향의 하나로 동아시아학이 다루는 범위가 한국, 중국, 일본 세 나라에 국한된다는 점을 들 수 있다. 달리 말하면 우리의 동아시아학은 실상 동남아를 제외한 '동북아시아학'이라는 것인데, 보다 범위를 넓혀서 베트남, 대만, 싱가포르까지 다루어야 한다는 주장이 점차 힘을 얻고 있다.(박사명, 2008)

대체로 우리가 어떤 지역에 대해 연구하는 가장 큰 이유를 경제협력에서 찾을 수 있다면, 2015년 기준 양국간 무역규모를 볼 때 중국, 미국, 일본 등 경제대국들에 이어 4위 베트남(375억$), 5위 홍콩(319억$), 7위 대만(286억$), 10

위 싱가폴(229억$), 11위 인도네시아(167억$), 12위 말레이시아(163억$) 등 동남아시아 국가들이 줄줄이 포진하고 있다. 우리나라가 동아시아에서 주도권을 가지고 미래를 개척하기 위해서는 중국과 일본뿐만 아니라 이들 동남아시아 국가에 대한 이해도 더 심화시켜야 하는 것이다. 이런 의미에서 현재의 동아시아학 교육은 '동북아시아학'에서 벗어나 동아시아 전체를 아우를 필요가 있다.

3. 동아시아학 교육의 미래

(1) 우리 시각의 동아시아학 교육

우리 주변에는 한중일 동아시아 3국의 언어와 사회에 모두 해박한 지식을 갖춘 전문가들이 없지 않은데 대개는 서양의 학자들이다. 예컨대 경희대 국제학부의 임마누엘 페스트라이쉬(Emanuel Pastreich) 교수는 미국 예일대에서 중문학을 전공하고 일본 도쿄대에서 비교문화학으로 석사학위를 받았다. 하버드대 동아시아학과 박사과정에 입학해 교환학생으로 서울대에 다녀갔으며 한국인과 결혼해 한국에 살고 있다. 그는 지난 2013년 『한국인만 모르는 다른 대한민국』이라는 책을 펴냈는데, 그는 이 책에서 우리가 구시대의 유물로 치부하는 주자학을 새롭게 평가하면서 한국의 정신을 보여주는 아이템으로 '선비정신'을 내세우기도 했다.

호주국립대에서 개최한 학회에서 만난 네이선 울리(Nathan Woolley) 교수는 호주국립대에서 중국학을 전공한 후 대만국립대학에서 수학했다. 그 후 일본 이와테(岩手)대학에서 석사학위를 받고 호주로 돌아와 2011년 호주국립대에서 중국 10세기 인물인 서현(徐鉉)의 종교와 정치사상을 연구한 논문으로 박사학위를 취득했다. 이런 이력 덕분에 중국어와 일본어에 능통할 뿐 아니라 한국인과 결혼해 한국어까지 유창하다. 네이선 교수도 임마누엘 교수처럼 동아시아를 객관적으로 바라볼 수 있는 식견을 갖추었다고 여겨진다.

그렇다면 동아시아를 전반적으로 다루는 연구와 교육은 모두 서양의 학자들에게 맡겨야 할까? 이것이 해답은 아닐 것이다. 앞에서 살펴본 것처럼 동아시아는 '아시아의 세기'와 '아시아 패러독스'가 교차하는 시대에 접어들고 있다. 그렇기 때문에 우리도 동아시아의 중요한 일원으로서 우리 자신을 타자화하면서 동아시아 전체를 거시적으로 조망할 필요가 있다. 물론 일국(一國) 중심의 정밀하고 미시적인 교육이 무의미하다는 것은 아니다. 중국학, 일본학 교육의 저변은 이미 충분히 확충되었으니, 동아시아가 공동으로 직면한 문제를 능동적으로 해결하고 장차 동아시아 지역공동체를 이끌어 갈 미래의 주역을 배양할 수 있는 교육으로 눈을 돌려야 한다는 것이다.

(2) 동아시아학 관련 기관과 단체

학부 과정에서 동아시아학을 전공한 학생들은 졸업 후 한중일 3국의 언어, 문학, 문화, 역사, 정치, 외교, 경제, 경영 등의 지식을 활용할 수 있는 분야로 진출할 수 있을 것으로 전망된다. 대체로 동아시아 관련 관공서, 학계, 언론계, 교육계, 기업체 등일 것이다. 특히 우리나라는 동아시아의 한 축을 이룰 뿐만 아니라 중국과 일본의 교량 역할을 담당할 수 있는 지리적 위치를 점하고 있어 개발 여하에 따라 보다 많은 출로를 모색할 수 있다. 이런 견지에서 대학에서의 동아시아학 교육과 시너지 효과가 기대되는 관련 기관과 단체 몇 곳을 알아보면 다음과 같다.

■ **한국관광공사**

2016년 한 해 한국에 입국한 외국 관광객 1700만 명 중 중국인(대만, 홍콩, 마카오 제외)이 806만 명, 일본인이 230만 명으로 전체의 60%를 차지했다. 그런가 하면 2015년 한 해 우리나라 출국자 중 행선지가 중국인 경우가 444만 명, 일본인 경우가 400만 명이었다. 따라서 한국관광공사의 국제업무 역시 중국과 일본에 치중되므로, 동아시아학 교육과 긴밀한 협조 관계가 조성되는 것이 바람직하다.

■ 대외경제정책연구원

대외경제정책연구원은 국제경제 정책과 관련된 문제를 조사, 연구, 분석하여 국가의 대외경제정책수립에 이바지할 목적으로 1990년 설립된 정부출연연구기관이다. 우리나라의 대외무역에서 중국과 일본이 차지하는 비중이 큰 까닭에 연구원 내 5개의 연구본부 가운데 동북아경제본부와 아시아태평양본부 2개를 두고 있다.

■ 동북아역사재단

동북아역사재단은 중국의 고구려 역사 왜곡과 일본의 왜곡된 역사교과서 채택 및 독도 영유권 주장 등 일본과 중국의 역사 왜곡에 체계적으로 대응하기 위해 2006년 출범한 국가기구이다. 재단 산하에 한중관계연구소와 한일관계연구소를 두고 동아시아 역사를 둘러싼 여러 현안들을 검토한다.

■ 한중일3국협력사무국

한중일3국협력사무국(Trilateral Cooperation Secretariat, TCS)은 한중일 3국의 평화와 공동번영의 비전 실현을 목적으로 하는 국제기구로서, 한중일 3국 정부가 서명·비준한 협정에 의거, 2011년 9월 서울에 설립되었다. TCS는 협의이사회 및 정무, 경제, 사회·문화, 행정의 네 부서로 구성되어 있다. 한중일 3국 간 협의체를 지원하고, 한중일 협력의 이해를 증진시키는 것이 목적이다.

■ 동아시아연구원

동아시아연구원(East Asia Institute, EAI)은 한반도 및 동아시아 안보연구, 북한과 통일연구, 일본연구, 중국연구 등을 수행하기 위해 2002년 설립된 민간 연구기관이다. 동아시아 연구를 국가라는 소단위를 넘어 진정한 지역학으로 키운다는 비전 아래 영문저널인 Journal of East Asian Studies(JEAS)를 매년 3회 발간하고 있다.

■ 동아시아재단

동아시아재단(East Asia Foundation, EAF)은 2004년 현대자동차의 후원으로 설립된 민간 재단으로서 동아시아 지역의 갈등을 관리하고 번영을 촉진하기 위해서는 상호 이해의 증대와 분쟁 요인의 공동관리와 해결을 위한 정책의 형성이 무엇보다 중요하다는 인식에서 출발했다. 아시아의 관점에서 국제 이슈를 다루는 영문 계간지 〈Global Asia〉를 발행한다. 매년 두 차례 재단의 업무를 보조할 대학생 인턴을 모집한다.

【참고문헌】

[저서]

강상규, 『조선정치사의 발견: 조선의 정치지형과 문명전환의 위기』, 창비, 2013.
강상규 외, 『변환의 세계정치』, 을유문화사, 2012.
고병익, 『동아시아사의 전통과 변용』, 문학과지성사, 1996.
국방대학교 국가안전보장문제연구소, 『동아시아 영토분쟁: 문제점과 대응전략』, 2014.
김성원, 『新編 韓國의 歲時風俗』, 明文堂, 1987.
김연석, 『일본경제 · 무역의 분석: 한국경제를 위한 교훈의 모색』, 문음사, 1992.
김우상 · 조성권, 『세계화와 인간안보』, 집문당, 2005.
김우현, 『동아시아 정치질서』, 한울아카데미, 2005.
김익수, 『중국투자론: 이론과 실제』, 박영사, 1999.
______, 『중국시장마케팅: 전략과 사례』, 박영사, 2004.
김찬우, 『21세기 환경외교』, 상상커뮤니케이션, 2006.
김채수, 『글로벌 문화이론 과정학』, 고려대학교 출판문화원, 2009.
도광순, 『東아시아文化와 韓國文化』, 교문사, 1988.
동아시아공동체연구회, 『동아시아 공동체: 동향과 전망』, 아산정책연구원, 2014.
문옥표 외, 『동아시아 관광의 상호시선』, 한중연출판부, 2016.
문정인 · 김명섭 외, 『동아시아의 전쟁과 평화』, 연세대학교출판부, 2006.
민병훈, 『한권으로 읽는 일본문학사』, 한국학술정보, 2013.
박대재 외, 『고대 동아시아 세계론과 고구려의 정체성』, 동북아역사재단, 2007.
박전열 외, 『일본의 문화와 예술-뉴 밀레니엄의 테마21』, 한누리미디어, 2000.
배항섭 외, 『동아시아 연구, 어떻게 할 것인가』, 성균관대학교출판부, 2016.
백영서, 『동아시아의 귀환』, 창비, 2000(b).
백영서 외 엮음, 『동아시아, 문제와 시각』, 문학과지성사, 1995.
백창제 편, 『20세기의 유산, 21세기의 진로: 세계정치결제질서의 위기와 변동』, 사회평론, 2012.
삼정KPMG경제연구원, 『리질리언스 Resilience: 기업의 미래를 결정하는 유전자』, 올림, 2016.
서해숙 엮음, 『세시풍속의 역사와 변화』, 민속원, 2010.
송기호, 『동아시아의 역사분쟁』, 솔, 2007.
신정근, 『동중서(董仲舒)-중화주의의 개막』, 태학사, 2004.

심경호, 『조선시대 한문학과 시경론』, 일지사, 1999.
_____, 『한학입문』, 황소자리, 2007.
_____, 『여행과 동아시아고전문학』, 고려대학교 출판문화원, 2011.
_____, 『참요: 시대의 징후를 노래하다』, 한얼미디어, 2012.
_____, 『한국한문기초학사』 1-3, 태학사, 2012/2013(2쇄).
_____, 『한문산문미학』, 고려대학교 출판문화원, 2013.
아시아공동체연구회, 『동아시아공동체와 한국의 미래: 동북아를 넘어 동아시아로』, 이매진, 2008.
안휘준, 『韓國文化藝術大系 2 韓國繪畫史』, 대한교과서주식회사, 1980.
에이원플러스 편집부, 『일본전통문화론』, 에이원플러스, 2005.
유태웅, 『문화란 무엇인가』, 학연문화사, 1999.
유현석, 『국제정세의 이해』, 한울아카데미, 2006.
_____, 『국제정세의 이해: G2 시대 지구촌의 어젠다와 국제관계』, 한울아카데미, 2013.
윤병태, 『朝鮮後期의 活字와 冊』, 범우사, 1992.
이동주, 『韓國繪畫史論』, 홍진프로세스, 1987.
이미림 외, 『동양미술사(하)-일본, 인도, 서역, 동남아시아』, 미진사, 2009.
이정훈 외, 『동아시아, 인식지평과 실천공간』, 아연출판부, 2010.
이찬희·임상선·윤휘탁, 『동아시아의 역사분쟁』, 동재, 2006.
임지현, 『민족주의는 반역이다』, 소나무, 1999.
임혁백, 『한반도와 동아시아의 안보와 평화』, 한울아카데미, 2014.
임현진·임혜란, 『동아시아 협력과 공동체』, 나남, 2013.
임형택, 『이조시대 서사시』 상·하, 창작과비평사, 1996 ; 『이조시대 서사시』(개정판), 창작과비평사, 2013.
_____, 『한문서사의 영토』 상·중·하, 태학사, 2014.
정문길 외 엮음, 『발견으로서의 동아시아』, 문학과지성사, 2000.
_____, 『주변에서 본 동아시아』, 문학과지성사, 2004.
정병모, 『KOREAN ART BOOK Ⅰ 회화』, 2001.
_____, 『KOREAN ART BOOK Ⅱ 회화』, 2001.
정용화 외, 『동아시아와 지역주의: 지역의 인식·구상·전략·전략』, 지식마당, 2006.
정재호, 『중국의 부상과 한반도의 미래』, 서울대학교출판문화원, 2011.
진재교, 『학문장과 동아시아』, 성균관대학교출판부, 2013.
최원식 외, 『동아시아의 오늘과 내일』, 논형, 2009.
최원식·백영서 엮음, 『동아시아인의 '동양' 인식, 19-20세기』, 문학과지성사, 1997.
하영선 편, 『북핵위기와 한반도 평화』, 동아시아연구원, 2006.
_____, 『동아시아 공동체: 신화와 현실』, 동아시아 연구원, 2008.

하영선, 남궁곤 편, 『변환의 세계정치』, 을유문화사, 2012.
한국일어일문학회, 『모노가타리에서 하이쿠까지』, 글로세움, 2003.
한림대학교 아시아문화연구소. 『동아시아 경제 문화 네트워크』, 태학사. 2007.
한상일, 『이토 히로부미와 대한제국』, 까치, 2015.
한상일·한정선, 『일본, 만화로 제국을 그리다』, 일조각, 2006.
한정희, 『한국과 중국의 회화-관계성과 비교론』, 학고재, 1999.
한정희 외, 『동양미술사 상권 중국』, 미진사, 2007.
허경진, 『조선의 르네상스인 중인』, 랜덤하우스, 2008.

[역서]

K.P. 카우프, 민병오·김영신·이상율 역, 『현대동아시아의 이해』, 명인문화사, 2008.
강상중 지음, 이경덕·임성모 옮김, 『오리엔탈리즘을 넘어서』, 이산, 1997.
다카하시 데쓰야 저, 임성모 역, 『역사인식 논쟁』, 동북아역사재단, 2009.
다카하시 조센 편저, 곽해선 옮김, 『일본경제 50년사: 사라진 일본경제의 기적』, 다락원, 2002.
마쓰오카 슌지(松岡俊二), 김영근 옮김, 『일본 원자력 정책의 실패』, 고려대학교출판부, 2013.
미와 료이치 저, 권혁기 옮김, 『근대와 현대 일본경제사』, 보고사, 2005.
미타니 히로시, 나미키 요리히사, 쓰키아시 다쓰히코 편, 강진아 역, 『다시 보는 동아시아 근대사』, 까치, 2011.
브루스 커밍스 저, 김자동 역, 『한국전쟁의 기원』, 일월서각, 1986.
스테판 다나카, 박영재 외 역, 『일본 동양학의 구조』, 문학과지성사, 2004.
쑨거(孫歌) 지음, 김월회·최정호 옮김, 류준필 외 엮음, 『아시아라는 사유공간』, 창비, 2003.
______, 윤여일 역, 『다케우치 요시미라는 물음』, 그린비, 2007(b).
야마모토 저, 김영근 옮김, 『국제적 상호의존』, 논형, 2014.
에드워드 사이드, 박홍규 역, 『오리엔탈리즘』, 교보문고, 2015.
에릭 홉스봄 저, 이용우 역, 『극단의 시대: 20세기의 역사 (상)(하)』, 까치, 2000.
______, 이원기 역, 『폭력의 시대』, 민음사, 2007.
와다 하루키(和田春樹) 지음, 이원덕 옮김, 『동북아시아 공동의 집』, 일조각, 2004.
와타나베 요시히로(渡邊義浩), 김용천 역, 『후한 유교국가의 성립』, 동과서, 2011.
왕후이(汪暉) 지음, 이욱연 외 옮김, 『새로운 아시아를 상상한다』, 창비, 2003.
윌리엄 스톡 저, 김형인, 김남균, 조성규, 김재민 공역, 『한국전쟁의 국제사』, 푸른역사, 2001.
이노구치 아쯔시(猪口篤志) 저, 심경호 외 역, 『일본한문학사』, 소명출판사, 2000.
이매뉴얼 C. Y. 쉬 저, 조윤수, 서정희 역, 『근·현대 중국사: 제국의 영광과 해체 (상)(하)』, 까치, 2013.

차머즈 존슨 저, 장달중 역, 『일본의 기적: 통산성과 발전지향형정책의 전개』, 박영사, 1984.
카를 필니, 이미옥 역, 『아시아의 세기』, 에코리브르, 2006.
타오리판(陶立璠) 저, 김종식 역, 『中國民俗學의 理解』, 집문당, 1997.
해리슨 로렌스·사무엘 헌팅톤 엮음, 이종인 옮김, 『문화가 중요하다』, 김영사, 2001.

[원서]

『國史大事典』, 吉川弘文館 , 1986.
瞿同祖, 『中國法律與中國社會』, 中華書局, 1981.
瀧川政次郎, 『律令制研究』, 刀江書院, 1966(복각판).
史桂芳, 『同文同種的騙局: 日僞東亞聯盟運動的興亡』, 社會科學文獻出版社, 2002.
山室信一, 『思想課題としてのアジア: 基軸, 連鎖, 投企』, 岩波書店, 2001.
山下裕次, 高岸輝 監修, 『日本美術史』, 東京印書館, 2014.
西郷信綱, 『日本古代文学史 改稿版』, 岩波書店, 1969.
小峯和明 編集, 『日本文学史』, 吉川弘文館, 2014.
小西甚一, 『日本文学史』, 講談社学術文庫, 講談社, 1993.
小倉芳彦, 『中國古代政治思想研究』, 青木書店, 1970.
李成市, 『東アジア文化圏の形成』, 山川出版社, 2000.
田中祐二·内山昭編, 『TPPと日米関係』, 晃洋書房, 2012.
鄭振鐸, 『挿圖本中國文學史』 1-4, 商務印書館, 1976
佐藤享, 『現代に生きる幕末・明治初期漢語辞典』, 明治書院 , 2007.
陳戍國, 『中國禮制史』(隋唐五代卷), 湖南教育出版社, 1998.
平岡敏夫-東郷克美, 『日本文学史概説近代編』, 有精堂, 1993.
河野元昭, 『日本美術史入門』, 平凡社, 2014.
『岩波講座 日本文学史』 전 17권, 岩波書店, 1995-1996.
Barnhart, Michael. *Japan Prepares for Total War: The Search for Economic Security, 1919-1941*, Ithaca: Cornell University Press, 1988.
Borrus, Michael, Dieter Ernst, and Stephan Haggard, *International Production Networks in Asia: Rivalry or Riches*, New York: Routledge, 2000.
Cha, Victor D. and David. C. Kang. *Nuclear North Korea: Debate on Engagement Strategies*, New York: Columbia University Press.
Hall, Edward, T., *Beyond Culture*, Anchor Books, December 7, 1976.
Hofstede, Geert, *Culture's Consequences: Comparing Values, Behaviors, Institutions, and Organizations across Nations*, 2nd ed.. Thousand Oaks, CA: SAGE Publications, 2001.

Mearsheimer, John, *The Tragedy of Great Power Politics*, New York: W.W. Norton & Company, 2001.

Patricia B. Ebrey, *East Asia: A Cultural, Social, and Political History*, Wadsworth Publishing, 2013

R. Keith Schoppa, *East Asia: Identities and Change in the Modern World*, Pearson, 2007.

Ruggie, John Geard, *Winning the Peace: America and the World Order in the New Era*, New York: Columbia University Press, 1996.

Warren I. Cohen, *East Asia at the Center*, Columbia University Press, 2000.

[논문]

강태구·김태석, 〈한국제조기업의 대중국 투자지분에 따른 성과결정 요인의 실증분석〉, 『국제경영연구』, 제16권 제1호, 2005.

고병익, 〈동아시아 나라들의 상호 소원과 통합〉, 『창작과 비평』 제79호, 1993.

고성빈, 〈한국과 중국의 '동아시아담론': 상호연관성과 쟁점의 비교 및 평가〉, 『국제지역연구』 제16권 제3호, 2007.

김광억, 〈동아시아담론의 실체: 그 분석과 해석〉, 정재서 엮음. 『동아시아 연구, 글쓰기에서 담론까지』, 살림, 1999.

김기석, 〈일본의 동아시아 지역주의 전략: ASEAN+3, EAS 그리고 동아시아 공동체〉, 『국가전략』 제 13권 1호, 2007.

김동택, 〈동아시아 발전 모델론과 유교 자본주의론의 상호 소원(疏遠)과 소통(疏通)〉, 『한국정치외교사논총』 제22집 2호, 2001.

김영근, 〈미일통상마찰의 정치경제학: GATT/WTO체제하의 대립과 협력의 프로세스〉, 『일본연구논총』 Vol.26, 현대일본학회, 2007.

_____, 〈3.11 동일본대지진 이후 일본 경제와 동북아 경제협력의 진로: TPP를 중심으로〉, 『3.11 동일본대지진과 일본(저팬리뷰2012)』, 도서출판 문, 2012.

_____, 〈일본과 미국의 대립적·협조적 통상정책의 기원과 전개: 미국통상법안(88년 통상법 vs. 94년 UR실시법안) 비준의 프로세스와 메커니즘[日本とアメリカの対立的·協調的通商政策の起源と展開—米国通商法案(88年通商法 vs. 94年UR実施法案)批准の政治経済学]〉, 『통상법률(通商法律)』 第106号, 2012.

_____, 〈동일본대지진 이후의 일본경제와 통상정책: TPP정책을 중심으로〉, 『일본연구논총』 Vol.35, 현대일본학회, 2012.

_____, 〈災害後日本経済政策の変容-関東·戦後·阪神淡路·東日本大震災の比較分析-〉, 『일어일문학연구』 제84집 2권, 2013.

_____, 〈글로벌 시대, 미일경제협력의 현황과 전망〉, 『정세와 정책』, 2016년 11월호, 2016.

김은실, 〈동아시아 담론의 문화 정체성에 대한 문제제기〉, 정문길 외 엮음, 『발견으로서의 동아시아』, 문학과지성사, 2000.

김익수, 〈사들이는 중국, 팔리는 한국〉, 삼성경제연구소(SERI), 2005·4.

_____, 〈비단장수 왕서방의 기업가 정신〉, 삼성경제연구소(SERI), 2007·9.

_____, 〈중국 내 지적 재산권: 침해실태, 원인·배경 및 대응전략〉, 고려대 아시아문제 연구소 출판부, 동북아연구총서 시리즈 제14호, 2014.

류준필, 〈분단체제론과 동아시아론〉, 『아세아연구』 제52권 4호, 2009.

박명규, 〈복합적 정치공동체와 변혁의 논리〉, 『창작과 비평』 제107호, 2000.

_____, 〈한국 동아시아 담론의 지식 사회학적 이해〉, 김시섭·마인섭 엮음, 『동아시아학의 모색과 지향』, 성균관대학교 출판부, 2005.

박사명, 〈동아시아 공동체의 의의와 과제〉, 아시아공동체연구회 편, 『동아시아공동체와 한국의 미래 : 동북아를 넘어 동아시아로』, 이매진, 2008.

_____, 〈한국의 동아시아학 교육과정〉, 『사회과학연구』 47, 2008.

박상수, 〈20세기 전환기 중국 네이션(nation) 개념의 형성〉, 『중국학논총』 제19집, 2005.

박승우, 〈동아시아 담론의 현황과 문제〉, 아시아공동체연구회, 『동아시아공동체와 한국의 미래 : 동북아를 넘어 동아시아로』, 이매진, 2008.

백낙청, 〈민족문학론, 분단체제론, 근대극복론〉, 『창작과 비평』 제89호, 1995.

_____, 〈새로운 전지구적 문명을 향하여〉, 『창작과 비평』 제92호, 1996.

_____, 〈한반도에서의 식민성문제와 근대 한국의 이중과제〉, 『창작과 비평』 제105호, 1999.

_____, 〈21세기 한국과 한반도의 발전전략을 위해〉, 『한반도식 통일, 현재진행형』, 창비, 2006.

백영서, 〈중국에 '아시아'가 있는가?: 한국인의 시각〉, 정문길 외 엮음, 『발견으로서의 동아시아』, 문학과지성사, 2000a.

_____, 〈동아시아론과 근대적응·근대극복의 이중과제〉, 이남주 엮음, 『이중과제론』, 창비, 2009.

백원담, 〈동아시아에서 문화지역주의의 가능성〉, 『동아시아의 문화선택』, 팬타그램, 2005.

백지운, 〈다께우찌 요시미라는 아포리아〉, 『창작과 비평』 제136호, 2007.

손　열, 〈지역, 지역주의, 동아시아〉, 정용화 외 지음, 『동아시아와 지역주의: 지역의 인식·구상·전략·전략』, 지식마당, 2006.

신윤환, 〈동남아의 지역주의와 '동아시아 공동체': 그 역사에 대한 재해석〉, 『동아연구』 제56호, 2009.

심재훈, 〈구미 동아시아학의 발전과 그 수용을 위한 한국판 DB 구축〉, 『대동문화연구』 87권, 2014.

유석춘, 〈동아시아 유교자본주의 재해석: 제도주의적 시각〉, 『전통과 현대』 제3호, 1997.

이욱연, 〈동아시아 공동체 문화담론에 대한 비판적 고찰〉, 『동아연구』 제52호, 2007.

이정훈, 〈비판적 지식담론의 자기비판과 동아시아론〉, 『중국현대문학』 제41호, 2007.

이치훈, 〈우리나라의 對중국 수출 동향 및 시사점〉, 『세계경제: 분석과 전망』, 국제금융연구센터, 2016.

임우경, 〈비판적 지역주의로서의 한국 동아시아론의 전개〉, 『중국현대문학』 제40호, 2007.

임형택, 〈동아시아와 유교문화의 의미: 동아시아학의 주체적 수립을 위한 모색〉, 마인섭·김시업 편, 『동아시아학의 모색과 지향』, 성균관대학교 출판부, 2005.

장인성, 〈한국의 동아시아론과 동아시아 정체성〉, 『세계정치』 제26집 제2호, 2005.

전형준, 〈같은 것과 다른 것: 방법으로서의 동아시아〉, 최원식·백영서 편, 『동아시아인의 '동양' 인식, 19-20세기』, 문학과지성사, 1997.

정재서, 〈동아시아 기층문화로서의 도교〉, 정문길 외 엮음, 『발견으로서의 동아시아』, 문학과지성사, 2006.

조동일, 〈동아시아 철학사를 위하여〉, 한림대학교 아시아문화연구소, 『동아시아 경제 문화 네트워크』, 태학사, 2007.

조희연, 〈동아시아의 자본주의 발전과 국가변화: 분석을 위한 이론적 모형 구성〉, 『동아시아 경제변화와 국가의 역할 전환: '발전국가'의 성립, 진화, 위기, 재편에 대한 비교정치경제학적 분석』, 김대환 · 조희연 편, 한울 아카데미, 2003.

채수홍, 〈동아시아 지역 협력의 현황과 과제〉, 아시아공동체연구회, 『동아시아공동체와 한국의 미래: 동북아를 넘어 동아시아로』, 이매진, 2008.

최병헌, 〈동아시아 불교권의 성립과 한국 일본의 불교〉, 한림대학교 아시아문화연구소, 『동아시아 경제 문화 네트워크』, 태학사, 2007.

최원식, 〈탈냉전 시대와 동아시아적 시각의 모색〉, 『창작과 비평』 제79호, 1993.

______, 〈한국발(發) 또는 동아시아발(發) 대안?: 한국과 동아시아〉, 정문길 외 엮음, 『발견으로서의 동아시아』, 문학과지성사, 2000.

최장집, 〈동아시아 공동체의 이념적 기초: 공존과 평화를 위한 공동의 의미 지평〉, 『아세아연구』 제47권 4호, 2004.

한경구, 〈동아시아적인 것을 찾아서?〉, 『문학과 사회』 제9권 4호, 1996.

홍원식, 〈총론: '동아시아 담론'의 어제와 오늘〉, 『오늘의 동양사상』 제14집, 2006.

다케우치 요시미(竹內好), 〈방법으로서의 아시아〉[1966], 최원식·백영서 엮음, 『동아시아인의 '동양' 인식, 19-20세기』, 문학과지성사, 1997.

딜릭, 아리프, 〈아시아-태평양권이라는 개념〉, 백영서 외 엮음, 『동아시아, 문제와 시각』, 문학과지성사, 1995.

______, 〈역사와 대립되는 문화인가?: 동아시아 정체성의 정치학〉, 정문길 외 엮음, 『발견으로서의 동아시아』, 문학과지성사, 2000.

루시안 파이, 〈'아시아적 가치': 발전기에서 도미노로?〉, 로렌스 해리슨·사무엘 헌팅톤 엮음, 이종인 옮김, 『문화가 중요하다』, 김영사, 2001.

쑨 거, 〈아시아 담론과 우리들의 딜레마〉, 정문길 외 엮음, 『주변에서 본 동아시아』, 문학과지성사, 2004.

______, 〈포스트 동아시아 서술의 가능성〉, 한림대학교 아시아문화연구소. 『동아시아 경제 문화 네트워크』, 태학사, 2007a.

쑨 원, 〈대아시아주의〉[1924], 최원식·백영서 엮음, 『동아시아인의 '동양' 인식, 19-20세기』, 문학과지성사, 1997.

안중근, 〈동양평화론〉[1910], 최원식·백영서 엮음, 『동아시아인의 '동양' 인식, 19-20세기』, 문학과지성사, 1997.

오카쿠라 텐신(岡倉天心), 〈동양의 이상〉[1903], 최원식·백영서 엮음, 『동아시아인의 '동양' 인식, 19-20세기』, 문학과지성사, 1997.

투 웨이-밍(Tu Wei-ming), 〈다중 모더니티: 동아시아 모너니티에 대한 예비적 고찰〉, 로렌스 해리슨·사무엘 헌팅톤 엮음, 이종인 옮김, 『문화가 중요하다』, 김영사, 2001.

Betts, Richard K. "Wealth, Power, and Instability: East Asia and the United States after the Cold War", *International Studies*, 18(3), 1993/4.

Bitzinger, Richard A. "The Asia-Pacific Arms Market: Emerging Capabilities, Emerging Concerns", *Asia-Pacific Security Studies*, 3(2), 2004.

Caporaso, James A., "International Relations Theory and Multilateralism: The Search forFoundations," in John G. Ruggie(ed.), *Multilateralism Matters: The Theory and Praxis of an Institutional Form*, New York: Columbia University Press, 1993.

Clinton, Hillary, "America's Pacific Century", *Foreign Policy*, November, 2011.

Cumings, Bruce, "Boundary Displacement: Area Studies and International Studies during and after the Cold War", in *Bulletin of Concerned Asian Scholars* 29, 1997.

Duus, Peter, "Japan's Informal Empire in China, 1895–1937: An Overview", in *The Japanese Informal Empire in China, 1895–1937*, ed. Peter Duus, Ramon H. Myers, and Mark Peattie, Princeton University Press, 1989.

Friedberg, Aaron L., "Ripe for Rivalry: Prospects for Peace in a Multipolar Asia", *International Security*, 18(3), 1993/4.

Gallagher, John and Ronald Robinson, "The Imperialism of Free Trade", *The Economic History Review* Vol. 6, No.1, 1953.

Hasegawa, Tsuyoshi. "Introduction: East Asia – the Second Significant Front of the Cold War", Tsuyoshi Hasegawa ed., *The Cold War in East Asia 1945-1991*, Woodrow Wilson Center Press, 2011.

Hofstede, Geert, "Who Is the Fairest of Them All? Galit Ailon's Mirror", *The Academy of Management Review*, July 2009, 34(3).

Icksoo Kim, Eunsuk Hong, Jong Kook Shin, Laixiang Sun, "Some Bad News is Good News for Foreign Investors: The Case of Intellectual Property Rights Infringement in China", *Thunderbird International Business Review*, Vol.58, No.4, July-Aug. of 2016.

Landau, Martin, "Redundancy, Rationality, and the problem of duplication and Overlap", *Public Administration Review*, Vol.29, No.4, 1969.

Matsuda, Koichiro, "The Concept of Asia before Pan-Asianism." Sven Saaler and Christopher W. A. Szpilman eds. *Pan Asianism: A Documentary History*, Vol.1, 1850–1920. Lanham, M. D.: Rowman & Littlefield, 2011.

Ward, Robert E. "A Case for Asian Studies", Presidential address delivered at the 25th annual meeting of the Association for Asian Studies, March 31, 1973.

Yeung, H. "Situating regional development in the competitive dynamics of global production networks: An East Asian Perspective", Plenary lecture at the Regional Studies Association Annual Conference, London, 2006.

[기타]

김규판·이형근·김은지·서영경, 〈일본 재정의 지속가능성과 재정규율에 관한 연구〉, 대외경제정책연구원, 연구보고서 12-23, 2013.

대한상공회의소, 〈중국경제 변화에 대한 중소기업 인식 조사: 2015. 9. 4~9. 15, 중소기업 500개사(내수 250개사, 수출 250개사)〉, 대한상의 보고서, 2015·10.

______, 〈최근 비관세장벽 강화동향과 대응과제〉, 보고서, 2016·12.

대한상의 기업정책팀(강석구 팀장, 김현철 선임연구원), 〈밀려드는 중국發 이중 파고,. 국내中企, 선제적 사업구조개편·넥스트 차이나 공략 필요〉, 대한상의보고서, 2015·10.

산업연구원·대한상공회의소 북경사무소·중국한국상회, 〈중국 진출 한국 기업들의 경기실태 조사 결과: 2015년 1분기 현황 및 2분기 전망〉, 산업연구원 발표 자료, 2015·4.

______, 〈중국 진출 한국 기업들의 경기실태조사 결과: 2015년 2분기 현황 및 3분기 전망〉, 산업연구원·대한상공회의소 북경사무소·중국한국상회, 산업연구원 발표 자료, 2015·10.

손현정, 〈투자매력 떨어지는 중국: 한국의 對중국 직접투자 동향〉, 전경련 재정금융팀 선임연구원, 2016·9.

장세진, 전략 & 인사이트, 조선일보 Weekly BIZ, 2013. 7. 20~21.

현대경제연구원, 〈한중 수교 24주년 의미와 과제〉, 현대경제연구원 VIP 리포트 16-27, 통권 66호, 2016·8.

한국수출입은행 해외투자연구소, 해외투자통계 데이터베이스: http://211.171.208.92/odisas.html, 1980년~2016년 각년도 통계.

중국국가통계국, 『中國統計年鑑』, 2001~2016년, 각 년판: www.stats.gov.cn/

중국국가통계국 연도별 수치 데이터베이스: http://www.stats.gov.cn/tjsj/ndsj/

http://www.defence.gov.au/whitepaper/2013/docs/australia_in_the_asian_century_white_paper.pdf

Asian Development Bank, Asia 2050: Realizing Asian Century Executive Summary, 2011.

[도판 리스트와 출처]

■ V. 동아시아 문화와 예술

【그림1】〈몽유도원도(夢遊桃源圖)〉 부분도: 안견(安堅) 그림. 1447년. 38.7cm×106.5cm. 일본 천리대학(天理大學) 중앙도서관 소장. 정병모 『KOREAN ART BOOK Ⅱ 회화』, 도서출판 예경, 2001.5 도판2, p17.

【그림2】〈제왕도권(帝王圖卷)〉부분도: 염립본(閻立本) 그림. 당, 51.3cm×531cm. 보스턴 미술관 소장. 한정희 외 『동양미술사 상권 중국』, 미진사, 2007.4 도판6-2, p100.

【그림3】〈토리게류조 병풍(鳥毛立女屛風)〉의 〈수하미인도(樹下美人圖)〉 부분도: 나라(奈良)시대, 8세기. 135.9cm×55.9cm. 궁내청(宮內庁) 정창원(正倉院) 소장. 이미림 외 『동양미술사 하권 일본, 인도, 서역, 동남아시아』, 미진사, 2007.4 도판3-1, p41.

【그림4】〈조춘도(早春圖)〉: 곽희(郭熙) 그림. 북송. 1072년. 158.3cm×108.1cm. 대북 고궁박물관 소장. 한정희 외 『동양미술사 상권 중국』, 미진사, 2007.4 도판7-11, p144.

【그림5】〈금강전도(金剛全圖)〉: 정선(鄭敾) 그림. 조선. 1734년 국보. 130.6cm×94.1cm. 호암 미술관 소장. 정병모 『KOREAN ART BOOK Ⅱ 회화』, 도서출판 예경, 2001.5, 도판30, p111.

【그림6】〈천교입도(天橋立圖)〉: 셋슈(雪舟) 그림. 무로마치(室町)시대. 16세기초. 국보. 90cm×168.6cm 교토국립박물관(京都国立博物館) 소장. 이미림 외 『동양미술사 하권 일본, 인도, 서역, 동남아시아』, 미진사, 2007.4, 도판6-5, p129

【그림7】〈계산우의도(溪山雨意圖)〉: 황공망(黃公望) 그림. 원. 1344년. 26.9cm×106.5cm 대북 고궁박물원. 한정희 외 『동양미술사 상권 중국』, 미진사, 2007.4 도판8-14, p185.

【그림8】〈세한도(歲寒圖)〉: 부분도. 김정희(金正喜) 그림. 조선. 1844년. 국보. 23cm×69.2cm. 서울 손창근 소장. 정병모 『KOREAN ART BOOK Ⅱ 회화』, 도서출판 예경, 2001.5, 도판56. p183.

【그림9】〈씨름〉: 김홍도(金弘道) 그림. 조선 18세기 후반. 보물. 28cm×24cm. 국립중앙박물관 소장. 정병모 『KOREAN ART BOOK Ⅰ 회화』, 도서출판 예경, 2001.5, 도판48, p153.

【그림10】〈부악삼십육경(富嶽三十六景)〉의 〈가나가와 난바다 파도속(神奈川沖浪裏)〉: 가쓰시카 호쿠사이(葛飾北斎) 그림. 에도(江戶) 시대. 1831-33年. 25.4cm×38.1cm. 메트로폴리탄 미술관 소장. 이미림 외 『동양미술사 하권 일본, 인도, 서역, 동남아시아』, 미진사, 2007.4, 도판8-20, p174.

동아시아학의 이해

초판 발행 1쇄 2018년 3월 29일

지은이 김수미 · 김영근 · 김익수 · 김준연
박대재 · 박상수 · 심경호 · 이용욱
최귀묵 · 한정선

펴낸곳 고려대학교출판문화원
www.kupress.com
kupress@korea.ac.kr
02841 서울특별시 성북구 안암로 145
02-3290-4230, 4232
Fax 923-6311

찍은곳 한국컴퓨터인쇄정보

ISBN 978-89-7641-952-1 93000

값 20,000원

* 잘못 만들어진 책은 바꿔드립니다.